致谢：北京市维诗律师事务所

中文社会科学引文索引（CSSCI）来源集刊

私法

Private Law Review

第19辑 · 第2卷
（总第38卷）

易继明 / 主编

知识产权出版社
全国百佳图书出版单位
—北京—

图书在版编目(CIP)数据

私法．第19辑．第2卷：总第38卷/易继明主编．—北京：知识产权出版社，2022.6
ISBN 978-7-5130-8100-9

Ⅰ.①私… Ⅱ.①易… Ⅲ.①私法—研究—丛刊 Ⅳ.①D90-55

中国版本图书馆 CIP 数据核字(2022)第 047013 号

责任编辑：齐梓伊
执行编辑：杨 帆
封面设计：宗沅书装·李宗燕
责任校对：潘凤越
责任印制：刘译文

私 法

第19辑·第2卷（总第38卷）

易继明 主编

出版发行：知识产权出版社有限责任公司
社 址：北京市海淀区气象路50号院
责编电话：010-82000860 转 8176
发行电话：010-82000860 转 8101/8102
印 刷：天津嘉恒印务有限公司
开 本：787mm×1092mm 1/16
版 次：2022年6月第1版
字 数：388千字
网 址：http：//www.ipph.cn
邮 编：100081
责编邮箱：471451342@qq.com
发行传真：010-82000893/82005070/82000270
经 销：新华书店、各大网上书店及相关专业书店
印 张：18.25
印 次：2022年6月第1次印刷
定 价：78.00元

ISBN 978-7-5130-8100-9

迎接黄金十年（代序）

2022 年开启，两年前暴发的新冠肺炎疫情并未结束，新冠及其变异病毒仍在全球肆虐，导致国内疫情防控形势持续紧张。雪上加霜的是，近年来美国利用“知识产权大棒”打压中国，继而要跟我们“脱钩”，并进一步采取“同盟制华”政策，导致我国发展的外部环境并不乐观。中国老百姓虽然已经做好了“过紧日子”的打算，但收入下降、消费抑制、出行不便、持续的不确定性因素等，似乎都在暗示：2022 年并非一个好的启航。

不过，我认为，2022 年开启的是未来黄金十年。

如果说我们大多数人对 2021 年感到失望的话，那么 2022 年是我们面对现实之后重新认识生活，重新启航的一年。支持这一论点，我个人有十大理由。

一、我们将学会与病毒相处。2022 年新冠肺炎病毒不会被消灭，但新冠大流行不再会让人们惊慌，疫苗、新药帮助我们抗击新冠肺炎疫情，中国基层社会治理卓有成效，我们也将学会与病毒共存、共处。因此，疫情虽然对未来市场有一定的影响，但投资者不再将疫情作为主要的担忧因素，而且积极的财政政策也能够在一定程度上给市场带来信心。

二、新的自强运动已经开启。新型科技创新举国体制已经开启，2021 年全国九大国家实验室布局完成，整合资源开展基础科学研究和重大技术攻关。未来，一批批“卡脖子”关键技术将逐渐获得突破，基础研究和原创技术取得突破性进展，并适应中国场景进一步外溢，参与国际大循环。事实上，围绕人工智能、芯片、6G 技术和量子技术的科技竞赛是一场多线战争，在科技公司之间，在政府之间，在科技公司与政府之间，这场看不见硝烟的战争都在展开。中国近代以来的奋斗史和国民意识，强化了政府和民间的自强精神，这是中国未来可期的原动力。

三、知识产权融合经济社会全面发展。中国高质量发展进入新阶段，知识产权要素进入经济社会发展各行业、各领域、各方面，成为助力中国发展转型升级的重要因素。与此同时，经济增长质量提高，产业发展的国际话语权增强。2021 年 9 月 22 日发布的《知识产权强国建设纲要（2021—2035 年）》的实施，2022 年承上启下。数字化是未来十年的动力，数字经济进一步推动华为、腾讯、阿里巴巴、字节跳动等科技巨头成长，5G 标准必要专利中中国专利占比已三分天下有其一。

四、绿色开启未来。减碳、脱碳政策推动市场进行绿色重组，电池行业、过滤二氧化碳的科技行业、文娱产业、生态休闲等，一方面开启绿色科技创业潮，另一方面开启绿色生活的黄金年代。绿色经济与“大政府”时代相结合，中国政府将更有作为。

五、金融与货币政策在监管中常态化。绿色金融、科创金融、知识产权金融嵌入传统金融体系，货币政策在监管中保持一定的通胀率，稳中求进，总体上趋于常态化。

六、产业附加值增加和经济韧性增强。技术赋能，促进供给侧结构性改革进一步深化，产业附加值增加。同时，供应链逐步恢复，制造业体系进一步完备，中国经济发展韧性也进一步增加。

七、中美“脱钩”格局下的商谈论。短期内，中美“脱钩”压力依然存在，美国“同盟制华”政策进入2.0版，中国面临美国制裁的结构性压力。但是，中国经济规模和国际竞争力持续增强，美国“无晶圆企业”（典型的如苹果公司，自己没有制造能力，只负责产品企划和市场营销）模式推进，对中国企业存在较大的依赖，而供应链重建又非一日之功。因此，在全球化背景下，中美出现沟通与合作的迹象，如落实《中美第一阶段经贸协议》等，“商谈”会成为后续的主要交往模式，也为重建互信奠定了基础。

八、中国自主外交契合欧洲“战略自主”。中国2001年加入世界贸易组织后获得了十年发展的黄金期，那是中国适应全球规则的过程。2022年是在适应规则之后，“自主意识”觉醒，进一步确立“自主外交”的新开始。这可能给世界造成一些不安，但却是大国必然的选择。或许，这一过程也契合了“美国第一”所导致的世界各国主权意识的觉醒，甚至给中国发展同欧洲各国、韩国、日本、印度等国平等外交、自主外交提供了契机。北约秘书长延斯·斯托尔滕贝格2021年12月6日在美国《防务新闻》周刊网站撰文指出，世界正变得更具竞争性、更不稳定和更不可预测，未来一年要开启“北约2030”战略（2021年6月北约峰会提出），在更加不确定的世界中确保安全和自由。这对美国而言，能够起到加强同盟合作的作用，但对中国来说，也不失为一个新的机会。

九、助力发展中国家发展与共赢。“一带一路”建设、中非合作等为中国与发展中国家共同发展提供了平台，中国通过助力发展中国家，也获得了自己的发展和国际地位，扩大了中国的国际影响力。

十、中国社会治理模式给未来发展的“不确定性”带来了确定性。未来发展中，社会风险进一步加大，全球不确定性因素进一步增多，但中国社会治理模式网格化、精细化，基本面比较稳定，为未来发展带来确定性，也构成未来发展的基石。

值此之际，《私法》与知识产权出版社也开启了合作之旅。我相信，我们是黄金搭档，我们的合作也会助力中国法治事业的发展！

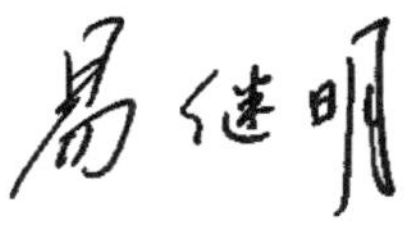

2022年1月9日

CONTENTS

目录

基于反思的重构：《民法典》背景下的物权行为理论[1]

唐　勇*

摘　要　基于类型理论，物权和债权并非二元对立式的非此即彼，而是或多或少的具有可通约性。物权也具有对人性，债权也具有对世性；针对同一物时，债权也具有对物性，而物权只是彰显更强的对物性；基于债权在现代法上的“优越地位”，物权可从纯粹理论角度解释为债权束。基于物债程度论，负担行为也需要处分权，而处分行为也需要履行；处分行为是强负担行为，负担行为为弱处分行为；负担行为相较于处分行为，给加利人以犹豫空间。以债权、负担行为为本位，意味着物权从理论上可以解释为特殊的债权，处分行为从理论上可以解释为特殊的负担行为；进而，物权行为独立性之于债权行为是对特别法的取舍，一如票据行为之于民事基础关系。据此，不同的物权变动模式本身并无优劣，关键在于制度配给与功能周延；登记要件主义之下，德国法上的物权合意，系将私法自治尽可能地延伸至登记前的最后一秒，并非叠床架屋；从私人自治角度，相较于法国法意思主义模式，前者又未尝不是一种亡羊补牢；二者各有利弊，但均仅属次优模式。

关键词　物权行为；类型理论；特别法取舍；犹豫空间；次优模式

目　次

---

* 唐勇（1981—），中央民族大学法学院副教授，主要研究方向：民法、商法、法学方法论。

〔1〕本文初稿完成于2014年5月12日，核心观点“物权行为系债权行为的特别法”，形成于2011年至2014年间的本科教学，故而，文中保留有将对物权行为理论的取舍，取譬为大一新生军训中正步训练的“一步两动”；初稿完成后，寻思有必要在教学过程进一步验证甚至证伪，故而，成稿后文本一搁数年；2018年9月22日修订二稿，2019年9月1日修订三稿，2020年7月29日，根据《民法典》修订四稿；2021年8月20日完成修订五稿，本次定稿，为避免论题过于分散，删除了原文中“对于人身权的补充论证”“物权对物性减弱的例证”“关于不动产登记的合意化”“善意取得别论”“处分权再理解”共计五小部分的内容，留待未来专门阐述。

一、导论：问题及其进路

借由物权行为（Das dingliche Rechtsgeschäft）理论，私法将其意思自治理念从债法领域进一步延拓至物权法。然而，迄今为止，关于理论上有无必要采纳物权行为，以及现行法是否规定了物权行为，仍并存着两种截然相反的意见，且形成僵持。

《中华人民共和国民法典》（以下简称《民法典》）颁布前，否定论者认为，《中华人民共和国民法通则》（以下简称《民法通则》）[1]第 72 条第 2 款和《中华人民共和国合同法》（以下简称《合同法》）第 133 条，并未规定独立的物权意思；[2]而其后的《中华人民共和国物权法》（以下简称《物权法》），不论是其第 6 条、第 9 条、第 15 条抑或第 23 条等，也均未规定独立的物权合意；进而，我国目前由现行法构建的物权变动模式系属债权形式主义；[3]同时，从法政策角度而言，“中国民

〔1〕 自《民法典》颁布实施后，本法已废止。关于此类问题，本书不再另行标注，已废止的法亦不用原××法提示。《合同法》《物权法》《侵权责任法》《担保法》也做同样处理。

〔2〕 崔建远：《从解释论看我国现行法与物权行为》，《我国物权立法难点问题研究》，清华大学出版社 2005 年第 1 版，第 2 页。

〔3〕 王轶：《物权变动论》，中国人民大学出版社 2001 年第 1 版，第 48 页；梁慧星、陈华彬：《物权法》（第四版），法律出版社 2007 年第 4 版，第 85 页；王利明：《物权法研究（修订版）》（上卷），中国人民大学出版社 2007 年版，第 256 页；崔建远：《物权：规范与学说——以中国物权法的解释论为中心》（上册），清华大学出版社 2011 年版，第 76 页、第 79 页。

法典制定时不宜采纳物权行为理论”[1]。

与之相对,虽曾指出“物权法颁布后,有关该法对于物权行为理论采纳与否的争论事实上还在继续。多数人认为我国物权法没有采纳这一理论”[2],但有观点坚称《物权法》规定有独立的物权行为;[3]并且坚持认为,从法政策角度而言,独立的物权行为系属物债二分体系逻辑上的必然。[4]

上述观点上的僵持由来已久,[5]2007 年《物权法》的颁布未能定于一尊,2020 年《民法典》甫一出台,已然聚讼纷纭。[6] 对于物权行为这样一个历久弥新的老问题,继续译介或总结物权行为功能或其体系效用对于解决模式之争僵局边际效用递减。相反,在肯定既有研究、翻译和介绍的基础上,需要一些新视角,如对既有积累进行反思,或对既有元素进行重新组合。而共识的达成有赖于对物权行为理论“非此即彼”逻辑的破除,此际,立基于阿图尔·考夫曼(Arthur Kaufmann)的“类型理论”(Lehre vom Typus)[7]有助于这一目标的实现。

考夫曼的类型理论,系基于法律理念的抽象和法学概念的具体,强调以类型(在拉德布鲁赫则为“事物的本质”)为中介(“类型是我们取为标准的规范”),沟通实在与当为,以避免实证法的独断(一承其师拉德布鲁赫);通过类型理论,考

---

〔1〕 崔建远:《物权:规范与学说——以中国物权法的解释论为中心》(上册),清华大学出版社 2011 年版,第 76 页、第 158 页以下。

〔2〕 孙宪忠:《我国物权法中物权变动规则的法理评述》,《法学研究》2008 年第 3 期。

〔3〕 葛云松教授分析了《物权法》相关条文后指出,“有关观念交付的具体规定更是必须从物权行为理论出发才能够妥当理解,甚至从措辞来看,第 25 条已经将物权行为称为‘法律行为’”,葛云松:《物权行为:传说中的不死鸟——〈物权法〉上的物权变动模式研究》,《华东政法大学学报》2007 年第 6 期。孙宪忠教授通过对《物权法》第 142 条但书条款的解读,认为“不论立法者如何理解和接受物权行为理论,但是颁布的法律文本显示,立法最终采纳了关于支持物权行为理论的论证”;见孙宪忠:《我国物权法中物权变动规则的法理评述》,《法学研究》2008 年第 3 期。田士永教授通过对《物权法》第 29 条、第 106 条的解释,认为“《物权法》中有关遗赠取得所有权的规定反映出物权行为存在”“根据《物权法》,所有权善意取得是基于物权行为而发生”,田士永:《〈物权法〉中物权行为理论之辨析》,《法学》2008 年第 12 期。

〔4〕 孙宪忠:《再谈物权行为理论》,《中国社会科学》2001 年第 5 期;葛云松:《物权行为理论研究》,《中外法学》2004 年第 6 期。近期,仍有学者发表宏文,系统声援物权行为理论;朱庆育:《物权行为的规范结构与我国之所有权变动》,《法学家》2013 年第 6 期。朱庆育:《民法总论》,北京大学出版社 2013 年版,第 157 页以下;朱庆育:《民法总论》(第二版),北京大学出版社 2017 年版,第 163 页以下。

〔5〕 更早且更系统性的观点僵持及其综述,参见田士永、王萍:《物权行为理论研讨会综述》,《中国法学》1998 年第 4 期。

〔6〕 相关文献几乎是对民法典是否采纳物权行为最为迅捷的表态,如指出民法典整体上未采物权行为独立性和无因性,但却在第 597 条第 1 款“东施效颦”,认可买卖合同出卖人无处分权不影响合同效力;崔建远:《无权处分再辩》,《中外法学》2020 年第 4 期。而对民法典是否采纳物权行为理论,几乎完全相反的观点也同时呈现,如李永军:《民法典物权编的外在体系评析——论物权编外在体系的自洽性》,《比较法研究》2020 年第 4 期;陈永强:《中国民法处分行为之多元模式》,《法治研究》2020 年第 4 期。

〔7〕 *Kaufmann*, Analogie und „Natur der Sache"-Zugleich ein Beitrag zur Lehre vom Typus, Heidelberg 1982. 对考夫曼该书及其类型理论的中文最新译介,见亚图·考夫曼:《类推与“事物本质”——兼论类型理论》,吴从周译、颜阙安审校,台湾新学林出版股份有限公司 2016 年版。

夫曼指出各种法律概念，除了“数字概念”(Zahlbegriff)[1]，几乎都是不清晰的，它们并不表达“非此即彼”，而是“或多或少”，法律适用的本质是类推(Analogie)，[2]而非简单的三段论。[3]

物权行为的肯定论与否定论已成僵局，关于该僵局的破解，言人人殊。以类型理论为指引，从“非此即彼”的逻辑转向“或多或少”的逻辑，虽非最优，但属必要，即不再拘泥于“物权行为”是个特殊概念，它与“债权行为”或许并无质的差异，相反，二者具有可通约性。进而，当由何者类推何者。

物权行为理论本身并不玄秘，系法律行为在物权法领域的“自然”延伸，此外无他。证立物权行为的关键，在于识别出存在一种不同于债权行为的单独合意，即将物权行为从债权行为中区别出来。根据肯定论的进路，物权行为与债权行为区别的基石又在于物债二分和负担行为与处分行为二分。[4] 既是要谈可通约性，更为彻底的，应当是体系化地反思此二种界分。以下行文，即循此路径。

二、以对物债二分体系的反思为切入

《德国民法典》第 873 条和第 929 条，分别针对不动产物权和动产物权规定有专门的“物权合意”(Einigung)，以区别于债法上的“合同”(Vertrag)，而我国《民法通则》《物权法》乃至《民法典》却并未如此。这意味着，物权行为对于“德国法学者而言是理所当然的”、是“给定的”，[5]而物权行为对于我国法学者而言则是需要解释的。[6] 也因此，肯定论尤其依赖财产权之物债二分体系，在我国该二元架构由《民法通则》(第五章第二节“债权”)与《物权法》(《民法典》第 113 条至第 122 条)搭建，据此，肯定论对应《德国民法典》的物债二分(BGB Buch 2&Buch 3)，主张物权行为的规范基础是物债二分，即“债物二分的概念体系，在逻辑上蕴含了发生债法效力的法律行为与发生物法效力的法律行为分立，债法效果(负担效果)与物法效果(处分效果)得以分开。就此而言，只要民事立法是在德国式债物

---

[1] 亚图·考夫曼：《类推与“事物本质”——兼论类型理论》，吴从周译、颜厥安审校，台湾新学林出版股份有限公司 2016 年版，第 10—11 页。

[2] 考夫曼所谓的类推又与通常之类推“大异其趣”，一般法学上的类推指“两件生活事实被相互比较”，他“所说的‘法学上的类推思考’意指的并非事实关系的比较，而是案件事实与规范的构成要件之间的比较”，卡尔·拉伦茨：《法学方法论》，陈爱娥译，商务印书馆 2003 年版，第 17 页。本文拟进一步将其扩充为“规范与规范”之间的类推。

[3] Vgl. *Kaufmann*, Analogie und „Natur der Sache“-Zugleich ein Beitrag zur Lehre vom Typus, Heidelberg 1982, S. 48 ff.

[4] 根据朱庆育教授的总结，分离原则的规范基础在于物债二分和物权客体特定原则，抽象原则的规范基础在于物权公示公信原则；参见朱庆育：《物权行为的规范结构与我国之所有权变动》，《法学家》2013 年第 6 期。本文认为不论是分离原则还是抽象原则，其基础均在于物债二分，但收敛为处分行为与负担行为的二分，即后两者为本文所指物权行为纯概念意义上的基石。

[5] 霍尔斯特·海因里希·雅科布斯：《十九世纪德国民法科学与立法》，王娜译，法律出版社 2003 年版，第 166 页。

[6] 以下行文并未区分物权行为中的单方物权行为(如抛弃行为)与物权合意(或物权合同)，为避免再旁生枝蔓，全文主要是以物权合意(物权合同)为主线，即混用物权行为、物权合意、物权合同。

二分的格局下展开,债权行为与物权行为的分离,即是逻辑必然"。[1]

基于上述"逻辑必然"产生的物权行为理论,却因过于抽象、有悖常识(lebensfremd),曾被斥之为"纯属虚构"[2],在提倡之初,便被德国法学硕儒基尔克批评为系"教条对生活的强奸"(eine doktrinäre Vergewaltigung des Lebens);在我国,也有学者曾从立法论角度斥之为"没事找事""无事生非"。[3] 除前述质疑之外,还有无其他路径?肯定论将物权行为视为物债二分的逻辑必然,意味着物债二分是物权行为的前提,如此,是否有必要首先反思物债二分本身。

(一)物债二分及其相对化

我国自清末继受大陆法及至今日,在财产法上,经《民法通则》《合同法》《物权法》乃至《民法典》形成实定法上物权与债权的界分。作为财产法上最为重要的分类,物权与债权的界分基本上清晰且稳定,渊源上大体对应于罗马法上的物权(proprietas and iura in re)和债权(creditum、nomen or actio)、对物诉讼(actiones in rem)和对人诉讼(actiones in peronam)。[4] 理论上,物权与债权最直观的差异是客体不同,即物权客体是物,债权客体是行为;[5]物债区分更重要的体现在效力上,物权为对物直接的支配,债权则为请求特定人为特定给付。[6]

物债区分的立法表现则为《民法典》中物法与债法的分立,[7]"较为理想"的状态是物法规定物权,债法规定债权债务关系。近代法典化时代,倡导物法和债法区分的《德国民法典》,其"物权编"系围绕其"总则编"第 90 条之"有体物"(körperliche Gegenstände)展开,较为有效地践行了物债二分。[8]

《德国民法典》颁布后很长一段时间内,物债二分、物法债法两立的格局是清

---

[1] 朱庆育:《物权行为的规范结构与我国之所有权变动》,《法学家》2013 年第 6 期。孙宪忠:《再谈物权行为理论》,《中国社会科学》2001 年第 5 期;田士永:《物权行为理论研究》,中国政法大学出版社 2002 年版,第 329 页以下;葛云松:《物权行为理论研究》,《中外法学》2004 年第 6 期。

[2] „Sind das nicht bare Fiktionen? " Seh. *Gierke*, Der Entwurf eines bürgerlichen Gesetzbuchs und das deutsche Recht, Leipzig 1889, S. 336.

[3] 崔建远:《从立法论看我国物权立法与物权行为》,《我国物权立法难点问题研究》,清华大学出版社 2005 年版,第 58 页以下。

[4] 彼德罗·彭梵得:《罗马法教科书》,黄风译,中国政法大学出版社 2005 年版,第 67 页、第 139 页、第 149 页、第 216 页;周枏:《罗马法原论》(下),商务印书馆 2009 年版,第 955 页。

[5] 有学者提示,所有权具有"双重客体结构:物和行为",见王涌:《所有权概念分析》,《中外法学》2000 年第 5 期。另外劳务合同等部分以"做"为给付内容的债权,则几乎脱离了"物"(物权)的范畴,物债客体上可能的"重叠"度较低。

[6] 关于物权债权区分的详细总结,可参见梁慧星、陈华彬:《物权法》(第四版),法律出版社 2007 年第 4 版,第 20 页以下。相关专论,可参见金可可:《债权物权区分说的构成要素》,《法学研究》2005 年第 1 期;温世扬、武亦文:《物权债权区分理论的再证成》,《法学家》2010 年第 6 期。

[7] 物法与债法的区分是德国民法典最重要的特色之一,正如德国学者雅科布斯总结的,"德国的法典编撰的体系特点并不是五编制,也不是在法典的开始设置总则编,而是对物法与债法的截然区分";雅科布斯:《十九世纪德国民法科学与立法》,法律出版社 2003 年版,第 182—183 页。

[8] 反观我国法,则不甚彻底,"债法规定有物权关系,物权法规定有债的关系",相关总结,可参见崔建远:《物权:规范与学说——以中国物权法的解释论为中心》(上册),清华大学出版社 2011 年版,第 5 页。

晰且稳定的。然而，于20世纪中叶渐受杜尔凯特《债权物权化》[1]一书之影响，开始较为系统地反思预告登记、“买卖不破租赁”、债权质权等法律现象对物债二分的“冲击”。该思潮也直接或间接地传递至我国民法领域。除反思物权和债权二分法之外，[2]我国台湾地区学者苏永钦教授对于物法债法两立的法典格局也提出了反思，指出物法与债法的区隔并非必然是“理想状态”，从贯彻私法自治的角度，可以不再维持物权法定原则，改采自由原则，如此，“债物分编的立法体例，即有随之改弦更张的必要”，进而，“物权独立规范的必要性已大大降低，比较合理的处理应该是把债编共同的规范置于一财产法通则……债法随之删除也不会对财产法的体系性有太大的妨碍”。[3] 值得一提的是，我国《民法典》最终并未设立债编，而以合同编代之。

上述物债区分相对化的思潮，至今未曾平息，故而尚难盖棺定论。其截止目前有影响的观点，除否弃物权法定原则、物法债法合并等之外，更为基本的是物债区分的相对性，即“债权经过公示后可以提升为物权”，[4]换言之，物债区分仅在于有无公示程序。

（二）物债二分相对化的再反思

预告登记等“债权物权化”，乃至上述之“公示物权论”，是否确实模糊了物债界分？笔者以为不然。相反，笔者认为，即便债权经过公示，仍不能“跃迁”为物权。[5] 笔者基本支持魏特瑙尔关于“物权化的债之关系”的立场，并认为“对世性、权利分割理论和处分行为理论，实为物权和债权所分享，仅强弱有别，淘尽虚华之后，物权仅以对物直接支配性为区分债之特征”。[6] 简言之，在教义层面上，笔者坚持认为，物权和债权具有马克斯·韦伯所谓“理想类型”(Idealtypus)的意义。

由上可知，本文并非拟从“债权物权化”或“公示物权论”角度，反思物债二分(进而物权行为)。而是在肯认前述“物权以对物直接支配性为区分债权之特征”的前提下，反思物权与债权的可通约性。当然，苏永钦教授的物债相对化论证，

---

[1] *Dulckeit*, Die Verdinglichung obligatorischer Rechte, Tübingen 1951. 杜尔凯特之后，卡纳里斯和魏特瑙尔就同一主题又分别于1978年、1983年撰文，即：*Canaris*, Die Verdinglichung obligatorischer Rechte, FS Flume, S. 371 ff.；*Weitnauer*, Verdinglichte Schuldverhältnisse, FS Larenz 1983, S. 705 ff.

[2] 我国关于物权债权界分的系统反思甚至反对，可参见梅夏英：《财产权构造的基础分析》，人民法院出版社2002年版；常鹏翱：《物权法的展开与反思》，法律出版社2006年版；德国法上较新的文献，比如 *Füller*, Eigenständiges Sachenrecht?, Tübingen 2006。

[3] 苏永钦：《从债物二分的底蕴看债物分编的体例》，王洪亮、张双根、田士永主编：《中德私法研究》(第一卷)，北京大学出版社2006年版，第246页。

[4] 此观点系笔者根据苏永钦教授论文做的总结，见苏永钦：《从债物二分的底蕴看债物分编的体例》，王洪亮、张双根、田士永主编：《中德私法研究》(第一卷)，北京大学出版社2006年版，第242页以下。

[5] 与张俊浩教授的观点类似，“一个债权行为不能产生物权，怎么能通过公示就变出物权了呢？我本来是个男人，一公示就变成女人了？只能我本身是个女人，经过公示我才是女人，变性是要在先”；张俊浩：《物权行为是民事裁判规范中的必要概念》，王洪亮、张双根、田士永主编：《中德私法研究》(第一卷)，北京大学出版社2006年版，第252页。

[6] 唐勇：《债权质权：物债二分体系下的‘骑墙者’》，《中外法学》2013年第6期。

其部分观点,比如“物中有债、债中有物的本质”[1]“债权和物权可说是均为自一定债权关系‘切割’下来的局部关系”[2]等,亦符合考夫曼类型理论思考的进路,殊值慎思以明辨。

三、类型理论下的物债二分:物债程度论

考夫曼的类型理论(Lehre vom Typus),立基于“在现实世界中,根本没有任何事物是二者完全一模一样的”,故而根本无法“相同问题相同处理”,秉承亚里士多德,“相同性难题便汇入类似性的难题中”,进而“法原本即带有类推的性质”;[3]而之所以能够类推,又在于“实际上并没有两个完全相异的存在物”,[4]此时即需要类型(事物的本质)的思考,去发现该“法律概念与生活事实的……中间点”“原始事物”,[5]从而借由“‘事物本质’与类型”(„Natur der Sache“und Typus),沟通实在(Sein)与当为(Sollen)。

上述类型理论意在祛除法律概念非此即彼的逻辑,以类型方式掌握法秩序整体,发现法律概念的意义关联,以防止实定法(乃至司法)的专断,亦即“法绝非与制定法相同,因为法所具有的具体的、内容上的丰富并无法被捕捉在制定法的概念中。因此,也没有任何封闭的‘公理式的’法律体系,而只有一种开放的‘集合论点式的’体系。”[6]

借用考夫曼类型理论的要义,不妨打破法学概念(外部体系)“非此即彼”的教条,而立基于规则与事实,甚至规则之间“或多或少”的可通约性;同时,可通约性的关键还在于寻找“最小单元”[7](类型或事物的本质),其后以类型序列(或多或少)方式描摹法律概念之间以及各自与整体法秩序的意义关联,[8]以实现类推

---

〔1〕 苏永钦:《从债物二分的底蕴看债物分编的体例》,王洪亮、张双根、田士永主编:《中德私法研究》(第一卷),北京大学出版社 2006 年版,第 243 页。

〔2〕 苏永钦:《从债物二分的底蕴看债物分编的体例》,王洪亮、张双根、田士永主编:《中德私法研究》(第一卷),北京大学出版社 2006 年版,第 244 页。

〔3〕 亚图·考夫曼:《类推与“事物本质”——兼论类型理论》,吴从周译、颜厥安审校,台湾新学林出版股份有限公司 2016 年版,“中文版序言”第 9 页、第 11 页。

〔4〕 亚图·考夫曼:《类推与“事物本质”——兼论类型理论》,吴从周译、颜厥安审校,台湾新学林出版股份有限公司 2016 年版,第 65 页。

〔5〕 亚图·考夫曼:《类推与“事物本质”——兼论类型理论》,吴从周译、颜厥安审校,台湾新学林出版股份有限公司 2016 年版,第 111 页。

〔6〕 亚图·考夫曼:《类推与“事物本质”——兼论类型理论》,吴从周译、颜厥安审校,台湾新学林出版股份有限公司 2016 年版,第 115 页。

〔7〕 寻找最小单元的方法,也被用来支持物权行为理论;比如张俊浩教授在谈及处分行为与负担行为区分的合理性时,就曾言及“科学的进步,在于划分得准确了,划分得细了……所谓的分析,我的比喻就是‘曹冲称象法’,因为整个象我称不动,没有那么大的秤,但是称石头简单了”;苏永钦教授对此也表示赞同,并且顺带评析了法国模式,“法国民法史很逻辑的,还没有认识到原子里还有电子,所以是按原子的分析方式去处理整套民法的,所以基本上也不认为合同外头需要一个法律行为”;王洪亮、张双根、田士永主编:《中德私法研究》(第一卷),北京大学出版社 2006 年版,第 250 页、第 255 页。

〔8〕 序列或类型序列方式,考夫曼较少涉及,而拉伦茨则着墨甚多;拉伦茨:《法学方法论》,陈爱娥译,商务印书馆 2003 年版,第 337 页以下(第七章第二节“类型及类型系列”)。

适用、法律续造或法学发现。

以类型理论作为方法探讨物债二分，首要的是打破物权债权概念之间的壁垒。上已述及，就祛除物债区隔的倾向，并非新观点，除上文提及的债权物权化等反思之外，民法理论上对物权债权共相的发现或阐述也并不少见，比如强调相对性的债权也具有对世性，[1]对物的物权也具有对人性。[2] 然则，预告登记等债权物权化，不过是绝对化了的债之关系；基于此的相关反思，尤其对于自罗马法以来物权之对物性（现代法上为客体特定原则）之解构，仍属有限。

当然，从类型理论角度反思物债二分，自非随意"解构"，仍需建基于一个稳定的、深富学术传统性的支撑点。本文立意在于，作为物权行为肯定论之拥趸，沟通否定论与肯定论。这就要求本文在论据、进路等方面尽可能地容纳异质观点，故而，也将本文视野投向了物权行为否定论的代表——法国法。就与类型理论契合程度以及其实际影响而言，笔者拟选取法国学者普拉尼奥（Planiol）对物债二元体系的反思作为起点，并以为普拉尼奥的视角和观点被低估了。

（一）普拉尼奥：产生"普遍消极义务"的物权

在法国法上，普拉尼奥最先对物权、债权传统划分提出批评，在其 1897 年首版的《民法基础理论》中，针对传统定义"物权是一个物全部或部分地服从于一个人的权力"提出质疑。他指出"法律关系不可能存在于人和物之间，这是毫无疑义的。按常理，任何一项权利都是人与人之间的关系"。以所有权为例，其实质是所有其他人实际上负有不干涉所有权人的义务（即"普遍消极义务"），所以物权也是"'债务性的'法律关系"，即"它与严格意义上的债务具有同样的性质"，"所谓物权人就是一项普遍消极债务的债权人。它与传统意义上的债权的差别在于，依债权承担义务的仅为一人，这样即可使其既承担积极给付也承担消极义务；债务关系在强度方面赢回了它在范围方面失去的东西，将完全具有同等性质的物权和债权对立起来的做法，显然是错误的"。[3] 普拉尼奥的观点在当时对法国民法理论产生了冲击，当然传统理论看起来仍有回旋的余地。[4]

普拉尼奥的观点最早由尹田教授介绍到国内，[5]后被尹田教授用来佐证其对物权与债权区分的反思，基本对其持批评态度。[6] 国内学者引用普拉尼奥观点止步于对传统物权"对人性"的揭示，并未吸收普氏旨在打破物债二分对立格局的趣旨。究其原因，当与国内学者和普氏所处的时代背景不同有关。我国学者则长期处在《民法典》结构晦暗不明的时代，而普氏则是以"后民法典时代"为

---

〔1〕 张正学：《债权之对世力》，吴经熊、华懋生编：《法学文选》，中国政法大学出版社 2003 年版，第 479 页以下。

〔2〕 尹田：《物权法理论评析与思考》，中国人民大学出版社 2004 年版，第 32 页以下。

〔3〕 雅克·盖斯旦、吉勒·古博：《法国民法总论》，陈鹏等译，法律出版社 2004 年版，第 173—174 页。

〔4〕 尹田：《物权法理论评析与思考》，中国人民大学出版社 2004 年版，第 59 页；尹田：《法国物权法》，法律出版社 1998 年版，第 31 页。

〔5〕 尹田：《法国物权法》，法律出版社 1998 年版，第 30 页以下。

〔6〕 尹田：《物权法理论评析与思考》，中国人民大学出版社 2004 年版，第 58 页以下。

研究背景的。申言之,普氏及其追随者吉诺萨尔(Ginossar,1960)[1]均倾向于要么用债权涵盖物权,要么用物权涵盖债权。

(二)再论物权债权的共相:此消彼长

作为结论,笔者较赞同普氏将物权定义为"一项普遍消极债务的债权",但其论证过程仅揭示出物权也系对人关系、以及义务消极性差异,仍显不足;正如法国学界已经批评的,"'普遍消极义务'一语具有欺骗性"[2],它不过揭示了所有主观权利均表达一种社会关系的共性而已。然而,"普遍消极义务"理论对于曾经较长时期处于"前民法典时代"的我国,以及本文论及的物债二分体系,意义何在?笔者认为,它提供了一个物权债权"通约"的视角。具体而言:

1. 关于物权的对人性

上已述及,"普遍消极义务"一语具有误导性,盖其所揭示的物权"对人关系说",实际是"'权利的通性'即权利所表现的人与人之间的关系"[3]。申言之,对"普遍消极义务"的相关批评之与经典理论相吻合,更深层次在于债权所谓对人性系针对特定人,而并非"普遍消极义务"所针对的不特定人,亦即以此揭示物权所谓"对人性",毋宁不过是物权对世性的翻版。然则,除此之外,"普遍消极义务"理论是否完全不能揭示物权具有针对特定人的对人性,值得进一步探究。

(1)物权的对人性:基于"普遍消极义务"理论本身

笔者认为,"普遍消极义务"理论不只是物权对世性的翻版。诚如斯言,权利都是人与人之间的关系,但此一点物权与债权相互抵消。"普遍消极义务"理论不止于此。更值得关注的是,它尝试提供了一个理论解释框架,尤其将财产权体系内距离最近的两大基本权利(物权与债权)放置在同一关系层次上予以比对,即将物权(X)化约为无数消极债权(Y)的求和,用公式来表示:

$$x = y_1 + y_2 + y_3 + y_4 + y_5 + \cdots\cdots + y_n (n \to \infty),\text{或者 } x = \lim_{n\to\infty}\sum_{k=1}^{n} y_k$$

亦即,每一消极债权,均源于物权人 A 与非物权人$\overline{A}_n$之间形成的特定人与特定人之债;每一消极债权y_n的内容,均为不得侵害物权人对物的支配性。

以上只是初步的理论框架,技术层面上定然存有疑问,即此些无数之债是如何缔结的;更重要的,如此大费周章,玄之又玄,究竟想解释什么。从纯粹理论角度,可以认为这些无数之债均为法定之债,区别于意定之债(合同)。原因在于,A 与所有$\overline{A}_n$之间逐一缔结合同是不可想象的,无异于要求物权人回归到自力救济

---

[1] 吉诺萨尔又进一步"建立起了一个独特的架构",意在打破物权、债权的传统划分:吉诺萨尔先用债权统合了定限物权、混合权,又用无体客体权利统合了知识产权和债权,复又用所有权统合了有形客体权利与无形客体权利;雅克·盖斯旦、吉勒·古博:《法国民法总论》,陈鹏等译,法律出版社 2004 年版,第 175、178 页。

[2] 雅克·盖斯旦、吉勒·古博:《法国民法总论》,陈鹏等译,法律出版社 2004 年版,第 175 页。

[3] 对此,尹田教授区分了物权债权对比标准的"A 位阶"与"B 位阶",并专门列有图示,适切指出,物权"对人关系"系属 B 位阶,而债权"对人权"属于 A 位阶;尹田:《物权法理论评析与思考》,中国人民大学出版社 2004 年版,第 31 页、第 32 页。

的野蛮状态:逢人便宣誓其物权,并要求他人尊重其物权;在实定法时代,通过“强制缔约”方式,以国家强力为后盾,可以避免这种低效性。而法定之债,可以从《物权法》第 4 条(《民法典》第 207 条)等法条中解释出来;更进一步或更严丝合缝的法解释关照,可以适当参照德国法上对《德国民法典》第 2 编第 17 章的通说,即是对物权关系法定之债(非侵权之债)的直接规定。[1] 法律上采取一种俭省的方式避免低效率,不只体现在对待绝对权的规制模式,也体现在主体法上,根据较为流行的公司“合同集束理论”(nexus of contracts theory),公司举办人本可以选择自行与无数人(合作者、劳动者、供应商、投资者等)逐一缔约,正因庞大的缔约成本不可想象,故而有了法律上予以集约化或曰主体化的诉求,这也是经济学上著名的科斯定理(Coase Theorem)之要旨。

此外,技术上还需讨论两个细节。一是如何看待这些无数之债的债务人(是否为特定人),二是消极义务能否构成债之常态。逻辑上,所有特定人的总和为不特定人,同时不特定人可以特定化。“普遍消极义务理论”虽然回归到“普遍”,使人产生对世性指向的误解,但其意指逐一与每一特定人(总和为不特定人)缔约,申言之,上述任一债权 y_n 都是与特定人的法定之债。“普遍消极义务”除了“普遍”之标签容易引起误解之外,其所谓“消极义务”能否构成债之常态?换言之,除了对焦“特定人与不特定人”之对人性标准之外,“普遍消极义务”理论阐发的非物权人之消极义务,是否与一般债权同质。通说认为,债权的客体为给付行为,但凡给付,一般当为积极义务(履行行为),而非消极的尊重或容忍。拙见以为也不尽然,其实稍作一个逻辑转化,就不难发现物债义务的同质性:比如实践中广泛缔结的保密协议,债权人有权利要求债务人尊重债权人的商业秘密,或者解释成债权人有权利要求债务人不得泄露债权人的商业秘密,均为约定的消极义务;又如竞业禁止条款,复如法定的附随义务等;更直接的对比,如物权法上的地役权,地役权合同与地役权的内容均为消极义务,且无限趋近。

那么,如上文设问,如此大费周折地解释,意义何在。还是在于“普遍消极义务”理论提供了物债通约的视角,增强了物债共相的解释张力。正如波斯纳在解释逻辑三段论为何总是正确时打的比方——“箱子隐喻”[2]:所有人都会死,苏格拉底是人,所以苏格拉底会死;“所有人”是一个纸箱,写着“苏格拉底”的名牌事先已经放入其中,逻辑三段论不过是将已经预先放入纸箱中的“苏格拉底”名牌再取出来。波斯纳这一比喻,正如科斯所“剖开”的新古典主义经济理论之企业“黑匣子”。[3] 物权也是这样的“黑匣子”,“切开”它并观察其内部,是法学理论的工作。

---

[1] Vgl. *Schnorr*, Die Gemeinschaft nach Bruchteilen(§§741-758 BGB), Tübingen 2004, S. 1; *Larenz*, Schuldrecht II, München 1981, S. 415; Staudinger-*Langhein*, §743, Rz 33.

[2] 理查德·A. 波斯纳:《法理学问题》,苏力译,中国政法大学出版社 2002 年版,第 49 页。

[3] 科斯本人借用的比喻则是“模糊的影子”,即“经济理论中的企业,正如哈恩(Hahn)最近所讲的,是一个‘模糊的影子(shadowy figure)’”;罗纳德·哈里·科斯:《企业、市场与法律》,盛洪、陈郁译校,格致出版社、上海三联书店、上海人民出版社 2009 年版,第 6 页。

“普遍消极义务”理论认为,物权的本质是无数消极债权的求和。换言之,物权当中可以分割出债权,这完全符合现实(如所有权人出租房屋等);更为关键的是,当物权被侵害时,产生债权(救济权);倘若物权之中不“预先”蕴含无数债权,如何会产生债权;不论是基于物权积极地设立新债权,还是消极被侵害时产生新债权,均是该债权本身已经预先被放在物权的“箱子”里。故而,就原权利与救济权的关系,物权可以是纯粹债权表达式的,即“物权(法定之债、原权利)——物权请求权(法定之债、救济权)——侵权法上的请求权(法定之债、救济权)”;与之相对应,普通债权则为“债权(意定之债、原权利)——违约之请求权(法定之债、救济权)”。

以上即为“普遍消极义务”理论所能揭示的物权对人性及其相似问题可能的解释张力。但这并不否定物权与债权的区分,相反,物权仍然是物权、债权仍然是债权,只不过彼此在对人性特征上具有可通约性;更重要的是,它可以解释为什么物权、债权本身甚至人身权都可以在救济权层面上“统一”为债权保护;正如上文所述,从“普遍消极义务”理论的角度,救济权层面上的债权“预先”已经放置在物权的“黑匣子”内。

基于效率考量,物权等绝对权完全有单独予以规定的必要,并且物权请求权也仍然可以是相对独立的规制路径;[1]在救济权的底层,债法为之提供更为基本的救济,换言之,债法为一般法。有一般法的规定,并不意味着不再有特别法规定的必要;恰恰相反,唯其如此,才能形成规范序列。正如同债法内部,合同法和侵权法皆为债法,但合同法更为一般法,侵权法(法定之债)系对合同法(意定之债)的类推模拟,二者在各国法上确有互为消长的关系。

综上所述,笔者以为“普遍消极义务”理论所揭示的物权对人性,并非物权对世性的翻版;进而,“普遍消极义务”之标签确实有误导性,但其对物债通约的贡献被低估了。

(2)物权的对人性:物权债权化等法教义学视角

除了上述纯粹理论角度所揭示的物权具有对人性之外,实定法上是否有更为直接的体现,此一点,笔者将其总结为“物权债权化”。具体而言,一方面,新兴的资产证券化(ABS 或 REITs)等使得对不动产物权的利用方式直接转化切分为可数之“小份”债权,实现了物权日益债权化。另一方面,传统物权的对人性日趋凸显,传统对物静态的归属(所有权)日益转向对物动态的利用(定限物权),而定限物权除了具有对世性,几乎毫无例外地体现对人性,[2]即针对所有权人(特定

---

〔1〕 不论物权请求权作为物权的消极权能抑或救济权(甚至是侵权责任),均反映物权的对人性。物权请求权是针对特定人的,具有对人性;其作为物权的权能,具有对人性,则应当可以反推物权具有对人性;盖因,权利的部分(即权能)不可能大于权利本身,而所谓分析,属性(谓项)应在本体(主项)中,才能被析出。此外,倘若物权请求权得为侵权责任所替代,则侵权责任本身更是对人权,虽然此时是从权利救济角度出发的。故此,物权请求权从消极权能与救济权两个角度,也均在一定程度上体现物权的对人性。

〔2〕 就此,苏永钦教授专门列有详细的图示。苏永钦:《从债物二分的底蕴看债物分编的体例》,王洪亮、张双根、田士永主编:《中德私法研究》(第一卷),北京大学出版社 2006 年版,第 234 页。

人),不论是用益物权还是担保物权;其中,地役权更是从内到外地体现对人性(针对供役地权利人);以至于上文提及的“公示物权论”在此基础上认为,物权与债权已经没有本质差异了,债权经过公示即变为物权。

不只是日渐成为物权主流的定限物权体现直接的针对特定人属性,作为“例外”的共有制度(详见《民法典》物权编第 8 章)共有,更是体现了针对特定人(共有人之间)的对人性;同理,《民法典》物权编第 6 章的建筑物区分所有权,以及同编第 7 章规定的相邻关系,均不可避免地体现物权的对人性。实定法上,除了物权请求权、定限物权、共有、建筑物区分所有权、相邻关系等体现物权的对人性之外,所有权是否也体现一定程度的对人性,也值得进一步探究。倘若所有权单纯地表现为特定人(所有权人)对特定物的直接支配(直接占有),则其对人性(对特定人)自属有限;然则,即便是所有权,在我国法乃至现代法上也早已不再单纯“锚定”于对物性上,尤其不动产所有权,系以登记为公示方法及效力识别,则势必突破不仰赖他人对物为直接支配的古典所有权模式。不动产登记效力强于不动产占有效力,而不动产登记又非对物为直接支配,故而,不动产所有权不可避免地体现趋强的对人性,比如针对原所有权人、针对与登记相关的登记机关等特定主体。

加之,动产所有权领域也非“铁板一块”。动产所有权以直接占有为一般(《民法典》第 224 条),间接占有为例外。然则,间接占有情形下,所有权人是否还存在对物直接支配性,而不仰赖他人。可以确定的是,间接占有情形下的动产所有权,首要体现为所有权人(间接占有人)与直接占有人之间的特定人关系(对人性);其次,才是对世性。即便针对直接占有,新近也有观点明确指出,相较于不动产登记制度,“以占有作为公示手段的动产物权公示制度自始伴随着致命的缺陷”,并认为其不足以担任动产物权适格的公示手段,而建议另行寻找新工具。〔1〕

(3)小结

准此,精确而言,物权的对人性已非例外,而渐成一般。并且,物权的对人性,并不仅仅是“普遍消极义务”意义上的纯粹学理阐释;实定法上的物权,举凡所有权、用益物权、担保物权、共有、建筑物区分所有权、相邻关系等,已经无不直接体现极强的对人性。

2. 关于债权的对世性

物权具有对人性,债权也具有一定的对世性。具体而言:

(1)债权对世力说及其缘起

债权“对世力说倡自英之安生等;而安生之学说,则本于英国之判例。英国往时,亦坚守债权仅就债权人与债务人之间发生效力之说……破坏他人契约,足为侵权行为之法则,既固植于英国,旋徙播于美洲,为合众国联邦法院及多数之州法院所采认。英美学者安生等之著作,遂倡债权有对世力之说,而债权仅就债

〔1〕 张双根:《物权公示原则的理论构成——以制度正当性为重心》,《法学》2019 年第 1 期。

权人债务人间发生效力之传统观念,为之根本动摇。新说之兴,由英美而欧陆,由欧陆而日本。虽未成为通说;然颇有摧枯拉朽、风吹水淹之势”。[1]

债权消极意义上的不可侵性,实为权利的通性,确属对世性的范畴,与物权的对世性处于同一位阶。[2] 上已述及,对世力为针对不特定人的效力,而私法上针对不特定人,又具体表述为第三人或他人,于债权情形,主要指对除了债权人债务人之外的第三人发生效力。不同于德国及我国台湾地区等,我国民法典并未将债权可侵性予以明文规定,故而,侵害债权制度,仍停留在理论层面上。

(2)实定法上的债权对世性

我国实定法上的债权对世性,体现在诸如《民法典》第 725 条(“买卖不破租赁”)、第 221 条(预告登记)以及第 440 条以下(权利质权)等。“买卖不破租赁”,有特定的“居者有其屋”之法政策考量,即针对土地与住房之佃农或承租人的保护机制(Bestandschutz der Mieter und Pächter von Grundstücken und Räumen);[3]此际,有力说认为,“‘租赁权’性质上仍为债权,其“可向物权性异化的空间,仅存在于不动产领域”;[4]对此,也有观点认为,“‘租赁权物权化’与‘租赁契约物权化’……这一分析虽然细致,却似乎没有必要。依德国法,‘买卖不破租赁’即表现为法定契约承担制度,无须节外生枝地引入‘租赁权物权化’之分析手段”。[5]然则,不论“买卖不破租赁”是否属于债权物权化,均“无法改变它违反债的相对性之事实”,[6]表现为债权对债权人债务人之外的第三人产生效力,即债权的对世性。

此外,预告登记与权利质权等情形亦类似。以预告登记为例,经过预告登记保障的债权正如拉伦茨论及的那样,“其亦非独立于请求权外之独立的物权,毋宁只是借着——通常属于物权的——一种特征来强化请求权……作为‘相对的支配权’,其同时具有请求权及对物权的特征”[7]。同样,不论其是否物权化,预告登记也毫无疑问地突破了债的相对性(对人性)。而对于已经不只是“物权化”,甚至几乎通说上已经认定是物权的权利质权(以债权质权为代表),笔者认为虽然其仍然不过是绝对化了的债之关系,但显然,其无争议的是,同样具备对

[1] 张正学:《债权之对世力》,吴经熊、华懋生编:《法学文选》,中国政法大学出版社 2003 年版。

[2] 即如尹田教授所总结的,同属其图示中的“B 位阶”,即物权之 B 位阶“表现物权人与一切人之间的关系(物权的绝对性)”,债权之 B 位阶“(除表现特定人之间的关系外)也表现债权人与一切人之间的关系(债权有其不可侵害性表现的绝对性)”;尹田:《物权法理论评析与思考》,中国人民大学出版社 2004 年版,第 32 页。

[3] 张双根:《论“买卖不破租赁”规则的客体适用范围问题》,王洪亮、张双根、田士永主编:《中德私法研究》(第一卷),北京大学出版社 2006 年版,第 15 页。

[4] 张双根:《论“买卖不破租赁”规则的客体适用范围问题》,王洪亮、张双根、田士永主编:《中德私法研究》(第一卷),北京大学出版社 2006 年版,第 18 页。

[5] 朱庆育:《“买卖不破租赁”的正当性》,王洪亮、张双根、田士永主编:《中德私法研究》(第一卷),北京大学出版社 2006 年版,第 54 页。

[6] 朱庆育:《“买卖不破租赁”的正当性》,王洪亮、张双根、田士永主编:《中德私法研究》(第一卷),北京大学出版社 2006 年版,第 54 页。

[7] 卡尔·拉伦茨:《法学方法论》,陈爱娥译,商务印书馆 2003 年版,第 347 页。

抗第三人的效力，也即具有对世性。最后，德国法及学理上，还广泛讨论期待权（Anwartschaftsrecht）[1]等，亦是债权对世性的表达，限于篇幅，不再赘述。

(3)实践操作的债权对世性

就概览性而言，我国司法实践中，诸多举足轻重的实体及程序措施，均在一定程度上体现债权的对世性。比如，期房交易市场的商品房预售合同备案登记，其实际具有对抗第三人的效力，而不只限于开发商（出卖人）与小业主（买受人）之间；二手房交易领域的合同网签，基于现房（不动产）的唯一性，其实际也具有几乎完满的对抗第三人性。再如，民事执行程序中的失信被执行人名单以及“限制高消费令”等。凡此种种，很大程度上也都体现了债权的效力不再仅仅局限于债权人与债务人之间，而是已经逐渐较为“一般性”地向第三人漫射。

(4)小结：债权对世性简评

综上，从理论、实定法乃至实践操作，债权均已具有一定程度的对世性。然则，债权仍然是债权；对人性仍旧是债权最为主要的特征。

3. 总结：此消与彼长

以上详细讨论了物权的对人性和债权的对世性，但均不意味着物债之间已毫无差别，而更多地表明现代法上物权与债权本身的不纯粹已成常态。以图示描摹之，则现代物权已非“圆柱体”（上下分布均匀圆满），而更似“沙漏”，对世性居上、对人性居下，截取一帧画面时，则呈现出对世性与对人性的混合，当然，仍旧以对世性为主。债权，则反之。物债单就其各自的内部属性而言，此消彼长，且此属性已经不能消除彼属性。这正是物债通约的新背景，即原先的例外（物权债权化或债权物权化）已成普遍；甚至，原先的“中间状态”和“混合状态”才是常态。

（三）物权债权：“或多或少”而已

上文述及，民法理论发展至今，物权具有对人性，债权也具有一定的对世性，均非不可突破，或曰疑义应属不大；唯独如何理解债权也具有对物性，目力所及，应系沟通物债之关键。略去物债的其余共相，不妨集中讨论债权的对物性。

1. 债权具有对物性吗？

物权的客体是物，债权的客体是给付。债务人的履行义务（积极义务），依据普拉尼奥的观点，与物权对应的“普遍消极义务”并无本质差异。故而，物债沟通的难点在于如何突破性地看待债权也具有对物性。

传统理论为贯行债权与物权的区隔，强调债权并非支配权，尤其强调“债权既非对债务人人身的支配，也非对债务人财产的支配”，而只是请求权。而债权之实现，依赖于债务人的履行行为，似乎并不存在对物性。客观而言，债权不直接支配债务人人身，如同自然人不得成为物权客体一样，是社会文明昌达的体现，自无争议。然而，就债权人不直接支配债务人的财产而言，以买卖特定物为

---

〔1〕 申卫星：《期待权基本理论研究》，中国人民大学出版社2006年版，第12页以下。

例,债权人并不能直接支配该特定物抑或债务人的其他财产,其含义则较为丰富,此部分内涵之辨识,于本文观点之证立至为重要,下文拟详述之。

传统理论为强调债权人不得支配债务人财产,以彰显其与物权直接支配特定物特征的差异,往往还专门区分债的客体("标的")与"标的物","前者是从债的关系的构成要素而言,指给付本身;而后者则是从债务人的行为所及于的物而言,指给付的对象"[1](在单纯提供劳务的债,其本身即足以完成给付,不必再另有标的物)[2]。

那么,债权本质真与对"标的物"、债务人财产的支配无关吗?笔者以为不然,究其原因,并不仅限于在法国法债权意思主义模式下,[3]指向同一物(买卖合同情形)的债权合意一经达成,债权人即获得同一物的所有权;以至于债权人获得针对同一物的债权和物权几乎是重叠的。[4] 更为基本的原因在于,任何债权的设立均体现为债务人对自己总体财产之一部的"处分",继而表现为债权人对债务人该部财产或等值财产的"直接支配"(受领给付)或强制执行(届期不履行时)[5],即表现对特定财产的"拘束"。

上述论断,尤其与总体财产概念相关。众所周知,民事主体原则上得依其意愿自由设立债权债务,然则契约自由并非毫无限制,相反,对于债务人而言,所自由缔结的契约只是"冰山一角",支撑该"一角"的是位于"水面"之下的债务人总体财产。正如传统理论所言"债务人原则上以其全部财产作为债务的担保",亦即债务人债务之对物的无涉性,需以其全部财产(对物权)[6]作为"背书"。

就针对同一物的债权和物权而言,物权直接支配特定物,然而,债权同样也"支配"特定物,差异仅在于债权对特定物的"支配"具有替代方案,除直接受领进而支配该特定物之外,还可以是"等值"替代物或补偿;自债务人角度而言,则体现为未为履行之前,其对该特定物或总体财产中等值部分便未丧失终局性的权利,即还保有审度甚至重新配置的剩余自由(甚至可以反悔);然而,除非债权人免除或宽宥,该特定物或该部财产将不可避免地"流向"债权人。换言之,法律或债务人欲让债权不直接触及特定物的权利只是相对的,它仅表示法律赋予债务人一个相对更大的自由(犹豫空间)。申而言之,所谓债权系请求权,从而不具有

---

[1] 魏振瀛主编:《民法》,北京大学出版社、高等教育出版社 2007 年版,第 342 页。

[2] 张广兴:《债法总论》,法律出版社 1997 年版,第 113 页。

[3] 就比较法学说上将法国法归为"意思主义物权变动模式",有学者从揭示法国法"原貌"及分型标准等角度提出了批评,认为这不仅使得法国财产权交易规则的真相被长期掩盖,也使得德国权利交易规则的弊端未得到真正的检讨,颇值得关注;徐晓峰:《论以分离原则为基础的财产权交易规则——法国法的原貌与中国法的未来》,《环球法律评论》2017 年第 1 期。

[4] 与普拉尼奥基于"普遍消极义务"主张"将物权并入债权"的观点(这种理论被称为"人格主义理论")相对应,法国法上还有由萨莱耶(R. Saleilles)倡导的"将债权并入物权"的"客观主义理论";见尹田:《物权法理论评析与思考》,中国人民大学出版社 2004 年版,第 60 页;尹田:《法国物权法》,法律出版社 1998 年版,第 32 页。

[5] 当然,依照自治原理,也并不排除债权人的免除或其他宽宥,免除与宽宥仍属"权利"(支配权)范围。

[6] 这里也并不排除"总体财产"中一部甚至全部是"未来财产","未来财产"本身就是一种对"财产"概念的类推。

直接的对物性，只是一种修辞，它表彰的是债务人相对的自由，而非债权人债权的本质。就精度而言，经由总体财产概念，债权本质上也表现为对债务人财产（特定物或等价之总体财产之一部）的直接拘束，甚或可言“直接支配”。

据此，债之对物性，总结而言，可分为三个层次。总体财产虽然不能整体转让，一项债权的发生，首先依赖于债务人总体财产，且债务人以其全部财产作为债务的担保，谓之债的第一层对物性。债务如期履行（以买卖合同为例）而所有权转移，则如针对该出卖物的债权无对物性，就无法解释出卖物所有权转移后，为何债归于消灭，该“出卖物”谓之债的第二层对物性。债务届期不履行，债权人将从债务人总体财产中以出卖物价值为对照，获取相应的（债务人总体财产之）一部（可以是他物，也可以是货币）作为补偿，此之谓债的第三层对物性。

2. 物权对物性的减弱

相较于债权存在也应当具有对物性（财产权的表达），现代法上的物权，直接对物性却在减弱。究其原因，这与现代法对物利用的趋势有关，即物权法日益由强调对物的静态归属（所有权）转向突出对物的动态利用（定限物权），而与之相呼应，物权对物直接占有并为自用的方式日益转变为更加观念化、抽象化的形式。

上文阐述物权对人性时已提及，不动产领域贯彻登记制度，直接对物性（比如对不动产的占有）效力要弱于抽象化的登记；当然，不动产物权领域的抽象化（对物性减弱）并不意味着物权人管领力的减弱，更不意味着权利减弱。

不仅不动产物权领域，动产物权领域也呈现观念化趋势。上文已提及，有观点指出占有作为动产物权公示方式伴随“致命的缺陷”，即“占有作为‘不说话的事实’，故而即使在最简单的以直接交付转让动产所有权的情形，显现于外部的也仅是占有的转移，即物由一个位置移动到另一个位置，但这一位置的移动并不能明白无误地告知外部第三人此时正发生一项所有权的转让”[1]。而《民法典》第 228 条等还认可间接占有制度，后者更是影响传统意义上物权的直接对物性。

在特殊物权领域，比如动产在按份共有的情形下，虽则份额等同于所有权，但份额毕竟是抽象的，全体共有人并不能像在单独所有权的情形下，不依赖他人或不受他人影响，直接对该动产为支配。同理，在《民法典》物权编第 6 章规定的建筑物区分所有权情形，业主们对共有部分甚至专有部分，均体现出直接对物性的减弱。一定程度上，物权对物性的减弱，对应的即是物权对人性的增强；毕竟，物权对世性就内在结构而言，主要体现为物权的对物性。

综上，债权也具有潜在的甚至直接的对物性；而与之对应，现代法上因物权法理念逐渐由强调物之归属转向促进物之利用，使得物权内在结构日趋观念化，进而使得物权的直接对物性也随之呈现减弱趋势。总体上，物权债权同质性，进而可通约性，也日趋明显。

3. 再观物债二分：程度不同而已

物权也具有对人性（普遍消极义务）、请求权性（物权请求权），债权也具有对

〔1〕 张双根：《物权公示原则的理论构成——以制度正当性为重心》，《法学》2019 年第 1 期。

世性(如第三人侵害债权制度等),上文提出,债权也具有对物性,如此,是否意味着物债已无区分之必要?绝非如此。打破物债二分"非此即彼"的壁垒是要对其进行"或多或少"的描摹。

物债尽管在"事物的本质"意义上系属同类,然而,仍然存在程度上的不同。击破物债对立的关键在于对物性,物债虽均具有对物性,但物权的对物性仍然强于债权,除了履约风险之外,以针对同一物的债权和物权为例,债务人于债权情形下所让渡的对物性要弱于其仍持有之物权的对物性,尤其债务人虽原则上应当履约让渡该特定物所有权,却同时保有着对该特定物另作安排的权利;相反,物权具有终局性,让渡者不再拥有上文述及之"犹豫空间"。从对物支配性的程度而言,作为经济生活常例(各国通用,有韦伯"理想类型"意义)之契约与产权的体现,"债权——物权"也分别处于两端,后者较前者更为强烈。

4. 效用之一:"物权优于债权"再思考

打破物债非此即彼的划分,从对物支配性程度的不同来理解物债二分,最直接的效用是可以重新反思"物权优于债权"的论断。

按照本文提出的物债程度论,物权与债权并无本质差异,仅在对物支配性上物权要强于债权。如此,对于同一物上既有债权又有物权时,物权胜出。这一权利对决情形,于债务人总体财产充足的情形,往往隐而不显(债务人有调度空间),然而,愈是债务人总体财产不足,尤其面临破产时,物债优先性问题愈是突出:如某一财产的支配权已经终局性地让渡给他人,破产人仅借用时(占有改定,仍享有一个债权,也系总体财产的一部分),其他破产债权人针对该财产的支配性弱于所有权人;同样,破产人针对该财产的借用债权也弱于所有权人的所有权;故而,所有权人(或者担保物权人)得就该财产实施取回权或优先受偿权,债权人只得等候其残余价值(破产人可主张借用债权的代偿)。即便对同一套房产进行轮候查封时,抵押权人(物权人)针对该房产的支配权仍然强于无抵押权的其他债权人,即便该查封系其他债权人首先提起。

(四)小结:物债程度论的要旨

本文认为,反思传统物债二元论的关键,从物权角度不在于物权也具有对人性、请求权属性,从债权角度不在于债权也具有对世性,而在于如何理解债权也具有对物性。借用普拉尼奥"普遍消极义务"的趣旨,本文认为债权具有针对总体财产、特定物、总体财产之一部等三个层次的对物性。从对人性角度,债权较物权为强烈;从对物性角度,物权较债权为强烈;进而,物权债权并非非此即彼的二元对立,而是本质相同以及或多或少的程度不同,是之谓"物债程度论"。

击破物债二元论的目的,并不在于消除物权和债权的区分,而在于发现二者的可通约性(即物债程度论仍是基于物债二分,仅只不再赞同物债非此即彼式的二元对立),其效用之一便是对物权优先性的再证成。进而,以物债二元论作为物权行为理论的基石,则面临物债程度论的解构。

四、另一维度：负担行为、处分行为二分及其相对性

物权行为理论，依照肯定论，建基于两大基石，即物债二分与负担行为、处分行为二分。后者更被戏称为德国法上的“任督二脉”[1]，足见其对物权行为理论证立之重要。肯定论认为物权行为独立性系物债二分的逻辑必然，有力说还进一步指出，“负担行为与处分行为之区分，最具意义的是产生所谓的物权行为理论”[2]。上文已反思物债二分理论，并提出基于物债二元的“物债程度论”；一循前例，下文拟反思物权行为理论的另一维度，即负担行为、处分行为之二分及其相对性。[3]

（一）负担行为、处分行为的二分

所谓负担行为、处分行为之二分，系指根据法律行为（Rechtsgeschäft）的效果，可将其分为负担行为（Verpflichtungsgeschäfte）与处分行为（Verfügungsgeschäfte）。[4]负担行为的特点是“产生一项或多项请求权，或者——在现金交易行为中——至少产生一项能够保留给付的法律原因”[5]。处分行为的特点是“直接导致权利状态的变化，即权利的移转、变更、消灭以及使原权利增加负担”[6]。就负担行为与处分行为的识别，除上述法律效果上的差异之外，还有比如“意思表示内容的差异”“标的物之特定及负担行为的自由和处分行为的法律特定”“处分权之有无”等诸多方面。[7]

其中，辨识度较高的是请求权因负担行为而新生，故而，创设或取得新权利均非处分行为；处分行为所变动的则是既存权利，负担行为需借助给付行为得到履行，处分行为则不存在履行问题。[8] 更为重要的是，“由于负担行为仅令当事人负担给付义务，而不直接变动权利，故无处分权之要求，相反，处分行为之有效

---

[1] 王泽鉴：《民法总论》，北京大学出版社2009年版，第218页。

[2] 朱庆育：《民法总论》，北京大学出版社2013年版，第157页。

[3] 对处分行为与负担行为二分的最新反对，参见崔建远：《处分行为理论真的那么美妙吗？——〈民法总则〉（草案）不宜采取负担行为与处分行为相区分的设计》，《中国政法大学学报》2016年第5期。从“地方性知识”（德国法）角度阐释负担行为、处分行为二分之合理性者，可参见赵冀韬：《负担行为与处分行为的区分——以德国法为考察对象》，第305页以下；主张对二者区分的理论进行消肿，废弃物权契约这一无用盲肠（认为给付可以包含交付）的观点，可参见张康林：《负担行为与处分行为区分之我见》，《武汉大学学报（哲学社会科学版）》2007年9月第60卷第5期，第710页以下。

[4] 迪特尔·梅迪库斯：《德国民法总论》，邵建东译，法律出版社2004年版，第167页。

[5] 迪特尔·梅迪库斯：《德国民法总论》，邵建东译，法律出版社2004年版，第167页。

[6] 赵冀韬：《负担行为与处分行为的区分——以德国法为考察对象》，法律出版社2006年版，第5页；迪特尔·梅迪库斯：《德国民法总论》，邵建东译，法律出版社2004年版，第168页；王泽鉴：《民法总则》，中国政法大学出版社2001年版，第263页。

[7] 相关总结参见赵冀韬：《负担行为与处分行为的区分——以德国法为考察对象》，法律出版社2006年版，第87页以下；朱庆育：《民法总论》，北京大学出版社2013年版，第154页以下。

[8] 朱庆育：《民法总论》，北京大学出版社2013年版，第154—155页。

以处分权为必要”[1]。

(二)负担行为、处分行为二分的相对性

考察上述对于负担行为、处分行为界分的标准,不难发现,其仍是以债权之请求权特性以及物权之绝对权特性(终局性)为出发点,细究而言,极似物债二分的直接衍生。尽管有观点指出物债二分与物权行为、债权行为二分属不同范畴,二者只有“间接的关系”,然则,较为逻辑一致的认同还是物权债权在“性质上的差异,便导出对作为两种权利产生依据的负担行为与处分行为的区分”[2]。由此,本文对负担行为、处分行为二分法的反思,仍得依循物债程度论。具体而言:[3]

1. 负担行为无须遵循客体特定原则吗?

上已述及,债权也具有对物性。取譬而言,以绘画技法作比,债权的对物性,具有写意性;物权的对物性,具有写实性;然则,不论写实写意,均受对象(物)之轮廓的拘束,仅程度不同而已。就与物权针对同一物的债权而言,正常实现之,则表现为无限趋近于物权的对物拘束性;如不能正常实现,则其写意性凸显,债权可转而支配(依据原债权所指向之物的价值,比照前述之轮廓)债务人总体财产之一部,而此一轮廓,恰在债权设立时已然明确。

故而,债权所指向的物,其也是特定的,至少也是“轮廓”意义上的特定物,仅债务人对该特定物的调度空间比处分物权时略大,但最终要么表现为该特定物、要么受该特定物价值(“轮廓”)所限。若非如此,实难解释为何在债权让与情形下,可同样适用处分行为规则;舍此路径,则无异于债权本身不以特定物为客体,但债权本身又是特定物,尽显悖谬。

2. 负担行为不需要处分权吗?

逻辑上更不顺畅的是,所谓负担行为不“处分”权利。从加利人角度,负担行为当然也处分权利。任何权利让与或设定的前提,均首先应当是有权利。那么,负担行为让渡的是什么权利?负担行为让渡的是债务人对其所有的特定物或针对总体财产之一部的权利,这些权利的集合表现为债务人对特定物的财产权或总体财产;换言之,债务人依据负担行为所让渡的此些权利是“先在”的(否则其无权让渡)。不妨再换一种表述方式,即负担行为并非新设什么债权,而是在缔约时让渡其“既有”的债权,该被让渡的“既有债权”不过是债务人事先攥在手中之大捆债权束中的一个或数个。或可言之,负担行为与被归为处分行为之债权

[1] 朱庆育:《民法总论》,北京大学出版社 2013 年版,第 155 页;赵冀韬:《负担行为与处分行为的区分——以德国法为考察对象》,法律出版社 2006 年版,第 90 页。

[2] 赵冀韬:《负担行为与处分行为的区分——以德国法为考察对象》,法律出版社 2006 年版,第 141 页。

[3] 实际上,德国学者就揭示负担行为、处分行为的共性已做过阐述,比如克格尔(Kegel)即曾指出,“负担是增加义务的法律行为,处分是减少权利的法律行为,这两个法律行为均系从失利人的立场所为之观察”;赵冀韬:《负担行为与处分行为的区分——以德国法为考察对象》,法律出版社 2006 年版,第 89 页(注释 1)。亦即,新设负担(债务)与处分物权(失权),可以一体性地从失利人(或失权人)予以同一考量。

让与,并无本质差异。

之所以负担行为不需要具有针对(负担行为所指向的)特定物的处分权,并非是逻辑上不存在,而是负担行为系基于总体财产,债务人往往看起来"总是"具备该处分权。尤其,在我国尚未确立系统的自然人破产制度,这意味着并不存在(针对特定物的)"自始履行不能"的债务。比如,就《合同法》第 51 条(《民法典》第 597 条已改变之)的法解释而言,中间商合同之所以有效,不在于其有无货物的所有权,而在于其有债权的处分权,即作为具备民事主体资格的法人,在其宣告破产之前,其一直具有无数债权的处分权。

民事主体并非当然地享有以设立债权方式处分既有财产的权利,该"处分权"从形式上到实质上都受到一定的限制。形式上的限制,如罗马法对合同主体资格的限制(仅奴隶主或罗马市民得平等缔结合同),现代法上如对缔约能力的限制(如未成年人、禁治产人、建筑工程资质等),而更加实质的限制与总体财产状况相关:愈是总体财产状况良好的人,其处分债权的范围愈大;愈是接近破产的人,其处分债权的可能性愈小,甚至为零。

综上所述,基于债权的对物性,负担行为也需要处分权,只不过通常情形下,它是潜在的(如同债权的对物性)、隐而不显的:代之以缔约双方在缔约前对彼此资信(总体财产)的考量。

3. *处分行为是否不需要"履行"*

依照传统理论,加利行为(处分行为),"不存在履行问题,因为处分行为本身即为负担行为所确立之给付义务的履行行为"[1]。然而,任何权利让渡,除均需要相应的处分权之外,也均需要履行。正如休谟所言,"一个人也不能凭着单纯的表示和同意转移出十斛谷或五大桶酒的财产权"[2]。即便从债权合同中分离出"物权合同",或如《德国民法典》第 873 条规定独立的物权合意(Einigung),该合意也需要"履行"。[3]

如萨维尼般,将交付本身视为一种契约,也并非表明该契约不需要履行,而是交付这一契约与履行(交付行为)本身重叠了,这极类似于即时交易下的履约模式:契约的达成与契约的履行是瞬间同时完成的。亦即,如同即时交易只不过因时间间隔几乎为零,加利人一方不再有反悔的余地。

在不动产交易情形下,因登记制度的介入,物权行为则较为复杂:达成独立的物权合意、登记申请乃至载入土地登记簿,总归还是存在时间差。就该时间差,德国法不得不面对,究竟是单独的物权合意(Einigung)即构成物权行为,还是

---

〔1〕 朱庆育:《民法总论》,北京大学出版社 2013 年版,第 155 页。

〔2〕 休谟:《人性论》(下册),关文运译,郑之骧校,商务印书馆 1996 年版,第 560 页;朱庆育:《物权行为的规范结构与我国之所有权变动》,《法学家》2013 年第 6 期。

〔3〕 谢鸿飞研究员曾提出过类似疑问,"物权行为本身难道就不需要履行行为了吗?在负担行为和处分行为之外,是不是还需要一个取得行为?"见 2005 年 4 月 22 日中国人民大学"民商法前沿"系列讲座现场实录第 202 期,董安生、申卫星、谢鸿飞、张双根、朱岩:《法律行为理论与实践》(上),http://www.civillaw.com.cn/article/default.asp?id=21551,访问日期:2014 年 5 月 4 日。

与登记(Registrierung)一起才能共同构成。[1] 就此,除了勉强将其解释为物权行为的双重构成要件,显然解释为对处分行为的履行也是一种可选路径。

4. 处分、负担二分法的相对性

由上可知,负担行为也遵守客体特定化原则(至少以框架权利方式),负担行为也需要处分权,而处分行为也需要履行。这意味着处分行为与负担行为也非"非此即彼"的关系,而是在性质上具有共通性。然则,具有共通性,也并非意味着二者完全混同,相反,二者仍然存在程度上的差异:从加利人一侧观察负担行为与处分行为,负担行为也需要处分权,但其所处分的债权(回到"物债程度论")在对物支配性上,较之于处分行为为弱,或可言之,前者加利人保有更大的自由;而处分行为所处分者,也以有处分权为原则,且所处分之权利(物权)具有终局性,犹豫空间几乎为零。另外,从履行角度而言,处分行为同样需要履行,不过相较于负担行为,其履行可解释为瞬间完成(尤其动产情形);这与此前的处分程度强弱也相互映照。一言以蔽之,处分行为可谓瞬间完成的负担行为,其处分程度强于负担行为,也因此,其将负担行为的犹豫空间(履行选择)压缩为零。

综上所述,物权与债权、处分行为(物权行为)与负担行为(债权行为),从类型理论角度并非是泾渭分明的性质对立,而是或多或少的程度不同,换言之,彼此之间具有同构性。

五、进路:以债权、负担行为为本位

以类型理论分析物债二分、负担行为处分行为二分,进而评析物权行为理论,仅揭示了同构性或可通约性,尚属功败垂成。"消除"了物权与债权、处分行为(物权行为)与负担行为(债权行为)的本质对立,便需讨论当以何者为理想类型("事物的本质")?当然,答案原本显而易见,且曾一再被主张和提起。

(一)"从身份到契约"与"债权在近代法上的优越地位"

就产生而言,基于产品过剩、社会分工的契约制度,恒"较起源于对无主物的先占的物权关系发生得晚"[2],亦即"自古以来,无论何处,基于契约关系所生的人的债务,其发达恒较有体物的权利,为期稍迟"[3]。并且,"合同法只在法律发展的高级阶段才出现"[4]。法律制度转向契约(合同)本位,所表彰的"法律进化",最为著名的论断莫过于亨利·梅因(Henry Maine)的"从身份到契约"。

以契约制度为本位,构架市民社会,将社会规则从基于身份的分配变为基于自由的交易。市民社会之契约本位所带来的巨大变革,丝毫不亚于如今的网络技术革命。"契约革命"不仅将人们从"身份"(梅因)、"仪式与巫术"(韦伯)中解脱了出来,更实现了资源基本利用方式的转变。

---

[1] Vgl. *Baur/Stürner*, Sachenrecht, 18. Aufl., München 2009, § 5 Rn. 42.

[2] 陈华彬:《物权与债权二元权利体系的形成以及物权和债权的区分》,《河北法学》2004 年第 9 期。

[3] 孟罗·斯密:《欧陆法律发达史》,姚梅镇译,商务印书馆 1943 年版,第 54 页。

[4] 王家福等:《合同法》,中国社会科学出版社 1986 年版,第 43 页。

市民社会以契约为本位，同时，经由契约的“解构”，也使得针对有体物的权利(物权)重新被解释，“今日之物权”已非“往日之物权”，而是基于债权的物权。甚至，人们对财产观念的理解也发生了变化，从财产归属本位转向财产流转本位，正如拉德布鲁赫总结的，“债权已经不是取得物权和对物利用的手段，它本身就是法律生活的目的。经济价值不是暂时静止地存在于物权，而是从一个债权向另一个债权不停地移动”[1]。拉氏的论断，被我妻荣进一步发挥，揭示所谓“债权在近代法中的优越地位”[2]。

(二)债权优越的理性维度

私法作为特定法域，其以自治为要义。私法的精义在于债法，且以债法规则为理想类型。作为私法自治工具的法律行为，虽系负担行为(债权行为)的上位概念，实际仍是以后者为模型发展出来的。以债权、负担行为为理想类型，除了宏大叙事背景下将人从身份性中解放出来、并重新解释了财产权之外，与物权、处分行为相比，前者还进一步解放了财产权的对物性，尤其极大地增加了人物关系的自由度。

1. 对物性与黑格尔的理性观念

德国民法体系建构受康德和黑格尔哲学影响甚重，康德提出了“人”与“物”的关系，强调“物”是为人之本质(“尊严”)服务的。[3] 康德主张将权利分为物权、人格权以及物权性质的人格权，而不同于传统罗马法的人格权、物权和诉权之分类。[4] 黑格尔则进一步指出，不管是罗马法还是康德的分类，都是缺乏思辨并且“同样混乱”，“在这里至少这一点已经很清楚：唯有人格才能给予对物的权利，所以人格权本质上就是物权”[5]。黑格尔自己将个人的自由和对物的支配统一了起来，强调“人之作为理念而存在，必须给它的自由以外部的领域，因为人在这种最初还是完全抽象的规定中是绝对无限的意志，所有这个有别于意志的东西，即可以构成它的自由的领域的那个东西，也同样被规定为与意志直接不同而可以与它分离的东西”，所有权的合理性“不在于满足需要，而在于扬弃人格的纯粹主

[1] 拉德布鲁赫：《法学导论》，米健译，法律出版社 2012 年版，第 64 页。

[2] “所有权最重要的作用已经不是利用物质客体，而是将其作为资本，利用资本获得利益。也就是说，在这种组织下，所有权的作用不是对物的支配，而是对人的支配。然而，要想把所有权作为资本并以此支配他人，就必须与各种债权契约相结合。……所有权如果不和债权相结合，就不能发挥其最重要的作用……这种变化，与在近代社会中拥有财产并非拥有物，而是拥有对他人的请求权，即拥有信用这一现象是相通的”；我妻荣：《债权在近代法中的优越地位》，王书江、张雷译，谢怀栻校，中国大百科全书出版社 1999 年版，第 8 页、第 17 页。

[3] 康德(《道德形而上学》第 2 章)说道：“没有理性的东西只具有一种相对的价值，只能作为手段，因此叫作物；而有理性的生灵叫作‘人’，因为人依其本质即为目的本身，而不能仅仅作为手段来使用”；《道德形而上学》第 2 章第 37 节中又写道：“一样有价格的东西，可以用另外一个等价物来替代它；而超越所有价格，亦即不可能有等价物的东西，才有它的尊严”；转引自卡尔·拉伦茨：《德国民法通论》(上册)，王晓晔等译，法律出版社 2013 年版，第 46 页。

[4] 康德：《道德形而上学》，张荣、李秋零译注，中国人民大学出版社 2013 年版，第 67—77 页。

[5] 黑格尔：《法哲学原理》，范扬、张企泰译，商务印书馆 1961 年版，第 57 页。

观性。人唯有在所有权中才是作为理性而存在的”。[1]

申言之,在黑格尔看来,对物性(物权)使得人的自由真正成为基于理性(对受物所限的认知)的自由。根据物债程度论,债权同样具有对物性,即仍然处在“对受物所限的认知”(理性)的范围内,但同时,债权相较于传统物权,仅以“写意”(“框架”)方式受物所限,犹豫空间、自由程度均强于传统物权,换言之,债权既表彰“理性”,又表彰更大的自由(人的尊严)。同时表彰理性和更大可能的自由,即是契约之于人类的内部结构。

2. 债权作为理性之具象

在社会分工和产品剩余有限的时代,人们对于有体物的依赖程度极高,即时交易为常态,故而,时空上分离出契约、债权、负担行为的需求也极小。伴随着社会分工、生产能力的发达,人们逐渐对于有体物的依赖从时空程度上被拉长,同时基于剩余产品积累而逐渐形成了总体财产(信用),而这就使得非即时交易成为可能,乃至常态。换言之,信用(债权的发生),使得“过去可为将来服务,将来可为过去服务,时间障碍被打破,人类可以自由地征服时间与空间”[2]。

要言之,正是发现了“写意”式的对物性(针对总体财产)具有可利用性(形成债权),人们才从非此即彼的对物权、“一锤子买卖”和即时交易的有限性中解放了出来。债权以发现物之抽象(相对于直接支配)可利用性,重新组合了近现代社会的财产元素,尤其物权。

(三)由债权、负担行为类推物权、处分行为

以债权、负担行为为理想类型,意味着可以之类推物权、处分行为。从制度发生角度,在债权行为之上抽象出法律行为,再将法律行为延伸至物权法,产生理论上独立的物权行为及其后的处分行为。当然,债权物权的二分,从发生和教义学意义上并非基于类推;但不妨碍,从物债程度论和债权本位角度,予以构造式的重述。

1. 由债权类推物权

私法权利以债权为“基本粒子”(理想类型),所谓“至小无内”,债权不能再分割为其他权利,如物权、人身权;相反,其他权利可以分割出债权,如从物权当中,依据处分程度的不同,可以再分割出定限物权、担保物权、租赁债权、买卖债权等;人身权也可以分出债权,如肖像权的商业利用等。一个民事主体所能设立的债权之极限,为其(包括物权在内)总体财产,而总体财产一定程度上等同于民事主体本身;换言之,民事主体最大限度的自治表现为无数债权的集束,此际,“至小”的债权与“至大”的自治“无缝对接”。撇去非基于合同取得的物权,[3]“写实”

---

〔1〕 黑格尔:《法哲学原理》,范扬、张企泰译,商务印书馆1961年版,第59页。

〔2〕 *Kohler*, Enzyklopaedie der Rechtswissenschaft, 7. Aufl. Bd. I. 1915, S. 38. 转引自我妻荣:《债权在近代法中的优越地位》,王书江、张雷译,谢怀栻校,中国大百科全书出版社1999年版,第17页。

〔3〕 系属私法的例外,私法并不排除基于国家分配式取得的物权,但此类物权往往不仅是私法规范的对象,也是公法规范的对象,如国有资产管理、财产预算制度等。

的物权经由"写意"的债权得以流动、重新组合,甚至其本身也不再保持静态的归属,直接表现为债权(资产证券化即属著例);为展现流动性的物权,也因其为"总体财产"之一部,而被债权化。正所谓,"一切皆流(债权),无物(物权)常在",这正是债权本位赋予财产权的新意义。

上已述及,从一项物权中可以分割出无数债权(自失利人角度观察),比如,就同一处房产,所有权人可以就其设立定限物权和各种债权,就定限物权和所有权的剩余,还可以再设立债权,"无限递归"下去,直至将该物权"消耗"为零或成为他人的物权。此意义上,不妨认为,物权可以表现为一束债权。〔1〕一旦物权被类推为"债权束"〔2〕,则物权便得以债权为中介,上通私法自治的基本价值,下达物权法的特别法赋值。

2. 由负担行为类推处分行为

以负担行为类推处分行为,这本就是理论现实。除在制度发生上,处分行为系由法律行为(最先以债权行为表达)类推产生之外,在德国法上,〔3〕物权行为适用其"民法总则"之规定,包括意思表示、契约之成立、契约之解释等。虽为彰显界分,德国法解释上强调"债法规范原则上不适用于物权行为",但诸如物权请求权、地役权等关系中,"只要没有特别规定或因物权关系之特性而受排斥,债法规定均可适用;尤其在诚实信用原则(Grundsatz von Treu und Glauen,《德国民法典》第 242 条)之适用,更是如此"。〔4〕更为基本的是,根据《德国民法典》第 413 条,原则上所有其他权利的让与,除法律另有规定外,均准用关于债权让与的规定;此一点,对物权行为同样适用。〔5〕

同时,根据物债程度论,更为基本的是,可将处分行为视为特殊的负担行为,系对负担行为要件"或多或少"地"裁剪"或改造,比如,负担行为与处分行为均需要处分权,所不同者在于后者的处分程度要强于前者,也因此表现为履行上的即时性。换言之,处分行为不过是终局性的、瞬间完成履行的负担行为;其差异,正好比古法上的即时交易与现代法上的远程交易。

(四)小结

综合而言,债权、负担行为(英美法上的合同)具有普适性,表彰了财产权、财产组织形式更高位阶(相较于身份、物权)的自由(私法自治),在当今社会,〔6〕具有理想类型意义。依据物债程度论,债权是私法权利的"基本粒子",物权可以视

〔1〕 更为终极意义上,可以将对物权的观察维度进行一定程度的泛化,即个体物权是以共同体物权为支撑的,共同体的基础早先表现为"利维坦",经由契约解构后,表现为"社会契约"。

〔2〕 将物权视为"债权束"的解释,应当并不陌生,因为主体资格也曾被认为是一种"债权束":英美法上在解释公司的性质时,有一个重要的理论分支,即将公司视为一组合同的结合,即"合同束";这与将物权解释为债权束,有异曲同工之处。

〔3〕 鲍尔/施蒂尔纳:《德国物权法》(上),张双根译,法律出版社 2004 年版,第 72 页。

〔4〕 鲍尔/施蒂尔纳:《德国物权法》(上),张双根译,法律出版社 2004 年版,第 84 页。

〔5〕 鲍尔/施蒂尔纳:《德国物权法》(上),张双根译,法律出版社 2004 年版,第 70 页。

〔6〕 如仍以物权/处分行为为理想类型,无异于回到了身份法和即时交易时代。

为对物性至强的债权,甚至一定意义上,可以将物权类推为一个"债权束"。负担行为是私法交易的"基本粒子"[1],处分行为不过是其特殊形式,表现为对其部分要素或多或少的剪裁;换言之,负担行为为处分行为的一般法,处分行为为负担行为的特别法;更直观的类比,不妨取譬民法(一般法)与票据法(特别法)。

(五)类推的效用:财产权的类型序列与负担行为的一般法地位

本文主张物债程度论,进而从纯粹理论角度以债权类推物权,[2]意在打破物债非此即彼的界限,使得各类混合权利得到说明,如共有(德国实定法上的共有即混合了债权属性与物权属性)、预告登记制度等,从而对私法上的权利,以债权为一端,以所有权为另一端,根据处分程度的不同,形成"债权——混合权——定限物权——所有权"的类型序列。[3]

以负担行为类推处分行为,首要的效用是恢复负担行为(通常而言的契约)在财产转让中的基础作用,不论是物权、债权、知识产权、股权,经由负担行为(或特殊的负担行为"处分行为")即可转让,从根本上区别于基于国家分配、审批或特许,避免因负担行为、处分行为二分的教条,掩盖契约的中枢作用,据此得以重新审度物权行为理论。

六、物权行为理论重述——兼评不同物权变动模式中蕴含的自治色彩

上文提出之物债程度论及债权、负担行为本位论,反思了物权行为理论的两大基石(物债二分和处分行为、负担行为二分),那么,是否意味着从程度角度看待物权和债权、处分行为和负担行为,即意味着独立的物权行为并无必要。

(一)物权行为理论重述

1. 物权行为理论的要义

基于物债二分,区分物权行为和债权行为,从债权合意中区分出单独的、变动物权的物权合意,并不同程度地区隔二者的要件和效果,使得私法自治的理念借助二者的上位概念"法律行为",得以保持同一性地体现在物法和债法。这是典型的德国式抽象思维("提取公因式")。

物权行为理论将现实的、"最终"的物权变动寄于单独的物权合意,除了形式逻辑上的涵摄与物权债权的二分之外,还表现出了一种对非即时交易认知上的理性。[4] 现代社会的交易更多地体现为非即时交易(远程交易),债权合同仰赖

---

[1] 苏永钦教授认为负担行为是"原子",该"原子"里头还有"电子"(处分行为或物权意思),甚为精辟,其系从意思表示解释角度,与本文主张何者为理想类型的视角不同;王洪亮、张双根、田士永主编:《中德私法研究》(第一卷),北京大学出版社2006年版,第250页、第255页。

[2] 当然,也何者类推何者,并非绝对,而是具有特定时空性,就产生而言,契约制度首先是对先占制度、即时交易物权制度等的"类推"。

[3] 作为方法,拉伦茨基于其他原因(非以处分程度或对物性标准)也曾作为方法论,解释过物债的序列结构;卡尔·拉伦茨:《法学方法论》,陈爱娥译,商务印书馆2003年版,第347页。

[4] 朱庆育:《物权行为的规范结构与我国之所有权变动》,《法学家》2013年第6期。

债务人的履行，经债权合同让渡的物权，因时空拉长，客观上不能保证其即时取得性；由于债务人始终保有重新配置（选择履行或承担违约责任）的权利，为防止无限递归和权利状态过于不确定，有必要将“最终的处分”（物权意思）从中识别出来；这一被识别出来的物权意思，正好比连续交易绳索上打的记事之“结”，表彰交易从开始到最终完成的明晰性。

从债权合意中分离出物权合意，以对应物债二分和识别交易关系的起始，使得私法上的财产关系得以进一步明晰。物权行为理论此种“一步两动”的分析方式，更能适应现代交易的频仍和日趋复杂化。物权行为理论，首要功能即是贡献于法律关系的明晰性，至于其（抽象原则）能保护交易安全，不过是其“受欢迎的从属结果”（Willkommene Nebenfolge）〔1〕。此外，就明晰性而言，物权行为发轫自物债二分和法律行为理论，同时又反过来维护物债二分、贯彻私法自治，保持了理念和形式逻辑上的前后一致，可谓法学领域兼具逻辑周延和美学效果之制度的典范。

至于对物权行为理论、规则系“纯属虚构”、虽则精妙却属“无事生非”的批评，肯定论者主要从私法技术的专业性角度予以反驳。比如，张俊浩教授〔2〕和朱庆育教授〔3〕都强调民法规则（包括物权行为规则）主要提供的是裁判规范，而不是行为规范；张俊浩教授指出，普通老百姓只需知道“清偿”即可，“他不需要知道‘我是什么行为’”，“但法学犹如验光师，一定要评价出来”；朱庆育教授也将分离原则比之为“如同观察法律关系的高倍显微镜”。

2. 物权行为理论重述：基于物债程度论

毋庸置疑，相较于普适性、作为通识的“所有权”“契约”（“合同”）概念，物权、债权的构造性更为明显：物权系从所有权中抽象出来，债权系对契约关系的“人为”切割。而物权行为则构造程度更为剧烈，它类比债之关系，结合了物权与契约。如此，便有必要考量“奥卡姆剃刀”的适用，换言之，需要考量：物权行为是必要的复杂，还是复杂的不必要。

(1)另一种抽象进路

依据物债程度论和债权、负担行为本位论，可以将处分行为视为一种特殊的负担行为，它是对后者要件“或多或少”的裁剪，这意味着物权变动仍适用债法规则，即恢复具有普适性之合同的工具作用。正因为债权、负担行为表彰最基本的意思自治，故而，不论是物权变动，还是债权变动，均依赖于合同（债法上的合同）；而之所以债法上的合同也能够变动物权，乃在于物权和债权的同质性。债法上的合同，而不是抽象出来的法律行为，一力承担私法自治，这也使得大陆法得与英美法沟通。私法上的权利交易便恢复为普适性的“产权—契约”模式，至于对权利变动程度的更高需求，可以另外作成“二次合意”“三次合意”，并得在违

〔1〕 Vgl. Ulrich Huber, Savigny und das sachenrechtliche Abstraktionsprinzip, in: Festschift fur Claus-Wilhelm Canaris zum 70. Geburtstag, 2007, S. 504.

〔2〕 王洪亮、张双根、田士永主编：《中德私法研究》（第一卷），北京大学出版社 2006 年版，第 253 页。

〔3〕 朱庆育：《物权行为的规范结构与我国之所有权变动》，《法学家》2013 年第 6 期。

约责任程度上“不断加码”,使其无限趋近于通常所谓的“物权合意”。换言之,不妨以预约与本约,类比“一次债权合意——二次债权合意——最终权利变动合意”的关系;也不妨将一次物权变动分解为两次“即时交易合同”(一次“即时债权交易”和一次“即时物权交易”),均基于同类的两个债权合同,二者之结合为“非即时合同”。

论者或谓,物权行为是终局性的,唯有物权行为才能保障绝对权的最终变动。窃以为不然,终局性的物权行为除在即时履行情形,从来都不是现实。以德国法为例,就一项不动产物权要达成专门的“物权合意”(Einigung),但因采公示公信原则,取得不动产物权的时点并不在“物权合意”阶段,而在载入登记簿时(BGB § 873 Abs. 1)。公示公信原则,意味着不论如何将物权合意往物权变动之终局方向延伸,最终必将还差一步:不动产登记与物权合意存在时间差,一如物权合意与债权合意。这也说明了,为何至今德国法上还在讨论“物权合意单独即为‘契约’,还是与登记一起构成‘契约’”[1]。理想的状态是,“不是将登记变成物权行为单纯宣示性的后果构成条件,而是将登记纳入物权行为本身之中”[2],然而,果真如此解释,则即是罔顾不动产登记的结果并不或至少不完全能由物权合意所涵盖的事实。[3] 从私法自治的角度,无异于“驱狼引虎”,刚将物权变动从债务履行之事实行为中“解救”出来,又将其送入“不动产登记”(同样不能为合意覆盖)[4]的“虎口”中。最终,如此生硬的“焊接”将使德国法主张物权变动依赖专门的物权合意、从而否决单独的债权合意事实上不能变动物权的“理性”沦为一种“乡愿”。

(2)物权合意包含债权合意

突出所谓的“物权合意”不过是债之履行的一个阶段,或曰,物权合意是债权合意的继续或强化,换言之,“物权合意(个相)包含债权合意(共相)”,在逻辑上,便无必要将“物权合意”单列出来与债权合意并列,即不增加奥卡姆所谓的“实体”。更为重要的是,它提供了物权变动与债务履行的关联,解释了债权实现与物权实现的同一性:依据物债程度论,债权是“写意”性的对物权,物权是“写实”性的对物权,物权变动一旦发生,债权即由“写意”变成了“写实”,债权实现对物性的可调整性或轮廓性,转为确定;微观上,又可类比于选择之债与单纯之债。

当然,本文是从程度角度解释物权合意与债权合意,即对物性强(处分程度高)的意思表示包括对物性弱的意思表示。这种观察角度采取的是内部视角,而不同于苏永钦教授提倡的外部视角:负担行为是“原子”,原子里头还有“电子”(处分行为或物权意思)。后者可以总结为“债权合意包含物权合意”,其与传统

---

〔1〕 鲍尔/施蒂尔纳:《德国物权法》(上),张双根译,法律出版社 2004 年版,第 389 页。Vgl. *Baur/Stürner*, Sachenrecht, 18. Aufl., München 2009, § 5 Rn. 42.

〔2〕 鲍尔/施蒂尔纳:《德国物权法》(上),张双根译,法律出版社 2004 年版,第 275 页。Auch *Baur/Stürner*, Sachenrecht, 18. Aufl., München 2009, § 14 Rn. 8.

〔3〕 鲍尔/施蒂尔纳在其经典教材中曾提及登记结果是一种“预期”,见鲍尔/施蒂尔纳:《德国物权法》(上),张双根译,法律出版社 2004 年版,第 389 页。值得注意的是,该教科书第 18 版已去掉该部分论述,参见 *Baur/Stürner*, Sachenrecht, 18. Aufl., München 2009, § 19 Rn. 9.

〔4〕 复杂的解释,或可将不动产登记机关视为“双方代理”。

物权行为理论相契合。如此，才能从负担行为中“切割”出独立的物权意思。

然则，基于传统物权行为理论尤其无因性理论，始终存在一个难以解释的疑问：基于物权行为完成物权变动，物权行为不受原因行为效力影响，但为何物权变动完成，债之关系也归于消灭（既然两者是效力区隔的）。我们不妨，将传统理论的这一疑点总结为“物权行为与债权行为的效力粘连”。

（3）核心效用：物债程度论下的“一般法与特别法”

相较于传统物债二元论和物权行为理论，物债程度论主张将债权作为物权的一般法、[1]从而物权得从纯粹理论角度解释为一束债权（规范价值有限）；而将债权行为作为物权行为的一般法（具备规范价值）、从而可以负担行为规则类推适用于处分行为；就效用而言，它能逻辑同一地解决上文提及的物权行为与债权行为的效力粘连问题。

具体而言，就物债关系而言，取得物权，从静态角度，意味着包含其中的债权也实现了；而从静态归属角度，持有物权，意味着持有一束债权。同时，负担行为为一般法、处分行为为特别法，二者均需要履行，当处分行为履行完毕时，作为一般法的负担行为自然也实现；此一点，正如同票据行为（特别法）与民事基础关系（一般法）。由此，物债程度论从可通约性角度否定了物权行为作为一般法的传统理论，毋宁将其型构为债权行为的特别法：这既肯定了物权行为理论，又否定了物权行为理论。一般法与特别法的结构，平淡无奇，显然不如物权行为理论的分离原则与抽象原则般玄秘，但或者这正是可能的“另一种抽象进路”。

（4）差别究竟在哪里？

作为物债程度论应用的结果，上文尝试构造“债权行为（一般法）与物权行为（特别法）”进路，以替代传统“债权行为（一般法）与物权行为（一般法）”路径，形式上它在债法内部解决了物债交易的全部，而无须仰赖物债二分对立和法律行为理论。进而，作为检验，需要检讨基于物债程度论，不同物权变动模式的差别究竟在哪里。而评判私法制度，不可跨越的标准：是否保障或促进了私法自治。

（二）不同物权变动模式述评

概念也好，模式也罢，均不能从其自身得到解释。故而，下文所述，均结合了不同的物权变动模式，以避免自说自话，且尽可能地从通识出发。

1. 物权公示制度别论

通常讨论不同的物权变动模式，其差异集中在如何看待物权公示制度。物权公示，上已述及，就时点而言，距离物权变动最近，可谓物权变动的“临门一脚”，它穿梭于合意、事实、仪式甚至行政行为之间，实定法上如何规定之，直接体现物权变动模式的差异。

众所周知，动产以占有为公示，不动产以登记为公示。萨维尼将交付（占有转移）视作一项单独的契约，遂创制了物权行为理论；而后世对物权行为理论的

---

〔1〕 以何者为一般法，不宜绝对化，更非恒定，端赖法政策判断；唯其可通约，方与类型理论契合。

适用或批评,却多集中于不动产登记。[1] 究其原因,笔者以为,在于大陆法系现代不动产登记制度多依赖公权机关,[2]相较于"先在"的占有制度,不动产登记使得物权意思很大程度上溢出了自治的范畴——而至少在形式上受登记机关、登记簿、登记官(第三人)操作的影响。

(1)占有、登记对于债权实现而言,体现为一种识别

在不增加奥卡姆所谓"实体"的前提下,契约制度提供了远程交易的可能。借由契约制度,使得交易双方不再受限于时空,从而更加自由。然而,债权自由(或契约自由)的先天优点,同时也是它的"效力缺陷"[3]:以契约为代表的债,以非即时履行型为主,表现为人们对事务的将来处理;而异时(异地)意味着变数,意味着风险,意味着债的拒绝履行、迟延履行、履行不能、瑕疵履行,产生拖、赖、悔、逃。换言之,债权制度从根本上扩大意思自治的同时,是以牺牲即时交易般的确定性为代价的,这就意味着逻辑上需要"邀请"对确定性予以补偿之相应制度的出场。即,如何表彰最终的确定性(对物性)成为债权制度的必要辅助制度。换言之,即便在一物多卖的情形下,因债之固有属性(轮廓权、写意权),多个债权得以并列,甚至形式上(比如法国法模式)可由多个债权人均获得名义上的所有权,"事实上"的所有权仍由债务人把控,直至其将地位完全同等地转移给其中一名债权人。从减少新"实体"的角度,最先可予利用的便是较物权更为古老的占有制度,后期随着交易的频仍,出现了对不以占有为表彰之抵押制度的需求,这才使登记制度得以发轫。

如一以贯之地奉行意思自治,则基于交易的物权均自原物权人(债务人)处获得,基本不依赖物权行为制度。一物多卖的情形下,各债务人也同样处于竞争状态,最终何者胜出,逻辑一致地仰赖于债务人,且不论动产、不动产均得以更为古老的占有制度作为识别。换言之,所谓物权公示制度,可以理解成确定多个针对同一物的债权何者优先的制度,而并非由某一有权机关通过审核后赋予物权的制度。换言之,是否转移占有或进行登记,只表明债务人处分物的程度差异,而并不表明由第三方赋予物权。故而,较为妥当的称谓,应将物权公示定性为某种"交易程度识别"。此外,占有与登记,虽然均为现代物权公示的方法,然则,作为一种识别方法,登记相较于占有更具有程序上的不可控性,换言之,登记很大程度上溢出了意思自治的范畴。

(2)强制登记制度区隔了物债效力,却"征收"了自治

《德国民法典》第 873 条第 1 款和我国《民法典》第 209 条、第 214 条,都规定了

---

〔1〕 如朱庆育:《物权行为的规范结构与我国之所有权变动》,《法学家》2013 年第 6 期;于海涌:《绝对物权行为理论与物权法律制度研究》,北京大学出版社 2006 年版。

〔2〕 德国的土地登记机关为法院,我国不动产登记机关主要为行政机关,包括国土部门、住房和城乡建设部门、林业部门等(《物权法》第 10 条规定了统一登记制度);而实务中,确实有地方将包括测绘等登记职能从行政机关中分离了出来;在美国除政府登记机构外,还有私人建立的权源保险公司进行不动产权利登记保险业务;相关介绍,可参见楼建波、唐勇主编:《域外不动产登记制度比较研究》,北京大学出版社 2009 年版,第 31 页以下。

〔3〕 叶金强:《担保法原理》,科学出版社 2002 年版,第 5 页。

强制登记制度,或曰“登记要件主义”。这显然不是私法的逻辑。换言之,即便利用物权行为制度尽可能地将意思自治的轴距延长至物权编,最终仍就是以强制性规定将不动产物权变动“临门一脚”的自主权(以占有为表征,便无此问题)剥夺了。[1]从这一意义上而言,公示要件主义,体现为对当事人意思自治的一种“征收”。

论者或谓,唯有不动产登记才能保障不动产物权变动的交易安全和交易清晰。笔者以为不然,不动产登记制度更大程度上是便利了管理和税收。一则,登记要件主义具有强“干涉性”,它要求物权变动必须经过登记,当事人之间的合意不能完全覆盖,这是对所有权人自由的直接干涉;二则,以交易安全和交易清晰为名,也不理所当然,美国采取由私人建立的权源保险公司进行不动产权利登记保险业务,也非强制登记且由私营信用机构操作,运营良好,也能实现交易清晰和保障交易安全。这当然与各国传统有关。然而,正是因为权利的“自在性”(an sich),我国《民法典》引进不动产登记制度的同时,仍兼采了登记对抗主义。

2.“模式无优劣”:法国法与德国法模式的同构性

个别概念或技艺上也许存在参差优劣,然而,系统性的模式理论上当无优劣之分:并不存在完美的模式,各种模式只不过均是应对整体法秩序的一种次优安排,均各有长短,唯其内部借其他制度取长补短、务使周延,方为必要。

德国式物权行为规则,最大限度地保证了当事人的意思自治,既包括债权式自治,也包括物权式自治。然而,恰是德国法率先采用了登记要件主义,这也使得平等债权之间的竞争以及当事人意思自治的空间,止步于登记申请的提交。

与之相对应的,则是法国法模式。法国法采取债权意思主义变动物权,物权的变动自债权合意达成时即完成。对该种模式,从物权行为理论角度,首先,顾虑是未关照物权和债权的属性差异;其次,未能发现物权合意,不够逻辑精致;最后,采取登记对抗主义,不利于保护交易安全。但依据物债程度论,笔者以为不然:其一,债权和物权均得依据负担行为变动,物债仅程度不同,并不具绝对性的非此即彼性,故而,在其变动方面,不必然地需要区别对待。其二,如一物一卖,债权变动和物权变动仍属明晰,且具有一致性;而出现一物数卖情形时,既可以依据债权成立时间予以识别,也可依据是否转移占有为识别,[2]但不管采取何种路径,多个债权竞争对物性的意思自主仍旧掌握在债务人(原所有权人)手中;换言之,债权意思主义变动模式下,也存在最终的“物权变动”意思,只不过其表彰形式不一定是登记。其三,采取登记对抗主义,正表达了法国法模式的一以贯之,从债权合意到“物权合意”到最终的“物权变动”,均取决于当事人的自治。

---

[1] 朱庆育教授考察德国法后,指出就登记机关的审查而言,“基于经济上的重要意义之考虑,实行‘实质合意原则’,但须接受审查的‘实质合意’亦仅是物权合意而已。无论如何,债权合意不进入审查范围”,但“我国不动产登记无论持何种立场,似乎均未妨碍登记机关的实质审查”;朱庆育著:《物权行为的规范结构与我国之所有权变动》,《法学家》2013年第6期。然而,本文认为,即便是采取最低限度的形式审查(且仅审查物权合意),仍是对物权变动最后一步之当事人意思自治的“征收”。

[2] 对不动产以转移占有为识别,参见《最高人民法院关于审理涉及国有土地使用权合同纠纷案件适用法律问题的解释》第10条。

3. 走在物权变动模式的三岔路口

就立法例而言,法国法债权形式主义在先,德国法物权形式主义在后,时间上位于二者中间的是《奥地利普通民法典》(*ABGB*),模式上融合二者的是《瑞士民法典》(*ZGB*)。而我国物权行为否定论者,多主张我国也系某种中间模式,即债权形式主义。

法国法将债权合意(负担行为)在权利交易中发挥至极致,德国法则将对法律行为抽象的类推在权利交易中发挥至极致,尤其在采公示要件主义的情况下,仍照顾到物权合意。笔者以为,从模式周延程度而言,均堪称优秀。基于物债程度论,我们并无充分理由厚此薄彼;就法继受而言,尤忌左顾右盼,而更应在对一种模式融会贯通的基础上,实现法学的发展和法律的进化。

最终我国法解释上究采何种变动模式,除了私法研究积累、碰撞之外,还需考察民众的产权观念:德国现代法仍推崇其民法典的物权行为规则,笔者揣度,可能与德国始终对专断、恣意的纳粹思想保有警惕有关,这便尤其需要在《民法典》已经规定了公示公信原则的情况下,额外依赖与登记制度并列的物权合意制度与之分庭抗礼,甚至由物权合意吸收不动产登记。故而,基于物债程度论,物权行为理论,恐怕充其量不过是对登记要件主义剥夺意思自治的补偿。肯定论大可不必将物权行为当作彰显意思自治的"救命稻草",或可言之,法国法意思主义变动模式辅之以登记要件主义,甚至更是私法自治的典范。

然则,一旦采取登记要件主义,窃以为,以法国法为参照,物权行为理论则至少是无害的、次优的;原因即在于,它能更大限度地(与债权形式主义比较)统合意思自治对占有和登记的涵摄。

七、结论:"一般法与特别法"结构及其解释张力

"该思考的都思考过了,需要做的是再思考一遍"。[1] 作为物权行为肯定论的拥趸,本文借用考夫曼类型理论寻找可通约性的要旨:①以法国法上(物权行为否定论法域)普拉尼奥之"普遍消极义务"理论为分析起点,系统反思了物债二元体系,对物权的对人性、债权的对世性做了最新阐释,尤其突破性地揭示了债权潜在的对物性以及物权对物性的减弱,在肯认现代物债均以"沙漏型"混合属性为常态,而不再是例外的背景下,提出物债本质相同(从而具备可通约性)、程度不同(从而仍然应当类型区分)的物债程度论;②基于物债程度论,并结合法国法上的总体财产学说,提出负担行为也需要处分权,而处分行为也需要履行;③基于债权、负担行为在现代法上的优越地位,本文主张物权可从纯粹理论角度解释为债权束,处分行为则既可从纯粹理论角度,也可从实定法角度解释为特殊的负担行为;据此,在上述系统反思基础上,将法律行为"一般法与一般法"的物债二元对立结构重述为"一般法与特别法"结构,最终确立"债权行为为一般法,物权行为为特别法"的核心观点;④同时,通过对立法例上位于两极之法国德国物权

〔1〕 源自歌德(Johann W. Goethe)。

变动模式的评介,认为二者难谓优劣,均堪称次优。

既有研究揭示,“一般/特别关系”“在性质上(法令内在的)”与“原则/例外关系……均被认属理性的法令结构”。[1] 本文提出基于物债二元的物债程度论,进而主张债物法律行为的“一般法与特别法”结构,最终仍需处理:在此基础上,究竟应当如何解释或建构本国法上的物权变动规则。换言之,所谓物债程度论乃至物权行为“特别法”(Sonderrecht)论,究竟对于当下的立法及现实的物权变动规则,有无学理上的解释力乃至实定法上的可操作性。下文拟从四个维度,检测特别法结构的解释力。

(一)是否规定物权行为

现行法是否规定了物权行为?凡“物权行为”“物权合意”“物权合同”“物权意思”等,均未出现在民法典中。物权行为肯定论者需要经过解释,才能确立物权行为规则。这的确是肯定论所面临的教义学难题。

就此,笔者赞同崔建远教授关于现行法未规定物权行为的论断,但角度不同,笔者是从“一般法与特别法”模式角度。具体而言:(1)“债权行为(一般法)与物权行为(特别法)”模式,其要义在于以债权类推物权,以债权行为类推物权行为,或曰:物权中分离出债权,物权合意中分离出债权合意,而现代法当以债权、债权行为规则为优越(为一般法)。(2)特别法优于一般法,前提是有特别法规定。实际上,债权让与、债务承担、票据行为等,均属特别之债法行为,即便理论上都可以从债权行为中类推出来,但只要其变动了债权行为规则的一个或数个要素,甚或改变了要素之间的组合方式,那么均需要专门以特别法方式予以规定,方能在法律适用时以特别法优先。《民法典》未明确规定物权行为,因而,作为实定法上之“特别法”的物权行为,也即不存在,无法个别化地解释得出。

(二)应否规定物权行为

民法典未直接规定物权行为是可预见的。早在《物权法》颁布时,田士永教授作为肯定论者,即通过分析后指出,“《物权法》制定过程中根本没有考虑物权行为理论问题”[2]。究其原因,物权行为的理论分歧太大,与其“立法冒险”不如“立法逃逸”;而更为深层的原因,在于“学术未予澄清之处,理论分歧不可能借助立法而得到消除”[3];田士永教授也早在《物权法》出台前,便借用雅克布斯教授的话“在一个只能由科学解释的问题上,立法只能沉默”,预见了立法者对物权行为所采取的这种“模糊的立场”。[4] 民法典对物权行为的态度,一承《物权法》对

[1] *Pechstein/Drechsler*,“Die Auslegung und Fortbildung des Priärrechts”, in *Riesenhuber*, Europäische Methodenlehre, 3. Aufl., Berlin 2015, S. 133;转引自易军:《原则/例外关系的民法阐释》,《中国社会科学》2019 年第 9 期。

[2] 田士永:《〈物权法〉中物权行为理论之辨析》,《法学》2008 年第 12 期。

[3] 朱庆育:《物权行为的规范结构与我国之所有权变动》,《法学家》2013 年第 6 期。

[4] 田士永:《物权行为理论研究——以中国法和德国法中所有权变动的比较为中心》,中国政法大学出版社 2002 年版,第 444 页。

物权行为的态度。由此,法政策意义上的争论,必是一时难休,甚至会长期伴随《民法典》的解释论。

(三)法律适用可能性

“凡法律适用,必先解释”。即便民法典未直接规定物权行为,也并不当然意味着物权行为毫无法律适用余地;“我国台湾地区所谓的民事相关规定中无物权合意之规定,通说却认可物权行为理论”[1]。基于“一般法与特别法”结构,本文认为“外在体系”的物权行为(形式上)可以不存在,但“内在体系”的物权行为(实质上)却不可避免。

尤其,我们不妨做一个思维实验。设若:出卖人与买受人先就特定标的物A签署了一份买卖合同,且基于买卖双方均为精通德国物权法且支持物权行为理论的中国法学家,其后,双方专门就物权变动又签署了一份完全符合物权行为理论的德式物权合同;试问:法律应当如何评价该份物权合同的效力,以及如何处理其与买卖合同的关系?答案将不明就里:这样的一份物权合同,究竟有什么单独的效力呢?发生物权变动?不可以,动产需要交付、不动产需要登记。然而,但凡这份物权合同系属当事人真实的意思表示且未违反法律行政法规的强制性规定,其必然有特定效力:至少是一份在买卖合同之后发生的、新的债权合同。此即,物债程度论得以评价的起点:我们无法禁止当事人做出这样的合意,我们也无法直接否定其至少具备债法上的效力。

以上只是一个思维实验。论者或谓,谁人会“无事生非”地再做出一份“多余”的合同。实则不然。实践中不乏各种各样的现实对照,虽则诸多情形之下,该份多余的合同,往往是基于对特定法律规制的某种规避。比如,针对不动产物权变动的登记要件主义,尤其背后的税收管制,在我国商品房买卖合同中,存在大量“黑白合同”“阴阳合同”并列的现实操作,法律应当如何评价提交登记审核的“白合同”“阳合同”?只能是认定其为虚伪意思表示,从而否定其效力?那么,“白合同”“阳合同”中关于物权变动的真实意思,当如何处理?类似情形,在股权交易领域,当事人之间“实际”的股权转让合同,往往与工商登记备案的样式股权转让合同并存,后者基于登记事项简洁明确的需求,在“权利变动”的最后一步面前,往往要求前者“让位”。抵押合同情形亦类似。这的确是物权行为、债权行为二元论在当下所难以解释的,其结论只能是非此即彼式的。

实定法未规定物权行为,并不意味着物权行为规则断然无适用空间。根据物债程度论,恰恰不然。此际,不妨承认物权行为是“隐藏”的:其不过是程度更为强烈、确定的债权行为。试想,倘若一国法律仅规定了买卖合同,而未规定承揽合同,则是否意味着承揽合同规则便无法律适用余地?笔者以为不然,承揽合同可以解释为:除了是买卖合同,还是些别的什么。具体而言,承揽合同可以解释为“买卖合同+关于承揽的特别约定”,适用买卖合同规则(如在我国《民法典》

---

〔1〕 朱庆育:《物权行为的规范结构与我国之所有权变动》,《法学家》2013年第6期。

第 646 条)以及《民法典》合同编相关规定(如第 509 条)。在被确立为有名合同之前,合同双方的每一条特别约定,均是事实上的"特别法"。进而,比如在解释上文提及不动产交易领域的阴阳合同、黑白合同时,按照物债程度论,在后的合同并非与在先的债权合同黑白对立或阴阳对立,也非简单重复,更非合同的变更,而是对处分意思的进一步明确或曰强化。

正是基于物债程度论,笔者认为,在实定法没有规定物权行为的情况下,物权行为可以从理论上基于债权行为类推出来:因为二者仅系程度不同,而非异质。亦即,物权中切割出债权,处分程度强烈的物权行为(即时交易)中切割出处分程度较轻的债权行为(远程交易),以债权、债权行为为本位,便得从程度角度在实定法未规定物权行为的情况下,以债权行为类推之:据此,物权行为所变更的核心要素即为放弃了反悔权(犹豫空间);至于有无处分权、是否需要履行,与债权行为并无本质差异。

(四)模式僵局之破解

传统物权行为模式之争的僵持,在于非此即彼,"不是东风压倒西风,就是西风压倒东风"。"一般法与特别法"结构之所以可能构成"理性的法令结构",或其优于传统的"一般法与一般法"结构之处,恰恰在于反对后者"决斗"式的立法论,更不主张动辄推倒重来,而是基于可通约性,倡导渐进式的法典塑形。就物权行为模式争论僵局的破解,应当最大限度地承认立法现状并倡导最小的立法成本。《民法典》可以不正面规定物权行为,但本着特别法得向一般法回溯的要义,可以在民法典中做解释学上的位置预留或发现类推条款。尤其,比如参照《德国民法典》第 413 条(规定"其他权利之让与,除法律另有规定外,准用关于债权让与之规定"),确立债权行为对于其他权利(包括物权、股权、著作权、专利权等)交易的一般法地位。我国《民法典》中类似条款并不少见,尤其可见于第 646 条、第 647 条、第 656 条、第 808 条等。既增加了内部体系的可通约性,又能降低立法成本,进而破解无限递归的模式僵局。

最后,本文之努力,意在结束关于物权变动模式旷日持久的争论,然而,是否另生枝节,犹未可知。尤其,在法秩序的实现过程中,我们所做的不过是"一再闭合、开放及再次闭合法律概念","我们不可能将类型毫无遗漏地概念化,因此,在寻找具体的法规范时,我们不得不一再求助于法律所意指的类型,求助于类型赖以存在的模型"。[1] 本文理论上主张"债权行为为一般法,物权行为为特别法",进而主张形式上的物权行为不存在,而实质上的物权行为却不可避免;经过反思、重述和建构之后,既肯定了物权行为,又否定了物权行为;唯此一点,超出模式之争。

---

〔1〕 *Kaufmann*, Analogie und „Natur der Sache"-Zugleich ein Beitrag zur Lehre vom Typus, Heidelberg 1982, S. 51 ff.

《民法典》时代税收之债理论的功能重塑与边界厘定〔1〕

聂 淼*

摘 要 税收之债理论自引入我国之后，一直面临功能模糊与边界不清的困境。在民法典时代，随着债法规范的更新，税收之债如何处理公法与私法的适用关系，亟须理论回应。通过梳理我国实证税法可知，税收之债理论仅在破产、代位与撤销等极为特殊的场合有其适用余地，远不能涵盖实体税法的全部领域。在法教义学视角下，税收之债的真正价值是赋予税务机关以债权人身份，从而得以进入私法领域主张债权，维护债务清偿秩序。聚焦于税务机关与纳税人之间的法律关系，其本质并非私法上的债务关系，而是公法上的权力关系。通过税务机关的双重身份原理，税务机关既可能是国家的代表而行使国家征税权力，也可能扮演国库的代表而以机关法人身份主张债权请求权，应当由宪法上国家征税权与公民财产权的价值秩序进行整合，让公法与私法两种实现税收的手段各安其位。

关键词 民法典；税收之债；公法之债；私法之债

目 次

---

* 聂淼(1987—)，江西财经大学法学院讲师，江西财经大学应用经济学博士后，主要研究方向：税法。

〔1〕 本文系最高人民法院2021年度司法研究重大课题“《民法典》涉行政条款司法适用问题研究”的阶段性成果之一。

自税收之债理论引入我国,税收在法律属性上便被界定为公法上的金钱给付之债。《民法典》颁行之后,合同编通则将承担债法总则的功能。[1] 债法的一般规范能否适用于税法,《税收征管法》修订过程中如何看待税收债法规范,都需要对税收之债的理论功能与边界加以厘清。然而,以往对税收之债的研究偏重于理念层面,为数不多的反思性文章对税收之债的真正功能也未有清晰界定。总体上,在教义学层面对税收之债理论的研究相当有限。[2] 税务机关能否以债权人身份向法院申请企业破产,纳税人可否主张与国家税收债权进行抵销,税务机关可否基于公司法规范"刺破法人面纱",上述问题无不凸显税收之债理论在法教义学上的困境。为此,本文拟以实证法为出发点,探寻税收之债理论的真正功能,并为其划定可能的边界,防范其被滥用。着眼于税收之债这一融合公法与私法的理论领域,本文将运用跨部门法思维,在公私法相互对照的视域下加以分析。

一、税收之债理论的主流观点与教义学瓶颈

税收之债的主流理论研究偏重于形而上思考,在教义学层面的展开对实证税法的解释能力相当有限。诚如学者所指出,"至于债务关系说与权力关系说到底哪一个正确,这类抽象的、教条性的争论是没有实际意义的"。[3] 最为根本的疑问在于,税收作为公法关系,债权作为私法关系,二者存在内在的张力,如何真正地实现冰炭同炉又能和谐共处。

(一)税收之债的主流理论

税收之债理论发轫于德国,最早可以追溯至德国行政法学者弗莱纳。弗莱纳在1911年就已认识到,税收是一种债务关系,但属于与私法债务关系完全不同的公法之债。他指出:"财产的价格之有无,不足为决定法律关系之性质的条件。如属于租税法或劳动保险法的金钱请求权及金钱义务之所显示,私法和财产法并不是一致的。"[4]1919年,税收之债的概念被写进《帝国租税通则》而得以

---

[1] 《民法典》第468条规定:"非因合同产生的债权债务关系,适用有关该债权债务关系的法律规定;没有规定的,适用本编通则的有关规定,但是根据其性质不能适用的除外。"全国人民代表大会常务委员会副委员长王晨在《关于〈中华人民共和国民法典(草案)〉的说明》中专门指出:"完善了合同总则制度:一是通过规定非合同之债的法律适用规则、多数人之债的履行规则等完善债法的一般性规则(草案第468条、第517条至第521条)。"

[2] 税收之债理论在我国提出之后,一直不乏反思性文章。但在对税收之债理论法教义学功能的探讨上,仍嫌不足。王鸿貌:《税法学的立场与理论》,北京:中国税务出版社2008年版;叶金育:《债法植入税法与税收债法的反思:基于比例原则的视角》,《法学论坛》2013年第3期;王冬:《税收法律关系性质之再研究——以对债务关系说的反思为视角》,《财政监督》2013年第9期;王惠:《"税收债务关系说"之否定》,《南昌大学学报》(人文社会科学版)2015年第2期;侯卓:《"债务关系说"的批判性反思》,《法学》2020年第1期。

[3] 中里实等:《日本税法概论》,张翠萍等译,法律出版社2014年版,第32页。

[4] 美浓部达吉:《公法与私法》,黄冯明译,中国政法大学出版社2003年版,第63页。

成文化。[1] 税收之债理论在与权力关系理论的争辩中获得认同。权力关系理论的代表奥托·迈耶认为,纳税义务的发生基于税务机关的核定行为这一具体行政行为的作出。以亨泽尔为代表的税收之债理论的主张者针锋相对地指出,税收作为法定之债,其发生只须满足法定构成要件即可,税务机关的核定行为只是确认纳税义务,不具有设立法律关系的效力。

通过对学说史的简单梳理可知,税收之债理论功能的模糊不清,自德国发端之时便相生相伴。首先,如果仅仅只是让纳税义务的发生不依赖于税务机关的意志,大可不必将税收界定为公法之债,只需恪守税收法定原则即可。其次,在税收法律关系之中,除了金钱给付义务这一债的要素之外,权力的元素也不容忽视。出于对税收之债理论功能的探寻,日本学者做出了自己的努力。金子宏教授指出:"不得不承认有些关系是债务关系,有些关系是权力关系……将税的法律关系一元性地给以定性的观点是不对的。"[2]为此,金子宏教授将税收实体法看作是税收债法,而将税收程序法看作是税收行政法,由此形成整个税法体系。日本税法学理论为我国税法学所继受,成为我国税收债务理论的源头活水。[3]自税收之债理论引入我国,通说观点即采用实体法(债务法)与程序法(权力法)的二元结构,这一点从国内较有影响的教材与专著便可窥见一斑。[4] 这一观点影响至今,成为习以为常而欠缺反思的主流观念。

(二)税收之债理论对我国实证税法的解释困境

运用源自德日税法的税收之债理论来观察我国税法规范,会发现其解释力极为有限。从税法条文的数量规模来看,真正体现税收债务理论的税法规范屈指可数。所得税、增值税等税种立法中,均是围绕公民纳税义务这一抽象义务的具体展开。各个税种立法的核心内容包括纳税义务的主体、客体、税率等税制要素。[5] 即便将成文法中的纳税义务置换为税收债务,纳税义务人置换为债务人也依然成立。然而,仅仅只是表述的差异,使得税收之债理论更像是一种修辞手

---

[1] 《帝国租税通则》第 81 条规定:"租税债务在法律规定的租税要件充分时成立。为确保租税债务而须确定税额的情形不得阻碍该租税债务的成立。"现行《德国租税通则》第 38 条规定:"租税债务关系之请求权,于法律据以课赋给付义务之构成要件实现时,即行成立。"陈敏译:《德国租税通则》,中国台湾地区司法相关机构 2013 年版,第 58 页。

[2] 金子宏:《日本税法》,战宪斌、郑林根等译,法律出版社 2004 年版,第 21 页。

[3] 根据笔者的检索,国内最早引介税收债务关系理论的是杨小强教授,其写于 1996 年的一篇文章中所引用的正是日本学者金子宏的《日本税法原理》一书。杨小强:《试论纳税人的债权》,《中山大学学报(社会科学版)》1996 年 12 月增刊。

[4] 刘剑文、熊伟:《税法基础理论》,北京大学出版社 2004 年版,目录页。该书分为上篇税法总则、中篇税收债法、下篇程序税法三部分。相关专著,如施正文:《税收债法论》,中国政法大学出版社 2008 年版。

[5] 以《个人所得税法》为例,其第 2 条规定:"下列各项个人所得,应当缴纳个人所得税:(一)工资、薪金所得;(二)劳务报酬所得;(三)稿酬所得;(四)特许权使用费所得;(五)经营所得;(六)利息、股息、红利所得;(七)财产租赁所得;(八)财产转让所得;(九)偶然所得。"从法律规范的类型来看,税法规范基本都属于命令型规范。黄茂荣:《法学方法与现代民法》,植根出版社 2020 年第 7 版,第 286—287 页。

法，缺少实质的法律意义。

即便在税法总则性规范之中，真正体现税收债务关系的也寥寥可数。仅仅只在《税收征管法》与《税收征管法实施细则》中的少数条文有所体现[1]：①责成纳税人提供担保的规则，其隐含的前提是税法法律关系是债务关系。②对税收优先权的规范。③税务机关行使代位权与撤销权的规范。④纳税人多缴税款时的退税请求权规范。⑤欠税与退税之间的抵销规则。按照其所占比例，在《税收征管法》的全部条文之中，只占到4%的比重。如果将个人所得税法、企业所得税法等个别税种立法纳入考察，这一比例更是不及0.01%，微乎其微甚至于可以忽略不计。[2] 此外，为数不多体现税收之债的法律规范，均规定在《税收征管法》这一程序性规范之中，并非如学理所说的实体法规范中。在上述税收征管法律规范中，税收之债理论也只在特定情形下有所体现。在此意义上，我国对税收之债概念的运用更为接近于美国的做法。[3]

当然，如果跳出税法的视域则会发现，《企业破产法》有非常明确的税收之债的体现。[4] 甚至可以说，整部企业破产法的规范，都可以适用于税收之债。然而，相比于专门规范税收法律关系的税法规范来说，破产毕竟属于企业的非常规状态，不可将此特殊关系一般化。法律规范以典型的生活事实作为其原型加以调整。因此，税收之债在破产法领域的大放异彩，恰恰说明税收之债有其专门适用的情境，不宜过分夸大。

不仅立法中税收之债理论并不普遍，从我国司法实践来看，税收之债理论也有相对集中与特殊的适用语境。通过对相关案例的梳理，涉及税收债权的案例中绝大多数集中于破产重整与清算等特定情形，法律上的争议在于如何协调税收债权与其他私法债权的冲突，特别是对税收优先权的适用。[5] 涉及税收代位权与撤销权的案例微乎其微。少数案件为合同关系中对税负的约定，以及涉税刑事犯罪。

(三)税收之债理论解释困境的深层根源

税收之债理论在我国实证税法中的体现极为有限。为此，主张税收之债

---

[1] 分别为《税收征收管理法》第38条、第45条、第50条、第51条与《税收征管法实施细则》第79条。

[2] 其中，《个人所得税法》22个条文，《企业所得税法》60个条文，《增值税暂行条例》28个条文，《税收征管法》94个条文，则占比可以达到0.02%。此外，还未统计契税、烟叶税、土地增值税等税种立法文本，若纳入统计，此比例更低。

[3] 在美国税法中，将纳税人对国家欠缴的税款(delinquent taxes)看作是一项债务(debt)，此时税务机关既可以通过行政征收，也可以通过民事诉讼途径保障税收利益。Camilla E. Watson, *Tax Procedure and Tax Fraud in a Nutshell*, West Academic Publishing, 2016, p. 210. 当然，需要留意两大法系的差异，美国只有合同法、侵权法等债法分则的规范，并无债法总则；而德国既有债法分则也有债法总则性规范。

[4] 《企业破产法》第19条、第82条、第113条有非常明确的规定。

[5] 通过北大法宝司法案例数据库，以"税收债权"为关键词，共检索到624篇裁判文书。其中，608件案例为破产重整、清算类案件，占比97%。此外，4件为公司人格混同案件，5件为民事合同约定税负对税收债权人效力案件，5件为税收代位权案件，2件为税收债权未获保障的偷税、玩忽职守案件。案例检索时间为2020年8月12日。

理论更为广泛地运用于实证法，便是一个容易想到的建议。然而，不加限制地将税收之债理论普遍化甚至于供入神坛，不仅无助于该理论的发展，相反，还会带来更多的问题。通过"债"这一纽带，税收之债打通了公法与私法的界限。税务机关来回穿梭于公私法之间，难免导致公法与私法边界的模糊。不仅如此，对公私法制度的任意使用，蕴藏着侵害纳税人与其他私法主体权利的极大可能。

税收债务理论使得税法借用民法成为可能。众所周知，债起源于罗马法，"债是法锁"的说法更是广为人知。[1] 罗马法中的债法规范为19世纪德国民法学所承继与发展，通过1900年《德国民法典》债法总则与分则的体系构造而定型化。[2] 1919年《帝国租税通则》首次在税法领域引入债的概念。税法不仅从概念上使用了债务关系(Schuldverhältnisse)的表述，更从内容上借用了私法的部分规范。[3] 溯其源头，财产法来自罗马商品经济发展，并以私法形式而早熟。以至于早期曾有不少学者主张所有规范财产关系的法律都是私法。作为公法的税法，从私法借用债的概念和分析工具也就不难理解。然而，这一借用首先面临一个困局：在逻辑上，并不存在公法与私法所共同分享的债的概念，无论是债的原理还是制度，都仅仅存在于私法领域。

"在把税收权利视为一种债权的情况下，与其相关的某些问题可以适用有关的民法原理来分析"。[4] 然而，哪些私法之债的规则可以适用于税法，学界一直没有给出清晰的回答。此时，就会面临私法涌入的难题。[5] 债这一概念并非孤零零的个体词汇，而是一套由债所组织起来的话语体系。一般认为，债的原理与规则包括债的主体、客体、内容、变更和移转、保全、消灭与损害赔偿等一般规则。[6] 将税收法律关系定位为债务关系后，犹如打开一道闸门，私法理论与规范涌入税法。在学理上，债法基本原理尤其是债法总论部分能否适用于税收之债？在制度上，民法典时代，税收之债能否适用债法的一般规则？在税收之债无相应规则时，如何处理？《民法典》合同编第468条规定，"非因合同产生的债权债务关系，适用有关该债权债务关系的法律规定；没有规定的，适用本编通则的有关规定，但是根据其性质不能适用的除外"。税收之债是否属于民法典所称的"非因合同产生的债权债务关系"，需要进一步明确，仅从法典文义，尚不能径直得出

---

〔1〕 完整的表述为："债是法锁，约束我们依本国法须向他人为一定给付。"阿雷西奥·扎卡利亚：《债是法锁——债法要义》，陆青译，法律出版社2017年版，第3页。

〔2〕 谢鸿飞：《19世纪德国债法总则的缘起：理论内核与体系建构》，《经贸法律评论》2018年第1期。

〔3〕 《德国租税通则》所使用的术语是租税债务关系(Steuerschuldverhältnis)。

〔4〕 张守文：《论税收的一般优先权》，《中外法学》1997年第5期。

〔5〕 也有学者采用"私法渗入"的概念，指称运用私法原理与制度解决公法问题的现象。张淑芳：《私法渗入公法的必然与边界》，《中国法学》2019年第4期。

〔6〕 王利明：《债法总则研究》，中国人民大学出版社2018年版，第118页。

答案。[1]

对这一问题的简单回答是,基于税收法定原则,只有在立法者明确规定可以适用私法之债原理时,才有适用余地。[2] 这一路径是基于税收法定这一形式正义的考量,将问题交由立法者决断,却未能进行实质正义的考察。梳理我国成文法,目前的做法带有实用主义与国库主义的倾向。在涉及税收之债的规范中大多数用来保障国家税收利益。纳税人无权抵销[3],更无权行使代位权与撤销权。这一税收之债的单方面适用现象还有扩张的趋势。[4] 因此,需要追问其背后的原理,究竟采用何种标准对私法之债的原理与规范做出筛选?哪些债的规则可以适用?哪些不能适用?对上述问题,著名公法学者美浓部达吉认为,税收之债可以借用私法之债的制度如代位、撤销等,却不能抵销,让人费解。

税收之债理论的引入,不仅导致私法涌入公法,还会引致公法遁入私法的疑问。当税务机关可以选择代位权或撤销权进入私法领域之时,会不会如脱缰野马,不再受到公法的约束?私法历来秉持法无禁止即自由的精神,当税务机关以税收之债作为指引而进入私法,此时可否与纳税人协商,甚至放弃其税收债权?此外,能否适用民法典对撤销权行使期限的约束,还是受到税法追征期的限制?在税务实践中更是不乏困境。在汇林置业逃税案件中,周口市政府以会议纪要的形式承诺对汇林置业公司前期垫付工程款"从应交税款中逐步予以偿还"。[5] 此种以税抵债承诺究竟有何效果?若让其归于无效,当事人利益将难以保障,政府信用也将受损。而让其有效,在税法上也欠缺直接依据。若深究起来,问题的产生,实则是由税收之债理论的功能模糊所带来。

通过债的管道,公法遁入私法后,不仅有侵害国家税收利益之虞,也会侵害纳税人与其他私主体利益。税务机关既是公权力机关,又是债权人,那么在现实中公私法手段并用就不足为奇。此外,进入私法秩序后,国家单方面赋权,会对私法秩序造成极大困扰。一直争议不断的税收优先权便是典型例证。在肯定税

---

〔1〕 从《民法典》文本出发,其第 43 条第 2 款规定:"失踪人所欠税款、债务和应付的其他费用,由财产代管人从失踪人的财产中支付。"若基于逻辑与文义的解释,这里的税款与债务是区分的,那么,债务也就不包括税款。当然,此处的税款也可能是为了强调对国家利益的保护,因此单独列出。部分民法学者明确将税收作为债的发生原因之一。"规定产生债之效果的规范甚至可以是公法性规范,例如,基于税法,税收征管部门对纳税人产生税收债权。"刘家安、周维德、郑佳宁:《债法:一般原理与合同》,高等教育出版社 2012 年版,第 18 页。

〔2〕 姜孟亚:《税收之债理论及其在我国的实践》,《中共中央党校学报》2018 年第 6 期,第 87 页。

〔3〕《税收征管法实施细则》第 79 条规定:"当纳税人既有应退税款又有欠缴税款的,税务机关可以将应退税款和利息先抵扣欠缴税款;抵扣后有余额的,退还纳税人。"按照该条规定,纳税人并不享有抵销权。

〔4〕 在 2015 年《税收征管法》修订草案中,拟引入"税收优先受偿权"制度,税务机关可以对不动产,以纳税人欠缴税款为限设置优先受偿权,在纳税人处置时优先受偿。此种单方面赋权的做法,建立在税收作为债权的基础上,但却会侵害其他债权人特别是有担保债权人的利益。这也凸显出"债"这一思维可能带来的危险。作为债权人一方的国家掌握立法、司法与行政权,与作为债务人的纳税人之间,并不像民事主体一般处于平等地位。

〔5〕 叶姗:《地方政府以税抵债承诺的法律约束力——基于"汇林置业逃税案"的分析》,《法学》2011 年第 10 期。

收是债的前提下，通过立法形式确定其优先权，无疑给私法交易秩序带来极大的冲击。前述问题均是因为未能厘清权力逻辑与债法逻辑，将二者混为一谈，导致税收之债理论逐渐成为税务机关的政策工具。

二、功能重塑：税收之债理论的身份赋予其秩序维护价值

通过对我国规范文本的梳理可知，将税收看作债权债务关系并非整个实体税法的普遍做法，而只在代位、撤销与破产等少数情形下才有适用余地。之所以能在特定情形下将税收认定为债权，其深层的理论基础便值得探寻。

（一）实现国家税收的两种手段

在税收法律关系中，既包含公权力的因素，也包含私权利的因素。早在德国税法学对权力关系与债务关系进行争论时即已意识到两种元素的同时存在。为此，需要建立起跨越公法与私法的以税收法律关系为纽带的法教义学，将两种理论各安其位。为了妥善安置公法与私法两种元素，日本税法学将其置于税收实体法与程序法的二元结构中加以认识，并主张实体法的优越地位，从而将税收法律关系的性质界定为单一的债权债务关系。诚如上文所述，此种理论与实证税法之间有着难以逾越的鸿沟，属于理论的虚构。为此，需要探寻安放两种元素的新的分析框架。

无论债务关系还是权力关系理论，所处理的核心是税收法律关系的性质。要厘清税收法律关系性质，应首先对税收法律关系这一范畴进行说明。“凡是法律关系都是人（组织）与人（组织）的关系，即复数的主体之间的联系，并表现为相互性，即表现为相关的、对称的、可逆的、双向作用的联系。”〔1〕在法理范畴，对法律关系的考察需要分析法律主体以及主体之间的规范联系。在学理上，“租税法律关系，简而言之，是如何看待课税厅和纳税者之间的法律关系性质的问题”。〔2〕从主体上来说，税务机关与纳税人之间的法律关系毫无疑问是整个税法的核心所在。

在分析税收法律关系性质时，将目光局限于税务机关与纳税人两造之间，则显得偏狭。税法中也并不乏三方乃至多方法律关系的构造。一方面，从税法本身来说，纳税义务的承担来说，不仅仅有纳税义务人，而且还有扣缴义务人等多种主体。〔3〕另一方面，如果跳脱税法的范围，无论税务机关还是纳税人，都会与其他主体发生关联，并且有税法上的法律效果，代位权、撤销权都是这方面的典型，即税法以外的第三人进入了税收法律关系的视野。从税法规范设置来看，既存在公法的手段，也存在私法的手段，分别运用于不同的场合。之所以存在多方

---

〔1〕 张文显：《法哲学范畴研究》，中国政法大学出版社2001年版，第97页。

〔2〕 北野弘久：《税法学原论》，陈刚、杨建广等译，中国检察出版社2001年版，第158页。

〔3〕 《税收征管法》第4条规定：“法律、行政法规规定负有纳税义务的单位和个人为纳税人。法律、行政法规规定负有代扣代缴、代收代缴税款义务的单位和个人为扣缴义务人。纳税人、扣缴义务人必须依照法律、行政法规的规定缴纳税款、代扣代缴、代收代缴税款。”

主体的法律关系，还源于债的非排他性，同一债务人可以同时进入多个内容相同的债务关系。同一债务人在这一关系中是债务人，在其他关系中则可能成为债权人。

以往讨论税收法律关系的文献忽略了公私法不同手段的适用情境，而主要纠缠于实体法与程序法的二分。这种二分的类型化处置有方法论启示，然其结论却有失偏颇。实体法与程序法联系至为紧密，而将税收实体法等同于税收债法的观念则会对两个领域进行人为割裂。本文所主张的则是从国家保障税收利益的公私法两种手段出发，考察税收之债理论在不同情境中的功能差异。

（二）税务机关的两种法律身份

理论上，同一主体在法律上可以具有多重身份，税务机关也不例外。从公私法划分角度，税务机关具有公法与私法的双重身份。滥觞于罗马法的国库理论，构成税务机关双重身份的理论基础。德国法学家科赫指出，"国家在两个层面上作为法人出现，一个是作为国家机构来达成国家之目的（神圣的权力和主权），一个是作为经营机构来满足为达成国家目的而需要的物质条件。"[1]正因为其所展现的身份上差异，在法律适用上也产生分野。德国《民事诉讼法施行法》第 4 条即规定："对于民事上的争议，依据其客体或者请求权的方式适用民事管辖权的，不得因为当事人一方是国库、乡镇或者其他的公法实体而被排除民事管辖。"[2]税务机关的双重身份在我国也有实证法支撑。税务机关在税法当中表现为公权力主体，拥有国家法律所授予的征税权；而在私法当中，则表现为机关法人。根据《民法典》之规定，"有独立经费的机关和承担行政职能的法定机构从成立之日起，具有机关法人资格，可以从事为履行职能所需要的民事活动。"

机关法人这一主体资格的赋予，意味着税务机关具有了私法上的权利能力。但权利能力只是具有了进入私法关系的可能性。具体进入何种私法上的权利义务关系，还需要进一步考察。由于人身关系的专属性，税务机关一般无法进入其中。而在财产关系中，税务机关以机关法人的主体资格，既可能进入物权，也可能进入合同、侵权等其他类型的法律关系中。[3] 税务机关从事政府采购活动，则与民事主体签订买卖合同。而在税法领域，无论代位权还是撤销权这种典型的税收之债情形下，税务机关则与其他债权人一道，进入私法债权债务关系。[4]

在此意义上，税收之债理论的意义正是赋予税务机关以债权人这一特定的法律身份，从而使得税务机关具有了进入债的关系的可能性。从反面来说，如果

---

〔1〕 奥托·迈耶：《德国行政法》，刘飞译，商务印书馆 2002 年版，第 53 页。

〔2〕 袁治杰：《民法典制定中的国家与国库问题研究》，《中国法学》2017 年第 3 期。

〔3〕 屈茂辉：《机关法人制度解释论》，《清华法学》2017 年第 5 期。

〔4〕 《税收征管法》第 50 条规定："欠缴税款的纳税人因怠于行使到期债权，或者放弃到期债权，或者无偿转让财产，或者以明显不合理的低价转让财产而受让人知道该情形，对国家税收造成损害的，税务机关可以依照合同法第七十三条、第七十四条的规定行使代位权、撤销权。税务机关依照前款规定行使代位权、撤销权的，不免除欠缴税款的纳税人尚未履行的纳税义务和应承担的法律责任。"未来修改《税收征管法》时，需要结合《民法典》相关条文进行修订。

不具有债权人的身份，则税务机关无法进入债的关系之中，在法律规范上也就不会受到债法规范的调整。基于债的非排他性，无论税务机关还是纳税人，都可能在税法以外成为债权人或者债务人。不同的债权人与债务人所形成的法律关系有着千丝万缕的连结，犹如一张债的网络。合同、侵权等债的关系与个人生活息息相关。纳税人除了对国家负有纳税义务外，还负有其他各种公法与私法的义务，向国家承担罚金、罚款等公法债务，以及向各种私法主体承担合同、侵权等债务。正因为此，公法与私法就出现了交织。厘清税务机关的主体身份，就显得尤为必要。以企业清算为例，在法院强制清算的场合，只有明确了税务机关的债权人身份，税务机关才拥有了“入场券”，从而申报债权以获得清偿。

当税务机关卸下其强制执行的“武装”，呈现其代表国库的私法人格之时，可诉请履行性、可执行性、可自力实现性这几项权能也就得到了满足，唯一缺少的只是可处分性。此时税务机关对特定纳税人的金钱给付请求权也就与私主体别无二致。进入私法秩序后，税务机关与纳税人的其他债权人处于平等地位，按照统一的程序安排维护国家税收债权。

（三）债务清偿秩序视野下身份赋予的必要性

税务机关具有进入债法关系的可能性，并不意味着税务机关必须进入债务关系。从法规范的角度，所有债权人享有的权利，税务机关都有可能享有。例如，《公司法》第 20 条对“刺破法人面纱”[1]的规定，税务机关当然也可依循该条文的规定，向法院提起民事诉讼主张刺破公司面纱。[2] 但这种途径并非必要。原因在于，无论个人所得税法还是企业所得税法，均已赋予税务机关以反避税权力。在公司股东滥用公司独立地位——如成立空壳公司——的情形下可以运用反避税手段向其股东征税。[3] 在此情境下，税务机关有裁量权，有权选择最有利于维护国家税收利益的方式。

在特定情形下，则不仅必要而且必须赋予税务机关以债权人的身份。这首先是为了保障国家税收利益。因为如果没有此种身份，不能进入破产等债务清偿程序，则难以维护国家税收利益。但是，赋予税务机关债权人身份并非唯一选择。除此以外，税务机关以强制执行权实现自身权利，恰恰是更为有效的方式。而要求税务机关进入债法秩序获得清偿，正是对其权力行使的限制。立法者之

---

〔1〕《公司法》第 20 条规定：“公司股东应当遵守法律、行政法规和公司章程，依法行使股东权利，不得滥用股东权利损害公司或者其他股东的利益；不得滥用公司法人独立地位和股东有限责任损害公司债权人的利益。公司股东滥用股东权利给公司或者其他股东造成损失的，应当依法承担赔偿责任。公司股东滥用公司法人独立地位和股东有限责任，逃避债务，严重损害公司债权人利益的，应当对公司债务承担连带责任。”

〔2〕赵宇：《公法债权人得否适用法人人格否认制度》，《甘肃政法学院学报》2019 年第 2 期。

〔3〕典型案例是儿童投资主基金避税案件。在该案件中，一家位于境外的非居民企业间接转让我国境内企业的股权，税务机关基于反避税权，对中间的两层公司做了“穿透”处理，获得了来源地管辖权，而向企业征税。儿童投资主基金（The Children's Investment Master Fund）诉中华人民共和国杭州市西湖区国家税务局征收案判决（2016）最高法行申 1867 号。

所以强制税务机关进入债法秩序，最主要的不是从保障国家税收利益的角度，而是从维护纳税人其他债权人利益的角度出发。

在一般的行政程序中，税务机关拥有对税款的决定权，尽管也受到司法审查的制约，纳税人必须首先依循税务机关的征税决定进行纳税。将税务机关纳入私法秩序，则是为了使税务机关能够与其他主体平等清偿，避免利益冲突。从维护国家税收利益的角度出发，可以赋予税务机关以针对第三人的强制执行权力，或者在破产状态下，税务机关基于其优先权即可径直进行执行。然而，按照这种方案，税务机关既充当"运动员"，参与到债务清偿的竞争当中，又担当"裁判员"来判断利益冲突时的解决之道，其他债权人的利益也就难以获得保障。

基于债的公平清偿规则，也要求税务机关以债权人身份进入私法秩序获得清偿。在企业陷入破产之时，税务机关自然有两条路径维护国家税收利益：一种是以公法赋予的强制力径直执行，另一种是以私法的身份请求法院保障其利益。若按前一种思路，税务机关依然享有强制力，此种"先下手为强"的做法，会打破债务分配的公平秩序。而且，在税务机关执法存在瑕疵时，除纳税人以外之人，却无法维护自身权益。因此，税收之债理论可以打破公私法之间的壁垒，以"债"的话语架起公私法之间沟通的渠道。税务机关与其他债权人平等地进入破产清算这一民事程序，由中立之法官居中裁判，公法与私法债权之间的冲突也就能够得到妥善处理。

综上，债务清偿秩序的维护才是赋予税务机关以债权人身份的根本出发点。这也就从理论上得以解释，为何实证法律规范仅在特定情形下规定了税务机关债权人身份的原因。除了常见的税务机关行使代位权、撤销权的规则，破产中的债务清偿规则以外，还包括企业注销清算时的规则，以及民法典时代遗产债务的公平清偿问题。〔1〕以上均是为了维护债务清偿的秩序而由立法者赋予税务机关以债权人身份的场合，随着时代变迁其范围也会动态发展。

三、边界厘定：公权力视角下税法借用债法规范的限度

出于维护债务清偿的公平秩序，税收之债理论具有法教义学层面的价值。然而，真理再往前一步就是谬误，税收之债理论也是如此。必须厘清其理论边界，防范其被滥用，以保障纳税人与其他私法主体的权利。

（一）税收法律关系的权力本质

回归税务机关与纳税人双方的法律关系，其与私法上的债权债务关系存在着本质差异，从债权的权能来看，二者并不吻合。在理论上，私法债权包括可诉请履行性、可执行性、可自力实现性、处分权能等权能。〔2〕税收债权可以自力执行，因而不包含可诉请履行性。税收债权与私法债权的自力实现性也不可同日

〔1〕 部分内容会随着我国制度变迁而出现，例如，未来我国引入个人破产制度之后，税务机关也必须进入破产清算的轨道进行清偿。而目前还是按照强制执行的公法思路进行运行。

〔2〕 迪特尔·梅迪库斯：《德国债法总论》，杜景林、卢谌译，法律出版社 2004 年版，第 16—19 页。

而语。私法债权的自力执行仅限于非常特殊的情形。由于事关公共产品提供，税务机关无权抛弃、移转其债权，税收债权不具有处分权能。税务机关与纳税人之间并不处于平等地位，也不可进行意思自治。在私法视角下，即便是法定债务关系，依然遵循意思自治这一私法精神。侵权损害赔偿是典型的法定之债，其数额可由债权人与债务人通过协商达成合意，债权人也有权抛弃其债权。

从话语与表述上，将税收法律关系称之为债务关系当然并无不当，但只具有修辞上的意义。在本质上，对纳税人与税务机关的法律关系更为准确的定位是权力关系。实际上，作为权力关系理论的迈耶早已意识到，税收法律关系具有类似于民法金钱请求权的色彩，然而，税收法律关系与民事法律关系具有根本差异，差异要大于相似。迈耶深刻地指出："行政法被作为国家法律制度的出离于民法之外的第二种制度，部分地被冠以'财产、地役权、财产所有权、雇佣合同、赔偿及偿还请求'等名称。而以'公共的'或'公法上的'附注则表明了这些名称与民法原形的一致性只是表面的，其法律制度是根植于不同土壤之上的，在此，所有的细节都是在公权力参与、法律关系不平等基础上形成的。"[1]即便我们给税收法律关系贴上税收之债的标签，也只是话语与形式上的，无法改变其实质。"公法的主要性质是在于其为国家与人民之间关系的规律，而国家有以优越的支配权去命令和强制人民的权利之点，则为其主要的特征"[2]。

在法学理论中，将税务机关与纳税人的法律关系看作是典型的不对等法律关系，"在这类法律关系中，主体的实际政治地位和社会地位毕竟不同……国家机关的权利、义务通常表现为职权、职责，职权、职责与国家权力和国家的整体利益联系，不可自行转让、放弃或交换，且体现为社会生活中的纵向关系"[3]。税法赋予税务机关以税款征收的公权力，具体又可以细分为两种类型的权力，包括对税款的确定权与对税款的征收权力。税务机关有权对税款进行强制执行。[4] 相比之下，纳税人对其多缴纳的税款，可以要求税务机关退税，却无法自力执行。因此，从法规范角度，二者的强弱对比非常明显。意图通过税收债务关系的引入而实现税务机关与纳税人之间的平等[5]，只能是一种理论的幻梦，对税法的立法与适用毫无解释能力。相比之下，私法债权人对债务人则并无强制性。由此观之，两种法律关系有着根本不同的构造，试图用"债"的话语统摄二者，实在是无益之举。

(二)公权力视角下税法对债法规范借用的非必要性

正因为纳税人与税务机关的法律关系在本质上是权力关系，税法在其性质上属于公法范畴。在公私法区分的视野下，税收之债的理论的作用是为了从私

---

〔1〕 奥托·迈耶:《德国行政法》,刘飞译,商务印书馆 2002 年版,第 120—121 页。

〔2〕 美浓部达吉:《公法与私法》,黄冯明译,中国政法大学出版社 2003 年版,第 27 页。

〔3〕 张文显:《法哲学范畴研究》,中国政法大学出版社 2001 年版,第 111 页。

〔4〕 为此,我国税收征管法赋予了税务机关查封、冻结、扣划等多项权力。

〔5〕 翟继光:《"税收债务关系说"产生的社会基础与现实意义》,《安徽大学法律评论》2007 年第 1 期。

法借用理论与制度资源,在税法发展的早期阶段更是如此。

一方面,通过借用私法之债的理论对税收法律关系进行理念革新。债务关系揭示了税收法律关系的双向性。以往的权力理论聚焦于税务机关的公权力,忽略了纳税人在特定场合下申请退税等权利,是一种单向度的理论建构。对奥托·迈耶构建起的以行政行为为核心的行政法教义学,在行政法学内部引来不少批评。因为在权力关系的体系下,相对人成为"艺术上的陪衬品"[1],其参与作用以及实体权利被忽略了。相比之下,在债务关系理论的分析框架下,不仅税务机关是债权人,纳税人也可成为债权人,二者形成双向互动的关系,纳税人的主体地位得以彰显。

另一方面,借用私法的话语体系对税法进行制度构建。借助请求权思维,构造税法请求权体系,包括纳税人请求权与税务机关请求权两类,由此构成税法总则的核心内容。王泽鉴教授即指出,民法请求权基础的思维也可以应用于公法。通过税收之债理论的指引,也就可以借用民法请求权基础思维,构造税法层面请求权的体系。《德国租税通则》通过立法的形式,以第二章"租税债法"专章做出规定,涵盖债务关系主体、债务关系中税务机关与纳税人的各项请求权、责任等多项内容。[2] 特别是在债务关系的部分,无论是权利的概括继受、债的消灭等内容均借鉴自民法。

值得深思的是,无论是理念更新还是制度构建,必须以税收之债理论作为前提吗?在税法发展的初期,从民法借用概念与原理不失为一种较为便捷的路径。在公法成熟定型之后,从民法借用概念就不再必要了。上文所提到的请求权体系,实际上直接用权利(义务)体系也没有差别。以纳税人的退税请求权为例,完全可以直接利用德国公法学中的主观公权利理论加以有效解决。至于该项权利是物权、债权还是他项权利,在税务机关与纳税人双方关系视野下,并不重要。

不仅不必要,从民法借用资源还会引致法律适用的弊端。以纳税人的退税权为例,如果按照债权请求权的构造加以理解,对我国的实证税法的解释反而会带来难题。《税收征管法》第51条规定,"纳税人超过应纳税额缴纳的税款,税务机关发现后应当立即退还;纳税人自结算缴纳税款之日起三年内发现的,可以向税务机关要求退还多缴的税款并加算银行同期存款利息,税务机关及时查实后应当立即退还"。按照私法请求权的逻辑,此处的"三年"时效应该理解为诉讼时效。根据诉讼时效的规则,在时效经过之后,如果债务人已经偿还的,不得要求返还。这也就意味着,纳税人退税请求权能否得到实现,重要的不是三年的期限限制,而是取决于税务机关的意志,这也就为"人情税"等现象提供了法律基础。从税法出发,此处的"三年"与民法的诉讼时效并不一样,其构成纳税人权利行使的一项要件,三年经过将产生权利消灭的效果。最根本的差异在于,税法强调不同纳税人之间的平等与公法秩序的确定性,因此,三年的计算及时间经过的后果

---

〔1〕 赵宏:《法律关系取代行政行为的可能与困局》,《法学家》2015年第3期。

〔2〕 陈敏译:《德国租税通则》,中国台湾地区司法相关机构2013年版,第320—430页。

都要求更为客观。依循公法的逻辑，在肯定纳税人主体地位与权利主张的前提下，也依然遵循公共秩序的要求。纳税人主张退税，税务机关认为不应退税，此时税务机关在其程序中有单方决定权。纳税人也就需要遵循行政复议或行政诉讼的途径寻求救济。

（三）回归税法的公法属性

从公私法划分的角度，税法属于公法范畴，与属于私法的债法有着不同的问题意识与调整对象。税法围绕国家征税权这一公权力而展开，具体针对授权与控权而构建其规范体系。税法的目标在于，一方面赋权以保障国家税收利益，另一方面控权以保护纳税人权利。与债法的意思自治理念截然不同，税法以义务与强制为其底色，从而保障国家运行的物质基础。由于税收之债理论的影响，以往过于强调债的元素，而忽视了公法这一更为重要的元素。

在我国，由于税收法定原则尚在落实过程中，财税部门实际掌握着授权立法与对税法的解释权，因此，相对于税务机关强大的公权力而言，纳税人就显得更为弱小。税务机关拥有反避税、计税依据调整等多项利器，权力行使稍有不当就会阻碍正常的民事交易活动，损害纳税人财产权。对我国来说，承认税务机关与纳税人之间地位的不对等，不仅不会导致纳税人权利受损，恰恰可以通过制度设计，倾斜保护处于弱势的纳税人群体。

综上，公法与私法遵循不同的思维。除了公私法所共享的原理与制度外，在公法本身已经独立发展并建立起教义学体系的情形下，从民法借用资源就不再必要，而且会带来法律适用的困境。具体到我国税法实践，如何规范与控制税务机关的公权力，恰恰才是当务之急，而这一思路建基于对税收法律关系的权力本质的清醒认知的基础上。

四、税收之债理论的制度实现

在公私法划分的视角下，纳税人与税务机关的法律关系本质上是权力关系；而在涉及纳税人以外的私法债权人或债务人时，则是私法上的债权债务关系。公私两种元素同时存在，需要通过税法规范的设计予以制度融合。

（一）公私法两种元素的制度统合

税务机关之所以具有两种不同的身份，根源于税法这一公法的授权性规范。同时，税务机关的征税权必须保障纳税人与其他主体的财产权利。税务机关无论是遵循公法的逻辑，还是私法的制度去保障国家税收利益，最终都要受到宪法的规范与调整。因此，无论是权力关系，还是债务关系，最终都要统一于宪法的价值追求。

宪法规范的核心是国家公权力与公民基本权利的关系问题。在税法的语境下，则涉及国家征税权与公民财产权的冲突与协调。宪法规定公民有依法纳税的义务，也就确立了国家的征税权。但这一征税权必须以保障公民的财产权为依归。公民财产权首先当然是纳税人的财产权,税收即是将纳税人私人财产的一部分让渡于国家,成为国家行使其职能的物质基础。税法在对宪法纳税义务具体化的前提下,对国家征税权加以法律规范。通过公民基本权利保障这一宪法价值,税收法律关系所蕴含的公私两种元素也就得以各安其位。

税法的目光一般聚焦于税务机关与纳税人二者的法律关系。然而,在一些情形下,纳税人不仅与国家发生财产分配关系,还与其他私主体发生财产法律关系。在这一意义上,除了私法这一财产法律的核心规范外,财税法也是不可忽视的“半壁财产法”。[1] 在涉及其他私主体时,就产生公私法交织的问题,此时出于保护其他私主体的利益的需要,赋予税务机关以债权人身份就显得尤为必要。

(二)二元结构中的法律适用

公私法两种手段具有相对的独立性。税务机关一般只与纳税人之间发生税收征纳法律关系,二者并不必然要涉入私法关系之中。值得指出的是,虽然有两个面向,但并不意味着国家可以随意切换、任意选取,甚至两种面向共用。现实中税务机关基于代位权强制第三人履行债务便是对税收之债理论的滥用。在本文看来,这两个面向具有相对独立性,在不同场合之下有各自的适用余地(见图1):

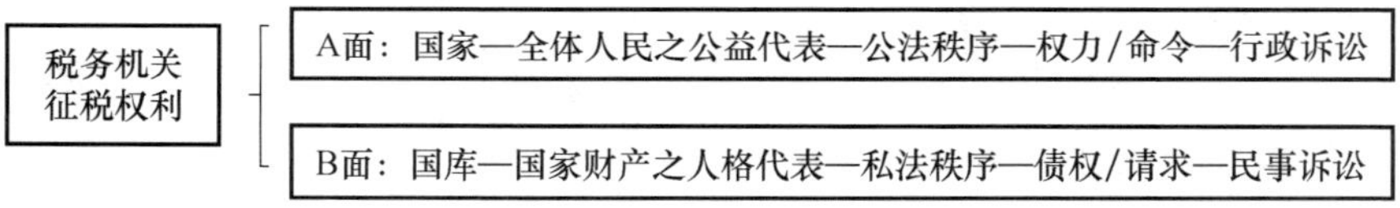

图1 税务机关的二元身份

在税务机关以公权力主体身份出现时,此时着眼于税务机关与纳税人围绕税收征纳所展开的公法关系,并不涉及纳税人以外的第三人。税务机关在征税时,适用税法这一公法规范。在纳税人权利受侵害时也依循行政复议或行政诉讼这一公法途径进行救济。此时,并无适用民法与民事诉讼法的可能。不妨将此种法律关系称为法律规范的一阶适用,即只有适用税法这一公法规范的余地,并不存在民法典的适用可能。

若进入外部关系,涉及纳税人以外的私法债权人或债务人时,则税务机关卸下其公权力的“外衣”,以机关法人这一私法身份进入私法债务关系的法律规范之中,依循私法规范获得保障。纳税人也依循民事诉讼这一私法途径维护自身权利。但此时,税务机关并未完全脱离其权力主体的地位,其权力的来源依然来自税法这一公法规范。对此,可以运用双阶理论进行解释。双阶理论由德国学者易普森所首创,“将一个过去视为单一的补助关系区分两阶段,在第一阶段中,公权力主体必须强制根据公法的规定决定‘是否’提供给付;在第二阶段中则是

[1] 从这个意义上,学者所主张的公共财产法有其独特的理论价值与意义。刘剑文、王桦宇:《公共财产权概念及法治逻辑》,《中国社会科学》2014年第8期。

缔结一个有关'如何'给付的私法上契约。"[1]对税收债权的主张来说,在第一阶段,由公法赋予税务机关以征税的权力;在第二阶段,税务机关进入私法秩序以获清偿,此时仍然受到第一阶段公法的制约。因此,即便进入破产清算环节,税务机关也无权与纳税人协商免除破产企业的纳税义务,除非税法有明确规定。[2]

(三)对实践难题的解决:以撤销权为例

运用双阶理论,也就可以对实践中的难题做出回应。税务机关撤销权的行使时间问题历来不够清晰。按照《民法典》第 541 条之规定:"撤销权自债权人知道或者应当知道撤销事由之日起一年内行使。自债务人的行为发生之日起五年内没有行使撤销权的,该撤销权消灭。"在税法中,税务机关征税受到追征期的约束。《税收征管法》第 52 条规定了不同情形下的时间限制。在税务机关行使代位权时,究竟是单独适用《税收征管法》第 52 条追征期,还是同时受到《民法典》的时间限制,就不无疑问。如果按照双阶理论,两个时间限制的条款属于不同阶段的限制,并无矛盾,因此应当同时适用。如果追征期已经经过,那么撤销权的行使期限也就无从考虑。而即便在追征期内,如果撤销权行使期间经过,撤销权也会消灭。

接下来的问题是,如果纳税人以税款追征期已经过为由进行抗辩。此时如何解决争议?按照双阶理论,此时实际上是对第一阶段的法律关系产生争议。因此,在诉讼程序上应该适用诉讼中止的规则,先由纳税人提起行政争议解决加以处理。民事程序以行政程序的解决为基础。在第一阶段,纳税人所争议的对象恰恰是税务机关的权力行使行为,具体表现为税务机关对税款进行核定的具体行政行为。只有在第一阶段的公法关系清晰确定的前提下,才有第二阶段法律关系产生的可能。

五、结语

"债务关系说照亮了迄今为止的法律学上的一直被忽视的'公法上的债务'这一领域"[3]。不仅税收、行政罚款、刑事罚金等公法之债的理论与制度,得到了学界越来越多的关注。[4] 公法之债作为一个重要的学理概念,要避免脱离实际的抽象与虚构,走向社会契约等法哲学层面的建构,回归法教义学。如耶林所言:"概念是为生活而存在的!"脱离生活实际的概念只能是理论的虚构。随着民法典时代的到来,对公法之债的深入研究显得尤为迫切。税收之债是典型的公法之债。不当放大税收之债理论的作用不仅会使得理论本身失之空洞,也会导

---

[1] 程明修:《行政法之行为与法律关系理论》,台湾新学林出版股份有限公司 2005 年版,第 57 页。

[2] 可能减免的情况为,纳税人确实存在困难的。是否满足条件,必须在税收征管管理的法律规范中找寻依据。

[3] 金子宏:《日本税法》,战宪斌、郑林根等译,法律出版社 2004 年版,第 21 页。

[4] 公法学者与私法学者均有关注,具有代表性的研究有柳经纬:《非典型之债初探》,《中国政法大学学报》2008 年第 4 期;汪冬厚:《公法之债论》,苏州大学 2016 年博士学位论文。

致税法实践中对纳税人与其他私主体权利的侵害。在教义学视角下，有必要对税收之债理论的功能与边界进行厘清，根本问题在于处理税收法律关系当中存在的公法与私法两种元素。对税收之债理论的考察，应当放置于公私法划分与互动的场域下。国家呈现出公权力主体与私主体两种面貌，从而厘清税收之债理论的法教义学功能。在税务机关与纳税人双方法律关系中，公权力呈现出命令的关系；而跳出这一场域，涉及纳税人以外的私法主体时，则呈现为债权债务法律关系，此时，税收之债理论从学理上给予了公权机关一个必要的准入凭证，让其以机关法人的身份进入私法的界域。债权人身份的赋予，不仅有助于保障国家税收利益，更为重要的价值在于维护私法债务清偿的公平秩序。不容忽视的是，以往对税收之债的研究过于关注其债的元素，“法无授权即禁止”的公法精神被遗忘。将权力装进制度的笼子是近年来我国法治实践中的重要议题。在此背景下，公私法划分仍然有其价值。用私法债务关系理论解说税法在行政机关与相对人的法律关系中，在公法发展的早期阶段有其合理性。但当公法已经获得了独立发展的当下，再寻求私法的庇护就不再必要。

《民法典》中保证人权利保护体系解释论
——以《民法典》“保证合同”章为中心〔1〕

谭佐财*

摘　要　《民法典》将保证合同纳入典型合同的同时，从保证人与债权人、保证人与主债务人的关系突出了对保证人权利的保护。保证合同应具有要式性，通过数据电文方式订立的保证合同能否视为满足保证合同的要式性要求，需根据数据电文类型进行实质判断。当事人通过特定情事的发生来安排保证期间，基于意思自治的精神不应认定为对保证期间约定不明。一般保证中债权人在保证期间内提起的“诉讼”不仅包括债权人一般的起诉行为，只要能够满足债权人积极行使权利的相关诉讼活动均可扩大解释为本条的“诉讼”。在共同保证中，债权人向其中一个保证人请求承担保证责任的效果及于连带共同保证人，但对按份共同保证人不发生效力。基于法典体系性的要求，承担了保证责任的保证人可以向其他连带共同保证人追偿。

关键词　《民法典》；保证合同；先诉抗辩权；保证期间；追偿权

目　次

---

*　谭佐财（1996—），武汉大学法学院博士研究生，研究方向：民商法学。

〔1〕　本文系研究阐释党的十九届五中全会精神国家社科基金重点项目“优化市场化法治化国际化营商环境研究”（21AZD030）成果。

引言

保证责任是指在主债务人未履行或无法履行的情况下，保证人以其个人财产为债务不履行负责。保证合同产生的效果是保证人的财产在主债务不履行时加入到主债务履行的责任财产中。与出质人、抵押人仅以其财产设定担保不同，保证人以其全部财产参与到主债务的履行中，从这个意义上来说，保证人承担的是一种“无限责任”。在罗马法上，保证制度的产生和发展顺应了罗马社会发展的需求，与古老的“誓约”和“承保”相比，保证制度更好地满足了债权人对于交易安全的需求，极大地推动了古罗马经济贸易的繁荣。而在古代社会，保证人通常是基于亲友之间的情谊而为主债务人提供经济上的协助，罗马人正是认识到了这一点，才通过各种途径对于保证人的责任加以限制。因此，早在公元3世纪，古罗马法学家便形成了Durior Condicio（更重的条件）和Alia Causa（其他原因）原则共识：根据Durior Condicio（更重的条件）原则，保证人所承担的责任不能重于主债务人；而根据Alia Causa（其他原因）原则，保证人的给付义务必须与主债务人的给付义务相同。在效果上，一旦突破了前述原则的限制，保证合同直接归于无效，对保证人权利的保护可见一斑。这一原则也多为后世大陆法系国家立法所借鉴，构成了现代保证制度的历史基础。〔1〕

保证人单方面对债权人负有保证义务，通常具有无偿性。相较于传统保证制度中的“人情”特征，现代社会的保证制度已经在商事交易中被广泛运用，甚至可以认为，商事交易已经成为保证制度应用的主要场景。正如德国法学家所言，保证人因何做出保证承诺，对于保证这一合同类型而言没有意义。实践中，除了专业的信贷支持机构以担保为主要经营内容之外，个人通过提供保证收取一定费用也并不鲜见。〔2〕但需要注意的是，一般情况下，保证的对价是由保证人和债务人约定的，是在与债权人订立的保证合同之外的不同法律关系。〔3〕当然，实践中也存在由债权人或第三人为保证人给付“佣金”的情况，〔4〕但保证人提供保证的行为与债权人或第三人支付的费用不具有对价的意义（或者，债权人并不当然负对待给付义务），仍无法改变保证合同单务合同的性质（即便是有偿合同）。

《民法典》“保证合同”章在吸收《担保法》及其司法解释相应规范的基础上，结合司法实践需求进行了修正，但仍有若干法律适用问题在理论上亟待澄清。而保证合同所具有的特性，决定了对“保证合同”章规范的学理讨论和规范解释均应当按照合乎保证人权利保护的规范意旨进行。是故，本文将分别讨论保证人与债权人（保证合同的效力、保证责任的承担与豁免）、保证人与主债务人（保

---

〔1〕 陈洁蕾：《论罗马法中保证的限制——兼论Durior Condicio和Alia Causa原则的适用》，《学说汇纂》（第五卷），第11—21页。

〔2〕 胡承国、华融消费金融股份有限公司合同纠纷案，安徽合肥市中级人民法院（2020）皖01民终519号民事判决书明确由债权人向保证人提供佣金。

〔3〕 迪特尔·梅迪库斯：《德国债法分论》，杜景林、卢谌译，法律出版社2007年，第416页。

〔4〕 韩世远：《合同法总论》（第4版），法律出版社2018年第4版，第75页。

证人承担保证责任后的后置权利规范，即追偿权和法定代位权）法律关系中存在的若干疑难问题。

一、保证合同的有效性条件

保证人承担保证责任的前提要求具有有效成立的保证合同。结合《民法典》体系化的特征及司法实践中素有争议的问题，除一般合同的成立、生效要件之外，基于保证合同的特殊性，至少面临以下两个方面的问题需要解决和回答：①主债权债务合同对保证合同有效性的影响如何？②《民法典》对保证合同是否要求为要式？《民法典》第 469 条第 3 款新增的数据电文拟制的书面形式是否可以适用于保证合同？

（一）保证合同的效力

从属性是保证合同最本质的特征。《民法典》第 682 条对主债权债务合同无效，保证合同无效做出了规定，这是保证合同从属性最典型之情事。保证合同是风险负担的合同，其履行必须具有正当性与合理性，通过某种方式对保证人苛以过重负担是法律所不允许的。

首先，保证标的真实有效存在。如果被担保债务并不存在，它的履行便并非是正当的。因此，保证合同的从属性首先要求被担保债务有效存在。换言之，除非被担保债务真实存在，否则不可能存在一项有效的从属保证。[1] 实践中，债权人与债务人串通损害保证人利益的案件并不鲜见，例如，债权人与债务人虚构债务标的。在此种情形下，被担保债务难谓真实存在，保证合同归于无效。再如，“借新还旧”情形下，[2]若新旧两笔贷款保证人不是同一人，则主债权债务人可能被认定为恶意串通（骗保行为），依据《民法典》第 154 条（原《担保法》第 30 条第 1 款）免除保证责任。此外，保证人对法律、行政法规明确禁止的法律行为提供的保证也归于无效。但是，如果保证人明知合同无效而仍为保证时，基于诚实信用原则，保证人仍应对因合同无效而发生的债务人应承担的后果负保证责任，不能以此对抗债权人的请求权。[3]

其次，为不完全民事行为能力人提供保证的效果。保证人为不完全民事行为能力人自可径行适用《民法典》关于意思表示的规则，但是债务人为无、限制民事行为能力人时，保证合同之效力值得研究。通常，债务人不属于保证合同的当事人，根据合同相对性的基本原理，保证合同的效力似乎不应受第三人的影响。但是，债务人为不完全民事行为能力人会直接影响主债权债务合同的效力，进而传导至保证合同。这是对保证人的权利保护方式，原因在于，债务人为不完全民事行为能力人的情况下，保证人承担保证责任之后，难以通过向债务人行使追索

---

〔1〕 中国台湾地区高级法院 1970 年台上字第 1219 号判决。

〔2〕 “借新还旧”是指债权人与债务人在旧的借款尚未清偿的情况下，再次签订借款合同，以新借出的款项清偿部分或者全部旧的借款的行为。

〔3〕 《日本民法典》第 449 条、我国台湾地区所谓的“民法”第 743 条。

权而获得求偿。[1] 因此，为不完全民事行为能力人提供保证时，除非保证合同订立时，保证人知道或应当知道相关事实的存在(《欧洲示范民法典草案》(以下简称 DCFR)第 N. F-2:103 条[(保证人可主张的债务人的抗辩)第(3)款])，否则保证人可以代为行使撤销权或者主张主债务合同无效。[2] 但是，美国判例认为，可以被主债务人撤销的债务仍可以满足关于主债务存在的要求。[3] 由学者起草的《纽约州民法典草案》第 1364 条确立了保证人不对非法的主合同承担责任："如果主合同非法，保证人不承担责任；但是，仅主债务人丧失行为能力的，即便此等能力的丧失严重得使合同于主债务人无效，保证人仍应承担责任。"[4]

最后，保证合同的内容和方式不能显失公平。保证合同的内容需要为已经发生的或者将来发生的债务提供的担保，但保证合同中的内容可能存有对保证人过于严苛或无法预见的内容。例如，保证合同约定保证人就债务人将来向债权人所负的一切债务承担保证责任。我国台湾地区法院在说明保证契约之成立生效要件时，形成了如下判决要旨："就将来发生之债务为保证，其数额或范围固不以现实具体确定为必要，惟仍须可得确定；倘完全不能预先确定，由保证人对之负无限度之保证责任者，除人事保证或有反对之特约外，尚难认该保证契约已成立生效。"[5]DCFR 有概括保证之规定，概括保证不仅没有约定最高金额，而且当事人对要保证的借贷之类型、来源或时间保持开放性，概括保证一般被理解为是包含了保证合同缔结时并未具体确定的债务的担保。[6] 但概括保证有效之条件为被担保债务足以确定，例如，债务人与债权人之间由于特定营业关系所发生的所有当前债务和未来债务。[7] 最高额保证亦有最高保证金额及确定期间的限制。因此，对于此类对保证人负担过重保证责任的保证合同应当按照《民法典》中的公序良俗条款(第 143 条)、重大误解条款(第 147 条)、显失公平条款(第 151 条)进行效力审查。

德国判例和学说对于"保证远远超过保证人给付能力时是否构成违背公序良俗(《德国民法典》第 138 条)"素有争议。联邦最高法院最初作出的裁判对于保证人是严苛的，但联邦宪法法院否定了该判决。之后，联邦最高法院对于自然

---

〔1〕 但《法国民法典》有不同见解，其第 2289 条第 2 款规定"但是，即使债务可能会因负担债务的人的纯属个人性质的抗辩而被取消，仍可为该债务提供保证，例如，由未成年人缔结的债务"。该规定表明，即便主债权债务被撤销或者无效，保证人仍可能负担保证债务，但取消的原因属于个人性质的事由。

〔2〕 克里斯蒂安·冯·巴尔、埃里克·克莱夫主编：《欧洲私法的原则、定义与示范规则：欧洲示范民法典草案(全译本)》(第 4 卷)，于庆生等译，法律出版社 2014 年版，第 1096 页。

〔3〕 Dexter v. Balanchard, 93 Mass. (11 Allen) 365 (1865).

〔4〕 戴维·达德利·菲尔德著：《纽约州民法典草案》，田甜译，中国大百科全书出版社 2007 年版，第 254 页。

〔5〕 我国台湾地区高级法院 104 年度台上字第 2476 号判决。

〔6〕 克里斯蒂安·冯·巴尔、埃里克·克莱夫主编：《欧洲私法的原则、定义与示范规则：欧洲示范民法典草案(全译本)》(第 4 卷)，于庆生等译，法律出版社 2014 年版，第 1100 页。

〔7〕 BGH 10 October 1957, BGHZ 25, 318; BGH 5 April 1990, NJW 1990; BGH 16 January 1992, NJW 1992, 897.

人提供的保证尤其是近亲负担保证的情况对保证人给予了一定的保护。[1] 在保证人与债权人低估了保证风险的情形下，发生保证债务过重的后果，此时可以类推适用《民法典》第 584 条所确立的违约“可预见性规则”。保证人对严重超出了其能预见到的承担责任的范围部分不承担责任。[2] 德国法上，保证债务还应当接受《德国民法典》中的“一般交易条款”(《德国民法典》第 307 条)进行审查，如果保证合同的约定违背诚实信用原则而不当损害使用人之合同相对人的利益的，不发生效力。我国法上，保证合同内容受“格式条款”的规定调整。其实，在实践中，银行作为债权人通常会以格式条款内容与保证人订立保证合同，只要该保证内容和保证方式未对保证人产生过重负担，法院一般会认定格式条款有效。[3]

(二)保证合同的要式规则

《民法典》第 685 条确定了保证合同的三种形式：书面合同、主债权债务合同中的保证条款[4]、第三人的允诺。从法条表述来看，仅对“书面合同”有要式性要求，且未采取“应当”“必须”等表述，对于另外两种形式甚至并未明确要求书面形式。法律对保证合同是否采取要式规则态度含糊，易在法律适用上产生歧义，需要通过法律解释方法予以明确。

在比较法上，保证合同有要式与非要式两种立法例，但以要式为通常做法。例如，美国《防止欺诈法》、《日本民法典》第 446 条、《德国民法典》第 766 条。但我国台湾地区民事相关规定对保证合同采取非要式，只需要保证人对债权人表示为保证债务之本旨，保证合同即为成立。其立法理由为：“保证契约，各国立法例，如德国民法第 766 条，瑞士债权编第 491 条，均规定以文书为限，然于实际诸多不便，故本法不采用之。特明示保证契约之成立，不以书面为必要。”[5]

虽然比较法上对保证合同的要式与否规定不一，但是核心衷旨均为保证人承担保证责任需要有明确的意思表示，均需提供充分证据证明保证意思的存在。即便在立法上明确不要求要式，在司法实务中也同样需要充分的证据以证实保

〔1〕 迪特尔·梅迪库斯：《德国债法分论》，杜景林、卢谌译，法律出版社 2007 年版，第 417—418 页。

〔2〕 德国判例上，“对于就特殊原因作出的保证，裁判将保证人的责任范围限制在对该特殊信用予以保证时的范围之内”。例如，《联邦宪法法院判例集》，第 142 卷，第 213 页；埃里克(Ehrick)文，《法学家报》，2000 年，第 466 页。

〔3〕 成都农村商业银行股份有限公司崇州道明分理处与黄玉中、赵玉群金融借款合同纠纷案，崇州市人民法院(2019)川 0184 民初 1509 号民事判决书；成都农村商业银行股份有限公司崇州王场分理处与易安宁、李红英金融借款合同纠纷案，崇州市人民法院(2018)川 0184 民初 3245 号民事判决书；成都农村商业银行股份有限公司崇州隆兴分理处与倪群英、何廷智金融借款合同纠纷案，崇州市人民法院(2018)川 0184 民初 3213 号民事判决书。上述案例的保证合同内容均一致，保证人向农商行王场分理处出具承诺表明该债务系家庭共同债务愿承担连带清偿责任。

〔4〕 实践中，借贷关系之外第三人在借款合同或还款协议“保证人”或“担保人”签字处签名，且未注明系中间人、介绍人或见证人的，应认定该第三人具有提供保证的意思表示。内蒙古博天贸易有限公司与黑龙江龙煤瑞隆能源有限责任公司企业借贷纠纷案，最高人民法院(2016)最高法民终 261 号民事判决书。

〔5〕 邱聪智：《新订债法各论》(下)，中国人民大学出版社 2006 年版，第 348 页。

证合同之成立。[1] 可谓殊途同归。德国判例和学说甚至认为,为满足保护目的,保证表示还必须包括主要事实,尤其要载明债权人、主债务人、保证意思和主债务的名称,还可以包括最高限额。德国联邦最高法院还否定了非商人空白保证(先由保证人签字,债权人补充完全的空白文书)的可能性,避免保证人遭受重大损失。[2]

其实,在罗马法上保证的要式性便有了雏形。保证最初的形态为允诺契约(sponsio),即通过"要式口约"的方式订立,履行要式口约时,债权人问保证人"同意允诺否"(spon desne)? 保证人答曰:"允诺"(spondeo)。保证成立时,需要保证人采用宗教宣誓的方式进行。[3] 在立法上通过对保证合同要式性予以确立,首先考虑的是避免无偿保证人因其轻率作出保证而给予的保护,兼具警示功能和证据功能。一方面,《民法典》第 685 条采取"可以……也可以……"的表述仅仅意味着当事人可以自由选择对保证合同/条款在形式上是否独立于主合同,而非对保证合同是否书面要式得自由选择;另一方面,我国《民法典》编纂采取的是"民商合一"模式,且以民事规范为主,商事规范为辅。因此,《民法典》对保证合同规定要式性能更好地契合立法体例,保证合同采取要式性具有立法上的合理性。概言之,虽然《民法典》并未对保证人的要式性做出直接规定,但在解释论上,保证合同需要具备要式性。

《民法典》第 685 条确定的"书面合同""保证条款"两种形式在实践中异议不大,但在具体认定是否构成"第三人单方作出的保证"争议较大。"第三人单方作出的保证"订立的保证合同是《民法典》第 471 条所规定的"其他方式",在 DCFR 上称为"单方允诺"[4],此种形式通常以"保证函"或者"承诺书"等方式表现,对于此类文书应当从内容进行实质审查,根据内容是否包含明确的承担保证责任或代为还款的意思表示。"负责解决""不让贵行在经济上蒙受损失"此类表述均无法认定为具有保证的意思。最高人民法院确立的裁判规则可资借鉴:与借贷合同无关的第三人向合同债权人出具承诺函,但未明确表示承担保证责任或代为还款的,不能推定其出具承诺函的行为构成担保法意义上的保证。[5]

《民法典》第 469 条第 3 款顺应时代要求新增数据电文方式订立的合同视为书面形式,数据电文方式能否作为保证合同的"书面形式"?

对此,学说和立法上存在"肯定说"和"否定说"两种相反观点。前者认为应当与《民法典》第 469 条做统一解释,且在《民法典》合同编各分编无特别规定时,

---

[1] 我国台湾地区高级法院 1930 年上字第 1838 号判例:"保证契约之成立,本不以作为书据为要件,虽无书据而有其他证明方法,足证其契约成立者,亦应发生效力。"

[2] 迪特尔·梅迪库斯:《德国债法分论》,杜景林、卢谌译,法律出版社 2007 年版,第 418—419 页。

[3] 陈朝壁:《罗马法原理》,法律出版社 2006 年版,第 236 页。

[4] DCFR 第 IV. G-1:103 条第 2 项:"保证也可以通过当事人意图其具有法律拘束力的单方允诺设立而不再需要债权人承诺。对通过单方允诺设立的保证,准用本部分之规定。"

[5] 佛山市人民政府与交通银行香港分行担保纠纷案,最高人民法院(2004)民四终字第 5 号民事判决书,《中华人民共和国最高人民法院公报》2005 年 11 期。

合同编通则的内容可以予以适用;[1]后者认为应当对“书面合同”作狭义解释,数据电文对于保证人不具有警示和保护功能。[2] 笔者认为,“肯定说”关注到了法典的体系性,但忽视了《民法典》第469条的表述为“书面形式”,但《民法典》第685条规定的保证合同形式却不仅仅是书面合同,法律并未直接要求另外两种保证合同形式为书面形式;“否定说”立足保证合同采要式方式对于保证人的保护功能,具有一定的合理性。但前述观点亦有以偏概全之嫌,笔者认为,随着数据电文的方式在交易实践中的滥觞,法律实践上应当与时俱进,增强法律解释的时代性,一味地排除数据电文的方式并不可取。按照形式目的主义的观点,立法上要求采取要式方式订立保证合同的目的是为了使保证人慎重对待自己可能负担的不利益。但数据电文具有复杂多样性,对于通过电子邮件、App等方式订立的保证合同,足以达到与传统纸质书面保证合同对保证人保护的形式目的,应予以认可。但是,对于通过即时聊天工具等电子方式作出的保证,未达到保证人为自己增设负担的形式程度,通过此类方式订立的保证合同应当认定为无效。

二、先诉抗辩权的行使方式

在一般保证中,保证人通常是基于主债务人具有清偿债务可能、保证人仅承担补充责任的预期而提供保证。因此,各国立法普遍赋予保证人以先诉利益(奥地利民法除外)。其实,在古罗马法上并不承认先诉抗辩权。只要主债务人不履行债务(拒绝履行),根据债权人的选择,即可对主债务人或保证人进行追诉。至优士丁尼时,才承认保证人有检索之利益(beneficium excussionis),以债权人先就主债务人之财产为执行而无法清偿时,方才由保证人承担责任。但检索之利益为债权人的请求要件还是仅仅是保证人的抗辩,存有争议。有学者认为是抗辩,继受罗马法诸国的现代立法,一般均承认该制度。[3]

(一)先诉抗辩权的积极行使规则

在我国法上,先诉抗辩权仅存在于一般保证中。在债权人向主债务人主张权利未果时,也即债务人“不能履行债务”时,保证人方才承担责任。对于“不能履行债务”的理解,应当严格按照传统民法及其理论关于“不能履行”的界定予以解释,既不包括金钱债务场合债务人暂无资金而无法付清届期钱款的情形,也不包括种类物之债场合仅仅是债务人届期没有标的物交付给债权人的情形。否则,保证的功能将形同虚设。[4] 因此,对于金钱之债和种类之债理解为向主债务人请求而“无效果”较为妥当。[5] 对于“无效果”的判断,实务界人士多认为是指

---

[1] 徐同远:《民法典合同编草案中保证制度的完善》,《北京航空航天大学(社会科学版)》2019年第3期,第16页。

[2] 《德国民法典》第766条第2款。

[3] 史尚宽:《债法各论》,中国政法大学出版社2000年版,第909—910页。

[4] 崔建远:《合同法学》,法律出版社2014年版,第155页。

[5] 马俊驹、余延满:《民法原论》(第4版),法律出版社2016年第4版,第556—557页。

《最高人民法院关于适用〈中华人民共和国担保法〉若干问题的解释》(以下简称《担保法司法解释》)第131条:"对债务人的存款、现金、有价证券、成品、半成品、原材料、交通工具等可以执行的动产和其他方便执行的财产执行完毕后,债务仍未能得到清偿的状态。"[1]但是,有学者对此提出了批评,认为将方便执行与否作为判断"不能清偿"的标准,虽方便了法院执行,但不方便执行并非不能执行,如此会损害保证人正当的先诉利益。[2] 笔者认为,方便执行与否需要结合具体情事进行客观判断,指导案例120号对此裁判规则予以确认。[3] 实践中,在法院对主债务人裁定中止执行或者终结本次执行时,通常可以认为满足了"无效果"的判断。[4]

相较于日本法,我国《民法典》在一般保证的先诉抗辩权上对保证人的保护更多。《日本民法典》第452条、第453条分别规定了催告的抗辩和检索的抗辩,也即,保证人可以要求债权人对债务人先行催告清偿债务,但催告仅仅是主张权利的一项程序,并不会直接产生法律上的效果,保证人只有提供证据证明主债务人具备清偿能力且易于执行时,债权人才必须先执行主债务人的财产。由此可见,日本法上检索的抗辩的条件对于保证人而言较为苛刻,但在我国《民法典》第687条直接规定债权人必须先就主债务人的财产执行,即便债权人直接要求保证人承担保证责任,也需要由债权人承担《民法典》第687条第2款所列举的4项先诉抗辩权消灭的事由客观存在的证明责任。如此,对保证人的权利保护更为周延。

(二)先诉抗辩权的消极行使规则

《民法典》第687条第2款规定了先诉抗辩权消灭的4种情形,立法上设置先诉抗辩权消灭的事由,既能有效地保障债权人的利益,又能够避免债权人在明知主债务人无力清偿债务之时进行诉讼或仲裁的不必要费用支出(该不必要费用仍需由保证人进行清偿),可以有效地了结债权债务关系,就此而言,保证人丧失先诉抗辩权的规范对于各方当事人而言均为有益。关键在于如何妥当地理解和适用先诉抗辩权丧失的具体规定。

(1)第1项吸收并改进了《担保法》第17条第3款第1项和《担保法司法解释》第25条的规定。《担保法》第17条第3款第1项是将"债务人住所变更,致使债权人要求其履行债务发生重大困难"作为先诉抗辩权消灭的事由。债务人住所变更仅是债务人下落不明的情形之一,还可能包含债务人住所并未变更但已下落不明或者债务人并非在国内变更住所而是移居境外,且在境内也无法找到可供执行的财产等情形。有鉴于此,《民法典》以"下落不明"这一涵盖面更广的

---

〔1〕 李国光、金剑峰等:《最高人民法院〈中华人民共和国担保法〉若干问题的解释理解与适用》,吉林人民出版社2000年版,第434页。

〔2〕 叶金强:《担保法原理》,科学出版社2002年版,第69页。

〔3〕 青海金泰融资担保有限公司与上海金桥工程建设发展有限公司、青海三工置业有限公司执行复议案,最高人民法院(2017)最高法执复38号执行裁定书。

〔4〕 福建省福州市闽侯县人民法院(2010)侯民初字第1715号民事判决书。

标准来确定是否丧失先诉抗辩权具有合理性。在司法实践中，债务人住所不明、营业执照被吊销，使得债权人向债务人请求清偿债务发生实际困难，保证人的先诉抗辩权不得行使。〔1〕需要注意的是，“下落不明”的概念出现在《民法典》总则编第41条规定的“自然人下落不明的时间自其失去音讯之日起算”中，大致可理解为“失去音讯”。但第687条的“下落不明”如与第41条做相同解释，则债权人的举证要求偏高，因此《民法典》中“下落不明”的解释较后者宜相对宽松。

(2)第2项相较于《担保法》第17条第3款第2项“人民法院受理债务人破产案件，中止执行程序”的规定，删除了“中止执行程序”这一条件，这一立法变动主要有两点理由：其一，依据《企业破产法》第19条的规定，人民法院受理破产申请后，执行程序必然中止。换言之，中止执行程序是受理破产申请后的必然结果，在法律中并无重复的必要；其二，虽然就程序上而言，受理破产申请与执行程序是“一脉相承”的关系，但在具体程序实施中，受理破产申请法院与执行法院却未必是同一法院，在此期间便可能产生时间差。《民法典》作出这一立法变动，只要法院受理债务人破产申请，便意味着债务人无法清偿到期债务，此时对保证人先诉抗辩权的保护已经丧失意义。

(3)第3项是《民法典》新增内容，债权人提供相应证据足以证明债务人确无法完全清偿时，得以径行向保证人主张权利。所谓主债务人之财产不足以清偿其债务的情形是指不足清偿保证人所担保之主债务，不以主债务人毫无财产以致全部不能清偿为限。财产所在不明致无从执行，或其财产仅足以清偿被保证主债务的一部分，即为不足清偿，保证人亦不得主张先诉抗辩权。本项与第2项联系密切，可作为第2项的兜底条款适用。对于作为企业法人的债务人来说，相当于达到可申请破产的条件但尚未申请破产或尚未受理(不符合第2项的情形)，债权人即可要求一般保证人承担保证责任。但由于债权人需要举证证明债务人无法清偿的关键事实，债权人的举证难度明显高于第2项的情形。

(4)第4项吸收《担保法》第17条第3款第2项的规定。依罗马法之精神，除对银行为保证人外，虽经抛弃，保证人仍得主张。〔2〕但在各国现代立法上，基本都承认了保证人对先诉抗辩权的放弃。首先，立法上允许保证人书面放弃先诉抗辩权的原因在于，先诉抗辩权属于保证人的权利，保证人可以选择放弃，这属于单方法律行为。先诉抗辩权与时效抗辩权的权利性质与行使方式完全一致，均属民事实体权利而非诉讼权利，且只能由保证人决定是否行使，法院不得依职权将先诉抗辩权的法律效果强行施加给保证人。〔3〕我国台湾地区司法主管部门1984(厅民)l字第0500号函便指出：“民事相关规定第745条系规定保证人得行使先诉抗辩权，其行使与否，乃保证人之权利，如保证人不行使此项权利，法院不得径将法律上之效果，归属于保证人，故丙如不欲行使其先诉抗辩权，于法并无

〔1〕中信实业银行诉北京市京工房地产开发总公司保证合同纠纷案，《最高人民检察院公报》2002年第6期，《最高人民法院公报》2002年第6期。

〔2〕陈朝璧：《罗马法原理》，法律出版社2006年版，第239页。

〔3〕程啸：《保证人先诉抗辩权的疑点分析》，《人民司法》2005年第7期。

不可,丙于收到法院之支付命令后,如表示拒绝清偿,自可于法定期间提出,以资救济。"此外,先诉抗辩权不同于保证人无法放弃的其他权利。[1] 保证人拒绝给付后,债权人向债务人申请执行的相关费用将由保证人负担,该费用对于保证人而言是一种不利益,因此保证人基于自身利益的考虑完全可以放弃行使。在实践中,作为信贷方的银行通常会在保证合同中要求保证人放弃先诉抗辩权或者订立连带保证责任合同。在《德国商法典》第 349 条规定商业保证中,保证人甚至都不享有先诉抗辩权。其次,要求书面形式放弃先诉抗辩权的用意是为了证明保证人确实放弃了该权利,并且避免债权人与保证人在是否放弃了先诉抗辩权的问题上发生纠纷。[2] 但问题在于,即便以书面形式放弃先诉抗辩权,由于很多保证人专业知识欠缺,保证人是否具有放弃先诉抗辩权的真实意思表示存疑。此时应当按照合同条款的解释方法确定保证人的真意。[3] 最后,保证人书面放弃先诉抗辩权的效果。一般保证中保证人承担的是补充责任,补充责任的法理根据在于先诉抗辩权的存在。但保证人书面放弃先诉抗辩后,保证人的补充责任将转换为连带责任,保证类型亦属于连带责任保证。[4]

三、保证期间的运用规则

(一)保证期间的一般规则

依据《民法典》第 692 条第 2 款的规定,在保证合同中,当事人可在迟于主债务履行期限的范围内自由约定保证期间,除此之外,法律并无其他限制。在实践中,当事人可能并未就保证期间约定一个明确的时间,而是通过约定相关事实成就时,保证期间结束。尤其是在商品房预售合同中,房地产开发公司为银行提供阶段性保证。为了保证银行债权的实现,双方通常约定待银行办妥商品房预告抵押登记之后,保证期间消灭。

首先,此种情形并不属于《民法典》第 692 条第 2 款所规定的"约定不明确",不应适用约定不明确时的保证期间计算规则。原因在于,债权人与保证人约定以特定情事发生作为保证期间消灭的时间点,既符合私法自治的精神,也能满足丰富多样的交易实践需求,在法律解释时应当对此予以尊重;其次,法律在尊重当事人意思自治的同时,亦需平衡与维护交易公平的关系,因此保证期间不能变相地被无限延长,保证期间必须是能在合理时间内予以确定的期间,否则将变相致使保证人承担过重的保证责任,产生行为人不自由的后果。《最高人民法院公报》也确立了类似裁判规则:"金融机构怠于办理预告抵押登记,等于无限延长房

[1] 我国台湾地区所谓的"民法"第 739-1 条(保证人之权利,不得预先抛弃):本节所规定保证人之权利,除法律另有规定外,不得预先抛弃。

[2] 全国人大常委会法制工作委员会民法室编著:《中华人民共和国担保法释义》,法律出版社 1995 年版,第 24 页。

[3] 程啸:《保证合同研究》,法律出版社 2006 年版,第 274 页。

[4] 最高人民法院民法典贯彻实施工作领导小组:《中华人民共和国民法典合同编理解与适用(二)》,人民法院出版社 2020 年版,第 1317 页。

地产企业的保证期间,有违担保法的精神,亦有违诚实信用原则。"[1]

在共同保证中,债权人向其中一个保证人请求承担保证责任的效果是否及于其他保证人?对此,立法上并无明文规定。司法实践中,有法院认为,债权人向其中一个连带责任保证人主张权利并不及于其他连带责任保证人。[2] 笔者认为,上述法院的观点值得商榷。保证期间的功能在于促使债权人积极行使权利,避免使保证人处于长期承担责任的不确定状态。《民法典》第 693 条第 2 款的规定应当区分按份共同保证和连带共同保证:由于在按份共同保证中,各保证人之间关联性微弱,债权人向某一保证人主张权利也仅仅可以主张相应的保证份额,因此债权人向某一保证人主张权利,其效果并不及于其他保证人;但在连带共同保证中,连带保证人之间关系密切,承担了清偿责任的保证人可向连带共同保证人追偿,保证期间内债权人可向任何保证人主张承担全部清偿责任,此时其他保证人的保证期间利益终结。

(二)一般保证

《民法典》第 693 条第 1 款规定一般保证中债权人未在保证期间内提起诉讼或仲裁的,保证期间消灭。问题在于,债权人是否只能通过诉讼或仲裁的方式主张权利?笔者认为,《民法典》第 693 条第 1 款可直接适用于一般情况,但却无法直接涵盖实践当中的所有情形。例如,《民事诉讼法》第 238 条规定的公证债权文书可以不经审判直接赋予其强制执行力。在此情形下,若在保证期间内债权人对债务人直接申请强制执行而未经诉讼或仲裁,不宜认为保证期间告于消灭而免除保证责任。除此之外,债权人申请宣告债务人破产、在破产程序中申报债权、以第三人身份参加诉讼等,均与债权人对债务人提起诉讼有相同的意义。[3] 因此,在解释论上,应当将"诉讼"作广义理解,不仅包括债权人通常的起诉行为,其他能够满足债权人积极行使权利条件的相关诉讼活动均可解释为本条的"诉讼",因此上述情形均应纳入《民法典》第 693 条第 1 款的规范范围。

如果债权人在保证期间内未向债权人提起诉讼或者仲裁,但是向保证人提起诉讼或者仲裁,此时能否产生保证责任消灭的法律效果?最高人民法院认为,法律既然毫无例外地明确规定债权人需要向债务人提起诉讼或者仲裁,债权人必须得向债务人主张权利,保证人可以主张先诉抗辩权。[4] 笔者认为,不能一刀切地认为保证责任消灭。依据《最高人民法院关于适用〈中华人民共和国民事诉讼法〉的解释》第 16 条,债权人仅起诉保证人的,法院应当释明要求将债务人列

---

[1] 招商银行股份有限公司大连分行与大连一方地产有限公司保证合同纠纷案,最高人民法院(2017)最高法民申 3474 号民事裁定书,《最高人民法院公报》2018 年第 5 期。

[2] 河北凯跃化工集团有限公司、肖跃进保证合同纠纷案,河北省高级人民法院(2019)冀民终 608 号民事判决书。

[3] 马俊驹、余延满:《民法原论》(第 4 版),法律出版社 2016 年第 4 版,第 564 页。

[4] 最高人民法院民法典贯彻实施工作领导小组:《中华人民共和国民法典合同编理解与适用(二)》,人民法院出版社 2020 年版,第 1351—1352 页。

为共同被告,否则驳回起诉。[1] 即便保证期间已经届满,但追加债务人已成必然。因此,若保证期间内债权人仅对保证人提起诉讼或者仲裁,在法院追加债务人为被告之前,保证责任尚未消灭。

《民法典》第 694 条第 1 款规定了一般保证中,保证债务诉讼时效的起算规则:"一般保证的债权人在保证期间届满前对债务人提起诉讼或者申请仲裁的,从保证人拒绝承担保证责任的权利消灭之日起,开始计算保证债务的诉讼时效。"本条源自《担保法司法解释》第 34 条第 1 款所规定的"从判决或者仲裁裁决生效之日起"作为诉讼时效的起算点,但却仍有区别。按照本条之规定,在"保证期间"结束与"诉讼时效"起算中间会存在"空档期",因为提起诉讼或者申请仲裁后,保证期间消灭,但是在未得到强制执行时才发生诉讼时效的起算。[2] 司法实务部门认为,为便于审判实践的操作,将"保证人拒绝承担保证责任的权利消灭之日"解释为债权人持生效法律文书向人民法院申请执行,自人民法院收到申请执行书之日起 6 个月届满之日。[3] 此种方式使得保证债务诉讼时效期间的起算更容易把握,具有一定的合理性,但却有以偏概全之嫌。原因在于,在债务人明显无法清偿的情况下,若仍"一刀切"地要求在申请执行 6 个月之后才开始起算诉讼时效,变相延长了债权人的行权期间,对保证人不利。

(三)连带责任保证

《民法典》第 693 条第 2 款规定:"连带责任保证的债权人未在保证期间请求保证人承担保证责任的,保证人不再承担保证责任。"债权人向保证人请求的方式需在解释论上进一步明确。最高人民法院认为,请求的意思表示到达保证人即可认定为已向保证人请求。[4] 例如,在陈昭海与陈骏、胡秀娟、淮安市浩宇科技有限责任公司、张德全民间借贷纠纷案中,法院认为,"请求保证人承担保证责任"的表述与《民法通则》第 140 条规定诉讼时效中断情形所使用的"当事人一方提出要求"的意义相若,可以相互参照。凡是债权人在保证期间内,以提起诉讼、申请仲裁,以及采用直接、委托或公告送达清收通知书等方式向保证人主张权利,或者保证人自行认诺愿意承担保证责任的,都可以产生解除保证期间、开始

---

〔1〕 江苏省扬州市经济技术开发区人民法院(2017)苏 1091 民初 595 号民事判决书。债权人起诉一般保证人,法院要求追加债权人,成立必要共同诉讼,此时,若不追加则以诉不合法驳回。

〔2〕 最高人民法院民法典贯彻实施工作领导小组:《中华人民共和国民法典合同编理解与适用(二)》,人民法院出版社 2020 年版,第 1356—1357 页。

〔3〕 最高人民法院民法典贯彻实施工作领导小组:《中华人民共和国民法典合同编理解与适用(二)》,人民法院出版社 2020 年版,第 1358 页。此处的 6 个月来源于《民事诉讼法》第 226 条的规定:"人民法院自收到申请执行书之日起超过六个月未执行的,申请执行人可以向上一级人民法院申请执行。上一级人民法院经审查,可以责令原人民法院在一定期限内执行,也可以决定由本院执行或者指令其他人民法院执行。"

〔4〕 最高人民法院民法典贯彻实施工作领导小组:《中华人民共和国民法典合同编理解与适用(二)》,人民法院出版社 2020 年版,第 1353 页。

计算诉讼时效的法律效果。[1] 但是，该请求的意思到达保证人的判断标准与要求不无争议。

依据《最高人民法院关于审理民事案件适用诉讼时效制度若干问题的规定》第10条第1款第4项的规定，债权人在保证期间内以公告方式向保证人主张权利，应符合三个前提条件：①保证人下落不明；②公告的内容需有主张权利的意思表示；③公告的媒体应当是国家级或者保证人住所地省级有影响的媒体。债权人不符合上述条件采取公告方式主张权利的，不产生主张权利的法律效果。债权人在保证期间内行权的"请求"会导致保证人丧失保证期间利益，此外还将产生罚息等超出原债务的额外不利益，因此，债权人向保证人主张权利的方式不同于债权转让中比较宽松、灵活的通知方式，债权人行权的事实需要在可能的最大范围内使保证人知悉。因此，在具体适用法律的过程中，可以确立以下规则：债权人可以通过书面的方式请求的，应当采取书面的方式直接请求，书面的方式包括诉讼、仲裁或者函件、电子数据或者电文等方式，确实无法通过书面方式直接请求的，方可采取间接的方式请求，如在国家级或者省级具有较大影响力的媒体上刊登公告。

四、保证人后置权利的保护

古罗马法学家创造了"诉权转让照顾"制度，通过"债权买卖"机制来实现诉权的转让，也即债权人在担保人清偿债务的同时，向其让与诉权，以便该担保人可以从主债务人或者其他连带责任人处获得追偿。诉权转让制度得以保留并延续至今，成为欧洲大陆许多国家法定代位权的起源，也成为追偿权的历史基础。[2]

理论上对《民法通则》第89条第1项第2句、《担保法》第12条、第31条所规定的保证人之权利认识不一，主要存在"保证人追偿权说""保证人代位权说""保证人代位追偿权说"三种观点。[3] 有学者认为，追偿权与法定代位权系竞合关系，二者只能择一行使。[4] 但《民法典》第519条、第700条均同时规定了追偿权与法定代位权，确认了二者为并存的关系，因此应当对二者权利内容界限予以明晰。

（一）追偿权

保证的功能仅是为债权人提供担保，通常并不会使债务人从给付的负担中解脱出来，这就是保证人享有追偿权的法理来源。保证人完成给付后，债权人对

---

〔1〕 最高人民法院(2017)最高法民再178号民事裁定书，最高人民法院第三巡回法庭发布十个典型案例之五，保证期间内债权人向保证人主张权利的方式应参照诉讼时效的规定。

〔2〕 陈洁蕾：《论罗马法上的诉权转让照顾——以保证人的利益保护为视角》，《学说汇纂》第4卷，第293—308页。

〔3〕 程啸、王静：《论保证人追偿权与代位权之区分及其意义》，《法学家》2007年第2期，第92—99页。

〔4〕 谢鸿飞：《连带债务人追偿权与法定代位权的适用关系——以民法典第519条为分析对象》，《东方法学》2020年第4期，第143页。

于债务人的债权并未直接归于消灭，而是通过法律拟制使债权继续存在，并有效移转至保证人。[1] 保证人据此享有对债务人的相应追偿权。

《担保法司法解释》第 43 条规定："保证人自行履行保证责任时，其实际清偿额大于主债权范围的，保证人只能在主债权范围内对债务人行使追偿权。"但在很多情况下，保证人承担保证责任的范围可能大于主债权，因为保证人除了清偿主债权外，还需就利息、违约金、损害赔偿金、实现债权的费用等承担保证责任。《担保法司法解释》第 43 条限制了保证人向债务人的追偿范围，不当加重了保证人的负担。[2]《民法典》第 700 条改变了《担保法司法解释》的规定，保证人追偿的范围不再以主债权为限，而是以其实际承担保证责任的范围为准。至于保证人超出其应当承担的保证责任范围而向债权人承担之清偿数额，因其不属于保证责任的范围，保证人不得向债务人追偿。

《民法典》第 519 条第 2 款对连带债务人的相互追偿权予以明确，但《民法典》第 700 条仅规定保证人可向债务人追偿，对保证人能否向其他保证人追偿未置可否。基于法典的体系解释方法，《民法典》第 519 条第 2 款的规定在此有适用空间。也即，对于连带共同保证人之间，承担了保证责任的保证人，可以向其他连带保证人追偿。但按份共同保证则不适用。《担保法》第 12 条也持该观点。另外，最高人民法院曾确立如下裁判规则可资借鉴："在连带共同保证中，由于保证人是作为一个整体共同对债权人承担保证责任，所以债权人向共同保证人中的任何一人主张权利，都是债权人要求保证人承担保证责任的行为，其效力自然及于所有的保证人，未被选择承担责任的其他保证人并未因此而免除保证责任。因此，承担了连带责任的保证人可以对那些未被选择承担责任的共同保证人行使追偿权。"[3]从比较法来看，在 DCFR 第 IV. G-1:105 条、第 IV. G-1:106 条中也确立了类似的规则，也即数个保证人对债权人负连带责任时，保证人之间的追索权适用连带债务人之间的追索权的规定。[4] 在日本法上，将保证规定于债权编总则章第三节"多数当事人的债权及债务"，置于连带债权、连带债务之后，连带保证债务可以类推适用有关连带债权和债务的相关规定。

需要注意的是，保证人的追偿权具备权利属性而非义务属性。一方面，在连带共同保证中，由于各保证人之间可能缺乏意思联络，则强令保证人之间相互追偿缺乏法理基础。另一方面，保证人亦无义务向债务人追偿，原因在于，实践中存在大量的近亲之间的担保。保证人不行使追偿权并无不当。此外，基于商业安排等复杂的交易实践或者其他原因，当事人可能在委托保证合同中约定，保证人承担保证责任之后不得向债务人追偿，法律对此应予以认可。《民法典》第 700

[1] 谢鸿飞：《连带债务人追偿权与法定代位权的适用关系——以民法典第 519 条为分析对象》，《东方法学》2020 年第 4 期。

[2] 王利明：《合同法研究》(第 4 卷)，中国人民大学出版社 2018 年版，第 290 页。

[3] 英贸公司诉天元公司保证合同追偿权纠纷案，《最高人民法院公报》2002 年第 6 期。

[4] 克里斯蒂安·冯·巴尔、埃里克·克莱夫主编：《欧洲私法的原则、定义与示范规则：欧洲示范民法典草案(全译本)》(第 4 卷)，于庆生等译，法律出版社 2014 年版，第 1143—1160 页。

条也增加了当事人另有约定的除外条款,体现了对当事人意思自治的尊重。

法谚有云:"禁止干预他人事务"。在民事活动中,任何人都不得强迫他人获利,亦不得不当介入私人民事活动。我国《民法典》第681条明确保证合同是由债权人和保证人签订的,与债务人无直接的法律关系(但实际上,可能存在委托合同关系、赠与关系或者无因管理关系)。从《民法典》第524条可见一斑,其规定"债务人不履行债务,第三人对履行该债务具有合法利益的,第三人有权向债权人代为履行"。由此可见,债务关系之外的第三人若对履行债务并无合法、正当的利益,则不得代为履行。虽然如此,但无因管理正是调和"禁止干预他人事务"与"奖励人类互助精神"两项原则的制度。[1] 若保证人为避免债务人遭受逾期利息、罚息、违约金等不利益而与债权人订立保证合同,并清偿了债务,此时保证人的行为符合《民法典》第979条"为避免他人利益受损失"的构成要件,承担了保证责任的保证人仍然得向债务人追偿。需要区分的是,若第三人系在债务人无法清偿后直接向债权人承诺代为清偿债务,此时并无担保之意思,而应当被认定为债务加入或者第三人代为履行。

(二)法定代位权

保证人承担保证责任之后,保证人当然"享有债权人对债务人的权利",在学理上称之为"法定代位权"。法定代位权的法律效果与《民法典》第547条所规定的依法律行为所为的债权让与并无二致。但此前,法律并未直接规定保证人的法定代位权。相较于《担保法》第31条,《民法典》第700条明确了保证人的法定代位权,且规定"不得损害债权人的利益"。对此,释评如下:

其一,《民法典》第700条规定保证人"享有债权人对债务人的权利",需要明确债权人对债务人的权利范围。本条并未直接规定保证人可以对其他保证人或者担保物权人享有权利,但是债权人对债务人享有的是主权利,而对担保人仅享有从权利。无论是主权利抑或从权利,均属于债权人对债务人享有的权利范畴,保证人可以经由本条向其他保证人或者物上保证人主张权利。

其二,保证人行使代位权的范围以债权人利益为界限。通常保证人所享有的代位权与债权人的权利不会发生冲突,在保证人仅履行债务人的部分债务时,保证人享有的仅仅是其清偿份额相对应的债权份额的代位权。保证人部分履行时,其求偿权与债权人的剩余债权并非处于不平等之地位,二者理应平等地接受债务人的清偿。"不得损害债权人利益"是指当债务人无法完全清偿时,已经获得法定代位权的保证人的请求权应当劣后于债权人。原因在于,债务人、保证人的关系属于内部关系,债权人、债务人、保证人之间的关系属于外部关系,在内部关系与外部关系发生冲突时,应当优先满足外部关系。[2] 同理,债权人的担保权,也同样优先于保证人实现。

---

〔1〕 王泽鉴:《债法原理》(第2版),北京大学出版社2013年第2版,第310—311页。

〔2〕 最高人民法院民法典贯彻实施工作领导小组:《中华人民共和国民法典合同编理解与适用(二)》,人民法院出版社2020年版,第1392页。

五、结语

《民法典》对《担保法》《担保法司法解释》中保证合同的规定进行了增删修补、重新整合，本文聚焦于保证合同由“生”到“死”的重大疑难和关键问题展开释评，尽可能地对前述规定进行精细化分析，以期助益于《民法典》“保证合同”章的法律适用。但对于保证人权利保护的制度远不止本文所讨论的内容，诸如债权转让规则、债务加重规则等，但上述规则经由实践检验相对较为完善，本文未作讨论。再如，经过学界、司法实务界的共同呼吁，保证方式约定不明时由原来的连带责任保证的推定方式变更为一般保证的推定方式，但这一变动能否经得住司法实践的考验尚不可知。此外，尤其是对于《担保法》发生实质变动的规定，在具体的法律适用中产生的问题也可能远不限于此，均留待司法实践的进一步检验。

侵权责任体系的机能转换与解释论应对[1]

王 磊*

摘 要 侵权法平衡行为自由与权益保障的内在价值目标需借助责任成立法与责任效果法的体系划分予以实现。客观归责的现代变迁使近代侵权法中责任成立法维护行为自由、责任效果法保障受害权益的体系均衡被打破,为了恢复侵权法失衡的体系机能,现代侵权法在责任成立法中虽然可以继续偏重权益保障的价值取向,但在责任效果法中需要为行为人释放妥当的自由空间,以防止侵权责任走向绝对的客观化。《民法典》视野下侵权责任编的解释论作业需要重视现代侵权法的此种机能转换,责任的归结应以客观过失为基准实施法解释,责任范围的划定则应当注重行为人的主观有责性,此点已被我国既有司法实践所明认。至于主观有责性在教义学中的体系地位,则可归结于我国长期以来确立的合理性标准。

关键词 侵权法体系;行为自由;权益保障;有责性;合理性

目 次

* 王磊(1990—),贵州大学法学院副教授,法学博士,主要研究方向:侵权责任法、民法基础理论。

〔1〕 本文系 2021 年国家社科基金项目“侵权损害的限制赔偿原理及规范技术研究”(21CFX036)成果。

言及侵权法的当代发展，势必无法绕过受害人权益保障的加强，此乃现代侵权法的首要价值取向。然而，一味地推崇权益保障而忽视侵权法保障行为自由的价值，又会导致责任观念的异化，此点不可不予以重视。《民法典》业已颁布，侵权责任编的施行应进一步对侵权法体系的内在原理加以关注，[1]不可顾此失彼，特别是在社会基础急剧变迁的当代社会，侵权法的体系机能更非一成不变，侵权责任编的法解释应紧扣内在价值的流动性，实现法价值与法技术的统合。

一、侵权法体系的基本机能及实现路径

（一）行为自由与权益保障之平衡

一般认为，法律体系不仅包含“外部的”体系，而且还存在“内部的”体系，民法的体系一定程度上更本质地取决于内在体系，其反映了民法内在论证关联的根本价值取向，[2]侵权法体系亦然。藤冈康弘教授指出，“对损害赔偿法结构来说，最重要的是，揭示通过损害赔偿法加以实现的目标、整个法律秩序支撑的目标，以及建立可以作出此种判断的框架”。[3] 也就是说，侵权法的体系结构取决于内在价值目标，侵权法秩序所支撑的目标应当属于体系建构的发起点。

至于何为侵权法的内在体系，尚需溯及主体之间的利益冲突。比德林斯基指出，人在本质上并非因果地、机械地被决定，而是一种能独自地、个人地做出决定的存在，同时也是一种对财富保有欲求的存在，基于人的复杂属性，各人的利益基本上处于相互对立、相互冲突的状态。为了确保秩序的平和或安定，该等利益冲突必须被裁断，国家即存在划定个人利益领域或保护范围的必要。[4] 侵权法作为保护性的规范体系，一方利益范围的保护意味着对立方利益范围的限制，如果被保障利益范围过于广泛，行为自由的空间就会受到极大限制，理想的侵权法规范应该在妥善保障受害权益的同时又不至于过度侵犯行为自由。在侵权法体系的宏观视野下，权益保护与行为自由处于“此消彼长”的博弈状态，侵权法之目标在于缓和两者的紧张关系，其手段集中体现为以保护权益的方式来界定行为自由。[5] 据此，侵权法体系的基本机能指向于权益保障与行为自由的均衡。

最近，有观点进一步将侵权法体系提升到国家保护基本权的宪法层面来解

〔1〕《民法典》作为融合内在体系与外在体系的复合体，如何实现《民法典》内在体系与外在体系的融合贯通将成为重要课题。《民法典》颁布后，内在体系与外在体系的探讨得到学者的诸多关注。参见崔建远：《中国债法体系的解释论整合》，《政法论坛》2020 年第 5 期；李永军：《民法典物权编的外在体系评析》，《比较法研究》2020 年第 4 期。

〔2〕朱岩：《社会基础变迁与民法双重体系建构》，《中国社会科学》2010 年第 6 期，第 152 页。

〔3〕藤冈康弘：《侵权行为法的整体性图景》，丁相顺译，渠涛主编：《中日民商法研究（2）》，法律出版社 2004 年版，第 345 页。

〔4〕大久保邦彦「損害賠償法の内的体系と動的体系論による立法」国際公共政策研究 18 巻 1 号（2013 年）115 頁以下参照。

〔5〕朱岩：《侵权责任法通论（总论）》，法律出版社 2011 年版，第 86 页。

说其“保护并协调权利和自由”的本质属性。[1] 从宪法层面观之，国家负有保护基本权的义务（国家为了保护个人的基本权免受他人的侵害，必须采取积极的措施）且国家应受禁止介入原则（国家只要没有充分正当化的理由，就不得侵害个人基本权）的限制。侵权法以“保护个人基本权不受他人侵害系国家最低限度的任务”作为理论依据，当个人的人身、财产权益遭受侵害时，国家负有保护义务，在不违反禁止过度介入原则的前提下保护被害人的基本权。而国家对基本权的保护同样也包含加害人方的基本权，国家制约加害人方的基本权不能过度（过度介入之禁止），这里加害人方的基本权从终极意义上来看就是一般性的行为自由。这样，侵权法的基本判断框架就是“对被害人基本权的保护，是否属于对加害人基本权的过度介入”，比例原则得以被导入侵权法的判断框架。[2] 按照比例原则过度禁止之思想，侵权法对基本权的保护既包括受害人基本权的保障，也包含加害人基本权的保护，侵权法并非单纯的救济规范体系，其应当将“保护并协调权利和自由”作为基本机能，围绕着“过少保护之禁止”与“过度介入之禁止”构筑侵权法的外在体系。[3]

(二)近代侵权法机能之体系图景

从体系角度来看，外在体系以法律概念、制度为质料通过形式逻辑规则构筑法律体系之外观，内在体系以法律目的或法律价值为外在体系的正当化提供根基，谈及法律体系时应将两者结合起来综合考察。[4] 既然外在体系与内在体系乃相互关联的整体，外在体系的建构受内在体系决定，反过来看，内在体系之实现亦有赖于外在体系的桥梁，若无外部的现实体系，内部的价值抉择亦无从实施，所以“法秩序的外在体系应当尽可能相应地反映它的内在体系”。[5] 以此推之，侵权法将保障受害权益与维护行为自由的均衡作为基本机能，但就如何实现该基本机能而言，仍不得不委诸于外部的现实体系。

侵权法的外部体系一般由诸多责任规范构成，该等责任规范分别指向责任的基础与责任的范围，两者的目的与功能均有所差异，加以统合后分别构成了侵权法的两大支柱——责任成立法与责任效果法。换言之，损害赔偿法的外在体系包括损害赔偿发生的原因与损害赔偿的内容，该两大部分构成侵权法外在体系之后发挥着一定的体系机能。[6] 从我国既有实践观之，无论是立法规范还是

---

[1] 吉村良一「不法行為法における権利侵害要件の『再生』」立命館法学 321・322 号(2008 年)585 頁参照。

[2] 藤冈康弘:《侵权行为法的整体性图景》，丁相顺译，渠涛主编:《中日民商法研究(2)》，法律出版社 2004 年版，第 342—343 页。

[3] 濑川信久:《论日本侵权行为法的功能与目的》，其木提译，渠涛主编:《中日民商法研究(11)》，法律出版社 2012 年版，第 116—117 页。

[4] 朱广新:《超越经验主义立法:编纂民法典》，《中外法学》2014 年第 6 期，第 1428 页。

[5] 恩斯特・A. 克莱默:《体系解释的基本问题》，周万里译，《法律方法》2019 年第 25 卷，第 15 页。

[6] 王泽鉴:《损害赔偿法的体系、请求权基础、归责原则及发展趋势》，《月旦法学杂志》2005 年第 4 期，第 126 页。

理论研究多将重点集中于责任成立法，责任效果法的关注远未深入，结果导致责任效果法的外在体系残缺不全，责任效果法的体系功能亦无法得到全面的体现。事实上，侵权法基本机能的实现与责任成立法、责任效果法的体系划分紧密相关，有学者指出，从体系上看，侵权法在责任成立阶段检验损害是否应当归责于加害人时设置了诸多要件，只要任何一项要件未被满足即否定损害之移转，这里加害人的保护占据了主导地位。在责任效果阶段，只要得出损害应当归责于加害人的判定，加害人就应当根据完全赔偿原则实现责任范围的填补。所以责任成立法侧重于加害人行为自由的维护，责任效果法侧重受害人权益的保障，不存在明显的利益失衡。〔1〕 对此，温德沙伊德也认为在回答某人是否应该对某一事实负责（即责任成立）时，预见可能性具有决定性意义，但回答在何种范围内对结果负责（即责任范围）时，则与前一层面的问题存在根本的不同，利益的赔偿范围应以行为与损害之间的因果关系为准。〔2〕 可见，侵权法平衡权益保障与行为自由的任务通过责任成立法与责任效果法的体系分工得以实现。

1. *责任成立法与行为自由之维护*

从责任成立法观之，作为所有人自担损失的例外，侵权责任的成立需要借助构成要件予以评判，责任成立与否的评价机制一般是以因果关系为基础实施违法性审查与有责性审查，违法性要件为责任归结划定了外在界限，有责性审查则在违法性要件确定的归责可能性范围内予以进一步限缩。实际上，排除不包含评价要素的因果关系要件，违法性与有责性的评价在一定程度上均指向于行为自由的维护。违法性从客观层面划定了法秩序所保护的利益范围，保障行为人在不侵害法秩序承认的利益范围时可追求行为自由，过错从行为人控制自己行为风险的主观层面进一步压缩归责的空间。〔3〕 归责空间的限缩意味着行为自由的拓展，鉴于违法性要件的客观评判属性，最终行为自由的范围受到过错要件的支配，作为行为人具有控制力的要件，其在更大程度上促进了行为人的自由范围。

“以个人自由为指导原则之近代私法，既采个人本位及权利本位为立法基础，则所谓侵权行为制度实乃对于个人自由活动之最小限制，盖各个人在社会生活中所为自由活动，纵有损害他人情事，亦属自由竞争必然的结果，即不得任加限制”。〔4〕 此种保障行为自由的法政策据以实现的法技术工具在于主观有责，即过错，主观过错以特定个人之具体情势为标准对行为人实施道德评价，只有行为人依其特定状况应当受到可责难的评价时方可归责。这里，行为人因智识、能力或注意力等因素低于常人，纵使未尽到诸如善良管理人般的注意义务，但只要尽到处理自身事务的注意力，则可免于责任的追究，行为自由不受限制。以此，近

---

〔1〕 徐建刚：《论损害赔偿中完全赔偿原则的实质及其必要性》，《华东政法大学学报》2019 年第 4 期，第 159—160 页。

〔2〕 樫見由美子「ドイツにおける損害概念の歴史的展開：ドイツ民法典成立前史」金沢法学 38 巻 1 号(1996 年)226—227 頁参照。

〔3〕 叶金强：《侵权构成中违法性要件的定位》，《法律科学》2007 年第 1 期，第 100 页。

〔4〕 孙森焱：《民法债编总论》(上)，法律出版社 2006 年版，第 165 页。

代侵权法维护行为自由之根本应在于审查有责性的过错要件，因为过错要件从主观层面根据个人的自由意思予以认定，只要行为人尽到其力所能及的注意而不存在受责难的意思，过错要件即无从成立，侵权责任亦无从归结。

2. 责任效果法与权益保障

从责任效果法观之，各国对于责任范围之判定多采纳完全赔偿主义，该倾向在我国亦颇受瞩目。[1] 按照完全赔偿主义的论点，损害赔偿的法技术工具在于因果关系与差额说，即以因果关系确定了“利益范围”后再以差额说实施损害的金钱评价。责任成立法中作为最小限度限制行为自由的过错技术已非考察标准，损害赔偿的范围不会因加害人有责性程度的高低而有所增减。即使故意或过失之恶性在程度上固有重大不同，惟于侵权责任之范围而言，法律上的价值判断均属相同，被害人只要证明加害人于行为时具有过失即可请求完全赔偿。[2] 这反映出责任效果法中行为自由之保障已非目的，因为行为人的责任范围不会因为过错程度的轻微而有所减免。作为法技术工具的因果关系从客观层面决定责任范围，意味着但凡与原因存在因果关系的损害均应纳入赔偿范围，受害权益得到了坚实的保障。有学者指出，完全赔偿主义之意旨乃在于最大化地保障受害人权益，秉承的是债权人中心主义。[3] 可见，与责任成立法中过错要件维护行为自由的价值取向不同，完全赔偿主义的实施预示着责任效果法体系机能不再将行为自由作为重点，转而指向于受害人权益的全面保护，侵权法的权益保障机能据此得以凸显。

因此，侵权法平衡权益保障与行为自由的基本任务一定程度上通过责任成立法与责任效果法的体系划分得以实现。近代侵权法中责任成立法以主观归责为原则旨在维护加害人的行为自由，责任效果法以完全赔偿主义为宗旨意在最大限度救济受害人，侵权法的体系机能呈现出责任成立法维护行为自由、责任效果法保障受害权益的整体图景。

二、客观归责与侵权法机能的体系失衡

（一）客观归责与权益保障的扩张

近代侵权法体系维护行为自由的任务诉诸过错的法技术手段，即根据行为人的个体情况实行意思归责。然而，意思归责作为近代社会的现实回应，其社会基础在于农耕手工的“磨坊时代”，社会交往的风险多在于侵害他人的主观故意，

---

〔1〕 杨立新：《民法分则侵权责任编修订的主要问题及对策》，《现代法学》2017 年第 1 期，第 51 页；程啸：《论未来我国民法典中损害赔偿法的体系建构与完善》，《法律科学》2015 年第 5 期，第 121 页；李昊：《对民法典侵权责任编的审视与建言》，《法治研究》2018 年第 5 期，第 70 页；王竹：《〈民法典·侵权责任编〉编纂背景与结构调整》，《国家检察官学院学报》2017 年第 4 期，第 51 页；张平华：《民法典侵权责任编应处理好的三对关系》，《财经法学》2018 年第 6 期，第 37 页。

〔2〕 邱聪智：《新订民法债编通则》，中国人民大学出版社 2003 年版，第 109 页。

〔3〕 平井宜雄『損害賠償法の理論』(東京大学出版社，1971 年)26 頁参照。

过失侵害属于例外情况，从而选择了“无过错即无责任”的归责原理。[1] 随着近代社会走向工业社会、风险社会，社会结构发生实质性变迁，立基于近代社会的归责原理伴随着社会结构的转换亦发生转变。

具体言之，倘若要维持近代侵权法意思归责的合理性，需要满足两个前提：一是稍加注意即可防止损害的发生；二是当事人之间存在地位的平等性和相互转换性。[2] 然而，近代社会到现代社会的结构变迁已难以维持该两个前提，一方面，随着科学技术的发展，社会联系日益紧密，相比于以前的社会，大量买卖、大量消费现象相继出现，生活形态出现同质化倾向，不确定的人群具有共同成为被害人的潜在可能，加害行为侵害不特定多数人群的概率大增，受害呈现出广泛性、严重性、不可回避性等特质。[3] 另一方面，近代社会诸如农民、小生产者等当事人处于均质状态具有立场的互换性，不法行为诉讼旨在解决对等关系的个人纠纷，随着现代社会侵权形态的复杂化，现代不法行为类型中当事人的对等性及立场的互换性均已消失。[4] 面对现代社会的上述变迁，继续援用近代社会的个人正义观去套用当代问题已无法达致妥当的结论，现代社会损害赔偿法的思想需要迈向作为全体的正义观，也就是把事故损害作为集合性的、概率性的概念进行整体化认识，这种“损害的集合化”思想萌生了从社会整体的高度去展开侵权法的构想，即救济普遍化的要求。[5] 以此，在法政策上，近代社会最大限度地保障行为自由的价值取向开始消退，权益保障机能得到更为优厚的对待。作为法政策的落实，法技术上近代侵权法以意思责任为基础的主观归责转向了客观归责。

所谓客观归责，即区别于以“特定个别人格”为出发点的主观归责，为社会秩序的需要而以社会生活之“一般人”为根据的责任归结原理。客观归责一般可类型化为两者：其一，从过错中排除主观的归责性要素，实现过错本身的客观化；其二，无视过错直接以加害行为为依据径行实施归责，该两者之内核均在于优待被害人的救济。从过错本身的客观化来看，主要包括过失判定的两个关键性转变：结构转变与标准转变。就结构转变而言，过失的构造一般存在预见可能性与结果回避义务两个要素，当行为人对损害的发生存在预见可能性时就会被苛以结果回避义务，行为人应采取合理的措施避免损害结果的发生。然而，现代社会联系的紧密性与社会活动的危险性导致损害发生的可能性骤增，强调行为人对损害的预见可能性将使归责可能性大大降低，无益于强化权益保障的法政策。为此，“过失之概念，乃逐渐由预见可能走向防止损害而发展，亦即以行为人是否尽善良管理人所应防止损害发生之标准而防止损害之发生，作为判断过失是否成

---

〔1〕 朱岩：《侵权责任法通论（总论）》，法律出版社 2011 年版，第 235 页。

〔2〕 吉村良一：《日本侵权行为法》，张挺译，中国人民大学出版社 2013 年版，第 6 页。

〔3〕 後藤孝典『現代損害賠償論』（日本評論社，1982 年）1—2 頁参照。

〔4〕 吉村顕真「日本不法行為法における民事制裁論の歴史と展望—損害賠償法における「制裁」の実体に着目して—」龍谷法学 43 巻 2 号（2010 年）227 頁参照。

〔5〕 棚濑孝雄：《现代日本的法和秩序》，易平译，中国政法大学出版社 2002 年版，第 35—36 页。

立之标准”,[1]过失原本强调预见可能性的结构开始转向以损害回避义务为中心。同时,“拉近过失与绝对责任的另一个因素是注意标准的改变。它比以往变得更加严格。对那种为慎重者设立的高标准的任何背离,均足以支撑某种权利主张”。[2] 也就是说,判断损害防止的标准从行为人标准转向一般人标准,行为人本身的主观能力不再被考虑,过失之判断取决于特定人群所具有的典型平均能力,其“本质上是一种基于客观瑕疵行为标准而认定的危险责任,因为该行为人无法达到此种一般普通人的能力,从而导致其行为具有危险性”。[3] 就过错的外在视角来看,无过失责任完全抛弃了过错的归责路径,直接根据不法行为本身实施归责,归责机制全然脱离行为人的主观范畴。

因此,从责任成立法观之,现代社会的结构变迁致使近代社会的个人本位观转向社会本位观,私法制度亦从基础形式的自由伦理观过渡到社会责任伦理观,映射到责任归结原理上也就是意思责任的式微与客观归责的兴起,个人意志对责任成立的影响近乎殆尽,责任成立法体现出“更少自由性”与“更多社会性”。[4] 与近代侵权法维护行为自由的倾向相悖,责任成立法的体系机能转换为权益保障。

(二)侵权法的危机:行为自由与权益保障的失衡

无疑,作为历史演进的产物,归责原理的客观化对受害权益之保障产生了相当的积极意义。然而,利之所在,弊之所生。从归责原理本身来看,客观归责势必使主观归责的既有裨益发生消退;从体系机能层面观之,传统侵权体系以责任成立法维护行为自由、责任效果法保障受害权益的机能图景亦会因责任成立法的机能变迁而分崩离析,行为自由与权益保障的均衡性随之破裂。

1. 责任归结之异化

“侵权责任最重要之意义在于适度限制侵权责任之成立,使得侵权责任不至于无限上纲,进而可能侵犯一般人生活上活动之自由;是以,整个侵权责任法的重点,在于应运用何种机制控制侵权责任之范围”。[5] 意思责任以主观过错为基础将侵权责任限定在“过错”的范围之内,但凡无过错者即拥有足够的自由空间,然而主观归责到客观归责的变迁大大地增加了责任成立的可能性,只要行为人未达到社会期待的一般标准即负赔偿责任。鉴于现代社会极端强调受害权益的救济,为了实现该法政策过错责任逐渐演化成一种“无过错”的过错责任,或以过错之名行无过错之实,责任边界通过客观归责持续甚至无节制扩张,以至“侵权法的触角伸向了社会生活的每一个角落,由日常人际交往到社会活动场景,由市

---

〔1〕 邱聪智:《新订民法债编通则》,中国人民大学出版社 2003 年版,第 109—110 页。

〔2〕 帕特里克·德富林:《道德的法律强制》,马腾译,中国法制出版社 2016 年版,第 45 页。

〔3〕 海尔姆特·库齐奥:《侵权责任法的基本问题——德语国家的视角》(第一卷),朱岩译,北京大学出版社 2017 年版,第 206 页。

〔4〕 张铁薇:《侵权责任法与社会法关系研究》,《中国法学》2011 年第 2 期,第 49 页。

〔5〕 陈聪富:《中国大陆民法侵权责任编评析》,《月旦法学杂志》2019 年第 64 期,第 154 页。

场交易行为到家庭伦理生活”。[1] 在我国甚至还存在高空抛物补偿责任、[2]公平分担损失[3]此等全然不顾责任基础的“归责”形态。对此，责任的归结某种程度上似乎演化为以损害的发生为基准，归责的基础极为单薄，这虽然有助于现代社会救济受害人的价值取向，但是否就不会失却其正当性，仍存疑问。

法律效果的双向主体正当性作为私法的结构原则，强调民事法律规范总是调整两个或多个主体之间的法律关系，规范的效力直接作用于构成要件中明确调整的主体，所以法律效果的证成不仅要论证为什么一方当事人享有有利的法律效果，而且还要证成另一方为何要负担不利法律后果，绝对的、单方面的论证虽然存在一定的便利，但并未满足私法调整的正当性要求。[4] 从该角度观之，过错概念的“稀薄化”与责任归结的“客观化”即使有助于权益保障之证成，对加害人责任负担的论证却缺失了足够的正当性，行为自由遭受不当压缩。纵然现代社会在行为自由与权益保障之间更趋向于后者，但行为自由对人的尊严、人的发展乃至社会发展之积极价值亦不可否认，若一味地以权益保障之名剥夺自由空间，势必造成对潜在责任的惧怕而消极行动，如医生对患者进行治疗时的畏缩现象、新药开发的停滞、学校不再允许学生在学校进行课外活动等，“这些现象如果从侵权行为的个人责任方面考虑，可以认为人们各自所采取的自我保护的态度是极其自然的，但如果从社会整体上看，只能认为这是现行制度的‘负作用’”。[5] 鉴于此，棚濑孝雄教授指出，应该明确限定侵权责任确保行为者的自由行动领域，无论“救济受害者”在道德上具有多么无可辩驳的说服力，责任的认定都应采取谨慎的态度以防责任的扩散。如果把“自由”作为贯穿侵权法个人主义的最高价值，那么就不能以侵权的客观化来建构现代社会所期待的侵权法，因为其将和一般人所想象的具有强烈责任感的理想人类形象发生抵触，从而破坏共同体所渴望的现代价值。[6]

2. 侵权法体系机能的失衡

客观归责除了使归责原理发生异化之外，其影响更辐射至侵权法的整体机能。如前所述，传统侵权法维持行为自由与权益保障均衡性的途径乃借助于责任成立法与责任效果法的体系划分，前者以主观过错为法技术旨在维护行为自由，后者秉承完全赔偿主义旨在保障受害权益。其中，完全赔偿主义仅以因果关系作为划定责任范围的法技术工具，行为人的过错不对赔偿责任产生任何影响。

---

〔1〕 张铁薇：《侵权责任法与社会法关系研究》，《中国法学》2011 年第 2 期，第 51 页。

〔2〕 关于高空抛物违反侵权法法理的论述，参见曹险峰：《侵权法之法理与高空抛物规则》，《法制与社会发展》2020 年第 1 期。

〔3〕 郑州市中级人民法院民事判决书(2017)豫 01 民终 14848 号。类似案例还可参见河南省伊川县人民法院民事判决书(2019)豫 0329 民初 1756 号。当然，公平责任的适用在《民法典》中业已得到限定。

〔4〕 海尔姆特·库齐奥：《侵权责任法的基本问题——德语国家的视角》(第一卷)，朱岩译，北京大学出版社 2017 年版，第 71—72 页。

〔5〕 渠涛：《从损害赔偿走向社会保障性救济——加藤雅信教授对侵权行为法的构想》，梁慧星主编：《民商法论丛(2)》，法律出版社 1994 年版，第 309 页。

〔6〕 棚濑孝雄：《现代日本的法和秩序》，易平译，中国政法大学出版社 2002 年版，第 33—34 页。

此一特征与责任成立的客观化倾向貌合神离，均继承了归责严格化的内在思想。如今，随着主观过错的消退，客观归责的兴起使侵权责任的判断呈现出如下景象：行为人无论是基于侵害的恶意，还是基于轻微的疏忽，只要没有达到社会所要求的一般性义务就要承担责任；至于责任范围的判定，则根据完全赔偿主义负担全面的赔偿责任。[1] 在此过程中，行为人的有责性被全程无视，不仅对责任归结无涉，而且与赔偿范围亦无关联，以此，在过错的客观化使主观有责不能影响责任成立的前提下，完全赔偿主义进一步使其无法对责任范围产生辐射作用，行为自由极有可能被过分压缩。有学者指出侵权法实质上并非意在促进共同体行为的高尚标准，现今如果还认为侵权法与道德存在紧密联系的话，其缘由可能仅是源于这一部门法给定的名称（侵权或过错）而已，侵权法似乎并不存在多少道德倾向。[2] 同时，按照此逻辑，侵权法之运作已完全与有责性隔绝，责任概念一定程度上带有强制性的色彩，已无法有效引导人们的自由决策，而当责任人的行为无法被责任感所引导，个人对其行为的努力随即失去责任的观念，侵权法被强行剥离于所属的生活环境，基本的正义感、道德感和伦理观被压抑，自然就出现了侵权法的危机。[3]

从侵权法的体系机能来看，客观归责使责任成立法原有的行为自由保障功能业已淡化，归责原理中权益保障的价值取向走向前台。而且，在归责客观化严重压缩自由空间的前提下，责任效果法秉承的债权人中心主义还采取了无视有责性的完全赔偿法理，结果出现了从责任成立到责任效果均优待权益保障的异化现象。在责任成立法与责任后果法的双重压力下，侵权法的自由保障功能被压缩到一个极小的空间，原本的体系平衡被打破，侵权法平衡行为自由与权益保障的基本机能已难以实现。

三、现代侵权法体系机能的再平衡

鉴于责任成立法的体系机能从行为自由转向权益保障，侵权法面临着权益保障过度压缩行为自由的困境。作为应对之道，现代侵权法必须拨乱反正，在法政策上为行为自由之扩张释放足够的空间，以再度恢复失衡的体系机能。确立法政策的方向之后，接下来的任务就是探寻实现该法政策的法技术。

（一）复归主观过失？

受害人救济虽然是侵权法极其重要的功能，但并非侵权法的全部，一味地从权益救济角度看待侵权制度体系，势必导致侵权法体系与社会法体系的界限模

[1] 需要说明的是，我国《民法典》侵权责任编的规范体系尚不存在明确采纳完全赔偿主义的迹象，但相当部分学者主张我国应该采纳完全赔偿主义。周友军：《我国侵权法上完全赔偿原则的证立与实现》，《环球法律评论》2015 年第 2 期；徐建刚：《论损害赔偿中完全赔偿原则的实质及其必要性》，《华东政法大学学报》2019 年第 4 期。对此，我国倘若采纳完全赔偿主义的损害赔偿法理，就会存在侵权法体系不当无视行为人主观样态的弊端。

[2] 帕特里克·德富林：《道德的法律强制》，马腾译，中国法制出版社 2016 年版，第 50 页。

[3] 张铁薇：《侵权法危机的伦理诊断》，《法学家》2012 年第 1 期，第 129—130 页。

糊。事实上，侵权制度的正当性无法全然绕开道德评价，即道德上的应受谴责性，倘若“侵权行为法合理存在的道德基础一旦丧失，那才是釜底抽薪，才是真正的危机”，所以“侵权行为法要避免衰亡，就得寻找出自己正义性的道德基础，这是21世纪侵权行为法的首要使命”。[1] 行为自由与权益保障的失衡缘起于现代侵权法体系机能的变异，原本旨在保障行为自由的责任成立法转向了受害权益的保障，既然问题的根源已厘清，作为对策之一即可从问题缘起处着手，重新唤起主观过错的关注，实现主观归责的复归。也就是说，从责任成立法着手，即使现代社会归责原理的客观化演进致使主观归责被淹没，但为了释放合理的自由空间，被忽略了的主观过错应在客观归责的潮流下重拾其独立地位，作为归责形态再次被推到前台。

目前，向主观过失复归的建言已被部分学者所提出，并主张主观归责与客观归责并存的责任归结体系。邱聪智教授提出客观过失理论缘起于社会活动频繁、人类接触密切的晚近，归责原理明显与主观过失不同，适用范围应当予以限制；与此同时，鉴于主观过失亦存在维持之必要，因而需要明确主观过失与客观过失的适用范围，前者规范传统市民生活的损害事件，后者规范一般社会活动过程中的损害事件。[2] 与此类似，石田穰教授亦区分了以不法行为客观性质为基础与以行为人非难可能为基础的归责形态，在前一类型不法行为中，损害发生的认识可能性被割裂，仅以不法行为的客观样态作为归责根据；后者则以行为人意思样态（所谓的“恶”的意思）作为归责根据，此类型中行为人被非难“意思”的存在是不可或缺的前提。[3] 在此等并列的归责体系中，客观归责仍然留存，主观归责亦可再生，学者狄骥指出，主观责任并非“业已消灭”或“应该完全消灭”，实际上其依然存在或者将长期地存在，只不过作用范围在逐渐缩小而已。[4] 瑞士法上，鉴于客观过失不以可谴责性为必要演变为一种“无过错的过错责任”，理论上有观点即指出考察行为人注意义务时应考虑具体情况下受害人所期待的行为人尽到的注意，只有受害人可认识到或事实上认识到的情况才予以考虑。作为立法论上的呼应，瑞士联邦参议院提出的《修订与统一责任法的联邦立法草案》(Vorentwurf zu einem Bundesgesetz über die Revision und Vereinheitlichung des Haftpflichtrechts)也开始将过失定义为“致害行为人对在特定情形中以及依照其个人情况应有的注意义务的违背”，从而转向主观地看待过失概念。[5] 可见，作为责任成立法的应对之道在于，作为责任发生要件的过错不应再被完全作为客观的概念对待，过错的重大性、行为人的主观意图应发挥其规范功能，以此对过错进行阶段化的构筑，责任的归结借此实现流动性的安排。[6] 总而言之，

〔1〕 麻昌华：《21世纪侵权行为法的革命》，《法商研究》2002年第6期，第85—86页。

〔2〕 邱聪智：《民法研究（一）》，中国人民大学出版社2002年版，第60页。

〔3〕 石田穣『損害賠償法の再構成』（東京大学出版社，1977年）13頁以下参照。

〔4〕 狄骥：《拿破仑法典以来私法的普通变迁》，徐砥平译述，上海社会科学院出版社2017年版，第114页。

〔5〕 海因茨·雷伊：《瑞士侵权责任法》，贺栩栩译，中国政法大学出版社2015年版，第231—232页。

〔6〕 廣峰正子「フランス民事責任におけるフォート概念の存在意義」立命館法学323号（2009年）38—39頁以下参照。

“现代之侵权行为，虽因无过失责任主义之盛行，须另行承认客观归责之领域，但就主观归责之理论而言，则大致仍应保留过失责任主义之原貌”。[1]

然而，值得注意的是，法的世界中传统法命题虽然确立了解决社会问题的框架模式，套用固有框架模式可在一定程度上良好地解决问题，但企图一成不变地沿用传统框架模式也并不妥当。社会环境的变迁导致传统框架并不总是存在新兴问题的解决方案，为此，随着新生社会问题登场于法的世界，新的应对方案就应当确立。在侵权责任法的历史发展中，客观归责对主观归责的替代本身就是新生社会问题的应对方案，正是借助于客观归责理论，在缺失对等性与互换性的当事人之间被扭曲的公平观才得到校正。侵权法体系机能的维护固然重要，但如果通过复归主观归责的方式实现行为自由的保障，势必又导致归责原理的历史倒退，似不可取。退一步言之，虽然以主观过失与客观过失为基础得以建立过错归责的二元体系，实现了理论的完满，但从实践层面观之，两者的适用始终模糊不清。这里，何为传统市民生活的损害事件何为一般社会活动过程中的损害事件，本身就是标准尚需明确且难以明确的概念，需要进一步厘清，其只不过是将一个问题的解决抛向另外一个问题的回答，而该另一个问题的回答同样复杂。所以，责任成立法中通过复归主观归责释放自由空间的途径并不能妥当解决侵权法体系失调的弊端，解决方案需要另行确立。

（二）责任效果法的机能转换

内在体系与外在体系既然属于相互融贯之整体，根据外在体系是否妥当地承载价值评价的融贯性，就可将体系分为融贯性体系与非融贯性体系，未体现融贯性的体系并非真正的体系。[2] 责任成立法的现代趋向注重权益保障而冷落行为自由，导致侵权法的外在体系皆重权益之保障、轻自由之维护，破坏了内在价值体系的均衡，并未实现体系的融贯性。既然法律体系应该保持有机的融贯性特质，倘若因体系机能的变迁致使内在体系的失衡，那么为了矫正失衡的价值体系，亦可从体系层面予以应对。也就是说，侵权法的外在体系由责任成立法与责任效果法两大支柱构成，责任成立法的价值取向从自由维护转向权益救济，体系上如若存在维护行为自由的其他依归，该任务自然落到责任效果法之上。

如前所述，责任效果之评价以实现债权人中心主义为意旨，主要倚赖因果关系的法技术。但是，完全赔偿原则之批判亦此起彼伏。比如，有观点指出裁判者面对纷繁复杂的案件仅能在“要么对损害全部予以赔偿，要么对损害不予赔偿”的选项中二者选其一，此种裁判模式的僵化无法应对多元的现实生活。[3] 完全赔偿原则之弊端更在于，“将法律效果独立于责任基础，其价值判断上的自相矛盾已显露无遗。责任基础本来是损害赔偿效果发生之基础，而赔偿范围却又完

---

〔1〕 邱聪智：《从侵权行为归责原理之变动论危险责任之构成》，中国人民大学出版社 2006 年版，第 3 页。

〔2〕 谢鸿飞：《民法典的外部体系效益及其扩张》，《环球法律评论》2018 年第 2 期，第 30 页。

〔3〕 王磊：《完全赔偿原则与侵权损害赔偿之反思及构筑》，《法律科学》2019 年第 4 期，第 122 页。

全隔离于请求权基础的特征，这样的出尔反尔，必将导致价值实现的断裂”。[1]以此，完全赔偿原则采取责任基础与责任范围相割裂的思维模式，导致侵权责任的道德评价丧失内在的一致性，因为“惩罚的轻重在法律实践中并不是以侵权人行为的错误程度为依据，而是以损害的多少为依据，这与道德评价是相悖离的”。[2] 如果客观归责使原本针对特定个人的主观考察消磨殆尽，那么完全赔偿原则的实施则进一步使主观有责性在侵权法体系全程被无视，将侵权责任催生为脱离道德评价的纯粹客观责任。

尽管现代侵权法的功能强调补偿，但这不意味着侵权法与道德评价完全分离不受道德标准的检验，侵权法的此种缺陷应归咎于有责性或主观过错的发展不足，尽管过错概念已得到娴熟的应用，但仍未足够葆有其最初动力，这不仅影响了侵权法的法理学品质，也造成了侵权法与道德律之间不必要的鸿沟。[3] 为了弥补该弊端，在损害赔偿法的现代演进中被忽视了的主观有责性又重新被加以重视，并于责任效果法中再次发挥规范作用，完全赔偿原则排斥主观有责的理念逐渐被抛弃。立法上明确承认完全赔偿模式的德国，划定损害赔偿范围的法技术一般在于相当因果关系，[4]其判定程式在于“如果某给定事实以并非无足轻重的方式一般性地提高了此类后果的客观可能性，那么该给定事实就是该后果的相当性条件”，在评价时进一步需要考虑：其一，“给定事实发生时一个最佳观察者可知悉的一切情况”；其二，“条件确立者另外所知的情况”，“这一审查方式应当在援引评价时所有可供支配的经验知识的前提下进行”。[5] 这里“条件确立者另外所知的情况”事实上已经纳入了行为人有责性的考虑，虽然相当因果关系的判断重点在于事件发生的客观进程，但有责性因素通过条件的描述间接地影响着客观进程的判断，从而呈现出与完全赔偿原则的矛盾态势。[6] 因而，相当因果关系与可预见说并不存在实质性的差异，“相当说”以“相当性”这一具有较强客观色彩的词汇将行为人对客观相当历程的认识隐含其后，表面上进行着行为与结果是否经历了客观上相当历程的判断，实际上与可预见性存在内在联系。[7]科奇奥尔也指出有责性程度对判定损害赔偿的法技术均具有辐射作用，“如果加害人具有重大过错，则应当扩大相当性与规范保护目的的认定范围”，“反之，如果加害人处的归责事由较弱，则就相当性与规范保护目的应当采取较为严格的

---

〔1〕 叶金强：《论侵权损害赔偿范围的确定》，《中外法学》2012 年第 1 期，第 163 页。

〔2〕 朱景文主编：《对西方法律传统的挑战：美国批判法律研究运动》，广西师范大学出版社 2004 年版，第 228 页。

〔3〕 帕特里克·德富林：《道德的法律强制》，马腾译，中国法制出版社 2016 年版，第 53 页。

〔4〕 相当因果关系的法技术虽然首先在德国损害赔偿法得到采用，但亦逐渐为我国司法界所接受。程啸：《中国侵权法四十年》，《法学评论》2019 年第 2 期，第 35—36 页。

〔5〕 克雷斯蒂安·冯·巴尔：《欧洲比较侵权行为法》(下)，焦美华译，法律出版社 2001 年版，第 527 页。

〔6〕 笹倉秀夫「平井宜雄『損害賠償法の理論』考：法解釈学と法の基礎研究」早稲田法学 85 巻 3 号(2010 年)521 頁参照。

〔7〕 于雪锋：《侵权法可预见性规则研究——以法律因果关系为视角》，北京大学出版社 2017 年版，第 101—104 页。

标准，限制其责任范围”。[1]

与德国法上有责性的间接作用机制不同，法国法与日本法中则径行抛弃因果关系的法技术转而将有责性作为损害赔偿的规范手段。具体而言，法国法上伴随着过错概念在责任成立法的“稀薄化”，行为自由被认为遭到不成比例的侵害，全然无视有责性的思考方法被反省，作为损害赔偿法的应对，以加害人的非难可能性程度为根据，损害赔偿的差异化判定开始被承认，即根据故意、重大过失、一般过失的可责难性程度不同对损害赔偿额实施区别算定。[2] 该倾向又被称为“修正全额赔偿原则为根据的民事罚”。[3] 从法技术层面观之，过错与因果关系在法律适用中出现了混同的倾向，过错概念一定程度上替代了因果关系的机能，以至论及责任范围的划定时基本上不太涉及因果关系，因果关系已不具有多大的意义。[4] 最终，从 20 世纪后半叶开始，过错与损害赔偿相融合的路径逐渐被承认为一般原则。同样，日本法上自 20 世纪 50 年代受社会经济发展与民法独立意识的双重影响，损害赔偿的规制模式亦发生变迁，已被承认的完全赔偿模式逐渐被责任基础与责任范围相结合的赔偿模式所替代，平井宜雄教授指出损害赔偿范围应根据作为责任成立基础的注意义务之辐射范围加以评判，[5]石田穰教授则认为应以加害行为的危险性为标准判定后续损害的赔偿范围。[6] 该等思维方式逐渐发展成为通说，为后续学者所继承，直到最近仍被不断强调，有责性不影响责任效果的既有弊端已被克服。[7] 由此可见，从损害赔偿法的现代演进来看，有责性虽然从责任成立法逐渐消退，却在责任效果法得以“再生”，为赔偿范围的判定提供了灵活的调控机制，损害负担的适当性据此亦得到保障。

主观有责性在责任效果法的“再生”更为重要的意义在于，其为侵权法的道德色彩提供评价空间及法律技术，在责任成立日渐客观化的现代社会，主观有责借此获得了发挥规范作用的领地，对于侵权法伦理色彩的维护具有相当重要的意义。从体系机能观之，由于有责性要素的融入，完全赔偿原则赖以实施的因果关系不再具有决定性意义，责任效果法亦不再完全以受害权益的保障为唯一目标，通过有责性的评价被压缩的自由空间得到一定的缓和，责任效果法从而获得

---

〔1〕 海尔姆特·库齐奥：《侵权责任法的基本问题——德语国家的视角》（第一卷），朱岩译，北京大学出版社 2017 年版，第 303 页。

〔2〕 田中通裕「フランスの損害補償制度におけるフォート（faute）：その重大性、程度が考慮される場合を中心として」法と政治 27 巻 1 号（1976 年）119 頁以下参照。

〔3〕 廣峰正子「民事責任における抑止と制裁（2・完）―フランスにおける民事罰概念の生成と展開」立命館法 299 號（2005 年）273 頁参照。

〔4〕 高畑順子「フォート（faute）から因果関係へ：フランス民事責任法の一考察」法と政治 34 巻 2 号（1983 年）338 頁参照。

〔5〕 平井宜雄『損害賠償法の理論』（東京大学出版社，1971 年）460 頁。

〔6〕 石田穰『損害賠償法の再构成』（东京大学出版社，1977 年）40 頁。

〔7〕 潮見佳男『不法行為法Ⅰ』（信山社，2009 年）390 頁以下；窪田充見「不法行為法と制裁」石田喜久夫先生古稀記念『民法学の課題と展望』（成文堂，2000 年）677 頁以下参照。

了保障行为自由的机能。[1] 只是其维护行为自由的方式与责任成立法并非全然相同，责任成立法中侵权责任成立与否只能做出“是”或“否”的回答，秉持的是一种“全有”或“全无”的思维模式，某种程度上也正是基于此种思维模式的僵化导致仅通过责任成立法难以在行为自由与权益保障之间做出妥当的取舍，因为其采用的是从一极到另一极的刻板评价方式。与此不同的是，责任效果法的法律评价机制受其功能所决定，相较于责任成立法而言已经具备了先天优势，即其评价方式旨在做出“多”或“少”的“量”的回答，如果导入弹性化的法技术手段，就使责任效果法的调整机制具备了流动性、开放性的性格特征，行为自由与权益保障之间通过“量”的分配得以实现均衡。[2] 以此，通过责任效果法从权益保障到维护行为自由的机能转换，侵权法体系避免了责任评价极端客观的窘境，一方面作为现代产物的客观归责原理可继续留存作为现代问题的解决方案，另一方面行为自由与权益保障之间仍可达致均衡。传统侵权法从责任成立法维护行为自由、责任效果法保障受害权益的内在体系转换到了现代侵权法中责任成立法保障受害权益、责任效果法维护行为自由的整体图景。

四、侵权责任编的解释论应对

权益救济作为现代侵权法的共同倾向，我国亦非例外，甚至越演越烈。早在侵权责任法时期，我国就存在着偏重权益保障的价值取向，《侵权责任法》的构建“以被侵权人保护为中心”，[3]基本定位就落脚于救济法，王利明教授指出“我国正在制定的侵权责任法应当以补偿为其主要功能，并从强化对受害人补偿出发来构建整个制度和规则”。[4] 所以，我国侵权责任规范的配置具有特别的价值取向，在行为自由与受害人救济的权衡上更加着重于为受害人提供充分救济。[5]

---

[1] 我国司法实践中已经有观点注意到责任效果法具有维护行为自由的机能，该等观点明确指出纵使根据法律规定推定过错的存在，但推定过错并不意味着不审查行为人的过错程度从而得出完全赔偿的结论。这里，推定过错或者客观过错仅在于保证责任的成立，至于责任后果的分配，则仍需要根据具体的过错程度予以判定。如此，在责任成立法中不发挥规范作用的有责性原理转而在责任效果法中重新具备了规范机能，行为人的过错程度仍可积极影响责任范围的判定，从而为行为自由的维护提供可能性，防止了从责任成立法到责任效果法对行为人过错程度的完全无视。河南省高级人民法院民事裁定书(2019)豫民申 6820 号；甘肃省酒泉市中级人民法院民事判决书(2019)甘 09 民终 169 号；广东省高级人民法院民事判决书(2017)粤民再 51 号。

[2] 司法实践中，部分案例明确指出损害赔偿的判定应结合行为自由与权益保障的权衡，颇具启发价值。遗憾的是，该等案例仅及于行为自由与权益保障的抽象论述，尚未论及有责性对损害赔偿的规范作用，导致可操作性有限。浙江省温州市中级人民法院民事判决书(2020)浙 03 民终 1493 号；广西壮族自治区北海市中级人民法院民事判决书(2019)桂 05 民终 539 号；浙江省舟山市中级人民法院民事判决书(2017)浙 09 民终 370 号；江西省上高县人民法院民事判决书(2018)赣 0923 民初 1053 号。

[3] 全国人民代表大会常委会法制工作委员会民法室编：《〈中华人民共和国侵权责任法〉条文说明、立法理由及相关规定》，北京大学出版社 2010 年版，第 1 页。

[4] 王利明：《我国侵权责任法的体系构建——以救济法为中心的思考》，《中国法学》2008 年第 4 期，第 5 页。

[5] 薛军：《走出监护人“补充责任”的误区》，《华东政法大学学报》2010 年第 3 期，第 119 页。

然而，如前所述，侵权法之目标旨在实现行为自由与权益保障的均衡，一味强调受害人救济并非妥当，充分保障被侵犯权益之时尚需为行为人提供适当的自由空间。[1] 如今，针对《民法典》侵权责任编的相关规定，如何通过法解释论释放足够的自由空间从而平衡与权益保障的分配比例，也就成为当下的课题。

（一）责任成立法注重客观归责

关于侵权责任的主观要件，除了个别规定明文采纳客观过错（第 1221 条将医疗过错界定为“未尽到与当时的医疗水平相应的诊疗义务”）之外，《民法典》侵权责任编第 1165 条相较《侵权责任法》第 6 条的规定并无实质性变化，保持了“过错”的表述，但并不存在像《德国民法典》第 276 条第 2 款“疏于尽到社会生活上的必要注意”的详细规定。就过错的解释而论，一般认为只要满足客观过失的标准，过错要件即告成立。[2] 理论上，鉴于客观过失乃比较法上的共同趋势，我国学者也赞同过错责任从行为自由到权益保障的功能转换，主张以合理谨慎的人具有的注意义务作为责任成立的判定标准。[3] 司法实践中过错的认定亦伴随着“尽到合理、谨慎的注意义务，达到一般合理人标准”[4]“普通人的注意义务”[5]“基于合理的认识尽到的合理、谨慎的注意义务”[6]等表述，采纳了客观的认定标准。

由此，在我国客观过失基本上属于责任判定的通说地位，责任成立法中受害人的救济属于优位价值，按照责任成立法保障受害权益、责任效果法维护行为自由的现代图景，《民法典》侵权责任编第 1165 条的法解释亦不能罔顾此一价值取向，在解释一般条款中的“过错”时仍应以客观过失为准，以实现责任成立法的权益保障机能。

（二）责任效果法注重主观有责

就损害赔偿的法效果而言，尽管民法典制定过程中诸多学者建言《民法典》侵权责任编应当采纳完全赔偿主义作为一般原则，但现行法未对损害赔偿的规范模式做出明确回答，完全赔偿与限制赔偿的路径抉择仍未明晰。从部分散见的损害赔偿规范来看，主观有责对赔偿范围应承担着相当的规范机能，例如，行为人主观故意或重大过失对好意同乘减责（第 1217 条）与高度危险责任赔偿限额（第 1244 条）的影响。当然，为了形成进一步的确信，接下来的任务应是从侵

---

〔1〕 事实上，《民法典》侵权责任编制定过程中该问题在一定程度上已然被涉及，例如，针对公平责任一般条款导致的宽泛责任范围，现行法第 1186 条对公平责任的适用增加了“依照法律的规定”的限制，大幅度缩减了公平责任的适用范围，以维护行为人的自由空间。

〔2〕 黄薇主编：《中华人民共和国民法典侵权责任编解读》，中国法制出版社 2020 年版，第 6—7 页。

〔3〕 程啸：《侵权责任法》，法律出版社 2015 年版，第 275 页；周友军：《侵权法学》，中国人民大学出版社 2011 年版，第 175 页。

〔4〕 最高人民法院民事判决书(2018)民终 81 号。

〔5〕 最高人民法院民事判决书(2019)民终 238 号。

〔6〕 最高人民法院民事裁定书(2018)民申 6289 号。

权法的体系机能出发，结合我国损害赔偿法在司法实践中的运作机制规划合理的解释论路径。

1. 主观有责的规范作用

完全赔偿主义采纳因果关系的法技术一来旨在排除有责性的规范作用，二来旨在最大限度地压缩法官的自由裁量权。从损害赔偿原理的本土视域观之，虽然《民法典》侵权责任编针对损害赔偿范围的认定不存在统一的一般条款，但从散见的损害赔偿条款来看，我国业已确立起较为普遍的合理性标准（《民法典》侵权责任编第 1179 条、第 1181 条第 2 款、第 1184 条）。作为一个几乎没有价值指示的规范概念，立法者似乎并非有意排除法官的自由裁量，反而需要法官能动地对合理性作价值补充。如此，合理性标准赋予法官裁量权的取向与完全赔偿主义限制法官裁量权的取向大相径庭，此点应予以重视。更为重要者，无论是完全赔偿主义采纳的因果关系技术还是限制赔偿主义采纳的有责性技术，在我国司法实践中都得到了一定的应用，但总的来说，主观有责在损害赔偿法的实践机理中发挥出更为重要的规范机能。

就因果关系与有责性的关系而言，由于不存在公认的评判进路，我国对过失与因果关系的推导常常欠缺精细化与明确的方法论支持，导致过失与因果关系经常处于杂糅状态，此种法技术的杂糅目前并未被学界充分论及。[1] 详言之，我国司法实践中虽未完全排斥因果关系的法技术，[2]但也没有完全以损害的客观可能性为基准，相当部分案例对于因果关系的认定同时还带有主观有责性的考察。两者的关联大致可以描述为两种形态：一是合二为一的交融关系；二是相互证成关系。在前一种关联中，两者的判定趋于一体化，比如，有观点认为加害人怠于巡查和清障的不作为，即与事故的发生有相当因果关系。[3] 其中，加害人怠于履行巡查清障的不作为无疑存在过失，但仅以加害人存在过失即推导相当因果关系的成立，似乎将过失与相当因果关系的判断合二为一，而且关注的重点在于过失，非损害发生的盖然性。[4] 反之，部分法院则以未尽到适当性义务或者以损害无法被预见为由否认因果关系的存在。[5] 此外，相当因果关系一定程度上也被作为过错成立与否的判断基准，有法院认为加害行为与受害人的死亡是否存在比较紧密的关联程度而具有相当因果关系，是判断加害人有无过错的关

〔1〕 郑永宽：《论责任范围限定中的侵权过失与因果关系》，《法律科学》2016 年第 2 期。

〔2〕 秉承"引起"与"被引起"判断模式的判例，参见欧丽珍诉高燕饲养动物损害责任纠纷案，载《最高人民法院公报》2019 年第 10 期；上海普鑫投资管理咨询有限公司诉中银国际证券有限责任公司财产损害赔偿纠纷案，《最高人民法院公报》2014 年第 10 期；瑞克麦斯热那亚航运公司、瑞克麦斯轮船公司与 CS 海运株式会社船舶碰撞损害赔偿纠纷案，《最高人民法院公报》2012 年第 11 期。

〔3〕 丁启章诉江苏京沪高速公路有限公司等人身损害赔偿纠纷案，《最高人民法院公报》2016 年第 10 期。

〔4〕 混同因果关系与过失判定的其他类似案例，可参见蒋海燕、曾英诉覃维邱、苏燕弟生命权纠纷案，《最高人民法院公报》2016 年第 11 期；邢立强诉上海证券交易所权证交易侵权纠纷案，《最高人民法院公报》2010 年第 7 期。

〔5〕 最高人民法院民事裁定书(2013)民申字第 1296 号；江苏省南京市中级人民法院民事判决书(2017)苏 01 民终 10111 号。

键。[1] 按照该两种脉络，我国司法实践中相当因果关系与主观过错某种程度上被一体化对待，其中一者的存在往往是判断另一者满足与否的条件，从而形成一种紧密的交融关系。与此种紧密的交融关系相比，还存在一种弱化的印证关联，部分司法判例在判断损害赔偿时除了援引相当因果关系之外还会将主观有责性作为论证手段，认为侵权责任范围应结合相当因果关系与合理预见范围来确定，损害同时处于相当因果关系与可预见性的规范范围时才予以赔偿。[2] 可见，我国司法实践中相当因果关系虽然得到了一定的应用，但其判断机制远未遵循本来的理论构成，而是与主观有责性亲切互动，[3]形式上貌似采用了客观判断路径，实质上却走向了主观进路。

其次，部分判例更是直接拒绝相当因果关系作为损害赔偿范围的法技术，径行选择主观有责性的规范手段，此点在我国司法实践中尤为明显。比如，最高人民法院在错误申请财产保全的案件中指出保全申请人承担赔偿责任的范围应与其过错相适应，将主观过错程度作为认定损害赔偿的重要因素。[4] 此种观点于最高人民法院的公报案例中亦常被论及，法院认定责任范围时均明确指出行为人过错程度的规范作用，并据此实施责任的分配。[5] 无疑，该进路也被其他司法判例所明认。[6] 同时，在部分类型化的侵权案件中，加害人过错已成为判定损害赔偿范围的恒定要素。例如，对于不当竞争侵权行为的损害赔偿，虽然法律规范未明确将行为人过错作为损害赔偿酌定因素，但在法院判决中过错程度却是重要的酌定因素。[7] 同样，在特殊体质的侵权损害赔偿中，为了缓和“全有或全无”的僵化，加害人过错程度的灵活调控手段已成为损害赔偿判定的重要机制。[8] 以此，无论是与因果关系的杂糅还是独立发挥规范作用，可以确认的是，有责性

---

〔1〕 广西壮族自治区南宁市中级人民法院民事判决书(2012)南市民一终字第464号。

〔2〕 山东省青岛市中级人民法院民事判决书(2019)鲁02民终10785号。

〔3〕 即使在理论上，有责性与因果关系之间也存有千丝万缕的关联。王千维：《民事损害赔偿责任成立要件上之因果关系、违法性与过失之内涵及其相互间之关系》，《中原财经法学》2002年第8期。

〔4〕 最高人民法院民事裁定书(2017)民申417号。

〔5〕 余恩惠、李赞、李芊诉重庆西南医院医疗事故损害赔偿纠纷抗诉案，《最高人民检察院公报》2014年第3期；谢某某诉上海动物园饲养动物致人损害纠纷案，《最高人民法院公报》2013年第8期；宇斐诉沈丘县汽车运输有限公司、中国人民财产保险股份有限公司周口市分公司、中国人民财产保险股份有限公司沈丘支公司道路交通事故损害赔偿纠纷案，《最高人民法院公报》2010年第11期。

〔6〕 最高人民法院民事判决书(2012)民二终字第88号；海南省高级人民法院民事判决书(2019)琼民再62号；江苏省南京市中级人民法院民事判决书(2017)苏01民终10111号；江苏省南京市中级人民法院民事判决书(2016)苏01民终1563号。

〔7〕 张家勇、李霞：《论侵权损害赔偿额的酌定——基于不正当竞争侵权案例的考察》，《东方法学》2013年第3期。典型案例可参见维多利亚的秘密商店品牌管理公司诉上海麦司投资管理有限公司侵害商标权及不正当竞争纠纷案，《最高人民法院公报》2017年第8期；株式会社尼康诉浙江尼康电动车业有限公司等侵犯注册商标专用权及不正当竞争纠纷案，《最高人民法院公报》2012年第8期；美国3M公司诉山东双球防护器材有限公司侵犯专利权纠纷上诉案，《最高人民法院公报》2010年第6期。

〔8〕 王磊：《特殊体质侵权损害赔偿的实体审视与方法更迭》，《政治与法律》2020年第7期。典型案例可参见四川省高级人民法院民事裁定书(2018)川民申3625号；浙江省高级人民法院民事裁定书(2015)浙民申字726号；山东省高级人民法院民事裁定书(2013)鲁民申字1287号。

业已成为我国损害赔偿法的规范原理。

2. 主观有责的教义学归结

如此,我国既有司法实践实际上甚为注重主观有责在责任效果法中的规范作用,在责任归结的客观趋势之下,对行为人利益的适当维护具有极其重要的意义,此正好符合现代侵权法通过责任效果法释放自由空间的走向。然而,《民法典》侵权责任编的规范体系一来缺乏判定损害赔偿范围的一般规范,二来主观有责的法技术也未被明文规定,法教义学上尚需明确有责性原理的体系地位。

从《民法典》侵权责任编第二章的损害赔偿规范来看,现行法以侵犯人身权益与侵犯财产权益的类型划分为基础分别规定损害赔偿效果。其中,侵犯人身权益的赔偿范围存在明确规定,侵犯财产权益的损害赔偿则仅存在损害评价规范(第 1184 条),赔偿范围的确定路径并无条文依据,应属于法律漏洞。就侵犯人身权益造成的财产损害而言,第 1179 条、第 1181 条列举了医疗费、护理费、交通费、营养费、丧葬费等法定赔偿项目,同时均以"等"作为兜底性表述为其他损害项目的赔偿提供了可能性,至于如何判断损害项目的可赔偿性,现行法明确了"合理费用"的法律构成,也即合理性标准。同样,在公益诉讼的赔偿范围中(第 1235 条第 5 项),只有防止损害发生和扩大所支出的"合理费用"才能得到赔偿。事实上,自《最高人民法院关于审理人身损害赔偿案件适用法律若干问题的解释》(以下简称《人身损害赔偿司法解释》)开始我国就规定了合理性的判定标准,后经由《侵权责任法》再到《民法典》侵权责任编,我国均采用合理性作为判定人身损害赔偿的法技术。比如《人身损害赔偿司法解释》第 17 条、第 22 条、第 23 条,《侵权责任法》第 16 条、第 18 条等。与此类似,侵犯财产权益的损害赔偿范围虽然存在法律漏洞,但从散见的具体规范亦可以窥探到以合理性为进路的思维方式,如《最高人民法院关于审理道路交通事故损害赔偿案件适用法律若干问题的解释》(以下简称《道路交通事故司法解释》)第 15 条规定"因无法从事相应经营活动所产生的合理停运损失""非经营性车辆因无法继续使用,所产生的通常替代性交通工具的合理费用"等。在该等规定中,从文义观之立法者已经提炼出"合理性"的法律构成,根据立法者旨意,只有"合理部分应予赔偿"。[1]

然而,我国立法上虽然确立了合理性标准,但合理性的表述并未给出任何价值指引,属于需要评价地予以补充的法内漏洞。对于合理性标准的价值填补而言,一方面,应重视我国既有判例资源的规范技术,以实现实务与理论的互动;另一方面,应注重责任成立法与责任效果法体系机能的协调,以实现侵权法体系机能的均衡。从前一层面出发,我国司法实践业已形成主观有责的规范路径,合理

---

〔1〕 我国司法实践也受立法旨意的影响,并未逾越的规范射程,将合理性作为损害赔偿的判断标准。比如最高法在判断律师费的赔偿问题时就认为律师费属于实现债权的合理支出项目,应予以赔偿,参见最高人民法院民事判决书(2019)民终 109 号。其他类似判例可参见上海市第一中级人民法院民事判决书(2016)沪 01 民终 11037 号;天津市第一中级人民法院民事判决书(2016)津 01 民终 5770 号;厦门市中级人民法院民事判决书(2017)闽 02 民终 5036 号;兰州市中级人民法院民事判决书(2016)甘 01 民终 713 号。

性标准的解释不应无视司法判例的累积而放弃以过错程度为中心的弹性评价机制，否则难以实现损害赔偿法的本土建构。[1] 从后一层面观之，倘若我国责任成立法仍要借客观归责拓宽受害人的救济范围，那么责任效果法就应当为行为自由提供评价空间，否则行为自由的保护在侵权体系中将被全程无视。以此，既然责任效果法中有责性的法技术不仅在比较法上得以证成，在我国司法实践中亦有迹可循，那么理应通过合理性标准将过错程度作为损害赔偿判定的重大要素。若囊括过错程度的合理性标准得以实施，主观有责对损害赔偿的影响不仅找到了合适的教义学位置，而且行为人的自由空间借此弹性化的评价技术亦得以维护，侵权法体系也就具备了保障行为自由的规范领域，避免了权益保障价值的过度扩张。

五、结论

责任成立法与责任效果法的外在体系是侵权法内在价值的实现途径，近代侵权法以责任成立法维护行为自由、责任效果法保障受害权益实现妥当的机能分配。随着现代社会责任归结的客观化，责任成立法维护行为自由的机能逐渐消退走向了权益保障，导致近代侵权法体系机能的失衡。为了恢复失衡的体系机能，现代侵权法中责任效果法的机能需要从保障受害权益转换为维护行为自由，以对行为人的自由空间提供适当的保护。此种思维方式的变迁亦可适用于《民法典》侵权责任编相关规定的法解释，客观归责作为现代社会强化权益救济的共同取向得到广泛认同，我国也不应加以忽视，应当以客观过失来解释过错责任一般条款中的“过错”。与此相对，责任效果法中主观有责性应当属于损害赔偿法的规范原理，至于主观有责的教义学地位，应当归结于合理性标准。以此，通过合理性标准有责性要素得以导入责任效果法，在我国侵权法的外在体系中形成责任成立法强化权益保障、责任效果法维护行为自由的现代图景。

---

〔1〕 理论上，我国有学者已经注意到过错程度对损害赔偿范围的影响，并构建起与主观有责紧密联系的判定技术。叶金强：《论侵权损害赔偿范围的确定》，《中外法学》2012 年第 1 期；郑晓剑：《侵权损害赔偿效果的弹性化构造》，《武汉大学学报（哲学社会科学版）》2019 年第 4 期。

专有部分与共有部分的区分

——基于物的功能整体性的分析[1]

卢长青*

摘　要　现行规则是以一栋建筑物或者规划区域的建筑群为限，以建筑物的物理特征和使用功能为要素，在专有部分和共有部分之间划一条界限，原则上排除当事人的意思自治，是一种法定的区分规则。该规则无法明确“既具有独立性又能为公用的建筑物”权属，继续完善法定区分规则将无济于事。住宅小区建筑物之间存在不同程度的经济关联，若想厘清两个部分，需要完善两个阶段的法律规则：一是明确建筑物区分所有权的客体；二是明确建筑物区分所有权的归属。本文基于物的功能整体性分析，通盘考虑中国本土经验和比较法经验，分别提出了具体完善的建议。

关键词　物的功能整体性；建筑物区分所有权；专有部分；共有部分

目　次

---

* 卢长青（1990—），北京大学法学院博士研究生，主要研究方向：民商法。

[1] 本文系中国土地勘测规划院研究课题“地下（地上）建设用地使用权确权登记政策研究”（8430500903）成果。

专有部分与共有部分的区分，是明晰区分所有人权利义务的基础，是建筑物区分所有权制度的基石。然而，《中华人民共和国物权法》（以下简称《物权法》）上的区分规则并不清晰，在其颁布仅两年后，最高人民法院就出台了《关于审理建筑物区分所有权纠纷案件具体应用法律若干问题的解释》（以下简称《解释》），详细规定二者的认定标准。即便如此，二者的区分也未能明确，住宅小区车库（位）等建筑物权属争议不断、学说争论不休即是例证。〔1〕《中华人民共和国民法典》（以下简称《民法典》）未对相关规则进行修改，故而，二者的区分仍有研究的必要。

目前，学界和司法解释强调国外立法借鉴，致力于思考专有部分与共有部分界定标准、构成要件等内容。例如，专有部分应当具有构造上和使用上的独立性；共有部分是全体或者部分业主共同所有的部分，是专有部分以外的建筑部分，可分为法定共有部分、天然共有部分和约定共有部分。〔2〕问题是，二者界分直指建筑物的权属，可是物的权属是界定出来的吗？而且，上述标准仅能对权属明确的共有部分起到描述、分类作用，根本不能发挥"界分"作用。这是因为，开发商因建造行为取得住宅小区建筑所有权，法律为何规定某些建筑为业主共有？某些建筑又可以约定为业主共有？这些问题均无法从上述标准获得答案。更重要的是，这一基于国外立法经验提炼的标准并不能完全涵摄中国本土经验，例如，有地方规范性文件直接规定特定比例停车位归业主共有。〔3〕这些规定在实践中运行良好，却与《民法典》第231条因合法建造取得建筑物所有权规则和第275条停车位可以约定权属移转规则似乎矛盾。因此，既往研究路径确有反思的必要。

发挥物的效用对物权归属具有重要影响。法律秩序应注重多个物之间确定的、紧密的、有重要经济意义的关联性。〔4〕住宅小区建筑布局尤为强调建筑的整体功能，其不仅左右建筑物区分所有权客体的构造，还决定建筑物区分所有权的归属，最终影响专有部分与共有部分的区分。又鉴于此，本文首先揭示现行区分规则的困境所在。然后基于物的功能整体性，分析建筑物各部分之间的经济关联。最后以这些经济关联为指引，立足中国本土经验，结合比较法研究，分析如何确定建筑物区分所有权的客体以及建筑物区分所有权的归属，并对现行规则提出完善建议。人防工程的权属问题较为特殊，篇幅有限，不在本文分析范围。

---

〔1〕李国强：《建筑物区分所有权内涵的重新解释和规则厘清——基于民法典物权编编纂的展开》，《河南社会科学》2018年第8期；蒲文博：《小区内无法办理产权登记的地上车位应属业主共有》，《人民法院报》2019年10月31日，第007版。

〔2〕杜万华等：《最高人民法院〈关于审理建筑物区分所有权纠纷案件具体应用法律若干问题的解释〉、〈关于审理物业服务纠纷案件具体应用法律若干问题的解释〉的理解与适用》，《人民司法》2009年13期；陈华彬：《建筑物区分所有权法》，中国政法大学出版社2018年版，第121页、第163页。

〔3〕《杭州市居住区配套设施建设管理条例》第23条。

〔4〕常鹏翱：《经济效用与物权归属——论物权法中的从附原则》，《环球法律评论》2012年第5期。

一、现行区分规则的困境分析

(一)现行区分规则是法定的区分规则

从规范逻辑看,现行区分规则是以一栋建筑物或者规划区域的建筑群为限,以建筑物的物理特征和使用功能为要素,在专有部分和共有部分之间划一条界限,原则上排除当事人意思自治是一种法定的区分规则。具体而言:

第一,《民法典》及相关司法解释,以一栋建筑物或者规划区域的建筑群为限,划分专有部分和共有部分。《民法典》第 271 条原为《物权法》第 70 条,是以条文的形式规定建筑物区分所有权的法律构成,是对“业主的建筑物区分所有权”这一章进行解释的起点和依据。[1] 从中可以看出,现行规则划分专有部分与共有部分的逻辑前提是明确“区分所有建筑物的范围”,而且该范围内的专有部分与共有部分是非此即彼的关系,也即一定范围内的区分所有建筑物,要么是专有部分,要么是共有部分。然而,区分所有建筑物的范围究竟多大,不无争议。仅从该条文的文义看,专有部分与共有部分可以以一栋建筑为限予以划分,因为条文表述是“建筑物内”。这并非笔者咬文嚼字。有学者就认为,建筑物区分所有权原则上应该是以一栋独立建筑物为限确定的。[2] 然而,《民法典》第 274 条、第 275 条又规定“建筑区划内”道路、绿地、其他公用设施属于业主共有部分。而且,《解释》第 2 条等也是以“建筑区划”为范围划分专有部分和共有部分。因此,通过文义和体系解释,也可以理解为是以“建筑区划”为限,划分专有部分和共有部分。故而,从目前法律规定看,对专有部分与共有部分划分究竟是以“一栋建筑物”还是“建筑区划内的建筑物”为限尚不明确。不过,可以肯定的是,现行规则区分专有部分与共有部分,是以明确区分所有建筑物的范围为前提的,且其最大范围可及整个建筑区划内的建筑物。[3]

第二,《民法典》及相关司法解释,考虑到建筑物的物理特征和使用功能,分别规定了专有部分与共有部分的认定标准,原则上排除当事人意思自治。首先,法律规范采取“概括+例举”的方式界定“专有部分”。根据《民法典》第 271 条和《解释》第 2 条,专有部分是指构造上、利用上具有独立性且能够登记的部分,如住宅、经营性用房、整栋建筑物、特定空间(车位、摊位)等。其次,法律规范采取“列举”“概括+例举”的方式界定“共有部分”。根据《民法典》274 条、《解释》第 3 条第 1 款第 1 项,共有部分包括:①道路、绿地、物业服务用房;②建筑物的基础、

---

〔1〕 陈华彬:《建筑物区分所有权的构成研究——兼及对〈物权法〉第 70 条的释明》,《中国不动产法研究》2015 年第 2 期。

〔2〕 “我国《物权法》并没有明确是以一栋建筑物为限还是以建筑区划内为限确定建筑物区分所有权,但根据立法选择使用‘建筑物区分所有’一词,应指称单体建筑物的所有权状况,而不能指称拥有数个或几十个建筑物的小区的所有权状况。”李国强:《建筑物区分所有权内涵的重新解释和规则厘清》,《河南社会科学》2018 年第 8 期。

〔3〕 区分专有部分与共有部分是以一栋建筑物还是规划区域的建筑群为限的问题,本文先重点以一栋建筑物为限进行分析,建筑群的区分规则是否相同,会在结论部分予以交代。

承重结构、外墙、屋顶等基本结构部分；③通道、楼梯、大堂等公共通行部分；④消防、公共照明等附属设施、设备；⑤避难层、设备层或者设备间等结构部分；⑥其他公共场所、公用设施。可见，在列举道路、绿地、物业服务用房这三个共有部分之后，现行规则着眼于建筑物的物理特征和使用功能，以“概括＋列举”的方式界定其他共有部分。最后，除了车库（位）可依当事人意思自治确定权属外（《民法典》第 275 条第 1 款），法律推定“上述专有部分、共有部分之外的部分为共有部分”。〔1〕 这是因为共有部分很难通过列举的方法予以穷尽，按照“非特定权利人所有即为业主共有”的思路，《解释》作出了兜底性的规定。〔2〕

显而易见，现行规则期望对一栋建筑物或者规划区域的建筑群的专有部分与共有部分进行“明确”界分。采取的方法是，以建筑物的物理特征和使用功能为要素，通过概括和列举的方式界定专有部分和共有部分的各自范围，再推定这些部分以外的部分为共有部分。依该区分规则，建筑物的专有部分、共有部分看似界分得清清楚楚，不用大费周折，参照法律给定的标准对号入座即可。然而，实践中相关法律纠纷频发，理论上对区分所有建筑物权属问题争议不断，提示我们有必要反思现行区分规则的妥当性。

（二）法定区分规则无法廓清共有部分

既然法定区分规则期望排除当事人意思自治，在专有部分和共有部分之间划一条清晰界限，我们姑且分析这条界限的清晰度。这条界限看似清晰、简明，实则模糊混乱。问题在于，虽然《民法典》第 274 条规定，公共场所、公用设施属于业主共有，但是其中的“公用”是对所有权形态的要求还是对使用方式的要求，并不清楚。如果是对所有权形态的要求，也即公用部分等于共有部分，那么该条文并未起到界定共有部分的作用，只是对“共有部分”的同义反复而已。如果是对使用方式的要求，强调供全体或部分业主共同使用的场所、设施为公共场所、设施，且这些部分属于共有部分，那么这些共有部分与专有部分又可以交叉、重叠。这是因为，可以供全体或部分业主共同使用的场所、设施，完全可以具备构造上和使用上的独立性，因而成为专有权的客体。

现实生活中，物的所有人和使用人是可以分离的，因此那些具备独立性的公用设施，既可以由开发商所有，供全体业主共同使用或者个别业主专用，也可以由全体业主共同享有所有权，供全体业主共同使用或者个别业主专用。据此，所谓的共用的公共场所、设施与专有部分完全可以重叠，也即现行规则下专有部分与共有部分存在交叉地带。而且，这些交叉部分也不能通过上述“推定规则”予以界分。因为适用推定规则的前提是，这些部分既不属于法律规定的专有部分，也不属于法律规定的共有部分，才会被推定为共有部分；相反，这些部分既可能

---

〔1〕《民法典》第 274 条、《解释》第 3 条第 1 款第 2 项。

〔2〕杜万华等：《最高人民法院〈关于审理建筑物区分所有权纠纷案件具体应用法律若干问题的解释〉、〈关于审理物业服务纠纷案件具体应用法律若干问题的解释〉的理解与适用》，《人民司法》2009 年第 13 期。

成为法律规定专有部分，也可能成为法律规定的共有部分，从而并无推定规则适用的余地。故而，上述法定区分规则是模糊混乱的。

现实也的确如此。例如，地下车位既可由业主共有（所有权），由个别业主专用或全体业主共同使用（使用方式）；也可由开发商所有（所有权），由个别业主专用或全体业主共同使用（使用方式）。这就是为什么开发商、业主在车库（位）等建筑物权属上总争议不断的原因。很多裁判文书表明，在商品房销售时，开发商会保有、出售地下车库等建筑物；但是业主会主张地下车库等建筑物应服务于小区业主，属于小区“公用”设施，开发商无权保有地下车库等建筑物所有权并予以销售。[1] 显而易见，争议缘由是开发商着眼于地下车库等建筑物的“独立性”，而业主着眼于地下车库等建筑物的“公用性”。由此可见，对既具有独立性又能为公用的建筑物，现行区分规则无济于事，目前法律未明确界定权属。

在法律没有明确规定时，有关部门发布的规范性文件或者政策性文件，常以配套机制的角色辅助正式法律维护交易秩序。针对公共场所、公用设施的界定，1995 年建设部曾印发《商品房销售面积计算及公用建筑面积分摊规则》（以下简称《规则》）。其中提到的“分摊建筑面积”是实践中认定公共场所、公用设施的重要标准。《规则》规定，“商品房销售面积＝套内建筑面积＋分摊的公用建筑面积”，买卖合同应明确记载套内建筑面积（实得建筑面积）和分摊的公用建筑面积。据此，认定公共场所、公用设施，只要看买卖合同中是否约定“分摊建筑面积”即可。如果业主们分摊了建筑面积，那么该建筑物为业主共有；如果未约定分摊建筑面积，那么该建筑物不能为业主共有。

事实上，实践交易远比我们预想的要复杂得多。这是因为，根据《规则》，具有独立性的地下室、车棚等，可以分摊，也可以不分摊，[2]这些部分并不是必须分摊的部分，分摊与否交给市场决定。如果商品房买卖合同中明确记载上述部分已经分摊给业主，开发商与业主通常对此并无权属争议。但是，实践中大部分情况是，不以分摊建筑面积方式来约定地下室、车棚等建筑物的权属。因此，对地下室、车棚等具有独立性又能公用的建筑物，根据上述分摊规则仍然无法确定权属。

之后的若干年中，地方也曾纷纷出台具体规定，期望通过明确建筑空间、设施等具体建筑物部分是否计入分摊建筑面积来廓清共有部分的范围。结果却

---

〔1〕 安徽省宣城市中级人民法院(2017)皖 18 民终 1648 号民事判决书、福建省龙海市人民法院(2013)龙民初字第 3543 号民事判决书。

〔2〕 《商品房销售面积计算及公用建筑面积分摊规则》第 8 条规定，公用建筑面积由以下两部分组成：①电梯井、楼梯间、垃圾道、变电室、设备间、公共门厅和过道、地下室、值班警卫室以及其他功能上为整栋建筑服务的公共用房和管理用房建筑面积；②套（单元）与公用建筑空间之间的分隔墙以及外墙（包括山墙）墙体水平投影面积的一半。

《商品房销售面积计算及公用建筑面积分摊规则》第 9 条规定，[公用建筑面积计算原则]凡已作为独立使用空间销售或出租的地下室、车棚等，不应计入公用建筑面积部分。作为人防工程的地下室也不计入公用建筑面积。公用建筑面积按以下方法计算：整栋建筑物的建筑面积扣除整栋建筑物各套（单元）套内建筑面积之和，并扣除已作为独立使用空间销售或出租的地下室、车棚及人防工程等建筑面积，即为整栋建筑物的公用建筑面积。

是，对建筑面积测算及分摊规定得越来越精细、具体，却出现同一地区的规定之间彼此矛盾、不同地区的规定不统一等问题。例如，对不计入分摊的建筑面积，国家并未出台统一的规则，而各地对此规定也不尽一致，自相矛盾之处比比皆是。〔1〕

其实，这一现象并不难理解。地方制定“是否计入分摊”的细则旨在界定共有部分，而哪些建筑空间、设施应该认定为共有部分，在法律规定不明确的情形下，地方倾向于以实践调研为准。然后，往往将那些没有争议的具体情形上升为普适规则。然而，该类情形在此地无争议，不代表在彼地无争议；此时无争议，不代表彼时无争议。因此，必然会出现“同一地区的规定之间彼此矛盾，不同地区的规定不统一等问题”。

有关部门强调以“分摊建筑面积”的方式界定共有部分，殊不知，“分摊建筑面积”只是共有部分取得的“形式”而已，实质是“业主付费购买”。进言之，如果当事人愿意将建筑物归为业主共有部分，交易形式很多，既可以是分摊建筑面积，也可以是业主共同购买，还可以是开发商直接赠送。总而言之，公用设施的建筑成本可以以不同形式由业主分担，从而成为业主的共有部分。实践中，业主共有部分不仅仅是套内建筑面积和分摊建筑面积之和，恰恰说明，业主取得共有部分是不以分摊建筑面积为唯一形式的。总之，以“分摊建筑面积”为标准，没有把握问题的本质，根本不能明确共有部分的范围。

“既具有独立性又能为公用的建筑物”究竟为专有部分还是共有部分？本文不但认为现行规则是行不通的，而且完全否定法定标准的可行性，认为无法制定统一标准将其界定为专有部分或者共有部分。

第一，这在法技术上是无法实现的。法定标准无非是采取“列举”“抽象概括”“抽象概括＋列举”这三种方式。但是，对共用部分是无法穷尽列举的。尤其是随着经济发展，人们生活水平提高，公用设施种类会逐渐增多，很难通过列举予以穷尽。此外，这些共用部分的重要特征是“公用”，但是人们对“公用”的理解不仅不能达成共识，而且在认识上还会有所转变。例如，服务于业主的场所是公用吗？服务的方式很多，开发商专有供全体业主使用也未尝不可。对“公用”说不清楚、抽象概括行不通，列举又无法穷尽，故而，根本无法通过法定标准或者说统一标准进行界定。

第二，将它们界定为共有部分欠缺正当性。需要注意的是，在建筑物竣工之时，开发商依建造行为取得了所有建筑物的所有权。建筑物权属移转只有开发商有权决定，如果法律将这些本属于开发商所有的建筑物直接规定为业主共有，法律干预意思自治的理由并不充分，是欠缺正当性的。

第三，如果将“所有”公用设施都归业主共有，对业主也未必是有利的。一方面，这势必会增加业主的购房成本。既然法律规定所有能够“公用”的设施都归业主共有，那么开发商在销售时就会将这些设施的建筑成本计算到业主商品房

〔1〕 赵文聘：《建筑面积与建筑物区分所有权的有效对接》，《房地产法律》2012年第22期。

价格中，结果很可能是业主们并不希望购买这些公用设施，例如，停车位，却被强加购买了这些设施，徒增了购房成本。另一方面，为了促进销售、降低商品房价格，开发商也会尽可能减少对公用设施的投入，最终会导致住宅小区便利度和舒适度下降。尤其是在当前城市停车位紧张，有关部门纷纷出台政策鼓励开发商增设停车位的社会背景下，[1]更不能断然规定停车位直接归小区业主共有。

综上，本文认为对既具有独立性又能为公用的建筑物部分，是无法通过法定标准确定为专有部分或者共有部分的，并且需要以此为突破口，重新考虑专有部分与共有部分区分规则的建构。

（三）对现行区分规则理论不足的分析

现行区分规则的模糊混乱，与学界对专有部分与共有部分区分认识不足，甚至存在认识误区有关。现有研究强调国外立法借鉴，致力于思考专有部分与共有部分界定标准、构成要件等内容。问题是，专有部分与共有部分是对建筑物权属的认定，而物的权属并不是界定出来的。进言之，住宅小区竣工之时，开发商依建造行为取得所有建筑物的所有权，之后，业主是如何取得这些建筑物的专有权或者共有权的？换言之，问题的关键并不是专有部分与共有部分各自界定标准，而是开发商所有的建筑物是如何转化为业主专有或者共有的？事实上，业主取得专有权了，该部分就是专有部分，业主取得共有权了，该部分就是共有部分，而不是相反——是专有部分则业主享有专有权，是共有部分则业主享有共有权；先界定专有部分和共有部分，再以此判断建筑物权利归属。这正是无法厘清区分规则的绊脚石。

此外，我国学界和司法解释常用“在构造上和使用上不具有独立性”[2]界定共有部分。但是鲜有人意识到，是否具备构造上和使用上的独立性，是基于物的功能整体性做出的判断；其描述的是共有部分对住宅等专有部分的从属性，是二者之间的经济关联，而非单就共有部分而言的。[3] 再者，尽管有学者认识到，“在

---

〔1〕 针对城市街道、住宅小区停车难问题，2010 年住建部会同公安部、国家发展和改革委员会印发了《关于加强城市停车设施规划建设及管理的指导意见》，对城市停车发展提出了总体要求和部署。2015 年住建部又陆续出台了《城市停车设施规划导则》《城市停车设施建设指南》《关于加强城市停车设施管理的通知》，分别从规划、建设和管理三方面，加强了对停车行业的指导，以缓解停车难问题。

〔2〕 “就小区绿地而言，虽然具有美化小区环境的功能，但是很难说与一般独立的建筑物具有相同的经济效用。同时小区绿地中的公共绿地大多安排有‘游憩活动设施’，以供小区业主共享，不具有利用上的独立性。高圣平：《建筑区划内绿地的权利归属研究——兼评〈建筑物区分所有权司法解释(征求意见稿)第 3 条第 1 款〉》，《政治与法律》2009 年第 2 期。

〔3〕 例如，有观点认为，在界定共有部分时，可以采用“三步走”方法：第一步，将争议部分与已明确列举部分一一对照，当争议部分不在列举之列；第二步，考虑争议部分本身的功能特性、使用等方面，若仍不能明确；第三步，结合建筑物专有部分或与其他相关单位、个人的关系等因素予以综合判断。国家法官学院、最高人民法院司法案例研究院编：《中国法院 2020 年度案例——物权纠纷》，中国法制出版社 2020 年版，第 252 页。作者将争议部分与专有部分的关联放在第三步考量，显然没有意识到，共有部分是否具有构造上和使用上的独立性，需基于其与专有部分的经济关联予以判断。

构造上和使用上不具有独立性”相当于“对住宅等专有部分的从属性和不可分割性”，[1]但并未重视，不同建筑物部分对住宅等专有部分的从属性是有差别的。换言之，它们与住宅等专有部分的经济关联紧密度是不一样的。

以住宅小区停车位为例。它与住宅等专有部分经济关联的紧密度至少有两种：作为住宅等专有部分的组成部分或者独立的专有部分。故而，同样叫作停车位，有可能一个是公寓的组成部分，另一个则是独立停车位；前者购买公寓即买得停车位，后者开发商可以保留所有权，也可以约定业主共有。据此，“停车位”似乎既可以成为专有部分，也可以成为共有部分，学界对此争论不休。而实践中，有的停车位是专有部分，有的停车位是共有部分，很多时候还没有争议。其根本原因就是现有理论单就共有部分大论特论，忽视建筑物各部分之间的经济关联，甚至根本意识不到这些经济关联还有“紧密度”区分。这是无法廓清共有部分的另一绊脚石。

二、物的功能整体性与建筑物的区分

在德国，为了法律明确性，《民法典》在定义物时，是从单一物的角度出发的。而出于合乎目的性，同样被期望的是将经济上的统一体（一个经济单元）视为法律上的一个整体。这是通过将不同权利客体合并成一个权利客体（主物与重要成分；主物与一般成分）或者联合成一个松散的统一体（主物与从物）来完成的。[2] 由此可见，德国民法理论对物与物之间不同程度的经济关联早有一套成熟的理论分析框架。

本部分根据该分析框架，用主物、重要成分、一般成分、从物来“标识”建筑物各部分之间的经济关联，从功能上对建筑物各部分进行区分。主要考虑是，住宅等专有部分（主物）是建筑物区分所有权的核心内容，建筑物其他部分与住宅等专有部分具有或远或近的经济关联，该分析框架既有助于明晰它们与住宅等专有部分的经济关联，又有助于将它们彼此相联系又相区别起来，最终助力于区分专有部分与共有部分。

（一）专用部分

如果一栋建筑物上成立一个所有权，由一人单独享有或者多人共同享有，传统所有权规则足以解决问题。只有在一栋建筑物需要分割为多个单独所有权客体，由多人分别享有所有权时，才牵涉建筑物区分所有权问题。故而，建筑物区分所有权问题始于“分割或者区分”，也即需要将一栋建筑物区分为多个区分所

〔1〕“与传统民法中的共有不同的是，建筑物区分所有中的共用部分具有其特殊性，最显著地体现为从属性与不可分割性。共用部分之所以具有不可分割性，是因为如果允许共用部分持分权人对共用部分进行分割，就违反共用的目的，区分所有权人必将互蒙不利；共用部分的从属性，是指共用部分从属于专有部分，不得与专有部分分离而处分，应与专有部分同其命运。”金锦萍：《物业小区内共用部分的界定》，《华东政法大学学报》2008年第3期。

〔2〕本德·吕特斯、阿斯特丽德·施塔德勒著：《德国民法总论》（第18版），于馨淼、张姝译，法律出版社2017年版，第96页。

有权客体时。正如有学者所言,“建筑物区分所有权的最大功能,就是将从物理意义而言本属‘一物’的大楼分成了独立的、由不同的权利人排他支配的若干个物。以最大限度地满足资源稀缺背景下,物理上一物的最大使用价值。建筑物区分所有权制度使得物理上的一物,可以分成若干个独立的,可分别公示登记的民法‘物’”。[1] 这些可分别登记的民法“物”就是建筑物区分所有权的“专有权客体”。

与普通所有权无异,为了使区分所有人行使支配性和排他性的权利,专有权客体必须具备构造上和使用上的独立性。构造上的独立性是指,建筑物经区分之特定部分,以墙壁、楼板等建造物,与建筑物其他部分隔离,客观上足以明确划分其范围,达适合为所有权支配客体独立物之程度。[2] 构造上独立性服务于两个目的,一是该特定部分与建筑物其他部分能够区别开来,是权利排他性使然,学理上称为“区分之明确性”;二是为了满足特定部分使用上的独立性,是权利支配性使然,学理上称为“遮断性”。“此项遮断性之需求在确保区分所有权客体机能之实现,故其需求严密之程度因客体用途之不同而有差异”。[3] 例如,住房、经营性用房等需要有屋顶、墙壁为必要区隔物;停车位、摊位等则有界线、标识即可。使用上的独立性是指,建筑物经区分之特定部分,有独立的经济效用,可供居住、经营等活动使用。为了分析方便,下文将这些具有构造上和使用上独立性的部分称为“专用部分”。[4] 建筑物区分所有权中的专有权,必须以这些专用部分为客体。值得注意的是,正如普通所有权客体不以“登记”为要件一样,专有权客体(专用部分),也无须以登记为要件。这一点与《解释》第 2 条第 1 款第 3 项的规定有所不同。[5]

(二)当然共有部分

现实生活中,只要是客观存在的物,基本具备构造上和使用上的独立性。但是,倘若两个物组合发挥一种功能,通常认为它们是一个物的组成部分,它们各自是不具备“使用上”的独立性的,这是基于物的功能整体性做出的判断。进言之,实际生活中,具体的物与物之间,常存在着或远或近、或紧或松的关系。这种具体的有体物之间的关系,就构成了对交易具有决定性意义的功能整体性规则,

---

〔1〕 孙宪忠:《物权法的实施》(第一卷),社会科学文献出版社 2013 年版,第 256 页。

〔2〕 谢在全:《民法物权论》(上册)(修订五版),中国政法大学出版社 2011 年第 5 版,第 230 页。

〔3〕 谢在全:《民法物权论》(上册)(修订五版),中国政法大学出版社 2011 年第 5 版,第 230 页。

〔4〕 下文使用“专用部分”,以区别于“专有部分”。“专用部分”强调适合做专有权客体的部分。①它们可以“单独”成为一个专有权客体,例如,住宅所有权与停车库所有权,也可以“结合”成为一个专有权客体,例如,住宅、露台、停车库等结合成为一个所有权客体;②一个专有权客体可以为业主专有,也可以为业主共有。因此,如果都用“专有部分”这一术语,容易发生混淆。例如,有些学者对①就用“单一的专有部分“与”复合的专有部分”分别予以描述;对②用“单独所有的专有部分“与”共有的专有部分”分别予以描述。这些术语,不利于区分专有部分与共有部分,下文不再使用。参见陈华彬:《建筑物区分所有权法》,中国政法大学出版社 2018 年版,第 127—128 页。

〔5〕 “能够登记”是否为专有权客体的构成要件,多数学者持否定观点,少数学者持肯定观点,强调“通过登记予以公示并表现出法律上的独立性”。杜万华等:《最高人民法院〈关于审理建筑物区分所有权纠纷案件具体应用法律若干问题的解释〉、〈关于审理物业服务纠纷案件具体应用法律若干问题的解释〉的理解与适用》,《人民司法》2009 年第 13 期。

也即所有权人希望对物的整体进行使用,取得人也是基于其整体性功能取得物,物与物之间的功能整体性对物权享有与移转具有决定性意义。[1] 也有学者用“从附原则”对其予以概括,“其思想根基是法律秩序应注重多个物之间确定的、紧密的、有重要经济意义的关联性”。[2] 据此,在一栋建筑物中,单独看建筑物的基本结构部分,供水供电等设施,都能成为独立物,成为所有权客体。但是现实生活中如此看待并无实际意义,因为这些建筑物的基本结构、供水供电设施等是为了辅助住房、经济用房等建筑物部分发挥功能的。基于物的功能整体性,它们并不具备使用上的独立性。去除这些建筑物基本结构、供水供电设施,住房等专用部分根本就不存在或者丧失使用价值。学理上用“重要成分”描绘物与物之间这种功能上的依存关系,[3]在此用来理解建筑物基本结构、供水供电设施等与住宅等专用部分(主物)之间的经济关联十分贴切。[4]

依物的功能整体性规则,“在合成物不可分的前提下,成分不能单独成为物权客体,而是以必要的方式与地位及价值更重要的主物共享物权命运”,[5]故而,上述重要成分应与住宅等专用部分(主物)组合为一个所有权客体,不得单独成立所有权。住宅等专用部分权属变动的效力及于这些重要成分。也即,享有和移转住房、经济用房等建筑物部分权利时,也同时享有和移转建筑物的基本结构、供水供电设施等部分的权利,才符合交易观念。此外,建筑物高层化的优势就在于,这些重要成分,不单是辅助一个专用部分使用,而是辅助多个或者所有专用部分使用,以提升使用效益、节省社会资源。因此,尽管建筑物的基本结构、供水供电设施等,是每个住宅等专用部分(主物)的重要成分,但是不能由某一个区分所有人享有,应该由所有的区分所有人共有,学理上称其为“当然共有部分”。[6] 因此,当然共有部分是住宅等专用部分(主物)的重要成分,当然共有部分不具备使用上的独立性,当然共有部分是法定的共有部分。[7]

附带提及的是,德国法将房子等地上建筑物理解为土地的重要成分。本文认为,德国法在此做了两步技术安排:第一步,用重要成分描述房子等地上建筑物与土地之间不可分割的紧密关系(《德国民法典》第 93 条);第二步,对待房子等地上建筑物与土地究竟何者为重要成分时,将建筑物直接固定为土地的重要成分(《德国民法典》第 94 条),尽管不是没有土地成为房子重要成分的可能性。[8]

---

〔1〕 鲍尔/施蒂尔纳:《德国物权法》(上册),张双根译,法律出版社 2004 年版,第 24 页。

〔2〕 常鹏翱:《物权法的基础与进阶》,中国社会科学出版社 2016 年版,第 92 页。

〔3〕 鲍尔/施蒂尔纳:《德国物权法》(上册),张双根译,法律出版社 2004 年版,第 24 页。

〔4〕 在德国也有学者主张“视特别所有权为‘主物’,而共有份为该主物的重要成分”。鲍尔/施蒂尔纳:《德国物权法》(上册),张双根译,法律出版社 2004 年版,第 637 页。

〔5〕 “合成物”是指由数个或许多物丧失其各自的独立存在性而组成的独立物,如房子、船舶。丧失独立存在性的物是“成分”,其与主物对应,它决定着合成物的整体价值和功效,不再成为单独所有权的客体。常鹏翱:《物权法的基础与进阶》,中国社会科学出版社 2016 年版,第 92 页。

〔6〕 谢在全:《民法物权论》(上册)(修订五版),中国政法大学出版社 2011 年第 5 版,第 236 页。

〔7〕 公寓楼的楼顶等建筑物部分是建筑物的基本结构部分,即便可以专用,如设置停车位等,也是当然共有部分。

〔8〕 鲍尔/施蒂尔纳:《德国物权法》(上册),张双根译,法律出版社 2004 年版,第 24 页。

我国在处理房子等地上建筑物与土地的关系时，并未采纳德国的土地吸收地上建筑物规则，因此本文的"重要成分"仅在第一步立法技术意义上使用。

(三)专用部分之间的经济关联

除了重要成分，建筑物各部分之间还会有主物与一般成分或者主物与从物的关系。首先，建筑物内或者建筑区划内还有其他设施，如露台、停车位，可供业主专用。这些设施具备构造上的独立性，有辅助住房、经济用房等专用部分(主物)发挥功能的作用，但是这些设施与住房等专用部分的关联又不如当然共有部分那样紧密，去除它们并不影响住房等专用部分功能发挥。基于物的功能整体性，可以根据这些设施与住房等专用部分在功能上的紧密度，将它们看作住房等专用部分(主物)的"一般成分"和"从物"。

一般成分是物的组成部分，其与重要成分相对应，凡物之成分非经损毁不能分离或分离成本巨大者属于重要成分，重要成分以外的部分属于不重要成分。一般成分在法律上常与主物同其命运，但仍可成为独立权利的客体。当"一般成分"成为独立权利客体时，一般成分转化为从物。从物同样对主物的功能发挥具有辅助作用，但是从物与主物是两个权利客体。换言之，两个独立物之间的经济关联，传统民法理论中用"附属物或者从物"予以描述。在日本民法中，从物可以是动产也可以是不动产。[1]

此外，一般成分通常在空间上与主物毗连，但是只要符合物的功能整体性，也可以在空间上相隔离。例如，如果露台与住房毗连，可以看作住房的一般成分，构成住房的组成部分；只能通过住房等专用部分才能进入并利用的草地，尽管与住房等专用部分不毗连，但在经济效用上紧密相关，也可看作住房等专用部分(主物)组成部分。[2] 但是，与重要成分可以辅助多个专用部分不同，这些"一般成分"应该理解为那些"辅助某一专用部分(主物)"的部分。这是因为，一般成分本来就具有一定的独立性，可以单独成为所有权客体；之所以将其看作住房等专用部分的组成部分，是强调该部分与住房等专用部分功能上的从属关系。一旦这些部分可以供业主共用，那么共用的业主越多，这种从属性就在减弱，相反，该部分自身独立性就在增加。进言之，如果露台、停车位等专用部分，要供业主共用，那么它们就是独立物，可以将其看作住宅等专用部分(主物)的从物，很难将其看作某一专用部分的组成部分。

故而，专用部分之间可以有两种经济关联，按照关联紧密度排序为：一是专用部分(主物)与其组成部分(一般成分)；二是主物与从物，而且该从物可以是供

---

〔1〕 从物与主物是两个权利客体，从物对主物的功能发挥具有辅助作用。在日本民法中，从物可以是动产也可以是不动产。在德国民法中，从物限于动产，盖在德国民法中不动产只为独立物或为他物之成分，全依登记而定(《德国民法典》第890条)，故无此必要。史尚宽：《民法总论》，中国政法大学出版社2000版，第265页。

〔2〕 C. G. van der Merwe, "A Comparative Study of the Distribution of Ownership Rights in Property in an Apartment or Condominium Scheme in Common Law, Civil Law and Mixed Law Systems," Georgia Journal of International and Comparative Law, 1(2002), p. 113.

多个专用部分(主物)共用的从物,即可以归业主共有,如共有停车位。此外,对于不动产而言,专用部分的组成部分与从物的区别,主要取决于“形式要件”,也即两个功能上具有从属性的专用部分是登记为一个不动产单元还是两个不动产单元——如果登记在一个不动产单元上,则是专用部分与组成部分的关系;如果登记为两个不动产单元,则是主物与从物的关系。

以上述理论观照现实生活,“一套完整的公寓”很可能由以下几部分组成:住宅等专用部分(主物)、建筑基本结构、供水供电设施等当然共有部分(重要成分)、露台等专用部分的组成部分(一般成分)。换言之,这些建筑物部分(主物+重要成分+一般成分)可结合成一个所有权客体,可以成立一个建筑物区分所有权。此时,再回过头来,以“权属性质”对这些部分予以区分,那么一个区分所有权客体中的专用部分是专有部分,当然共有部分是共有部分,专用部分组成部分是专有部分组成部分。当多个业主共同享有一个建筑物区分所有权时,那些专用部分将不再是专有部分而是共有部分,如业主共有会所。

由此可见,共有部分的范围绝对不是靠概念界定、要件认定予以廓清的。进言之,若想界分专有部分与共有部分需要历经两个阶段。第一阶段是明确建筑物区分所有权的客体。第二阶段是明确建筑物区分所有权的归属,厘清专有部分与共有部分有赖于完善这两个阶段的法律规则。

三、明确建筑物区分所有权的客体

基于物的功能整体性,一个区分所有权客体通常由住宅等专用部分(主物)、露台等专用部分组成部分(一般成分)、建筑基本结构等当然共有部分(重要成分)组成。欲明确建筑物区分所有权客体,需先区分出建筑物的专用部分和当然共有部分,再以住宅等专用部分(主物)为中心,将专用部分的组成部分等与其结合为各个区分所有权客体。本部分对该阶段法律规则提出完善建议。

第一,区分专用部分与当然共有部分。专用部分是构造上和使用上具有独立性的部分,与之相对,不具有独立性的部分是当然共有部分。这一抽象认定标准,可以《解释》第 2 条第 1 款第 1、第 2 项,第 3 条第 1 款第 1 项作为规范依据。商品房建造涉及公益与私益的平衡。为了城市功能发挥、环境保护等公益,各国和地区一般通过国土规划、城市规划等“建筑规划”约束土地所有人或者开发商,开发商必须以建筑规划允许的方式进行建筑,[1]我国亦不例外。[2] 在我国,无

---

〔1〕 曼弗雷德·沃尔夫:《物权法》,吴越、李大雪译,法律出版社 2002 年第 18 版,第 61 页;谢哲胜、楼建波主编:《两岸房地产法比较研究(一)》,元照出版公司 2018 年版,第 91—95 页;肖军:《日本城市规划法》,上海社会科学院出版社 2020 年版,第 21 页;朱芒、陈岳峰主编:《现代法中的城市规划(下卷)》,法律出版社 2012 年版,第 589 页以下。

〔2〕 在我国,从开发商取得国有建设用地使用权、建造商品房到销售商品房,都能见到“建筑规划”的影子。第一,国有建设用地使用权出让合同中以一定规划条件为必备合同条款(《城乡规划法》第 38 条);第二,申请办理建设工程规划许可证,应当提交使用土地的有关证明文件、建设工程设计方案等材料(《城乡规划法》第 40 条);第三,房地产开发项目的设计、施工,必须符合国家有关标准和规范(《城市房地产管理法》第 27 条)。

论建筑物竣工与否，根据建筑规划和建筑图纸等材料，都可以明确建筑规划内有哪些建筑物以及它们的空间位置、使用方式等信息。[1] 再结合专用部分与当然共有部分的抽象认定标准，区分二者并不困难。

第二，区分住宅等专用部分组成部分。专用部分之间的经济关系还有主物与一般成分、从物的关系。倘若确定一个区分所有权客体，那么需要将住宅等专用部分（主物）与其组成部分（一般成分）结合起来。最高人民法院认为，专用部分组成部分的构成要件有三个：①符合规划，强调建筑物部分的合法性。②根据规划，该部分只属于特定房屋，是该特定房屋的附属物。③销售合同有约定。如果露台要成为某特定房屋的组成部分，必须还要有合同依据。[2] 实际上，如果认为第一个要件是所有权客体的必备要件，那么建筑物各部分成为所有权客体时均需具备该要件，其并不是专用部分组成部分所特有的。因此，将专用部分组成部分区别于独立的专用部分的构成要件，仅是后两个构成要件。最高人民法院处理后两个要件时用的是"且"，[3]强调二者缺一不可。但是，本文认为它们应该为"或者"的关系。

在商品房分销之前，住宅小区建筑物整体归开发商所有。区分专用部分和专用部分组成部分是开发商的权利。无论是规划还是约定，不过是开发商意思表示的不同形式而已。当"规划时"开发商就把某些专用部分列为专用部分组成部分，那些专用部分的组成部分在规划上或者物理上通常有所展示。既然如此，根本没有必要再要求"列入特定房屋买卖合同中"。如果交易双方恰好没有写入合同中，发生纠纷时，有可能对购房人不利。但是并不是说"列入特定房屋买卖合同中"这一要件是无意义的。如前文所述，专用部分与其组成部分有可能不毗连，仅仅根据规划将很难判断是专用部分组成部分还是独立的专用部分，此时强调合同依据就十分必要。因此，确定住宅等专用部分的组成部分的基础是开发商的意思，只要有规划确定"或者"合同约定为专用部分的组成部分即可。这一点与《解释》第 2 条第 2 款的规定有所不同，需要注意。当然，首次登记时，将露台等专用部分组成部分（一般成分）与住宅等专用部分（主物）设为一个不动产单元，是更为明确的办法。

第三，区分业主共有从物与当然共有部分。实践中，如果开发商将停车位作为住宅小区的公共配套设施，在首次登记时，可以直接登记为业主共有部分。[4] 对此，学理上存在两种解释：其一，这些停车位是专有权客体，可以单独成立所有权，开发商将其登记为业主共有，是将其区分所有权转移给业主，这些停车位是

---

[1] 《城乡规划法》第 19 条、第 21 条、第 40 条；《城市房地产开发经营管理条例》第 23 条。

[2] 杜万华等：《最高人民法院〈关于审理建筑物区分所有权纠纷案件具体应用法律若干问题的解释〉、〈关于审理物业服务纠纷案件具体应用法律若干问题的解释〉的理解与适用》，《人民司法》2009 年第 13 期。

[3] 杜万华等：《最高人民法院〈关于审理建筑物区分所有权纠纷案件具体应用法律若干问题的解释〉、〈关于审理物业服务纠纷案件具体应用法律若干问题的解释〉的理解与适用》，《人民司法》2009 年第 13 期。

[4] 《不动产登记暂行条例实施细则（2019 年修正）》第 36 条。

业主共有的从物(约定共有部分);其二,这些停车位供业主共同使用,将其解释为不具有使用上的独立性,类似于当然共有部分,不能成为专有权客体,只能成为业主共有部分。[1] 两种解释的相同之处是这些停车位都归业主共有,不同之处是前者可以成为专有权客体,后者不能成为专有权客体。

事实上,当然共有部分与约定共有部分(业主共有从物)之间确实会存在模糊地带,因为判断标准是“与住宅等专用部分(主物)的经济关联紧密度”,这会受到交易观念的影响。以停车位为例,有些城市的停车位是住宅小区非常重要的设施,取得类似当然共有部分的地位并不奇怪;而在其他地方则未必如此重要。因此,在学理上两种解释路径均有合理性。至于实践中,究竟采取哪一种解释,需要结合个案判断。

综上所述,明确建筑物区分所有权客体是由建筑物所有人(开发商)分割一栋建筑物,分别确定各个区分所有权客体。具体内容为开发商根据《解释》第 2 条第 1 款第 1、第 2 项,第 3 条第 1 款第 1 项,通过建筑规划等材料、合同约定或者不动产登记,明确各个区分所有权客体的范围。

四、明确建筑物区分所有权的归属

现行区分规则的困境是,对停车位等既具有独立性又能为公用建筑物的权属界定不清(参见第一部分)。通过第二部分的分析,从其对住宅等专用部分(主物)的从属性看,这些建筑物可以有:主物的组成部分、主物的独有从物、主物的共有从物以及没有从属性的独立物(主物)等多种可能。通过第三部分的分析,倘若开发商已经将其作为住宅等专用部分(主物)的组成部分,其权属看主物权属。然而,如果这些建筑物是独立的区分所有权客体,可以单独成立所有权,还需明确其归属。

(一)开发商与业主约定权属

鉴于区分所有的建筑物由开发商建造,建筑竣工之后由开发商依建造行为取得所有权。因此,停车位等既具有独立性又能为公用建筑物的权属移转,应该由当事人意思自治决定。例如,开发商单方面决定,首次登记时,将其登记为业主共有的设施(共有从物),或者开发商与业主约定,归某一业主单独所有(单独从物或者独立物),又或者开发商自己保留所有权(单独从物或者独立物)。总之,这是意思自治的范畴,法律不能直接规定开发商所有的建筑物归业主共有。

对此,其他法律秩序也同样规定,由当事人意思自治决定。例如,德国规定,住宅所有权人可以通过约定,将能够成为专有权客体的建筑物部分确定为共有财产(WEG § 5)。日本规定:“第一条所规定的建筑物部分与附属建筑物,得依管理规约当成共用部分。”[2]瑞士规定:“楼房的其他组成部分,得由楼层所有人在

---

[1] 谢在全:《民法物权论》(上册)(修订五版),中国政法大学出版社 2011 年第 5 版,第 262 页。

[2] 《有关建筑物区分所有等之法律》第 4 条第 2 项。陈华彬:《建筑物区分所有权法》,中国政法大学出版社 2018 年版,第 504 页。

成立楼层所有权时或依嗣后合意,规定为共有;未规定者,推定该组成部分为专有权的客体"。[1] 台湾地区也规定,可约定能够成为专有权客体部分为业主共有。[2] 即便是与我国分属不同法系的美国,其立法思想也并无不同。美国《统一区分所有物业产权法》[3]对物业小区专有部分与共有部分界定的思路是:第一,物业小区整体只分专有部分和共有部分,二者是非此即彼的关系。第二,房屋单元也即专有部分,是物业小区内指定的供业主单独所有的部分;共有部分则是指除房屋单元以外的全部物业小区。第三,对于那些位于房屋单元这一"立体空间"之外,又专门供某一房屋单元使用的部分,如阳台、露台、停车位等,该法规定其为"指定供专用的共有部分"。[4] 对于这些部分,该法将其交由开发商编制和签署的物业小区"总协议书"进行确定。[5]

综上所述,基于法定区分规则的局限性(见第一部分)、规范调整的正当性以及比较法经验的借鉴,[6]我国法应填补意定区分规则,也即对于停车位等既具有独立性又能为公用建筑物的权属移转,原则上由开发商与业主约定。故而,对《民法典》第275条第1款规定的正确理解是,立法强调停车位、车库的权属可以约定;但是,可以约定权属的"既具有独立性又能为公用的建筑物",并不以此为限。

(二)开发商与地方政府约定权属

"既具有独立性又能为公用的建筑物"权属移转,原则上由开发商与业主约定。值得注意的是,"规划为业主共有的公共设施"是业主共有部分,开发商在首次登记时,应登记为业主共有部分,不能保留所有权,更无权处分。这是因为,在国有建设用地使用权出让环节,地方政府已经通过土地使用权出让合同中的"规划条件",或者通过与开发商另行签订"公共设施建设合同",对住宅小区的公共

---

[1] 《瑞士民法典》第721a条、第712b条。

[2] 《公寓大厦管理条例》第3条第6款。李明洲:《公寓大厦管理条例》,台湾新学林出版股份有限公司2019年版,第28页。

[3] 美国统一各州法律全国委员会制订的《统一区分所有物业产权法》于1977年公布,到1980年,全美国有12个州基本全盘采用该法。其他各州"第二代"立法,虽然没有从结构到内容全盘采纳该法,但却大量吸收了该法的内容。因此,美国的建筑物区分所有权制度,是由《统一区分所有物业产权法》以及美国各州参考借鉴该法制订出来的"第二代"物业产权法所建立的。周树基:《美国物业产权制度与物业管理》,北京大学出版社2005年版,第25—26页。

[4] 《统一区分所有物业产权法》第2.2.4条。C. G. van der Merwe,"A Comparative Study of the Distribution of Ownership Rights in Property in an Apartment or Condominium Scheme in Common Law, Civil Law and Mixed Law Systems," Georgia Journal of International and Comparative Law, 1 (2002), pp. 105-110.

[5] 《统一区分所有物业产权法》第2.1.1条、第2.8.1条。

[6] 有学者比较美国、德国、苏格兰、南非的立法例,得出的结论与本文一致,即公寓楼或者住宅小区中专有部分与共有部分的区分不是由法律强制规定的,而是由开发商自由决定,只不过不同国家对开发商决定权的限制不一样而已。C. G. van der Merwe,"A Comparative Study of the Distribution of Ownership Rights in Property in an Apartment or Condominium Scheme in Common Law, Civil Law and Mixed Law Systems,"Georgia Journal of International and Comparative Law, 1(2002), p. 133.

配套设施的建设与权属进行约定。[1] 进言之，对于那些与业主生活关联紧密的公共配套设施，如物业管理用房、特定比例的停车位、草地等，有些地方政府已经通过上述方式约定“开发商建成之后归业主共有”。[2]

这些地方实践并不违反意思自治原则，还具有实践合理性。首先，开发商建成的公共设施归业主共有是地方政府与开发商意思自治的结果。我国土地实行公有制，地方政府有权出让国有建设用地使用权。为了提升住宅小区的生活品质，地方政府可以将开发商配建公共设施作为土地使用权出让合同的内容。因此，在签订土地使用权出让合同时，开发商对将要负担的公共设施的配建义务是明知的。其次，从发挥物的效用来看，这些公共设施的建设往往遵循“三同步”原则，[3]与商品房等建设项目同步规划、同步建设、同步交付。以此方式建成的公共设施，更有利于住宅小区整体功能的实现。最后，开发商通常也愿意承担这些公共设施配建义务，因为配有公共设施的住宅小区，可以提升商品房的使用价值，进而有利于商品房的销售。因此，地方政府与开发商约定公共配套设施为业主共有，既符合意思自治原则，又切合我国实践需要。

鉴于在土地使用权出让时，地方政府与开发商已经约定，某些公共设施由开发商建造但归业主共有，那么在建筑竣工后，开发商不能保留这些设施的所有权，更不能移转其所有权，而是应当在首次登记时，将其登记为业主共有部分，并移交给业主使用。由此可见，《民法典》第 274 条所列举、概括的“法定”共有部分，例如，物业管理用房、绿地等公用设施、公共场所，其法律思想并不是“法律的强制性规定”，实质上还是“意思自治”。对此，我国理论界和实务中并未予以充分重视，相关理论探讨罕见。例如，有的学者担心，地方规定明确要求开发商配建停车位，法律位阶太低，很容易被开发商“约定”排除，建议由法律、行政法规对物业小区配建停车位的法律义务作出明确规定。[4] 这说明，该观点并未意识到“地方规定”此时的作用是“要约”而非“强制性规范”。要约是否有效，取决于其内容是否明确、开发商是否明知，而非法律位阶。

有鉴于此，回归到配建公共设施的本质，关注地方政府与开发商之间的约定，才是认定这些“既具有独立性又能公用的建筑物”权属的正确道路。故而，在明确住宅小区配套设施的权属时，除了强调完善地方规划条件等外，更重要的

---

〔1〕《城乡规划法(2019 年修正)》第 38 条、第 39 条;《城市房地产管理法(2019 年修正)》第 12 条;《西安市居住区公建配套设施建设管理实施细则(2014)》第 11 条:“国土行政主管部门在建设用地招标、拍卖、挂牌时，将该宗地配建的公建配套设施规划设计条件、产权归属等内容，作为土地使用条件，在发布土地使用权出让或者划拨公告时予以公布。开发建设单位在参与土地竞拍活动时，应充分考虑公建配套设施建设成本，自主报价。规划条件书是土地使用权出让的必备文件和依据，应予以公示，并作为土地出让合同的附件。”

〔2〕《杭州市居住区配套设施建设管理条例》第 22 条、第 23 条、第 24 条;《广东省物业管理条例》第 38 条;《许昌市新建住宅小区公建配套设施管理办法(试行)》第 6 条;《盐城市区房地产开发项目公建配套设施建设验收和移交管理暂行办法》第 21 条。

〔3〕《杭州市居住区配套设施建设管理条例》第 5 条;《广州市居住区配套公共服务设施管理暂行规定》第 5 条;《许昌市新建住宅小区公建配套设施管理办法(试行)》第 4 条。

〔4〕杨遂全:《物业小区停车位完全市场化的立法误区及其矫正》,《法学》2011 年第 8 期。

是，应该适用意思自治相关规则，如法律行为解释规则等，处理相关争议。

（三）权属约定不明推定业主共有

在既具有独立性又能为公用的建筑物权属约定不明时，应当推定为业主共有部分。《解释》第3条第1款第2项也是“推定规则”（见第一部分），其合理性存疑。本部分的推定规则强调，对既有独立性又能为公用的建筑物，如会所、停车位等，在权属约定不明时，适用《民法典》第320条的从物规则，推定为业主共有部分，其思想基础是物的功能整体性和诚实信用原则。

首先，住宅小区同步建设的可以公用的专用部分，如停车位，从规划设计看，往往是用以辅助其他住房等专用部分（主物）发挥功能。结合第二部分对物的功能整体性的分析，它们可以成为住房等专用部分的组成部分或者从物。如果这些专用部分未规划、约定、登记为住房等专用部分的组成部分，那么有可能成为所有住房等专用部分共用的从物。此时，开发商对这些停车位等权属未予以明示或约定，会使得购房人产生其为小区配套设施的信赖，进而成为购房人是否购买商品房的决定要素。因此，当这些停车位等的权属约定不明时，基于物的功能整体性和诚实信用原则，应当推定为业主共有部分。其次，从交易成本看，开发商仅需进行首次登记或者明示其所有权，就会减少不必要的权属纠纷，推定规则并不会给其附加交易成本，反而会激励其明晰权属。最后，从比较法看，日本认可不动产适用从物规则。德国不认可是因为有“土地吸收地上建筑物”规则予以调整。我国大陆并没有确立该规则，对于不动产之间的关系仍有适用从物规则的余地。综上，对“既具有独立性又能为公用的建筑物”权属约定不明时，可以适用《民法典》第320条，推定为业主共有部分。也可以对《解释》第3条第1款第2项重新解释，以规范这一情形。

实践中，开发商与业主约定建筑物权属的惯用方式有：不动产首次登记、销售合同，后者包括直接约定权利归属或者约定是否分摊建筑面积（见第一部分）。故而，那些能够办理首次登记而不进行首次登记的，或者未办理首次登记且开发商也未特别约定保留所有权的既有独立性又能为公用的建筑物，在商品房分销后，应当推定为全体业主共有。附带提及，在举证责任方面，主张其为从物的业主，仅需证明其有辅助住宅小区功能发挥、空间上有附属性位置即可。对于该从物是否不为开发商所有等内容，考虑到信息不对称问题，应该由开发商举证。[1]

（四）排除“房随地走”规则的适用

商品房分销时，不能适用“房随地走”规则确定建筑物的权属。有观点认为，根据《民法典》第357条的“地随房走”规则，业主取得区分所有权后，也取得建筑规划内基地的使用权；再根据《民法典》第356条“房随地走”规则，业主可以取得

〔1〕 从物规则的举证责任。史尚宽：《民法总论》，中国政法大学出版社2000版，第269页。

建筑规划内公共设施的所有权。[1] 稍加分析，会发现该观点的困境。如果按照这一逻辑，购买第一套商品房的业主，会与开发商成为规划内其他建筑物部分的共有人；开发商再卖第二套商品房时，就会构成无权处分；即便仅针对公用设施，该逻辑也欠缺合理性。

《民法典》第356条、第357条是关于地上建筑物与建设用地使用权一并处分的规定。在我国法上，地上建筑物与土地均可成为独立的权利客体，但是依自然属性，房子等地上建筑物是不能脱离土地而存在的，因此确立了"地随房走"规则，即在房子等地上建筑物处分时，其占用范围内的土地使用权也随之转移。地下车库等地下建筑物与土地的关系在此并无不同。然而，国有建设用地使用权也可以交易，如果交易标的是建设用地使用权，为了使建设用地使用权与房屋等地上建筑物所有权的主体保持一致，我国也确立了"房随地走"规则，即建设用地使用权处分的，附着于该土地上的建筑物一并处分。[2]

由此可见，"房随地走""地随房走"规则旨在确保房子等地上建筑物与基地使用权的归属一致，有助于维持地上建筑物在自然属性上对土地的依附，并可以使物权关系明了，避免权属纠纷。而两个规则的区别是，看交易标的是地上建筑物还是建设用地使用权，如果交易标的是地上建筑物，建设用地使用权的转移就适用"地随房走"规则，反之亦然。在商品房分销时，依交易观念，业主购买的是商品房，此时交易标的是地上（下）建筑物，因此基地使用权转移适用"地随房走"规则。公共设施也是地上（下）建筑物，需先确定公共设施的权属，才能确定其占用范围内基地使用权的归属。此时，根本没有"房随地走"规则适用的余地。

五、结语

实践中，住宅小区停车位等建筑物权属争议不断，根本在于现行法未对专有部分与共有部分明确界分，该问题具有迫切的实践意义。而且该问题横跨物权法、合同法、城乡规划法、不动产登记法，还牵涉形形色色、林林总总的地方规范性文件，理论意义重大。通过研究，本文得出如下结论。

（一）区分规则理论的应然路径

基于物的功能整体性，一个建筑物区分所有权客体通常由以下几部分组成：住宅等专用部分（主物）、建筑基本结构、供水供电设施等当然共有部分（重要成分），露台等专用部分的组成部分（一般成分）。该区分所有权客体可以成立一个区分所有权。此时，再以权属性质对这些部分予以区分，那么一个区分所有权客体中的专用部分是专有部分，专用部分的组成部分是专有部分组成部分，当然共有部分是共有部分。当多个业主共同享有一个区分所有权时，那些专用部分将

---

〔1〕 蒲文博：《小区内无法办理产权登记的地上车位应属业主共有》，《人民法院报》2019年10月31日，第2页。

〔2〕 最高人民法院物权法研究小组编著：《中华人民共和国物权法》，人民法院出版社2007年版，第440—441页。

不再是专有部分而是共有部分。因此,若想界分专有部分与共有部分,需要明确两个阶段的法律规则:一是明确建筑物区分所有权的客体;二是明确建筑物区分所有权的归属。

(1)在确定区分所有权客体阶段。首先,根据《解释》第2条第1款第1、第2项,第3条第1款第1项,区分建筑物的专用部分和当然共有部分。其次,对于住房等专用部分组成部分,应明确其区分基础是所有权人的意思,而且只要有规划确定"或者"合同约定"或者"不动产登记为专用部分的组成部分即可,这一点与《解释》第2条第2款的规定有所不同。最后,具体操作是所有权人(开发商)根据上述规定,分割一栋建筑物,明确各个区分所有权客体的范围。

(2)在确定区分所有权归属阶段。商品房分销之前,开发商依建造行为取得住宅小区建筑物所有权,"既具有独立性又能为公用建筑物"权属转移,应遵循意思自治原则。具体而言,首先,"既具有独立性又能为公用建筑物"权属移转,原则上由开发商与业主约定。其次,在土地使用权出让环节,地方政府与开发商约定"公共设施建成之后归业主共有的"是业主共有部分。再者,既具有独立性又能为公用建筑物权属约定不明时,应当推定为业主共有部分。最后,商品房分销时,不能适用"房随地走"规则确定建筑物的权属。

(3)区分所有建筑物的范围。建筑物区分所有权制度旨在规范"多人区分一栋建筑物,权利人对专有部分享有专有权,对共有部分享有共有和共同管理的权利"。据此,只要建筑物被区分数部分,有些部分由权利人独自使用,有些部分由权利人共同使用,都存在建筑物区分所有权制度适用的空间。因此,尽管建筑物区分所有权制度的假设模型是一栋建筑物,但是在住宅小区或者建筑群中,若是多数各自独立的建筑物,有共同使用的公共设施,如会所、草地、游泳池等,仍可由建筑物区分所有权制度予以调整。[1] 故而,专有部分与共有部分的区分规则可以适用于一栋建筑物,还可以适用于规划区域的建筑群。

(二)相关规范法律解释的因应调整

遵循上述理论路径,对相关法律规范重新进行法律解释为:第一,《民法典》第271条规定的专有部分,对应《解释》第2条第1款第1、第2项,是指构造上和使用上具有独立性的部分。第二,《民法典》第271条规定的共有部分,包括当然共有部分(法定共有部分)、约定共有部分和推定共有部分(法定共有部分)。其中,当然共有部分对应《民法典》第274条第1款第1句和《解释》第3条第1款第1项。约定共有部分,又包括地方政府与开发商约定的共有部分和开发商与业主约定的共有部分,对应《民法典》第274条第1款第2、第3句,第275条第1款。对既具有独立性又能为公用建筑物权属约定不明,推定的共有部分,对应《民法典》第274条第1款第2、第3句和《解释》第3条第1款第2项。

---

〔1〕 王泽鉴:《民法物权》(第二版),北京大学出版社2014年第2版,第167页。

论传销参加者的私法保护

王英州*

摘　要　《禁止传销条例》第24条规定参加传销为违法行为且传销组织的违法所得应予没收，导致传销参加者无法在民事诉讼中得到保护。传销行为的法律构造是参加者通过上线向传销组织投资。由于参加者的投资行为并非完全出于意思自治，其未实施参加传销以外的任何其他违法行为，也没有侵害禁止传销规范所保护的利益，参加者应当被界定为传销行为的受害者。拒绝保护参加者无法阻止传销组织规模的扩大，保护参加者也与维护经济社会秩序不存在冲突，参加者的合法权益应当得到保护。参加者私法保护的路径选择为在民事诉讼中支持其实现权利的主张：涉传销民事案件应当受理；传销组织与参加者订立的合同无效；传销组织向参加者返还财产；在构成缔约过失责任的情况下，传销组织应进行损害赔偿。

关键词　传销参加者；传销行为；利益衡量；私法保护

目　次

---

* 王英州（1994—），北京大学法学院2019级博士研究生，主要研究方向：民商法。

一、引言

《禁止传销条例》第 24 条将组织策划行为，介绍、诱骗、胁迫他人参加传销行为与参加传销的行为并列规定，该规定中的参加者为仅向传销组织投资，而未实施其他行为的人，通常也不包括试图介绍他人参加传销但没有成功的人。虽然参加者仅应承担较轻的行政责任（2000 元以下罚款），但因其被明确界定为违法者，并且《禁止传销条例》第 24 条第 1、第 2 款规定组织策划者和介绍、诱骗、胁迫他人参加传销活动的人员的行政责任包括没收违法所得，导致参加者无法在民事诉讼中获得有效保护。有些法院以《禁止传销条例》第 4 条和《最高人民法院关于咸阳爱心总公司与咸阳爱心总公司 1930 名传销员传销纠纷如何适用（1998）38 号通知的复函》（以下简称《传销纠纷复函》）或《最高人民法院关于在审理经济纠纷案件中涉及经济犯罪嫌疑若干问题的规定》（以下简称《经济纠纷案件若干规定》）第 11 条为依据，裁定不予受理参加者请求返还财产的民事案件。[1] 有些法院则以行为无效或违法为由，判决由参加者承担责任，不能请求返还财产；[2]或根据双方的过错，按照投资金额的一定比例返还财产。[3]

参加者仅实施向传销组织投资的行为，却被界定为违法者，并且由于没收违法所得等处罚的设置，导致其权利在民事诉讼中无法得到私法保护。这一司法立场是否合理？如果参加者具备得到保护的基础，决策者应当如何选择私法保护的路径？本文拟通过分析参加者的法律地位和权衡传销法律关系中相互冲突的利益，明确传销参加者的私法保护。

二、传销参加者的法律地位：违法者抑或受害者

《禁止传销条例》第 24 条第 3 款将参加传销规定为违法行为，在规范层面上参加者是违法者不存在问题。但理论上存在不同的解释。有观点认为，传销参加者，既是违法者，又是受害者。[4] 也有观点认为，参加者具有被诱导和被胁迫的性质，从整体上看，属于被害人。[5] 在执法活动中，市场监督管理部门对于参加者属于被害人有着较为一致的认识，查处传销组织的主要工作之一为解救参加者。[6] 在比较法上，参加者也没有被界定为违法者。日本《无限连锁防止法》第 5 条至第 7 条分别规定了开设、经营无限连锁会（传销组织）、职业性劝诱他人加入无限连锁会、劝诱他人加入无限连锁会的法律责任，但该法没有规定参加者的责任，被劝诱加入传销组织的行为本身不违法。[7] 笔者认为，理论上和比较法上将参加者界定为受害者或兼具违法者与受害者的双重性质，均与《禁止传销条

[1] 广东省深圳市中级人民法院（2019）粤 03 民终 13216 号民事裁定书。
[2] 福建省三明市中级人民法院（2020）闽 04 民终 369 号民事判决书。
[3] 山东省聊城市中级人民法院（2017）鲁 15 民终 3144 号民事判决书。
[4] 曲新久：《刑法学》（第四版），中国政法大学出版社 2017 年版，第 394 页。
[5] 陈兴良：《组织、领导传销活动罪：性质与界限》，《政法论坛》2016 年第 2 期。
[6] 陶菁：《打击传销违法犯罪的若干问题探讨》，《云南警官学院学报》2012 年第 3 期。
[7] 熊文邦：《日本对非法传销的法律规制及启示》，《政法学刊》2019 年第 5 期。

例》第24条第3款的界定有显著不同，有必要通过分析传销行为的法律关系，明确参加者在该行为中地位和作用，进而确定其法律地位。

（一）比较法上对传销行为的界定

《禁止传销条例》第7条规定传销行为的三种类型：①“拉人头”型。组织者或经营者通过发展人员，要求被发展人员发展其他人员加入，以直接或间接滚动发展人员的数量为依据计算和给付报酬；②“收取入门费”型。被发展人员通过缴纳费用或者以认购商品的方式变相缴纳费用，取得加入或发展其他人员的资格；③“团队计酬”型。被发展人员发展其他人员加入，形成上下线关系，以下线的销售业绩为依据计算和给付上线报酬。我国《刑法》第224条之一规定，传销活动为参加者以缴纳费用或者购买产品、服务等方式取得加入资格，并按照一定顺序组成层级，直接或间接以发展人员的数量作为计酬或者返利的依据，引诱、胁迫参加者继续发展他人参加的行为。《最高人民法院、最高人民检察院、公安部关于办理组织领导传销活动刑事案件适用法律若干问题的意见》（以下简称《组织领导传销活动罪解释》）第5条规定，以下线的销售业绩作为计酬依据的传销行为不构成组织、领导传销活动罪，所以构成该罪的行为是“拉人头”和“收取入门费”相结合的传销行为。

比较法上对传销行为的界定与《禁止传销条例》和《刑法》规定的传销行为相似。日本《无限连锁防止法》第2条规定构成非法传销需要满足以下条件：参加者交纳“入门费”取得加入资格；通过出资关系使参加者的人数增加且以二倍以上的速率递增；组织形成一套通过不断收取入会费的盈利模式，并设置吸引成员参加并鼓励参加者吸收新成员的盈利机制；通过加入时间确定各成员的位次；先加入者取得高级顺次，优先分配收入。[1] 美国法上，联邦贸易委员会1979年的安利决定（Amway Decision）说明金字塔销售（Pyramid Scheme）的特征是参加者支付金钱给公司并取得以下回报：出售商品的权利和雇用新的加入者进入项目的奖励，而与将产品销售给最终使用者无关。[2] 路易斯安娜州反金字塔销售法（Anti-Pyramid Statute）界定应被禁止的金字塔销售模式：参加者考虑获得补偿的机会主要来自介绍其他人加入计划，而不是来自出售产品或服务，或者来自参加者或其他人介绍进入计划的无形财产。[3] 加利福尼亚州的“循环链”法（“Endless Chain” Statute）禁止以下行为：任何财产处置或分配计划，参加者根据该计划支付有价值的对价，以获得引入一个或多个额外人员参与该计划的机会。[4] 虽然美国法上的不同标准的表述有所区别，但均包含收取入门费和吸收新成员加入等内容。日本法上和美国法上界定的传销行为，相当于“收取入门

〔1〕 熊文邦：《日本对非法传销的法律规制及启示》，《政法学刊》2019年第5期。

〔2〕 1979 FTC LEXIS 390, * 168, 93 F. T. C. 618.

〔3〕 La. R. S. § 51:361.

〔4〕 Cal Pen Code § 327.

费"和"拉人头"型传销的结合,"团队计酬"型属于合法的多层次直销。[1]

(二)传销行为的特点

第一,传销组织存在上下层级关系。"传销活动的特点在于发展人员,在组织者或经营者与被发展人员之间形成上线或下线关系",[2]日本法和美国法通常也作此理解。在"拉人头"型和"团队计酬"型传销中,传销行为和构成组织、领导传销活动罪的行为应具备要求发展其他人员加入,形成上下线关系,按照一定顺序组成层级等内容。在被发展人员发展其他人加入前,传销行为的结构为"传销组织——参加者",在成功发展其他人员加入后,传销行为的结构可以简化为"传销组织——上线——参加者"。"收取入门费"型传销则采用"取得加入或者发展其他人员加入的资格"的表述。如果被发展人员交纳入门费后,能够获得发展其他人员加入的资格,发展其他人员加入之前和之后传销行为的构造与第一种情形相同。如果被发展人员缴纳费用后仅取得加入资格,传销行为的构造为"传销组织——参加者"。实践中"收取入门费"通常不单独作为一种传销行为,而是与"拉人头"或"团队计酬"相结合。[3] 所以,该类传销行为的结构主要表现为"传销组织——上线——参加者"。

第二,传销组织的收入来源于参加者的投资或销售产品。在日本法和美国法上,参加者取得吸收其他成员加入资格的前提是向传销组织支付金钱。有观点认为,金字塔销售通过销售产品或服务来掩盖一个永久性的招聘链组织。[4]参加者是金字塔销售中非常重要的方面,因为传销组织的收入不仅来自入门费,也来自低层加入者出售产品。随着投资者数量的增加,传销组织的收益随之上涨,方有能力偿付先前投资者的收益。上述观点可以用于解释《禁止传销条例》和《刑法》规定的传销行为。首先,无论何种类型的传销行为,参加者交纳的入门费和销售产品获得的对价都可以直接成为传销组织的收入;其次,虽然"拉人头"型传销并未明确规定参加者应否交纳入门费,但是法律应当做出肯定的解释,单纯的拉人头不能构成该类传销行为。[5] 如果不包含收取入门费,并且将拉人头的数量作为计算和给付报酬的依据,传销组织就无法获得任何利益,还将因向上线支付报酬而失去某些利益。

第三,获得报酬的前提是吸收他人加入传销组织。日本《无限连锁防止法》第 2 条和美国认定金字塔销售的各种标准均将吸收他人加入作为获得报酬的前提。上线获得收益的基础是直接或间接发展下线。具体而言,上线通过以下方式获得报酬:吸引缺少经济和商业经验的投资者为了消费或重新出售给公众以

[1] 詹庆:《直销的法律规制研究》,西南政法大学博士学位论文,2006 年。

[2] 陈兴良:《组织、领导传销活动罪:性质与界限》,《政法论坛》2016 年第 2 期。

[3] 湖北省宜昌市中级人民法院(2020)鄂 05 行终 22 号行政判决书。

[4] Stacie Bosley & Maggie Knorr, *Pyramids, Ponzis and Fraud Prevention: Lessons from a Case Study*, 25 J. Fin. Crime 81, 82(2018).

[5] 李健乐:《美国传销的认定标准及经验借鉴》,彭冰主编:《金融法苑》2020 年第 1 号,金融出版社 2020 年版,第 230 页以下。

高价购买产品，当产品被出售，上线能够获得售价的一部分作为回扣；[1]吸收潜在的投资者加入，原来的投资者可以从新投资者的入门费中收取报酬和通过向新的投资者出售商品获得收益。《禁止传销条例》第 7 条和《刑法》第 224 条之一明确规定计算和支付报酬的依据为发展人员的数量、下线的销售业绩。所以，无论计算和给付报酬的标准是什么，均要求通过一定行为吸收新的参加者加入传销组织。

综合而言，参加者在传销行为中具备三项地位和作用：其一，通常传销行为的结构为“传销组织——上线——参加者”，参加者通过上线向传销组织投资，处于传销行为上下层级的最底端；其二，参加者向传销组织投资或者向最终消费者销售产品客观上使传销组织的收入增加；其三，参加者没有实施吸收他人加入传销组织的行为，不能以发展人员的数量或者下线销售业绩为依据获得报酬，没有违法所得。

（三）传销参加者法律地位的确定

围绕参加者在传销中属于“违法者”抑或“受害者”之争，笔者认为，参加者仅在规范意义上属于违法者，而通过分析当事人之间的法律关系和利益关系，可以确定其为事实上的受害者，具体说明如下：

1. 参加传销并非完全出于意思自治

理论上认为，民法欺诈行为是有意使表意人产生错误的行为，[2]欺诈人须知道并且希望他人因受欺诈作出意思表示，[3]传销行为符合这一界定。

《禁止传销条例》第 2 条与第 7 条没有规定构成传销行为需以欺诈参加者为条件，但该条例第 1 条规定的立法目的中包含“为了防止欺诈、保护公民、法人和其他组织的合法权益”，可见是将传销认定为一种欺诈行为。《刑法》第 224 条之一调整了传销行为的构成，该条明确规定传销活动是“骗取财物，扰乱经济社会秩序”的行为。传销犯罪的突出特点是骗取财物，只有传销活动具备骗取财物的性质才是成立组织、领导传销活动罪，[4]但构成该罪不以客观上已经骗取了他人的财物前提。[5] 因此，构成组织、领导传销活动罪的传销行为是客观上实施了欺诈参加者的行为，《禁止传销条例》和《刑法》对传销行为欺诈性质的界定基本相同。

比较法上通常也将传销行为界定为欺诈。日本《无限连锁防止法》第 1 条规定，传销在终极上具有破产性质，这类组织的存续需要依赖不断地吸收新的成员加入，由于从概率上看不会有无限加入的可能性，传销组织在结局上一定是“破

---

〔1〕 J Feore, *Pyramid Schemes: Dare to Be Regulated*, 61 Geo. L. J. 1257, 1258-59(1973).

〔2〕 迪特尔·施瓦布：《民法导论》，郑冲译，法律出版社 2006 年版，第 444 页。

〔3〕 汉斯·布洛克斯、沃尔夫·迪特里希·瓦尔克：《德国民法总论》（第 41 版），张艳译，杨大可校，冯楚奇补译，中国人民大学出版社 2019 年版，第 204 页。

〔4〕 张明楷：《传销犯罪的基本问题》，《政治与法律》2009 年第 9 期。

〔5〕 张明楷：《刑法学》（第四版），法律出版社 2011 年第 4 版，第 748 页。

产”，最终使大部分参加者蒙受经济上的巨大损失。[1] 美国法眼中的金字塔销售本质上同为欺诈。“传销活动的最本质特征在于欺骗性”，[2]由于不具有可持续盈利的收益项目，当后加入者投入的资金不足以满足向前加入者支付本金及收益时，传销活动不可避免地出现资金链断裂，最终败露骗局。当给定的市场变得饱和，低层级的投资者很少有机会收回最初的投资，更不用说有机会获益。[3] 即使市场饱和不是问题，高度成功的金字塔销售也会在投资者没有注意的情况下突然消失。[4] 此外，传销产品的价格远高于市场同类产品，在正常销售中无人购买，只有在短时暴富的利诱和强烈的精神控制之下才能销售出去。[5] 上述观点从运作模式和产品价格两方面论证了传销行为的欺诈性质。

除传销行为本身外，传销组织采用的劝诱手段也极具欺诈性。这首先源于传销组织在形式上的迷惑性。大量的传销组织直到破产都未被识破，[6]往往是因为其借用了公司、[7]个体经营者[8]等合法形式。其次，传销组织向潜在参加者提供虚假信息，使后者丧失判断力。传销组织善于采用诱导性、感染性的宣传手法，使缺乏金融知识、追求高收益、忽视投资风险的参加者产生认知偏差，这一偏差会引导潜在参加者关注某些特定事件，而不是公司的平均基准数据。[9] 此外，传销组织致力于不完全披露有关的经济利益信息和错误强调与其认为参加者应当发展的坚持和努力工作等价值相联系的经济利益的重要性，则加剧了参加者的行为偏差。毫无疑问，传销行为所采用的手段表明，该行为意图使参加者做出错误的意思表示，多数参加者是因为受到欺诈而向传销组织投资。

2. 传销参加者未实施除参加传销以外的违法行为

理论上关于参加者兼具违法者和受害者的双重地位的观点，是通过论证其实施了违法行为进行说明的。有观点认为，参加者获得层级晋升与财产收益后，积极发展下线时其行为由被害人转变为违法行为实施者，具备了可罚性。[10] 受害者并不是阻却犯罪成立的事由，仅构成酌定从宽处罚的量刑事由，参与人员可以作为诈骗犯罪的从犯或胁从犯处理。[11] 笔者认为，上述观点解释的是《刑法》

---

〔1〕 熊文邦：《日本对非法传销的法律规制及启示》，《政法学刊》2019 年第 5 期。

〔2〕 郎胜主编：《〈中华人民共和国刑法〉理解与适用》，中国民主法制出版社 2015 年版，第 399 页。

〔3〕 SEC v. Glenn W. Turner Enters. ,474 F. 2d 476,478-79(9th Cir. 1973).

〔4〕 Richard Eisenberg, *The Mess Called Multi-Level Marketing*, 6 Money 136(1987).

〔5〕 苏雄华：《中国传销的概念清理及其入罪检讨》，《河北法学》2010 年第 2 期。

〔6〕 Tibor Tajti, *Central European Contribution to the American Debate on the Definition of 'Securities' or Why Does the Definition of 'Security' Matter?: The Fiasco of the Hungarian Real Estate Investment Cooperatives, Pyramiding, and Why Emerging Capital Markets Should be Equipped to 'Act' Rather than 'React'*, 15 Transnat'l L. & Contemp. Probs. 109(2005).

〔7〕 湖北省武汉市中级人民法院(2020)鄂 01 民终 6840 号民事裁定书。

〔8〕 贵州省贵阳市中级人民法院(2014)筑民二(商)终字第 446 号民事判决书。

〔9〕 Heidi Liu, *The Behavioral Economics of Multilevel Marketing*, 14 Hastings Bus. L. J. ,109,110-123(2018).

〔10〕 时方：《互联网传销刑法规制研究》，《国家检察官学院学报》2019 年第 6 期。

〔11〕 张明楷：《刑法学》(第四版)，法律出版社 2011 年第 4 版，第 749 页。

第224条之一规定的参加者，而非《禁止传销条例》第24条第3款规定的参加者。《刑法》第224条之一所采用的表述是“引诱、胁迫参加者继续发展他人参加”，如果上述规定中的参加者实施了发展他人加入传销组织的行为，这些参加者应当被界定为违法者。但《刑法》第224条之一与《禁止传销条例》第24条第3款中规定的参加者的含义明显存在区别，前者包括仅向传销组织投资的主体和部分发展他人加入传销组织的主体，后一种情形应被界定为《禁止传销条例》第24条第2款规定的介绍、诱骗、胁迫他人参加传销的人员。《禁止传销条例》第24条第3款规定的参加者的行为仅为向传销组织投资，任何实施吸收他人参加传销的人均不属于参加者，所以其没有实施参加传销以外的任何违法行为，以实施了吸收他人加入传销组织的行为为由将参加者界定为违法者的理由不能成立。

不可否认的是，参加者加入传销组织后，取得吸收他人加入传销组织的资格，具备了从事非法传销活动的可能性。笔者认为，具备从事传销行为的资格与实施违法行为具有显著不同，不能因有此资格或可能实施违法行为，将其认定为违法者，因为只能因自己实施的行为负责，没有潜在的“犯罪人”。[1] 应根据具体行为对是否属于违法者进行判断，而不能因具有违法的主观意愿或者违法的可能性更大，在没有实施行为的情况下，对违法性进行认定。所以，虽然因投资取得吸收其他人员的资格具备了实施违法行为的前提和条件，但不能以此为由将参加者界定为违法者。

3.《禁止传销条例》的界定存在问题

《禁止传销条例》第24条第3款将参加者投资传销组织的行为视为违法行为，在笔者看来值得商榷，主要基于以下两个理由：

第一，除《禁止传销条例》第24条第3款外不存在将参加者界定为违法者的其他依据。参加者不是组织、领导传销活动罪的犯罪主体。《组织领导传销活动罪解释》第2条对界定传销活动的组织者、领导者做出了详细的规定，该规定与《禁止传销条例》中传销人员的类型化规定基本一致。具言之，“对传销组织的建立、扩大起关键作用的人员”属于《禁止传销条例》第24条第1款规定的组织策划者，“对传销活动的实施起关键作用的人员”属于《禁止传销条例》第24条第2款规定的介绍、诱骗、胁迫他人参加传销的人员，即较为严重的组织策划行为和介绍、诱骗、胁迫他人参加传销的行为属于犯罪行为。鉴于以上对应关系，考虑到《禁止传销条例》第24条第3款没有明确规定“构成犯罪的，依法追究刑事责任”，参加者不能被解释为传销活动的组织者、领导者。

需要指出的是，《禁止传销条例》中也不存在其他规则将参加者界定为违法者。从体系上看，该法采用“禁止—处罚”模式规制传销行为。该法第二章“传销行为的种类与查处机关”明确规定了应被禁止的行为类型，第四章“法律责任”规定实施应被禁止的行为应承担的行政责任。虽然《禁止传销条例》第24条将参加传销与组织策划传销等行为并列规定，但前者不属于该法第二章界定的应被

[1] 曲新久：《刑法学》（第四版），中国政法大学出版社2017年第4版，第194页。

禁止的行为。《禁止传销条例》第 7 条规定的三类传销行为包含“组织者或者经营者通过发展人员”，其中，第 1 项规定的“拉人头”型和第 3 项规定的“团队计酬”型还包括“要求被发展人员发展其他人员加入”。上述规定中应被禁止的行为包括组织策划者发展人员与被发展人员发展其他人员。虽然第 2 项规定的“收取入门费”型不包含发展其他人员的内容，而包括“要求被发展人员交纳费用或者以认购商品等方式变相交纳费用”，但构成此种传销行为应同时具备“牟取非法利益”，参加者仅交纳费用或认购商品明显无法获得利益，因而不属于该项规定的应被禁止的行为。

第二，参加传销行为没有侵害禁止传销规范所保护的利益。从《禁止传销条例》第 1 条、第 2 条以及《刑法》第 224 条之一的表述及其意涵来判断，禁止传销规范所保护的利益是法律主体的合法权益和经济社会秩序。易言之，判断是否侵害禁止传销规范所保护的利益，关键应分析参加传销的行为是否损害经济社会秩序。笔者认为，参加传销本身没有破坏经济社会秩序。首先，传销行为破坏经济秩序的缘由不在于其规模性，而是蔓延性，亦即不断采用欺诈的方式吸收无辜者加入。规模大小仅影响破坏的严重程度，在确定传销组织的行政责任或刑事责任时进行考量。其次，现行法关于其他违法行为的规定没有将向违法者投资的行为本身认定为非法。在非法集资案件中，违反刑法的是犯罪人单方行为，出借人属于受害者，其提供借款的行为不违法。[1] 传销参加者与非法集资案件中的出借人的行为完全相同，二者的区别仅表现为主观想法的差异：前者期待可以通过自己的行为吸收参加者获得报酬，后者期待通过借款人在未来还本付息，获得收益。在二者均为受到欺诈做出投资行为的情况下，由于对违法性认定的不同，对前者不予保护，对后者予以保护，导致对相同行为的评价明显不相称。再次，参加传销是传销组织欺诈的结果，参加者在没有准确认识传销行为本质的情况下投资，在该行为中，二者没有合谋破坏经济社会秩序的故意，损害该利益的行为是传销组织的行为，而非参加者的行为。

（四）传销参加者保护与经济社会秩序维护的权衡

《禁止传销条例》第 1 条和《刑法》第 224 条之一规定禁止传销规范保护的利益为参加者的合法权益和经济社会秩序。但在规则的解释上更侧重于保护经济社会秩序，而忽视了参加者的保护，对参加者的法律规制和权益保障存在冲突与悖论。[2] 理论上有观点仅认为禁止传销规范所保护的利益（犯罪客体）是经济社会秩序，[3]而不包括参加者的合法权益。《刑法修正案（七）草案全文及其说明》也规定组织、领导传销活动罪是基于“当前以‘拉人头’、收取‘入门费’等方式组织传销的违法犯罪活动，严重扰乱社会秩序，影响社会稳定，危害严重”的背景设置的。有观点认为，对传销参加者的苛刻具有一定的实践合理性，是基于快速遏

---

〔1〕 刘宪权、翟寅生：《刑民交叉案件中刑事案件对民事合同效力的影响》，《政治与法律》2013 年第 10 期。

〔2〕 时方：《互联网传销刑法规制研究》，《国家检察官学院学报》2019 年第 6 期。

〔3〕 高铭暄、马克昌主编：《刑法学》（第九版），北京大学出版社 2019 年第 9 版，第 445 页。

制迅速蔓延的传销犯罪行为决定的，体现立法者及司法者追求社会维稳目标的实现。[1] 由此带来的思考是，是否应当为了满足维护经济社会秩序的要求，牺牲作为受害者的参加者的利益。笔者认为，应当权衡参加者的合法权益和经济社会秩序两种利益，判断参加者是否值得保护。

拒绝保护参加者的理论预设是其知晓参加传销后，投资的金钱无法通过民事诉讼收回，由于担心受到财产损失，会避免作出投资决定，传销组织的规模无法扩大，经济社会秩序因而可以得到维护。由于参加者受到传销组织的欺诈而盲目进行投资，在作出投资决定时不会考虑其必然会受到金钱损失的不利后果，通过剥夺传销参加者获得救济的权利，实现维护经济社会秩序的目的并无法实现。在实践中，有些传销组织在被发现时已经发展成巨大规模，人员数量动辄数万。[2] 在“富尔康生物科技有限公司诉洛阳市涧西区市场监督管理局、洛阳市市场监督管理局行政处罚纠纷上诉案”中，至案发，富尔康生物科技有限公司涉嫌传销案，共有会员号 12 182 个，涉及人员共计 9287 人，违法收入 5200 余万元。[3] 此类案件的启示是，以不保护参加者作为手段禁止传销行为，反而不利于传销案件的查处和处理，在实践中难以发挥遏制传销组织规模扩大的作用。有些参加者虽然深知传销组织的内幕，但同时会因为对行政取缔行动不够理解而拒绝解救。[4]

实践中发现传销组织的方式有群众举报[5]和参加者举报[6]两种。由于举报传销组织有可能导致违法所得遭到行政机关没收，继而伤害参加者的自身利益，许多参加者因而不仅选择不予举报，甚至最终由受害者转变为违法行为的实施者。相反，如果选择对参加者的合法权益提供私法保护，因其知道传销组织被查处后可以很快收回投资，可能会有更多的参加者在认识到传销组织的欺诈本质之后，选择举报违法行为。在实践中主要依靠举报发现传销组织的情况下，给予参加者保护可以鼓励举报违法行为，更有利于查处和禁止传销，恢复被破坏的经济社会秩序。

保护参加者与维护经济社会秩序之间也不存在冲突。传销行为的法律结构是参加者通过上线向传销组织进行投资，传销对经济社会秩序产生危害根本上是来自传销组织的规模扩张。实践中，传销组织通常设有从事传销活动的专门账户，[7]投资行为表现为金钱从参加者的账户移转到传销组织的专门账户，利润分配表现为金钱从传销组织的账户移转到上线的账户。凡此种种，均需要以传销组织的存在和经营为前提。因此，处罚传销活动的组织策划者以及查处账户能够有效遏制传销行为。根据《禁止传销条例》第 24 条第 1 款、第 25 条以及《刑

---

〔1〕 时方：《互联网传销刑法规制研究》，《国家检察官学院学报》2019 年第 6 期。
〔2〕 海南省第一中级人民法院（2019）琼 96 刑终 107 号刑事裁定书。
〔3〕 河南省洛阳市洛龙区人民法院（2019）豫 0311 行初 17 号行政判决书。
〔4〕 陶菁：《打击传销违法犯罪的若干问题探讨》，《云南警官学院学报》2012 年第 3 期。
〔5〕 湖北省宜昌市中级人民法院（2020）鄂 05 行终 22 号行政判决书。
〔6〕 河北省邯郸市中级人民法院（2019）冀 04 行终 68 号行政判决书。
〔7〕 山东省临沂市中级人民法院（2019）鲁 13 行终 420 号行政判决书。

法》第224条之一的规定，传销组织和其组织策划者应受到罚款、吊销营业执照、有期徒刑等行政处罚或刑罚。这些处罚将使传销活动的组织者失去自由或者使传销组织暂时或彻底停止经营，足以剥夺继续实施违法行为的能力。维护经济社会秩序的目的应通过对传销组织及其组织策划者处以剥夺自由和经营资格等处罚实现，保护参加者不会妨碍维护经济社会秩序。反之，在不保护传销参加者的情况下打击传销组织，有可能导致以“恢复经济社会秩序”为名牺牲大量公众的利益，实为舍本逐末。此外，保护参加者也能够体现面向社会弱势群体的法治关怀。[1]

三、传销参加者私法保护的路径选择

参加者为受害者的合法权益应当受到保护，所以，我国在法律法规的设计和解释上应当尽可能彰显对于传销参加者的保护。参加者的私法保护路径应当落实为民事案件的受理和裁判中支持其实现权利的主张。下文将以此为基础进行分析，并提出相应的建议。

（一）民事案件的受理

实践中有些法院以《禁止传销条例》第4条、《传销纠纷复函》或者《经济纠纷案件若干规定》第11条为依据，裁定不予受理涉传销民事案件。笔者认为，不予受理彻底排除了通过民事诉讼程序获得救济的可能，不利于参加者的保护，应当从以下两个方面做出纠正。

1. 传销行为违反行政法时民事案件的受理

《禁止传销条例》第4条和《传销纠纷复函》明确要求法院不予受理传销行政违法行为引起的民事纠纷，这显然是值得商榷的。首先，《传销纠纷复函》的规定本身存在内在逻辑冲突。实践中，有的法院作出不予受理的裁定同时对构成传销行为做出认定，[2]这种做法与《传销纠纷复函》的规定相冲突。严格来说，该司法解释无法实现由市场监督管理部门作为认定传销的专门机关的效果。如果法院不能对传销进行认定，即无法明确该案件应不予受理且属于由市场监督管理部门认定的案件。司法解释将造成实践中法院必须认定传销行为但又不应认定的效果，其合理性本身存在疑问。

其次，市场监督管理部门的职权是认定和处罚传销行为，其处理结果限于要求传销组织承担行政责任，但无法处理当事人之间的民事纠纷。上述民事纠纷不会因法院不予受理得到解决，当事人之间的民事权利义务难以确定。

最后，不予受理民事案件是为配合实现没收违法所得的行政处罚而采取的做法，因为如果法院做出传销组织向参加者返还财产的裁判，根据《民法典》第

[1] 《工商总局、教育部、公安部、人力资源社会保障部关于开展以“招聘、介绍工作”为名从事传销活动专项整治工作的通知》。

[2] 广东省韶关市中级人民法院(2019)粤02民终1648号民事裁定书。

187条规定的民事主体因同一行为应承担民事责任、行政责任和刑事责任，承担后两种责任不影响民事责任承担，且应优先承担民事责任，传销组织返还财产后，将没有可以被罚没的违法所得。但参加者是受害者且保护参加者与恢复经济社会秩序不存在冲突，没有必要通过没收违法所得的方式禁止传销行为。所以，不应通过不予受理民事案件，实现没收违法所得的执行。因此，为保护参加者的合法权益，因传销行政违法行为引起的民事纠纷应被解释为应予受理的民事案件。

2.“刑民交叉”传销案件中民事案件的受理

《经济纠纷案件若干规定》第11条规定，法院作为经济纠纷受理的案件，经审查认定不属于经济纠纷而有经济犯罪嫌疑的，应裁定驳回起诉。理论上认为“刑民交叉”案件通常采用“先刑后民”的审理方法，主要基于四方面的原因：第一，国家利益和社会秩序的保障更加重要，私人利益应服从国家利益；第二，刑事案件需要运用侦查权等手段调查收集证据，能够取得民事审判程序无法获取的证据资料，更有效地查明案件事实；第三，刑事案件中当事人没有处分权，刑事审判应当基于查明的案件事实进行裁判更具有客观性、真实性；[1]第四，刑事案件的既判力能够对民事案件产生预判力，由于民事案件的证明标准低于刑事案件，民事案件中认定的事实在刑事案件中不能产生免证的后果。只要案件事实相同，刑事案件优先审判有充分的理由。[2]

然而在“刑民交叉”传销案件中，刑事案件不应影响民事案件的审理和裁判。刑事法律关系发生在国家和被追诉主体之间，民事法律关系发生在平等主体之间。两种诉讼的制度价值不同，前者通过惩罚犯罪行为对犯罪客体进行救济，而不对犯罪对象进行个别救济，后者的目的是保护原告个体利益，民事责任的价值为救济受害人的民事权利。易言之，二者所保护利益的实现一般情况下互不影响。具体到传销案件中，受理民事案件不会妨碍经济社会秩序的维护。恢复经济社会秩序的方式为处罚传销组织，使其失去继续从事传销活动的能力，保护参加者与上述目的不存在冲突。受理民事案件不会影响刑事案件中传销活动组织者、领导者刑事责任的认定，保护经济社会秩序可以在刑事诉讼中实现。所以，不能以保障国家利益和社会秩序更为重要为由，便轻易否定受理民事案件。

“先刑后民”的前提为民事案件的审理必须以刑事案件的审理为依据，如果民事诉讼原告的主张并非基于犯罪行为，而是某种不当或违法行为，则可以由民事法官进行认定。[3] 刑事案件优先应当以先予审理的必要性为前提，在“刑民交叉”传销案件中，民事案件事实的认定不以刑事案件优先审理为必要：第一，裁判民事案件不以传销行为构成犯罪为前提。《禁止传销条例》和《刑法》第224条之一分别规制传销行为，违反前者的传销为行政违法行为，违反后者的较为严重的

---

〔1〕 张永泉：《法秩序统一视野下的诉讼程序与法律效果的多元化——以竞合型刑民交叉案件为视角》，《法学杂志》2017年第3期。

〔2〕 纪格非：《论刑民交叉案件的审理程序》，《法学家》2018年第6期。

〔3〕 纪格非：《论刑民交叉案件的审理程序》，《法学家》2018年第6期。

传销行为构成组织、领导传销活动罪。法院无须认定是否构成犯罪,仅认定存在传销行为,即可依据《民法典》的合同效力规则进行裁判;第二,裁判民事案件所需要的证据包括传销组织与参加者订立的合同和参加者向传销组织转账的记录,前者用于认定构成传销行为,后者可以证明参加者受到的损失,这些证据均不需要运用特殊手段获得。所以,民事案件中证据的收集不以公安机关运用侦查权等手段调查收集为必要;第三,虽然传销组织的欺诈手段可以使参加者在加入时难以识别,但法院完全有能力认定构成传销行为。在裁定不予受理的"刑民交叉"传销案件中,有的法院会根据传销组织与参加者订立的合同中约定的入门费的收取、组织层级、报酬计算和分配条件、晋升条件等内容,[1]明确认定构成传销行为。[2] 因此,"刑民交叉"传销案件中的民事案件也属于应予受理的案件。

(二)合同效力与法律效果

法院在审理和裁判传销民事案件的过程中应当对传销参加者予以保护。实践中,法院对传销组织与参加者订立的投资合同效力的认定和法律效果的确定存在不同的做法:一是合同无效。法律效果包括:①由参加者承担责任;[3]②按照双方的过错承担责任,返还参加者一定比例的财产;[4]③向参加者返还财产。[5] 二是未说明合同效力类型,认定行为违法。法律效果包括:①由参加者承担责任;[6]②按照双方过错承担责任,返还参加者一定比例的财产。[7] 此外,受到传销行为影响的法律行为还包括上线向参加者出具偿还投资的承诺,行为效力和法律效果如下:①行为无效,不能请求履行该承诺;[8]②未说明效力类型,认定行为违法,不能请求履行承诺;[9]③行为有效,应当按照承诺履行义务。[10] 上述不同做法表明实践中存在较大争议,有必要通过理论分析说明法院应当采取的裁判方法。笔者认为,应采用先判断合同效力再确定法律效果的方法进行裁判。

1. 合同效力的判断

原则上,法院应当在确定法律效果前明确合同的效力类型,然后根据《民法典》规定的法律行为效力规则,确定具体的法律效果。违法是影响合同效力的原因,而非合同效力类型,不存在因合同违法产生的法律效果的规则,以违法为由

---

〔1〕 湖南省岳阳市中级人民法院(2019)湘06行终159号行政判决书。笔者发现规模大、发展快的传销组织合同更为正规、详细、明确。

〔2〕 黑龙江省牡丹江市中级人民法院(2017)黑10民终347号民事裁定书。

〔3〕 河南省三门峡市中级人民法院(2015)三民终字第420号民事判决书。

〔4〕 山东省聊城市中级人民法院(2017)鲁15民终3144号民事判决书。

〔5〕 福建省厦门市中级人民法院(2016)闽02民终2366号民事判决书。

〔6〕 福建省三明市中级人民法院(2020)闽04民终369号民事判决书。

〔7〕 湖南省长沙市中级人民法院(2020)湘01民终658号民事判决书。

〔8〕 河南省济源中级人民法院(2020)豫96民终13号民事判决书。

〔9〕 河南省南阳市中级人民法院(2013)南民三终字第00440号民事判决书。

〔10〕 浙江省杭州市中级人民法院(2019)浙01民终8458号民事判决书。

直接判断法律效果，具有很大的随意性，不利于正确裁判案件。《禁止传销条例》和《刑法》第224条之一规定的禁止传销规范为当事人不能通过约定改变的规则，属于强制性规范，并且没有对违反禁止传销规范的合同效力作出特殊规定。[1] 所以，应判断禁止传销规范的规范性质是否属于《民法典》第153条规定的导致合同无效的强制性规范。有研究主张采用以下方法判断强制性规范的规范性质：①考察强制性规范的目的；②明确规范目的所保护的利益；③进行利益衡量，分析强制性规范所保护的利益是否比私法自治更为重要；④判断实现规范目的是否有必要否定合同效力。[2] 也有研究认为损害社会公共利益应为合同无效的唯一原因，[3]法官应在个案中自由裁量，通过利益衡量判断为维护重大的社会公共利益否定合同效力是否必要。[4]

笔者认为，虽然上述两种观点所采用的判断方法存在一定区别，即前者通过确定强制性规范所保护的利益进行分析，后者以判断合同是否损害社会公共利益为前提，但在禁止传销规范的判断上，无论采用上述何种判断方法，均可确定其规范性质为导致合同无效的强制性规范。禁止传销规范保护的利益为经济社会秩序和参加者的合法权益，且传销行为破坏经济社会秩序的方式是不断吸收他人参加，侵害的对象是不特定社会公众。该经济社会秩序应属于社会公共利益。传销行为的法律结构是参加者通过上线向传销组织投资，即使一项以吸引他人加入传销组织为条件获得报酬的合同是双方当事人完全意思自治的情况下订立，履行该合同的后果是传销组织获得财产，上线分得报酬，参加者受到损失，与使违法者获得利益的私法自治相比，维护经济社会秩序可以防止社会公众受到财产损失，后一利益明显更为重要。合同无效是不得通过国家强制实现当事人所预设的法律效果，[5]或不能按照当事人约定的内容产生效力。[6] 如果以实施传销行为作为内容的合同并非无效，合同的履行将导致继续有人被吸收加入传销组织，经济社会秩序会遭到破坏，禁止传销规范的规范目的难以实现或社会公共利益将被损害，[7]故而有必要否定合同效力。

既然禁止传销规范属于导致合同无效的强制性规范，实践中便存在两种不

---

[1] 如果强制性规范对效力做出规定，应直接进行认定。史尚宽：《民法总论》，中国政法大学出版社2000年版，第330页。

[2] 耿林：《强制规范与合同效力——以合同法第52条第5项为中心》，中国民主法制出版社2009年版，第151页、第209页、第226页。

[3] 高放：《合同无效中的损害公共利益与违法之辩——从药品技术转让合同公报案例评析切入》，《华东政法大学学报》2014年第3期。

[4] 黄忠：《违法合同效力论》，法律出版社2010年版，第173页、第215—216页。

[5] 黄忠：《无效法律行为制度研究》，西南政法大学博士学位论文，2009年。

[6] 韩世远：《合同法总论》(第四版)，法律出版社2018年第4版，第213页。

[7] 可能存在的质疑是上文所述使传销组织丧失继续传销的能力即可维护经济社会秩序与此处必须通过合同无效实现规范目的的看似存在矛盾。笔者认为，上文的观点与关于合同效力为无效不存在冲突，因为通过使传销组织失去继续传销的能力的前提是该组织被查处和处罚，但在传销组织被查处之前，合同的履行仍然会破坏经济社会秩序。将合同认定为无效，参加者可以在订立合同后拒绝投资，以及在投资后拒绝履行吸收他人的义务，传销组织不会得到发展，经济社会秩序可以得到维护。

同类型的法律行为效力。一是参加者与传销组织之间的投资合同无效。该合同的内容是参加者通过向传销组织投资取得通过吸收他人加入传销组织获取报酬的资格，履行该合同即为实施传销行为，违反禁止传销规范，应当认定为无效；二是上线向参加者出具返还投资的承诺有效。该承诺仅是上线为自己设定向参加者给付金钱的义务，其目的是保护参加者的合法权益，不违反禁止传销规范，效力不应受到影响。

2. 法律效果的确定

在判断向传销组织投资的合同为无效后，应进一步说明具体的法律效果。有些法院虽然认定合同无效，但判决应由参加者承担责任，其法律效果并非《民法典》第 157 条规定的返还财产、折价赔偿、损害赔偿。传销组织向参加者返还一定比例财产的判决也没有按照上述规定中法律效果的顺序确定，而是将返还财产与损害赔偿相混淆，确定最终返还的数额。〔1〕 由于法院采取的做法存在冲突，有必要分析如何确定法律效果。

在比较法上，因违法给付导致的合同无效不能请求不当得利返还。〔2〕《德国民法典》第 817 条规定给付人对于违法给付有过错的，不能请求返还。〔3〕《瑞士债法》第 66 条规定意图造成违法的给付，不得请求不当得利返还。〔4〕《日本民法典》第 708 条规定因不法提供给付的人不得对其给付请求返还。〔5〕 我国台湾地区所谓的“民法”第 180 条第 4 款规定，因不法原因而给付者不得请求返还。普通法的观点认为，合同违法导致不得强制和不予救济两个后果，拒绝为当事人提供返还财产等帮助。另有观点认为，对于严重违法行为，尤其是刑法上没收财产的犯罪，除认定交易无效外，应排除当事人的返还请求。〔6〕

由于传销组织应当受到没收违法所得的行政处罚，且参加者被界定为违法者，法院因此做出了不予返还的判决，这明显是不合理的。首先，参加者为受害者，由于受到欺诈向传销组织投资。在加入传销组织后没有实施任何吸收他人加入传销组织的行为，很难认定其加入传销组织具有实施违法行为的意图。其次，违法合同不予返还规则的适用也应当区分不同情形。由于不得请求返还不利于保护当事人的利益，新西兰《不法合同法》、加拿大不列颠哥伦比亚法律委员会、英国法律改革委员会授予法官在个案中根据当事人行为、法律目的、违法的严重性、原告的认知程度等因素在个案中给予当事人返还财产、损害赔偿等权利。〔7〕 参加者仅向传销组织投资的行为，其违法性较轻，也没有侵害禁止传销规

〔1〕 湖南省长沙市中级人民法院(2020)湘 01 民终 658 号民事判决书。该案没有说明返还财产，而是直接以双方的过错确定信赖利益损害赔偿。

〔2〕 许德风：《合同自由与分配正义》，《中外法学》2020 年第 4 期。

〔3〕 《德国民法典》(第四版)，陈卫佐译注，法律出版社 2015 年第 4 版，第 315 页。

〔4〕 梁神宝：《违反强制性法规的合同效力——基于瑞士法的考察》，《华东政法大学学报》2017 年第 1 期。

〔5〕 黄忠：《无效法律行为制度研究》，西南政法大学博士学位论文，2009 年。

〔6〕 许德风：《论合同违法无效后的获益返还——兼议背信行为的法律规制》，《清华法学》2016 年第 2 期。

〔7〕 黄忠：《契约自由与国家干预——普通法上违法合同处理规则之改革》，《华东政法大学学报》2010 年第 5 期。

范所保护的利益。即使在违法合同不得请求返还的背景下,也应通过利益衡量支持其返还财产的请求。最后,上述法院的做法与《民法典》第157条规定的法律行为无效的法律效果存在冲突。现行法不区分导致无效的原因,是否因违反强制性规范和公序良俗以及违反时是否对违法知情,并无差别。[1] 即只要认定合同无效后,就应按照《民法典》第157条确定相应的法律效果。

《民法典》第157条规定的返还财产或折价赔偿与损害赔偿是并行的后果,在返还原物和折价赔偿后可以请求损害赔偿也,[2]因此不能以损害赔偿替代返还财产。笔者认为,在参加者与传销组织订立的合同被认定无效后,应按照《民法典》第157条规定的返还财产或折价赔偿、损害赔偿的顺序依次分析,才能得出合理的法律效果。

在涉传销民事案件中,参加者请求返还的财产均为金钱,无须区分该法律效果属于返还财产或折价赔偿,笔者将该法律效果统称为返还财产,具体含义为将金钱移转给参加者。在比较法上,返还财产是最有效的保护传销参加者的方法。使传销组织吐出利益不仅是一种强有力的法律救济措施,也是一国法律在投资者中提供公平和重新获得信任的方式,更可以剥夺违法者的不义之财,实现法律的震慑目的。[3]

笔者认为,传销组织应当向参加者返还的数额为后者移转到前者账户中的全部金钱。《民法典》第157条明确规定法律行为无效的法律效果是返还财产,该法律效果不以当事人的给付合法为前提,返还全部财产符合上述规定的文义。参加者是受害者,因向传销组织投资受到损失,返还全部财产有利于保护参加者的利益,而参加者投资的财产为金钱,返还财产可以直接通过转账的方式,财产移转不存在任何法律上的障碍。另外,传销组织应向参加者支付利息,因为后者向前者投资的合同无效,传销组织占有投资的金钱在其账户中产生的利息无合法根据,属于不当得利,参加者有权按照《民法典》第985条请求返还。返还财产在实践中具有可操作性,行政机关计算违法所得的方式有以下三种:在审计报告的基础上,采用收入减去各项支出计算;[4]通过账户中的现金流向计算;[5]将实际获得的收入认定为上线的非法所得。[6] 采用上述方法能够确定传销组织从参加者收取的金钱数额和上线实际获得的财产数额。有些传销组织在被查处时账户中仍有大量的现金,参加者投资的财产没有消失,只是发生了转移。参加者的损失可以通过其向传销组织的转账记录得到证明。

---

〔1〕 耿林:《强制规范与合同效力——以合同法第52条第5项为中心》,中国民主法制出版社2009年版,第321页。

〔2〕 最高人民法院民法典贯彻实施领导小组主编:《中华人民共和国民法典总则编理解与适用》(下),法律出版社2020年版,第786页。

〔3〕 Damian Fischer, *Disgorgement Remedy for Duty of Loyalty Violations*, Schweizerische Zeitschrift für Wirtschafts-und Finanzmarktrecht/SZW 2/2016, 170-181, 170(Schulthess).

〔4〕 湖北省荆门市中级人民法院(2019)鄂08行终103号民事判决书。

〔5〕 山东省临沂市中级人民法院(2019)鲁13行终420号行政判决书。

〔6〕 上海市第一中级人民法院(2008)沪一中行终字第304号行政判决书。

需要说明的是，在现行法下，返还财产的裁判和执行可能存在困难，原因在于：①传销参加者被界定为违法者，导致法院做出不予受理，由参加者承担责任等裁判；②传销组织等违法者的违法所得应予没收。即使法院能够做出正确认定，判决传销组织返还财产，也可能因参加者移转给传销组织的财产被行政机关罚没，导致没有足够的财产可供执行。因此，解决当前司法实践中存在的冲突的最有效的办法是修改《禁止传销条例》，删除该法第 24 条第 3 款与第 24 条第 1 款和第 2 款中的“没收非法财物，没收违法所得”。

在分析返还财产之后，应讨论是否存在损害赔偿问题，原则上，应由传销组织向参加者进行损害赔偿。法律行为无效时的损害赔偿为缔约过失责任，[1]该责任保护的利益为信赖利益，即当事人有理由相信合同有效成立，但因某种事实的发生，合同不成立或无效，当事人蒙受的不利益。传销组织运用欺诈手段诱使参加者投资，明知因实施违法传销行为内容订立的合同会被认定为无效，对法律行为的成立和生效不具有合理的信赖，无权要求损害赔偿。所以，有些法院以参加者存在过错为由，判决向参加者返还部分财产，将使违法者得利，明显不合理。缔约过失责任的构成要件为缔约人一方违反先合同义务，相对人受有损失，因果关系，违反先合同义务者有过错。[2] 如果参加者因受到欺诈作出投资决定，符合缔约过失责任的构成要件，可以根据《民法典》第 500 条请求对方承担损害赔偿责任。

四、结语

由于传销参加者被界定为违法者，导致其无法在民事诉讼中得到保护。传销行为的法律结构是参加者通过上线向传销组织投资，该行为本质上是欺诈。传销组织也采用欺诈手段使参加者在违背真实意思的情况下投资。参加者除实施了向传销组织投资的行为，未实施其他任何违法行为。参加传销没有侵害禁止传销规范所保护的利益，不应被认定为违法行为，参加者是传销行为的受害者。通过权衡参加者的合法权益和经济社会秩序两种利益可以得出：拒绝保护参加者无法阻止传销组织扩大，保护参加者也与维护经济社会秩序不存在冲突，参加者的合法权益应当得到保护。参加者的私法保护应采用以下路径：在传销行为违反行政法的情况下和“刑民交叉”传销案件中，民事案件应予受理；参加者向传销组织投资的合同无效；合同无效的法律效果是传销组织返还财产，在构成缔约过失责任的情况下，参加者有权请求损害赔偿。

---

〔1〕 韩世远：《合同法总论》（第四版），法律出版社 2018 年第 4 版，第 322 页。

〔2〕 崔建远主编：《合同法》（第六版），法律出版社 2016 年第 6 版，第 84 页。

国防投资产生的知识产权配置和运用问题研究〔1〕

易继明*
王乐陶**

摘　要　由于国防投资产生的知识产权所具有的保密性、资产专用性等特征，带来了在权利配置上的复杂性和在转化运用上的不完全市场性，因而其配置和运用机制一直是国防领域知识产权的重点问题。我国国防投资产生的知识产权在权利配置和运用方面所存在的问题症结主要在于产权模式单一带来的利益分配不平衡、行政指令为主导带来的资源配置效率低、各参与主体收益分配不均带来的创新激励机制不完善等方面。针对这些问题，参考已颇见成效的国有资本投资形成的科技成果权属及其转化的改革，借鉴美国国防领域知识产权管理制度和政策措施，以日耳曼财产法的团体主义与双重所有权制度作为理论基础，结合我国农村集体土地改革的经验，本文提出应将国防投资产生的知识产权视作由所有权、许可权、收益权构成的权利束，在所有权归属于国家的基础上配置权利：许可权应归科研成果完成人所有，收益权应由国家、项目承担单位、科研成果完成人共同所有。在今天，军民融合已成为国家战略的背景下，应将战略重心从权利"配置"向"配置"与"运用"并重转移，从完善立法体系、加强军民融合、促进知识产权运营等方面促进国防投资产生的知识产权之转化与运用。

关键词　国防投资；权利配置；科技成果转化；知识产权运用

目　次

---

* 易继明（1968—），北京大学法学院教授，北京大学法学博士，主要研究方向：民商法、知识产权法、法理学。

** 王乐陶（1997—），中国银行股份有限公司职员，北京大学法学院硕士研究生，研究方向：知识产权法。

〔1〕 本文系"国有资本高占比环境下国防投资产生知识产权的配置和运用问题研究"（202ZQT51012）成果。

一、引言

(一)研究背景

2007年修订的《中华人民共和国科学技术进步法》(以下简称《科技进步法》)将财政资金形成的发明专利权、计算机软件著作权、集成电路布图设计专有权以及植物新品种权授予项目承担单位,被称为中国版的"拜杜法案"。2015年修订的《中华人民共和国促进科技成果转化法》(以下简称《促进科技成果转化法》)将科技成果的使用权、收益权和处置权下放至项目承担单位,以期达到促进科技成果转化为现实生产力的效果。

自2016年西南交通大学职务科技成果混合所有制改革始,中央至地方频繁提到要进行国有资本投资形成的科技成果权属改革试点,赋予科研人员所有权或长期使用权。该改革背后依据的顶层设计理念,其一为"加快实施创新驱动发展战略,实行以增加知识价值为导向的分配政策"[1],其二为"科技成果只有转化才能真正实现创新价值、不转化是最大损失"[2]。由此可见,在中央层面,重新配置国有资本投资形成的知识产权权属以促进成果转化,已是大势所趋。然而,在国防领域,由于国防投资产生的知识产权本身所具有的保密性、资产专用性等特征带来了权属分配上的复杂性,最终导致其在转化与运用上具有不完全市场、不

---

〔1〕 中共中央办公厅、国务院办公厅《关于实行以增加知识价值为导向分配政策的若干意见》(厅字〔2016〕35号)规定:"……加快实施创新驱动发展战略,实行以增加知识价值为导向的分配政策,充分发挥收入分配政策的激励导向作用,激发广大科研人员的积极性、主动性和创造性……"

〔2〕 科技部等9部门《赋予科研人员职务科技成果所有权或长期使用权试点实施方案》(国科发区〔2020〕128号)规定:"……加快实施创新驱动发展战略,树立科技成果只有转化才能真正实现创新价值、不转化是最大损失的理念,创新促进科技成果转化的机制和模式……"

完全竞争等交易属性。对于国防投资产生的知识产权配置和运用机制，仍有研究与重构的必要性。

2019 年，我国不断深化科技体制改革，基础研究和应用基础研究的科技进步贡献率达到 59.5%，重大科技成果持续涌现；为了扩大高校和科研院所科研自主权、进一步激发市场主体活力，我国在全国多地开展将职务科技成果的所有权或长期使用权赋予科研人员的试点工作，构建技术转移服务体系。[1]

2020 年 11 月，习近平总书记在中央政治局第二十五次集体学习时强调，在从知识产权引进大国向创造大国转变的过程之中，知识产权工作的重要任务之一即为“打通知识产权创造、运用、保护、管理、服务全链条”[2]，从追求数量向提高质量转变。

2020 年 12 月，全国人民代表大会常委会审议通过了新修订的《中华人民共和国国防法》(以下简称《国防法》)，自 2021 年 1 月 1 日起施行，这是新中国第一部《国防法》自 1997 年公布施行以来的首次修订，对于国防投资产生的知识产权权利归属、转化和运用问题做出了新的规定。在此种背景之下，研究国防投资产生的知识产权配置和运用问题，提出符合我国国情的国防投资产生科技成果的所有权、许可权和收益权等配置机制，具有现实意义。

(二)概念界定

1. 科技成果与知识产权

(1)科技成果

根据《促进科技成果转化法》的规定，科技成果是指“通过科学研究与技术开发所产生的具有实用价值的成果”。其中，“实用价值”一般认为是指科技成果能够转化为现实生产力[3]，这是我国首次在法律层面对“科技成果”进行明确界定。在此之前，仅有部门规章对此概念有所界定，如《科学技术研究成果管理办法》[4]将科学技术研究成果分为三类：自然科学方面具有创造性的理论研究成果、技术成果、重大科学技术研究项目的阶段性成果；1994 年发布的《科学技术成果鉴定

---

〔1〕《关于 2019 年国民经济和社会发展计划执行情况与 2020 年国民经济和社会发展计划草案的报告》，http://www.gov.cn/xinwen/2020-05/30/content_5516227.htm，访问日期：2022 年 8 月 19 日。

〔2〕《习近平在中央政治局第二十五次集体学习时强调全面加强知识产权保护工作激发创新活力推动构建新发展格局》，http://www.cac.gov.cn/2020-12/01/c_1608391625388551.htm，访问日期：2021 年 1 月 29 日。

〔3〕全国人大常委会法制工作委员会社会法室：《中华人民共和国促进科技成果转化法解读》，中国法制出版社 2016 年版，第 8 页。

〔4〕本篇法规已被《科技成果登记办法》废止。

办法》也指出科技成果包括三类，即科学理论成果、应用技术成果、软科学研究成果[1]。

将《促进科技成果转化法》与上述部门规章对科技成果的界定相比可以发现，与先前部门规章对科技成果较为全面的，既包括基础理论成果、软科学研究成果，又包括应用技术成果的界定相比，《促进科技成果转化法》对“科技成果”的定义更强调其实用性。

由此，本文中“科技成果”的定义借鉴《促进科技成果转化法》之措辞，其指代能够转化为现实生产力的、具有实用价值的成果，主要包括专利技术、计算机软件、集成电路布图设计、植物新品种、技术秘密等类型。

(2)知识产权

《中华人民共和国民法典》总则编第 123 条是知识产权专门条款，其第 2 款从权利之客体角度出发对知识产权的界定采取严格的法定主义[2]，即知识产权是权利人就作品(著作权客体)，发明、实用新型、外观设计(专利权客体)，集成电路布图设计，植物新品种以及法律规定的其他客体所享有的具有专有性的权利。

(3)二者关系

至于科技成果与知识产权的关系，一般认为，科技成果与知识产权的主要联系是：科技成果是知识产权的客体，在市场经济环境中，科技成果以知识产权的形式受到法律保护[3]，科技成果最终应形成知识产权并进行转移转化。然而，能够作为法定知识产权客体的科技成果只是部分科技成果，存在没有被纳入现行知识产权保护体系的科技成果[4]。这些科技成果虽无法受到知识产权保护，但权利人仍可对其使用、转让、投资并获得相关收益。

因此，科技成果与知识产权的关系可以理解为包含关系，即科技成果不仅包括专利、计算机软件、技术秘密、集成电路布图设计、植物新品种等知识产权客体，也包括未被纳入现行知识产权保护体系的、通过科学研究与试验开发所形成的具有实用价值的成果。

2. 科技成果转化与知识产权运用

(1)科技成果转化

根据《促进科技成果转化法》和《国防科工局关于促进国防科技工业科技成

---

[1] 《科学技术成果鉴定办法》规定：“一是阐明自然现象、特征、规律及其内在联系的，在学术上具有新见解，并对科学技术发展具有指导意义的科学理论成果，包括基础研究理论成果和部分应用研究理论成果；二是解决生产建设中科学技术问题的，具有新颖性、先进性和实用价值的应用技术成果，包括新产品、新技术、新工艺、新材料、新设计和生物、矿产新品种等；三是推动决策科学化和管理现代化，对促进科技、经济与社会的协调发展起重大作用的软科学研究成果。”[该办法已被 2016 年 6 月 23 日发布的《科技部关于对部分规章和文件予以废止的决定》(科学技术部令第 17 号)废止]

[2] 易继明：《知识产权法定主义及其缓和——兼对〈民法总则〉第 123 条条文的分析》，《知识产权》2017 年第 5 期。

[3] 全国人大常委会法制工作委员会社会法室：《中华人民共和国促进科技成果转化法解读》，中国法制出版社 2016 年版，第 2 页。

[4] 《北京市促进科技成果转化条例》第 9 条规定：“……可以将其依法取得的职务科技成果的知识产权，以及其他未形成知识产权的职务科技成果的使用、转让、投资等权利……”

果转化的若干意见》(以下简称《国防科技成果转化若干意见》)的规定,科技成果转化是指在提高生产力的目标之下,对科技成果进行后续开发、应用与推广工作,直至最终形成新技术、新产品并推动新产业发展和壮大的活动和过程。国防科技成果转化则主要包括"军转军""军转民""民转军"和"民转民"四种类型,科技成果持有者进行科技成果转化的具体方式,包括自行投资、转让或许可他人使用、作价投资等方式。

结合以上法律政策的规定,本文所称科技成果转化是使科技成果形成生产力的过程,不仅包括将科技成果逐步成熟直至能正式投入市场、产生生产力的技术开发活动〔1〕,也包含为促成上述行为而必须进行的市场活动。

(2)知识产权运用

知识产权运用的概念多在政策性文件中出现。根据《国家知识产权局职能配置、内设机构和人员编制规定》(厅字〔2018〕71 号),国家知识产权局在知识产权运用方面的工作包括知识产权无形资产评估、专利强制许可、知识产权中介服务发展与监管等。根据《推动知识产权高质量发展年度工作指引(2021)》(国知发运字〔2021〕3 号),对于知识产权运用,国家知识产权局在宏观政策上提出应健全知识产权评估体系、完善知识产权市场化运营机制;在具体实施上提出应促进专利以许可的方式转化实施、发展知识产权金融服务、开展知识产权质押融资工作等。可见,知识产权运用是包括促进知识产权转移转化、许可实施、质押融资等形式在内的,依靠知识产权评估体系、知识产权市场化运营机制的,着眼于知识产权市场价值提升的过程。

(3)二者关系

科技成果转化与知识产权运用两个概念具有高度的相似性,其均着眼于科技成果或知识产权的实施、交易、运营,二者不同之处则在于科技成果转化更着眼于科技成果形态从最初的理论雏形逐步实现产业化,而知识产权运用则更多地强调通过转让、许可等方式充分发挥其交换价值,最终促进其市场价值得到显著提高。

3. 国有资本投资与国防投资

为了理解国有资本投资与国防投资,首先应定义"投资"的含义,即经济主体以获取预期不确定的效益为目的,将现期收入转化为资本的过程。〔2〕

(1)国有资本投资

国有资本,即国家以出资人的身份,将国有资本作为生产要素,用于生产经营活动当中并最终取得收益的资产,国有资本的运作是国有资产运行的表现形式。〔3〕 对于国有资本的属性,学界通常认为国有资本不仅具有资本的增值性、逐

〔1〕 黄伟:《我国科技成果转化绩效评价、影响因素分析及对策研究》,吉林大学 2013 年博士学位论文,第 7 页。

〔2〕 马惠军:《国防科研投资研究》,中国财政经济出版社 2009 年版,第 15 页。

〔3〕 陈恺文:《地方政府国有资本经营预算管理研究——以无锡市为例》,安徽财经大学 2014 年硕士学位论文,第 2 页。

利性、运动性和多样性等一般属性，而且兼顾提供社会公共服务等社会职能。[1]一般而言，国有资本分为三类，即资源性国有资产、非经营性国有资产以及经营性国有资产。[2] 其中，经营性国有资本主要应用于高新技术领域的生产经营活动，而公益性国有资本主要投资于公共服务及保障领域。[3]

可见，国有资本是国有资产的下位概念，包括国有独资企业、国有控股企业、政府设立的科研单位、高等学校等拥有的经营性国有资产以及政府用于设立科技项目所投入的财政资金。国有资本投资即运用该财政资金将其转化为资本的过程。

(2)国防投资

国防投资指的是为满足国防建设的需要和维护国防利益的目的，国防相关部门将收入转化为国防相关资本的过程。从投资目的来看，国防投资是为了满足当前的国家安全对国防科技的需要，追求军事、经济与社会效益的平衡。从投资本质来看，投资即有风险，国防投资亦不例外，国防投资产生的风险主要包括技术研发失败的风险、收益不确定性风险以及政治政策风险。从投资资金来源来看，国防投资一般来源于国防经费的支持，如果国防投资主体为政府，则需要税收支撑；如果国防投资的主体是军队部门，则需要军费支持。[4]

(3)二者关系

目前，国有资本投资主要包括两类：一类是民用方面投资，包括教育、基础设施建设等民生工程投资；另一类则是国防投资。[5] 可见，国有资本投资与国防投资为包含关系，国防投资是国有资本投资中应用于国防建设领域的部分。

4. 国防知识产权与国防投资形成的知识产权

(1)国防知识产权

“国防知识产权”是以“国防专利”为起源和基础而形成的概念。[6] 国防知识产权的概念根源于传统的计划经济体制，[7]因此具有体制性、政策性的概念属性。

2008 年 6 月 5 日，国务院在《国家知识产权战略纲要》的“专项任务”部分对国防知识产权从建立统一协调管理机制、加强管理、促进有效运用三方面作出覆

---

[1] 韩林晏：《北京市国有资本收益质量评价研究》，北京交通大学 2017 年硕士学位论文，第 8 页。

[2] 资源性国有资产指国家依法拥有的各种自然资源，非经营性国有资产指行政事业单位为完成其职能所占有使用的，能够以货币计量的各种经济资源，具有非生产性和服务性特征，经营性国有资产指企业的国有资产、行政事业单位中的经营性资产以及经营性国有资源。参见郭沛廷：《基于国家治理的国有资本经营预算改革研究》，中央财经大学 2017 年博士学位论文，第 4 页。

[3] 邱振宇：《浅析国有资本收益管理》，《财会学习》2015 年第 17 期。

[4] 谷颖：《军民融合式国防科研投资研究》，国防科学技术大学 2011 年硕士学位论文，第 14—15 页。

[5] 潘彬、徐选华、杨晓辉：《会计信息披露、国家投资与经济增长——国防投资视角》，《会计研究》2020 年第 11 期。

[6] 1985 年 4 月，首批国防专利申请受理，拉开了国防知识产权工作的序幕；1990 年 7 月，《国防专利条例》颁布实施，标志着国防专利制度正式确立；2004 年 9 月，修改后的《国防专利条例》成为国防知识产权领域现阶段重要的专门法规。直至 2008 年 6 月，“国防知识产权”的概念才首次出现在相关政策性文件当中。陈刘成：《军民融合背景下的国防知识产权战略分析》，https://mp.weixin.qq.com/s/KqOeNzphaoF8RbKdyAgOqg，访问日期：2020 年 12 月 18 日。

[7] 何隽、戴少杰：《关于国防知识产权的若干思考》，《科技管理研究》2018 年第 10 期。

盖多环节、多领域的规定，[1]这是“国防知识产权”的概念首次在我国公共政策文件中出现。

2015年12月16日，国家国防科技工业局颁布的《国防科技成果转化若干意见》中对“国防科技工业科技成果”进行了定义，即国家国防科技工业局等政府有关部门管理并给予经费支持，或者研究院所、企业等自筹经费开展国防领域科学研究、技术开发和设备设施建设过程中所形成的具有实用价值，能够转化为现实生产力的成果。由于国防领域的特殊性，国防科技工业科技成果分为涉密与非涉密科技成果两大类。可见，该文件并未将国防科技工业科技成果边界界定的重点放置于资金来源主体身份上，只要是应用于国防科技工业、含有国防建设目的的科技成果，均在其界定范围之内，而不论其是否专用于军队和国防建设，或是否具有军民两用性，或是否可应用于民品生产。

参照“国防科技工业科技成果”的定义，本文将国防知识产权定义为：国防知识产权是为了国防建设与军队发展，赋予在产品研发、科学研究、技术开发过程中所产生的具有实用价值的科技创新成果的权利。值得注意的是，作为体制性、政策性概念，国防知识产权并不是一种新的知识产权类型，将其作为相对独立的概念展开研究，根本原因在于国防领域的科技成果在研发、配置、管理和运用等各个方面有其不可忽视的特殊性。

(2)国防投资产生的知识产权

国防投资产生的知识产权，即总装备部、国家国防科技工业局等国防有关部门运用其经营性国有资产投资所产生的国防知识产权，主要包括发明专利、计算机软件、集成电路布图设计、植物新品种等客体类型。

(3)二者关系

从上述政策精神可见，国防知识产权的边界较宽，不仅包括专用于国防建设的相关知识产权，也包括普遍性民用及军民两用科技成果或知识产权；不仅包括经费来源于国防部门的科技成果或知识产权，也包括相关单位自筹资金所形成的科技成果或知识产权。而本文所称国防投资形成的知识产权，是国防知识产权中应用于国防建设领域的部分，是国防有关部门运用其经营性国有资产投资所形成的、用于国防目的的相关知识产权。

二、国防投资产生的知识产权配置和运用现状及问题研究

(一)国防投资产生的知识产权权利配置和运用的顶层设计理念

在明确将国防知识产权创造、运用、管理等工作纳入国家知识产权战略专项

---

〔1〕《国家知识产权战略纲要》规定：“专项任务(七)国防知识产权。……(37)建立国防知识产权的统一协调管理机制，着力解决权利归属与利益分配、有偿使用、激励机制以及紧急状态下技术有效实施等重大问题。(38)加强国防知识产权管理。将知识产权管理纳入国防科研、生产、经营及装备采购、保障和项目管理各环节，增强对重大国防知识产权的掌控能力……(39)促进国防知识产权有效运用。完善国防知识产权保密解密制度，在确保国家安全和国防利益基础上，促进国防知识产权向民用领域转移……”

任务的《国家知识产权纲要》颁布一周年之际，2009年，总装备部会同工业和信息化部、科技部、国家国防科技工业局等部门制定了《国防知识产权战略实施方案》[1]，该方案的制定标志着我国全面启动国防知识产权战略实施工作。从两部政策性文件的制定和颁布中可以发现，中央开始认识到推动国防知识产权发展的重要战略意义。

2015年3月，我国第一次明确把“军民融合”发展提升为国家战略。军民融合作为国家战略，主要有两层含义：一是深化“军转民”，促进军事技术在民用领域的应用；二是加快“民参军”，吸引社会资源进入国防工业领域，提高国防领域参与主体的多样性，增强在新形势下武器装备升级换代的速度与实现国防能力的全面提升。[2]

2016年7月，《国务院办公厅印发〈国务院关于新形势下加快知识产权强国建设的若干意见〉重点任务分工方案的通知》（国办函〔2016〕66号），强调应完善国防知识产权相关法律制度，加强新业态新领域创新成果的知识产权保护；探索完善创新成果收益分配制度，保障职务发明人的合法权益。[3]

2017年8月，《“十三五”科技军民融合发展专项规划》提出，为助力民用技术成果进入军队和国防建设领域、促使国防知识产权成果向民用领域转化，而将促进科技成果双向转化作为重点任务。[4] 通过深化“军转民”、加快“民参军”，加快经济建设与国防建设发展由分到合、由浅至深的有机融入，实现经济社会发展与国防建设体系相辅相成，促进二者和谐发展。

国防科学技术发展水平集中体现了综合国力，其转化速度和运用深度在国家经济发展和建设中扮演着至关重要的角色。对于我国国防投资产生的知识产权相关制度之改革而言，重中之重是要明确其权利配置问题，通过合理的利益分配和平衡机制，激发科技创新的动力，并在明晰国防投资产生的知识产权归属的基础上对其进行有效运用，加快科技创新。

（二）国防投资产生的知识产权配置和运用的法律政策依据及立法沿革

1. 国防投资产生的知识产权的配置和运用法律政策体系

目前，我国国防知识产权管理法律体系包括专门性法规和其他法规的国防

---

〔1〕《国防知识产权战略实施方案》明确至2020年实现的远期目标为建立完善的国防知识产权制度体系，在武器装备关键技术领域和军民融合高新技术领域拥有一批自主知识产权，国防知识产权运用、保护和管理能力显著提升，拥有一支规模适度、素质较高的知识产权人才队伍，满足国防科技和武器装备建设发展的需要，为增强国防科技整体实力和建设创新型国家提供有力的战略支撑。佚名：《国防知识产权战略实施动员部署会议在北京召开》，http://www.npc.gov.cn/zgrdw/npc/xinwen/fztd/yfxz/2009-12/03/content_1528443.htm，访问日期：2020年12月20日。

〔2〕张炜、杨选良：《构建中国特色军民融合话语体系——走出中美比较研究的误区》，《北京理工大学学报（社会科学版）》2017年第3期。

〔3〕《国务院关于新形势下加快知识产权强国建设的若干意见》（国发〔2015〕71号）。

〔4〕《“十三五”科技军民融合发展专项规划》（国科发资〔2017〕85号）规定：“……建成国家军民技术成果公共服务平台和一批军民技术交易中心，军民科技成果交流渠道顺畅高效、转化效率倍增，军民科技成果双向转化成效显著，军民科技成果转化体系基本形成。”

知识产权条款。专门性法规包括国务院、中央军委发布的《国防专利条例》、原国防科学技术工业委员会发布的《关于加强国防科技工业知识产权工作的若干意见》等。其他法规的国防知识产权条款主要有：一是相关法律中，主要包括《国防法》《专利法》《科技进步法》《保守国家秘密法》以及《民法典》合同编的相关条款等；二是《军品出口管理条例》《武器装备科研生产许可管理条例》等行政法规和军事法规中的规定；三是相关行政规章和军事规章中，主要包括《国防科技成果转化若干意见》(科工技〔2015〕1230号)、《关于国家科研计划项目研究成果知识产权管理的若干规定》(国办发〔2002〕30号)、《武器装备研制合同暂行办法》(国发〔1987〕7号)等。

尽管相关规章制度众多、类型丰富，但最为核心且关键的权利配置问题并没有得到妥善解决。知识产权归属错位与权利义务模糊导致当前国防投资产生的知识产权运用与转化效果不尽如人意。

2. 国防投资产生的知识产权权利归属与配置的规定

根据1987年1月颁布实施的《武器装备研制合同暂行办法》第15条的规定，[1]研制武器装备的技术成果归国家所有。同时，根据1997年3月颁布实施的《国防法》第37条的规定，[2]利用国家直接投入的资金而在国防科研生产中形成的用于国防目的之技术成果属于国防资产，所有权归属于国家。据此，多数学者认为，国防投资产生的科技成果属于国有资产，其相应产生的国防知识产权所有者即为国家，只是谁代替国家行使相关职责不够明确。

但是，对于政府财政资金支持项目形成的知识产权权属问题，多部法律法规及政策明确表明知识产权所有权属于科技成果的完成单位。2002年发布的《关于国家科研计划项目研究成果知识产权管理的若干规定》(国办发〔2002〕30号)规定，[3]除涉及国家安全和国家利益的情形之外，科研项目研究成果及其形成的知识产权，由国家授予项目承担单位所有，但在某些情形下国家保留无偿使用和获取收益等权利。该规定明确了项目承担单位对相关科研成果的自主性，国防投资产生的知识产权作为政府财政资金支持项目形成的知识产权中的一种，不同权属规定之间存在相互矛盾之处。而且，在实践中，基于国防投资产生的项目科研成果往往被当然地认为涉及重大公共利益，导致该规定对于国防领域项目

---

〔1〕《武器装备研制合同暂行办法》第15条规定："研制武器装备的技术成果归国家所有，按军品研制计划应用推广时，研制单位或生产单位均不得收取技术转让费。完全用自筹资金研制的科研成果，归研制单位所有，实行有偿转让。"

〔2〕《国防法》(1997)第37条规定："国家为武装力量建设、国防科研生产和其他国防建设直接投入的资金、划拨使用的土地等资源，以及由此形成的用于国防目的的武器装备和设备设施、物资器材、技术成果等属于国防资产。国防资产归国家所有。"

〔3〕科技部、财政部联合发布的《关于国家科研计划项目研究成果知识产权管理的若干规定》第1条规定："科研项目研究成果及其形成的知识产权，除涉及国家安全、国家利益和重大社会公共利益的以外，国家授予科研项目承担单位。项目承担单位可以依法自主决定实施、许可他人实施、转让、作价入股等，并取得相应的收益。同时，在特定情况下，国家根据需要保留无偿使用、开发、使之有效利用和获取收益的权利。"

研究成果管理的适用性较弱，使得国防投资产生的知识产权归属仍然不清晰。

2004 年 11 月，修订后的《国防专利条例》正式实施。《国防专利条例》第三章“国防专利的实施”中规定了国家有权指定单位实施国防系统内的国防专利[1]；实施他人基于国家财政支持而完成的国防专利，应向国防专利权人支付必要的实施费[2]。《国防专利条例》针对国防投资形成的国防专利做出了较为具体和具有可操作性的规定，但是其适用范围较为局限，对于大量未申请或无法申请专利的国防投资产生的科技成果之归属问题无能为力。

2020 年 12 月，我国通过了修订的《国防法》，自 2021 年 1 月 1 日起施行。本次修订意义重大，作为 1997 年公布施行新中国第一部《国防法》以来的首次修订，其符合世情、国情、军情的发展，更适应国防和军队建设的时代要求。《国防法》作为我国国防领域的基本法律，在建设国防、推进军队现代化中发挥了重要作用。[3]

本次《国防法》修订调整了国家机构的国防职权，充实了武装力量的任务和建设目标，改进了国防科研生产和军事采购制度。对于国防投资产生的知识产权所有权问题，此次《国防法》的修订并未做出大幅度变化，仅在措辞上进行细微调整。例如，将原第 37 条中的“国防资产归国家所有”调整为“国防资产属于国家所有”。[4]

3. 国防投资产生的知识产权运用的规定

在科技成果转化领域立法领域中，《科技进步法》与《促进科技成果转化法》均规定了利用财政性资金设立的相关项目所形成的知识产权的使用与处置问题。[5]

在国防立法领域中，《国防法》此次修改在第 6 章“国防经费与国防资产”中增加了国防资产中的技术成果可根据规定用于其他用途的规定，[6]为国防投资产生的知识产权运用与转化工作的展开提供了明确的法律依据，留下了更大的操作空间。对第 5 章“国防科研生产和军事采购”亦进行了较大幅度的修改，其

---

[1] 《国防专利条例》第 22 条规定：“国务院有关主管部门、中国人民解放军有关主管部门，可以允许其指定的单位实施本系统或者本部门内的国防专利……”

[2] 《国防专利条例》第 25 条规定：“……实施使用国家直接投入的国防科研经费或者其他国防经费进行科研活动所产生的国防专利，符合产生该国防专利的经费使用目的的，可以只支付必要的国防专利实施费；但是，科研合同另有约定或者科研任务书另有规定的除外。前款所称国防专利实施费，是指国防专利实施中发生的为提供技术资料、培训人员以及进一步开发技术等所需的费用。”

[3] 张军胜、潘娣：《专访军事科学院原副院长何雷：深入理解新修订的国防法》，http://www.mod.gov.cn/regulatory/2021-01/13/content_4876995.htm，访问日期：2021 年 2 月 18 日。

[4] 《国防法》第 40 条规定：“国家为武装力量建设、国防科研生产和其他国防建设直接投入的资金、划拨使用的土地等资源，以及由此形成的用于国防目的的武器装备和设备设施、物资器材、技术成果等属于国防资产。国防资产属于国家所有。”

[5] 《科技进步法》第 20 条，《促进科技成果转化法》第 18 条、第 19 条。

[6] 《国防法》第 42 条第 2 款规定：“禁止任何组织或者个人破坏、损害和侵占国防资产。未经国务院、中央军事委员会或者国务院、中央军事委员会授权的机构批准，国防资产的占有、使用单位不得改变国防资产用于国防的目的。国防资产中的技术成果，在坚持国防优先、确保安全的前提下，可以根据国家有关规定用于其他用途。”

明确完善国防知识产权制度，促进国防科技成果转化的目标，从而有效推进科技资源共享，加强国防科研创新能力，切实提高武器装备技术水平。而且，第五章亦从整体方针政策、人才培养机制、政府保障措施[1]等方面做出了较为详尽全面的规定。

除《国防法》之外，《国防专利条例》亦针对国防投资产生的知识产权之主要类型之一——国防专利的条件、方式、保密义务等做出了相关规定；国防科工局发布的《国防科技成果转化若干意见》则对国防科技成果转化的具体形式予以明确，是与非国防领域的国有资本投资形成的科技成果转化规定的有效衔接[2]；然而，已经实施30余年的《武器装备研制合同暂行办法》指出，按照军品研制计划而形成的科技成果在运用过程中，研制单位无权收取技术转让费。显然，与前述相关法律法规的规定存在矛盾之处。

4. 国防投资产生的知识产权补偿、奖励与收益规定

2015年9月，中共中央国务院出台的《深化科技体制改革实施方案》中明确提出将职务发明成果转让收益在重要贡献人员及其所属单位之间合理分配，对重要贡献人员和团队的分配比例从现行不低于20%，提高到不低于转化收益的一半。

在《国防科技成果转化若干意见》中，针对国防科技成果转化后的利益分配问题明确规定转化收益全部留归本单位，须对科技成果转化做出重要贡献的人员给予奖励和报酬。对于奖励和报酬的方式、数额和时限，其规定与《促进科技成果转化法》第45条、《实施〈中华人民共和国促进科技成果转化法〉若干规定》第6条的规定一致。[3]

针对国防专利，《国防专利条例》第28条、第30条亦明确，实施他人的国防专利，若属于国家给予项目经费而完成的发明，应向专利权人支付国防专利实施费；属于其他资金支持而完成的发明，应支付国防专利使用费。属于职务发明的，国防专利权人应将不少于20%的补偿费发给发明人。

可见，对于国防投资产生的知识产权补偿、奖励与收益的规定较少，且规定极为笼统，在实践中缺少衡量的标准，导致了国防领域的补偿、奖励与收益制度运行较差，科研人员运用及创新动力缺乏等问题。

---

〔1〕《国防法》第34条、第36条、第38条。

〔2〕《国防科工局关于促进国防科技工业科技成果转化的若干意见》规定："九、科技成果持有单位在符合国家安全、保密和科研生产布局等相关规定的前提下，可以自主决定，采用下列方式进行国防科技工业科技成果转化：……鼓励研究开发机构、高等院校采取转让、许可或作价投资方式，向企业或其他组织转移科技成果。……十九、鼓励各有关单位以普通专利形式对科技成果进行保护，依法优先采用先进适用的民用标准，推动军用、民用技术相互转移转化，充分发挥市场配置资源作用。"

〔3〕三部法律、规章均规定报酬与奖励的标准为：①将该项职务科技成果转让、许可给他人实施的，从该项科技成果转让净收入或者许可净收入中提取不低于50%的比例；②利用该项职务科技成果作价投资的，从该项科技成果形成的股份或者出资比例中提取不低于50%的比例；③将该项职务科技成果自行实施或者与他人合作实施的，应当在实施转化成功投产后连续三至五年，每年从实施该项科技成果的营业利润中提取不低于5%的比例。《国防科工局关于促进国防科技工业科技成果转化的若干意见》第11条。

（三）国防投资产生的知识产权权利配置和运用现状及问题症结

1. 国防投资产生的知识产权权利配置和运用的现有方式及成效

作为我国战略性核心产业的国防科技工业，是促进武器装备研制生产现代化的重要力量。[1] 作为高新技术的集中发源地和科技进步与创新的重要推动力，国防科技工业相关企事业单位在航天航空工业、电子工业、核工业等技术领域获得众多前沿知识产权，可谓硕果累累。

自 2009 年《国防知识产权战略实施方案》制定以来，我国国防专利年申请量迅速增长。其中，基础前沿技术的发明专利申请成为增长主体。在“十一五”期间，我国国防专利申请年增长率达 30%，2012 年申请量比 2010 年增长了 36%。[2] 2017 年 4 月，国防知识产权局集中解密 3000 余件国防专利，为国防专利向民用领域转化奠定基石，为军民融合深度发展提供重要战略支撑；[3]2017 年 9 月，依托全军武器装备采购信息网，国防知识产权信息平台上线运行；2018 年 4 月，国防知识产权局首次集中脱密 4038 项国防专利，通过全军武器装备采购信息网向社会公开发布，是构建军民融合格局的有益实践[4]。

然而，数据显示，虽然我国每年省部级以上的科技成果近 4 万项，但是能够通过大范围转化运用而产生规模效益的，仅不到两成；高新技术进步对经济增长之贡献率仅为 20%，远低于部分发达国家 60%的贡献率。[5]

总体而言，我国国防投资产生的知识产权领域中“重保护，轻运用”的倾向依然存在，而且由于其转化和运用工作较多依靠计划手段推动，成果转化难度更大，导致转化和运用效果不够突出。在军内转化方面，国防科技成果在完成既定计划任务的直接需求后，向其他军兵种、其他部门甚至其他单位跨任务、跨部门和跨军种转化运用得少；在向民转化方面，虽然具有军民两用性质的国防科技成果和具有军用潜力的民用高新技术成果日益增加，但是军民两大领域间转化壁垒依然存在。[6]

总之，在国防知识产权制度领域，由于涉及国防利益、国家安全与军事管理要求等因素，其产权模式、资源配置形式以及收益分配等方面的发展较为保守，从而导致诸多权利配置和运用的矛盾和不足。

---

[1] 张近乐、杨云霞：《国防科技工业知识产权转化和应用的策略探析》，《湖南大学学报（社会科学版）》2010 年第 1 期，第 145 页。

[2] 佚名：《总装备部国防知识产权局局长蔡镭：助力国防科技创新》，http://ip.people.com.cn/n/2013/0425/c136655-21271942.html，访问日期：2020 年 12 月 20 日。

[3] 佚名：《3000 余件国防专利 30 多年来集中解密》，http://www.xinhuanet.com/mil/2017-04/03/c_129524203.htm，访问日期：2020 年 12 月 20 日。

[4] 栗振宇：《壮阔四十年｜犁与剑的中国交响》，http://www.81.cn/jmywyl/2018-12/06/content_9369293.htm，访问日期：2021 年 2 月 18 日。

[5] 裴贤：《国防专利首次解密，“宝藏”能否被成功唤醒》，http://www.81.cn/2017jj90/2017-06/26/content_7669742.htm，访问日期：2021 年 2 月 18 日。

[6] 尹岩青、李杏军：《国防科技成果转化的现状与问题研究》，《科学管理研究》2017 年第 5 期。

2. 利益分配不平衡：产权模式单一，法律政策笼统

在国防投资产生的知识产权的归属与配置上，其矛盾首先表现在法律法规及部门规章针对所有权归属的规定的不一致性上，目前仍缺乏对权属问题的统一规定，更多的是各部门各自为政，根据自身实际情况而决定分配政策。[1] 在国防知识产权法律体系中，根据《国防法》的规定，应用于国防建设、武器装备建设的科技成果属于国防资产，产权归国家所有。然而，根据《国防专利条例》的规定，国防专利权人包括单位或者个人。[2] 在国有资本投资形成的知识产权相关政策法规中，《关于国家科研计划项目研究成果知识产权管理的若干规定》中规定，除涉及国家安全、国家利益等情形外，国家将财政资金为主要资金来源的科研项目成果及其形成的知识产权授予科研项目承担单位。可见，法律法规及部门规章规定的部分内容存在不一致性，在权利归属上有的规定由国家所有，有的规定国家授权项目承担单位或者个人所有。所有权配置模糊将直接导致其处分、收益等相关权利归属具有不确定性。

其次，现有产权配置机制存在产权模式单一、权利归属条款过于笼统的问题。《国防法》虽然对国防投资产生的知识产权权利配置及转化运用做出了原则性规定，但是没有明确由谁代表国家行使相关权利。《国防专利条例》虽然规定了国防专利权人的范围，但是亦未明确何时授予项目承担单位、何时授予专利发明人以国防专利权。而且，由于项目承担单位是集体组织，缺少单一行为主体负责，因而形成了“人人都是所有者，但没有一人真正是所有者”的事实[3]，最终导致权属规定流于形式的结果。

最后，现有国防投资产生的知识产权归属与配置机制的激励功能较弱。国家作为现行法律中国防投资产生的知识产权唯一所有权人，对于项目承担单位根据研制合同完成的科技成果，军方代表国家有权无偿占有和使用。产权模式单一以及相关知识产权利益上的丧失导致项目承担单位享有的权利排他性不足。[4] 此种单一产权模式，一方面，使得项目承担单位无法从创造研发过程中获得足够的补偿或收益，导致实践中存在不完全交付技术或者隐瞒技术的现象；另一方面，导致双方的权利义务地位不平等，形成了不对称产权权利和义务，极大地限制了国防领域科技创新和进步。

总之，在国防投资产生的知识产权归属与配置机制上，现行法律政策的笼统性、不统一性导致权利主体不明确，实践中缺乏可操作性；现行产权模式的单一性导致激励机制薄弱，最终导致国防投资产生的知识产权权属配置失衡，转化和

---

〔1〕 林键：《军民融合战略下大学国防知识产权制度研究》，《南京理工大学学报（社会科学版）》2018 年第 4 期。

〔2〕 《国防专利条例》第 6 条第 2 款规定：“被授予国防专利权的单位或者个人（以下统称国防专利权人）可以向国防专利机构提出变更密级、解密或者延长保密期限的书面申请；属于国有企业事业单位或者军队单位的，应当附送原确定密级和保密期限的机关、单位或者其上级机关的意见。”

〔3〕 纪建强、黄朝峰、张继东：《产权分离与产权分割——职务发明国防专利权归属的新思路》，《科技进步与对策》2015 年第 13 期。

〔4〕 郭永辉：《国防工业合作创新中的国防知识产权分析》，《图书情报工作》2012 年第 24 期。

运用机制不畅。

3. 资源配置效率低:市场机制缺乏,保密解密复杂

(1)行政管制性:计划为主导,竞争不充分

国防投资产生的知识产权在转化、运用方面存在价值取向与调控机制上的矛盾。在价值取向上,既要维护国家利益与军事利益,又要追求经济利益;在调控机制上,既要服从政府行政指令的直接指导,又要遵从市场在资源配置中的决定性作用。这种矛盾的主要表现形式为市场参与者有限、市场竞争不充分、市场机制发挥空间不足等。

其一,市场参与者有限。国家作为国防投资产生的知识产权投资者和唯一购买者,军工企业对于项目成果的转化与运用,大多以武器装备指令性生产计划为主要依据,造成部分军工企业仅依赖此种计划而旱涝保收。而且,在行政计划为主导的大环境下,国家对军品市场实行严格的准入制度,不但必须通过总装备部审批,而且另以获得"四证"[1]为参与军品生产的门槛。该审批过程手续烦琐、时间拖沓,大幅提高民营企业参与国防投资产生的知识产权转化运用的交易成本。

其二,市场竞争不充分。长期承担应用任务的军工企事业单位往往容易得到成果转化相关计划任务,而其他军口和民口单位即使有适合的高新技术成果,获得转化运用相关计划的可能性小,实施难度大。[2] 在此种尚待完善的竞争性采购制度下,在扩大经营规模的目标驱使下,一些军工企业便将相关任务予以内部消化,[3]无形中提高了民营企业进入军工领域的市场壁垒,限制了企业的创新行为。市场竞争不充分的格局导致国防知识产权转化运用的合作对象和范围大大缩减,公平的市场竞争机制在行政指令为主导的环境下尚未形成。

其三,市场机制发挥空间不足。由于行政主导性强,作为科技成果供给方的项目承担单位逐渐习惯了"任务国家下,项目(产品)国家收,资金国家拨,材料国家配"的科研生产经营方式,[4]缺少展开科技成果转化从而获取收益的经营理念。而且,项目承担单位在完成任务的全过程具有研发指向性强的特征,其摆在首位的任务是通过提高武器装备性能而保障国家安全和军事利益,较少考虑国防科技成果后续的转化为现实生产力等产业化问题,最终导致研制成果不适应市场需求,技术和市场发展"两张皮"现象依然存在。[5]

总之,国防领域知识产权的运用和转化主要目的即为最大程度地发挥和实现其使用价值和交换价值,然而,当前的国防投资产生的知识产权在所有权上被

---

[1] "四证"为武器装备科研生产许可证、装备承制资格许可证、国军标 9000 体系认证和保密资格认证。杨筱:《国防知识产权交易治理研究》,国防科学技术大学 2015 年博士学位论文,第 59 页。

[2] 尹岩青、李杏军:《国防科技成果转化的现状与问题研究》,《科学管理研究》2017 年第 5 期。

[3] 焦文慧、廉晓敏:《军民融合领域知识产权双向转化实践问题分析与建议》,《航天工业管理》2019 年第 5 期。

[4] 旷毓君、翟晓鸣:《"国防专利沉睡"之因及治理之策》,《科技进步与对策》2014 年第 23 期。

[5] 杨筱、李振、曾立:《国防知识产权市场运营模式研究》,《科技进步与对策》2015 年第 13 期。

束缚于形式上的单一主体，受到国家意志的支配，转化与运用方面上亦存在诸多障碍，最终导致其无法被充分利用而最大程度地发挥其商业价值。

(2)不完全市场性：交易成本高，专业水平低

首先，国防投资产生的知识产权实施和处分过程中所具有的行政管制性决定了其同时具有不完全市场性的特征。不完全市场性导致其交易成本高，首要原因便为国防投资产生的知识产权所具有的专用性。在直接涉及国家安全和军事秘密的相关知识产权交易中，存在资产专用性强、转化风险高的特征；在不涉及国家安全和军队机密的相关知识产权交易中，虽然其技术通用性较强，资产专用性较低，但是国防投资产生的知识产权往往需要经过二次开发的过程才能应用于民用领域，导致军民融合过程中转化难度大且推广周期长、获权不确定。

其次，我国目前尚未形成有效、规范的国防知识产权评估和交易机制，很多项目承担单位以及军工企业对于国防投资产生的知识产权的运用转化及管理呈现出一种"行政推动"的模式，而不是"创新驱动"的格局。[1] 科技成果作为无形资产，价值评估本身即为非常复杂的过程，而如今尚缺乏对技术类无形资产评估作价的具体操作办法，导致技术交易双方难以在科技成果的价格上达成一致，需要买卖双方进行拉锯战式的讨价还价。[2]

最后，国防投资产生的知识产权的实施、运用与转化尚缺乏专业化服务机构。国防知识产权的运用需要专业化服务力量加持，缺乏连接供方、需方和管理方的权威转化服务机构来提供专业化服务，增加了供需双方的合同谈判、履行和监督成本。

(3)严格保密性：信息不对称，转化不充分

根据《国防法》的规定，承担国防科研生产任务的单位和个人负有保守秘密的义务；[3]根据《国防专利条例》的定义，[4]国防专利本身即包含保密之义，而且只有在技术秘密不会泄露、不影响国家安全和国防利益的基本前提下，经过批准后才能进行转让实施[5]。可见，国防专利与普通专利"公开换保护"的原理存在本质区别，具有严格保密属性的国防专利是在"保密"形式下给予其权利保护的。

保密制度使得国防科技成果在推广、运用、转化过程中具有不同于一般科技成果转化的特征，产生了一定的阻碍。从国防投资产生的知识产权保密、降密、

---

[1] 李萍、马曙辉、王蒙：《我国国防科技成果推广转化存在的问题及对策研究》，《航天工业管理》2013年第11期。

[2] 焦文慧，廉晓敏：《军民融合领域知识产权双向转化实践问题分析与建议》，《航天工业管理》2019年第5期。

[3] 《国防法》第38条第3款规定："承担国防科研生产任务和接受军事采购的组织和个人应当保守秘密，及时高效完成任务，保证质量，提供相应的服务保障。"

[4] 《国防专利条例》第2条规定："国防专利是指涉及国防利益以及对国防建设有潜在作用需要保密的发明专利。"

[5] 《国防专利条例》第7条规定："……转让国防专利申请权或者国防专利权，应当确保国家秘密不被泄露，保证国防和军队建设不受影响，并向国防专利机构提出书面申请，由国防专利机构进行初步审查后依照本条例第三条第二款规定的职责分工，及时报送国务院国防科学技术工业主管部门、总装备部审批……"

解密制度来看，我国一直以来存在“定密从严、降密从延”的传统[1]，高预期政治成本使项目承担单位趋于保守，在申请解密、降密时有较多顾虑，导致一些本具备转化可能性的国防科技成果“沉睡”，最终被束之高阁。

而且，此种不均衡的保密、降密、解密制度，一方面使得涉密人员无法知悉详细技术信息，另一方面使得一般人员仅能从国防专利公报上得到相关基础信息。[2] 保密制度加深了国防知识产权领域的信息不对称现象，在军队内部、军民之间缺乏顺畅的信息平台，使创新组织缺乏必要的信息沟通，导致具有较高市场潜力的国防投资产生的知识产权讯号无法有效传递给相关市场，[3]影响其转化和运用效率。

4. 创新激励机制不完善：激励政策不足，收益分配不合理

在对国防科技成果完成人的补偿方面，现行制度存在补偿不足的问题，抑制了国防科研人员的创新积极性。科技成果完成人因保密等要求在技术推广过程中失去了转让、许可等带来的潜在收益，基于此而建构的补偿制度具有其内在合理性，然而实践中的补偿数额普遍较少，通常只有 2000 元左右，[4]并且该补偿规定并未得到及时有效的实施——自 2003 年最后一次发放，已经持续 10 年没有实施，[5]国防科研人员无法获得合理的经济回报，研发成本付出高而收益微薄，导致创新动力严重不足。

除此之外，根据《国防专利条例》的规定，对于利用国家直接投资的国防科研经费所产生的国防专利，实施单位可以仅向专利权人支付“必要的国防专利实施费”，即仅包括资料费、培训费和开发费等费用。该条款被称为“限制二次付费”条款。顾名思义，该条款的含义为，由于该国防技术成果是在利用国家投入的国防科研经费的基础上产出的，国家已经在研发时付费，以军工企业为主的实施单位在运用该科技成果从事国防建设时，如果仍然需要支付使用费，则产生“二次付费”问题。[6] 受“二次付费”的认识束缚，装备采购部门不承认装备中的知识产权价值，拒绝为智力劳动成果买单。[7] 然而，如果不承认“二次付费”之合理性，国防专利权人便不能通过许可实施等途径获取收益，导致该权利形同虚设，阻碍产权激励作用的实现。

总之，现行国防投资产生的知识产权收益权机制并未发挥良好的激励创新作用，过多地强调国家利益导致收益分配格局不合理，对项目承担单位及科技成果完成的利益保障未得到足够重视，造成其转化和运用积极性低下。

---

[1] 何培育：《新常态下国防专利转化的现实瓶颈与对策研究》，《科技进步与对策》2015 年第 22 期。

[2] 杨筱：《国防知识产权交易治理研究》，国防科学技术大学 2015 年博士学位论文，第 61 页。

[3] 张帆、曾力宁、黄朝锋：《金融支持国防知识产权成果转化问题及策略研究》，《科技进步与对策》2020 年第 9 期。

[4] 纪建强、黄朝峰、张继东：《产权分离与产权分割——职务发明国防专利权归属的新思路》，《科技进步与对策》2015 年第 13 期。

[5] 朱显国：《完善我国国防专利法律制度的研究》，《知识产权》2013 年第 7 期。

[6] 易杨、杨为国：《国防专利实施中的“二次付费”问题探析》，《军事经济研究》2005 年第 2 期。

[7] 何隽、戴少杰：《关于国防知识产权的若干思考》，《科技管理研究》2018 年第 10 期。

三、国有资本投资形成的科技成果权属及其转化的改革路径研究

通过上述分析可知，我国国防投资产生的知识产权在权利配置和成果运用方面，存在利益分配不均衡——产权模式单一，法律法规及政策体系较为笼统，相关规定不清晰的问题；也存在资源配置效率低——长期行政命令为主导，市场机制无法良好地发挥资源配置之决定性作用的问题；还存在创新激励机制不完善——科研人员获得的补偿、奖励和收益不充分，转化运用的积极性低下的问题。对比发现，这些问题与我国国有资本投资形成的科技成果权属改革之前所面临的境遇如出一辙。如今，通过持续数年的改革，科技成果权属改革获得了显著的成效。因此，本部分将对国有资本投资形成的科技成果权属及其转化的改革路径展开研究，试图寻找其改革路径移植与借鉴的可行性。

（一）国有资本投资形成的科技成果权属改革实践探索

1. 立法调整，渐进释权：与科技成果权属相关的立法沿革及脉络

我国科技成果权属制度在立法层面的改革经历了从所有权归属于国家调整为所有权归属于项目承担单位的渐进式权力下放过程。

2007 年修订《科技进步法》之前，国有资本投资形成的科技成果的所有权归属于国家。2007 年修订后，利用财政性资金设立的科研项目所形成的发明专利权、计算机软件著作权、集成电路布图设计专有权和植物新品种权四类知识产权，授权项目承担单位依法取得。[1] 理论上，将作为国有资本投资形成的科技成果权最主要的表现形式的四类知识产权授权项目承担者，不仅能对项目承担单位发挥激励作用，也可在一定程度上促进科学技术的进步与发展，因此，《科技进步法》也被称为中国版的“拜杜法案”。

2015 年修订的《促进科技成果转化法》将科技成果使用权、收益权和处置权下放给项目承担单位，[2]以法律的形式确定科技成果“三权改革”，对科技成果的境内使用和处置行为不再以审批或备案作为前置程序，科技成果转化的收益也全部归单位所有，[3]以期达到促进科技成果转化的效果。《促进科技成果转化法》及其细化规定[4]在法律层面摆脱了科研成果使用、处置和收益管理过程中来自政府的束缚，提升了项目承担单位科研成果转化的积极性，标志着我国科技成

---

〔1〕《科技进步法》第 20 条规定：“利用财政性资金设立的科学技术基金项目或者科学技术计划项目所形成的发明专利权、计算机软件著作权、集成电路布图设计专有权和植物新品种权，除涉及国家安全、国家利益和重大社会公共利益的外，授权项目承担者依法取得。”

〔2〕《促进科技成果转化法》第 18 条规定：“国家设立的研究开发机构、高等院校对其持有的科技成果，可以自主决定转让、许可或者作价投资……”

〔3〕《促进科技成果转化法》第 19 条规定：“国家设立的研究开发机构、高等院校所取得的职务科技成果，完成人和参加人在不变更职务科技成果权属的前提下，可以根据与本单位的协议进行该项科技成果的转化，并享有协议规定的权益……”

〔4〕2016 年，国务院下发《实施〈中华人民共和国促进科技成果转化法〉若干规定》和《促进科技成果转移转化行动方案》，作为《促进科技成果转化法》的细化规定。

果权属及其转化的改革和探索进入崭新的时期。[1]

除了两部与科技成果权属及转化运用直接相关的法律之外,《著作权法》[2]、《专利法》[3]、《集成电路布图设计保护条例》[4]、《计算机软件保护条例》[5]、《植物新品种保护条例》[6]均明确规定财政资金形成科技成果的权属归项目承担单位所有,项目承担单位可对完成该成果的科研人员进行奖励。

2. 实践四起,一步到位:国有资本投资形成的科技成果权属改革实践

通过对现行法律中对科技成果权属、职务科技成果相关规定的梳理可以看出,其所有权归属于项目承担单位。项目承担单位对于国有资本投资形成的科技成果依法享有所有权,对科技成果享有使用、处置和收益的权利。

然而,在《科技进步法》《促进科技成果转化法》等法律法规的颁布和修订之下,科技成果所有权下放至项目承担单位的实践效果并不显著。如以清华大学为代表的"九校联盟"在 2016 年完成转化的科技成果数量同比增长不足 1%,发明专利数量也没有出现预期中的明显变化。[7] 自 2014 年至 2019 年,我国有效专利实施率基本持平,在 50%～60%小幅度波动。2019 年,企业的专利实施率为 63.7%,高校专利实施率较低,仅为 13.8%;有效发明专利的实施率相对较低,为 49.4%。[8] 可见,立法层面的调整并未给国有资本投资产生的科技成果转化带来较为显著的效果,大量先进科技成果仍然为"睡美人",躺在账面上,无法产生实际价值。

造成此种结果的根本原因便是国有资本投资所形成的科技成果与生俱来的国有属性。根据 2011 年修订的《企业国有资产监督管理暂行条例》规定[9],企业国有资产归属于国家所有,是国家对企业各种形式的投资和投资所形成的权益;《事业单位国有资产管理暂行办法》也规定[10],财政资金形成的科技成果属于事

---

[1] 林映华、廖晓东:《财政资助项目的科技成果权属及转化评价研究——基于广东省实例》,《科技与创新》2017 年第 4 期。

[2] 《著作权法》第 18 条。

[3] 《专利法》第 6 条。

[4] 《集成电路布图设计保护条例》第 9 条。

[5] 《计算机软件保护条例》第 12 条、第 13 条。

[6] 《植物新品种保护条例》第 4 条、第 7 条。

[7] 赵雨菡、魏江、吴伟:《高校科技成果转化的制度困境与规避思路》,《清华大学教育研究》2017 年第 4 期。

[8] 国家知识产权局规划发展司、国家知识产权局知识产权发展研究中心:《2019 年中国专利调查报告》,https://www.cnipa.gov.cn/module/download/down.jsp? i_ID=40213&colID=88,第 50—53 页,访问日期:2020 年 12 月 20 日。

[9] 《企业国有资产监督管理暂行条例》第 3 条规定:"本条例所称企业国有资产,是指国家对企业各种形式的投资和投资所形成的权益,以及依法认定为国家所有的其他权益。"第 4 条规定:"企业国有资产属于国家所有。国家实行由国务院和地方人民政府分别代表国家履行出资人职责,享有所有者权益,权利、义务和责任相统一,管资产和管人、管事相结合的国有资产管理体制。"

[10] 《事业单位国有资产管理暂行办法》第 3 条规定:"本办法所称的事业单位国有资产,是指事业单位占有、使用的,依法确认为国家所有,能以货币计量的各种经济资源的总称,即事业单位的国有(公共)财产。"第 5 条规定:"中央级事业单位国有资产实行国家统一所有,财政部、中央级事业单位主管部门监管,单位占有、使用的管理体制。"

业单位国有资产范畴，实行国家所有、政府监管、事业单位占有和使用的管理体制。据此，国有资本投资形成的科技成果属于国有资产的范畴，受到国有资产管理方面的法律法规的限制和约束，项目承担单位对这类科技成果在权利、责任和收益方面不相匹配，导致对其转化积极性较低，加之国有资产管理程序要求繁多，严重影响此类科技成果的转化效率。

为探索国有资本投资形成的科技成果管理体制改革，打破国有资产监督管理体制对科技成果转化工作的藩篱，西南交通大学（以下简称西南交大）于2016年率先将目光转移到职务科技成果权属混合所有制改革上，开启“先确权、后转化”的政策。2016年1月，该校试点将国有科技成果专利权的所有权部分或全部转移给职务发明人，明确了科技成果权属分配政策为“个人或科研团队、学校、学院三方按7∶2∶1分配”。截至2019年底，该校知识产权评估作价入股总值超1.7亿元，带动社会投资超过8亿元。[1] 西南交大的改革有效地激发了科研人员的创新研发动力与参与转化的积极性，科技成果的转化红利也为开展深入研发提供动力，科技研发与成果转化进入良好循环。2017年6月，湖北省跟随西南交大的改革步伐，在《武汉东湖新技术开发区支持创新创业发展新经济的政策清单》中提出开展科技成果所有权混合所有制改革，支持职务科技成果发明人自主实施转化。[2]

在各地实践的基础上，2016年11月，中央明确“加快实施创新驱动发展战略，实行以增加知识价值为导向的分配政策”理念，提出“探索赋予科研人员科技成果产权或长期使用权”以充分体现科研人员智力劳动的生产力现实价值；2020年5月，科技部等9部门印发《赋予科研人员职务科技成果所有权或长期使用权试点实施方案》的通知，提出探索“适度放权”的科技成果转化机制和模式的试点工作，赋予科研人员职务科技成果所有权或不低于10年的长期使用权，提出“科技成果只有转化才能真正实现创新价值、不转化是最大损失”的理念。

数据显示，我国科技成果转化规模持续攀升，科技成果高价值转化不断涌现。2018年，财政资助项目产生的科技成果转化合同金额同比增长78.4%。而且科技成果交易合同均价大幅提高，转化合同平均金额为156.9万元，同比增长42.6%。[3] 由此可见，通过对职务科技成果所有权权属的变革而形成有效的产权激励，以此来破解科技成果转化不畅问题，已基本成为社会共识。

3. 疏通“最后一公里”：《北京市促进科技成果转化条例》颁布与实施

科技成果转化是科技创新链条由无形资产演变为有形生产力的最后环节，

---

〔1〕 佚名：《西南交通大学推进科技成果权属改革 激发创新力 摘得金果子》，http://edu.people.com.cn/n1/2018/1022/c421846-30355825.html，访问日期：2020年12月20日。

〔2〕 曹爱红、王涵、王艳辉：《职务科技成果所有权的法律归属研究》，《科技中国》2018年第5期。

〔3〕 中华人民共和国科技部：《〈中国科技成果转化2019年度报告〉发布》，http://www.most.gov.cn/kjbgz/202005/t20200521_154270.htm，访问日期：2021年1月6日。

其结果决定了科技创新活动的绩效。[1] 重新配置国有资本投资形成的知识产权权属、收益以促进成果转化已经是大势所趋。

2019年11月，北京市第十五届人民代表大会常务委员会通过了《北京市促进科技成果转化条例》，对科技体制改革进行大胆的改革与探索，尤其是在国有资本投资形成的科技成果权属改革上进行了突破性规定——允许政府设立的高校院所将国有资本投资形成的科技成果全部或部分给予科技成果完成人。[2] 除科技成果权属规定之外，《北京市促进科技成果转化条例》还在高校院所科技成果转化自主管理权限[3]、科技成果限时转化[4]、政府强制许可[5]等诸多方面进行了大胆的创新，与国务院、财政部等中央单位的现有政策对接，对现有体制进行突破，全方位保障创新主体的合法权益，全链条支持和服务企业科技成果转化，全主体适用科技成果转化政策[6]，实现“有的转——有权转——愿意转——转得顺”[7]的良好格局。

《北京市促进科技成果转化条例》实施一年以来，北京市坚持知识价值导向，落实成果权益规定，激发科技人员创新活力。中关村管委会制定《关于在中关村国家自主创新示范区开展赋予科研人员职务科技成果所有权或长期使用权试点的工作方案》，积极推进职务科技成果权属改革，并细化完善成果转化奖酬分配制度，允许科技成果完成人自主实施成果转化。与此同时，北京市强化公共服务，优化实施转化的生态环境，充分调动了各方面参与科技成果转化的积极性、主动性和创造性，显著提升了科技成果转化的整体效率。据统计，2019年全市认定技术合同83 171项，成交额5695.3亿元，同比增长14.9%，占全国总量的25.4%，实现技术交易增加值3209.7亿元，对首都GDP贡献率为9.07%。[8]

---

〔1〕 邹一南：《打通科技成果转化“最后一公里”》，http://theory.people.com.cn/n1/2016/0623/c49154-28470994.html，访问日期：2021年1月17日。

〔2〕 《北京市促进科技成果转化条例》第9条规定：“政府设立的研发机构、高等院校，可以将其依法取得的职务科技成果的知识产权，以及其他未形成知识产权的职务科技成果的使用、转让、投资等权利，全部或者部分给予科技成果完成人，并同时约定双方科技成果转化收入分配方式。前款规定的情况不得损害国家安全、国家利益、社会公共利益。”

〔3〕 《北京市促进科技成果转化条例》第10条规定：“政府设立的研发机构、高等院校对其持有的科技成果，可以自主决定实施转化，除涉及国家秘密、国家安全外，不需审批或者备案……”

〔4〕 《北京市促进科技成果转化条例》第11条规定：“政府设立的研发机构、高等院校持有的职务科技成果，在不变更权属的前提下，科技成果完成人可以与本单位依法签订协议实施转化。单位自职务科技成果在本单位登记后无正当理由超过一年未组织实施转化的，科技成果完成人可以自行投资实施或者与他人合作实施转化……”

〔5〕 《北京市促进科技成果转化条例》第14条规定：“利用本市财政资金设立的应用类科技项目，……项目承担者在约定转化期限内未实施转化且无正当理由的，……该项目形成的科技成果，项目主管部门可以在技术市场信息网络平台上发布，并依照约定许可他人实施。”

〔6〕 北京市科技传播中心：《〈北京市促进科技成果转化条例〉发布》，https://mp.weixin.qq.com/s/fB1yO_ZnxzHd8vrY0gNiSg，访问日期：2020年12月20日。

〔7〕 赵建皓：《国有资本投资形成的科技成果权属问题研究——以〈北京市促进科技成果转化条例〉为主进行分析》，北京大学2020年硕士学位论文，第25页。

〔8〕 北京市科学技术委员会：《关于贯彻〈中华人民共和国促进科技成果转化法〉和〈北京市促进科技成果转化条例〉实施情况的报告(书面)》，《北京市人民代表大会常务委员会公报》2020年第4期。

作为全国科技创新中心，北京市以科技成果权属改革激发科研人员进行科技成果转化的动力，实现以创新驱动经济发展，并为我国其他省市科技成果权属改革提供了可资借鉴的经验，具有重要的现实意义。

（二）国防投资产生的知识产权配置和运用问题的借鉴意义及局限性

1. 国防投资产生的知识产权配置和运用问题的借鉴意义

当前，关于国防投资产生的知识产权权属配置也存在与国有资本投资形成的科技成果权属改革发生前相类似的问题，大量先进科技成果被束之高阁。在加快实施科技兴军的大环境下，结合国有资本投资形成的科技成果权属改革的成效与经验，针对国防投资产生的知识产权权利配置和使用现状、政策发展的历史脉络、客观上存在的问题、问题产生的原因以及解决方案进行研究，具有重要的现实意义。

具体来讲，对国防投资产生的知识产权配置机制进行设计和改革，首先有利于加强对科技开发主体的激励。在科技研发活动中，创新是最核心的生产要素。国防科技开发领域集聚全国最顶尖的技术人才，对国防知识产权权属与利益进行合理分配，能够进一步激励科技开发主体，释放国防科技开发领域蕴藏的巨大创造力。

其次，借鉴国有资本投资形成的科技成果权属改革经验有利于促进国防科技成果转化和运用。2020 年 11 月，习近平总书记指出，要“打通知识产权创造、运用、保护、管理、服务全链条”，增强系统保护能力。因此，研究国防投资产生的知识产权转化和运用过程中出现的问题、探寻问题产生的原因并提出解决方案，有利于进一步加强国防科技成果转化运用，将创新成果转化为实实在在的战斗力。

最后，理顺国防投资产生的知识产权配置和运用问题能够为构建更加完善的要素市场化配置体制机制提供支撑。国防投资产生的知识产权管理涉及国防军工、军民融合等领域，与国家安全、国家利益与社会利益密切相关。借鉴科技成果权属改革经验和成效，可为加快发展国防技术要素市场，破除阻碍要素自由流动的体制机制障碍，构建更加完善的要素市场化配置体制机制提供支撑。

2. 国防投资产生知识产权的特殊性引发借鉴权属改革经验的局限性

国有资本投资形成的科技成果权属改革理顺了科技成果管理、使用、转化等关系，简化了科技成果转化程序，推动了科技成果的快速转化，但是该改革并非没有其局限性。始于 2016 年的西南交大职务科技成果混合所有制改革，随着《北京市促进科技成果转化条例》的颁布而达到兴盛期的权属改革征程，自始至终均给予项目承担单位以自主选择权，允许其将国有资本投资形成的科技成果全部或部分给予科技成果完成人。可以说，本次改革的成效是形成了项目承担单位与科技成果完成人对科研成果的混合所有制度。

然而，科技成果混合所有并没有完全避开国有资产管理的问题，虽然科技成果完成人对科技成果享有的所有权剥离了国有资产外衣，但是项目承担单位所拥有的股权仍然是国有资产，科技成果转化运用时在技术评估、工商登记手续等方面仍存在国有资产管理问题。[1] 而且，混合所有制带来的多权利主体特征造成了难以有效快速做出决策的问题，降低了科技成果转化效率，反而存在阻碍科技成果转化为现实生产力的可能性。

另外，由于国防投资产生的知识产权的法律性质及其属性特征，使其配置和运用问题相比于其他由国有资本投资形成的普通知识产权的配置和运用而言，具有较大特殊性，国有资本投资形成的科技成果权属改革的成功经验能否顺利移植并运用于国防投资领域仍然存疑。

从法律性质上看，国防投资产生的知识产权是具有公权属性的私权。[2] 世界贸易组织在 TRIPs 序言部分要求“全体成员承认知识产权为私权”，强调知识产权的私权性质，国防领域的知识产权作为劳动创造的无形财产，其私权属性亦不例外。同时，国防投资产生的知识产权在经过产业化过程后而形成的产品大多为武器装备，其蕴含的国防利益由全体人民共享，其产生与取得在一定程度上是国防知识产权战略实施的结果，可以将其理解为国家实现国防利益的政策性工具，因而其兼具公权属性。

从权利特征上看，国防投资产生的知识产权首先具有严格保密性。国防投资产生的知识产权多是在武器装备的科学研究、生产使用中产生的，直接涉及国防利益和国家安全，因此，国防科技工业企业往往受到严格的保密限制。虽然促进科技成果转化和运用工作进行得如火如荼，但是在《赋予科研人员职务科技成果所有权或长期使用权试点实施方案》中明确指出，对可能影响国家安全、国防安全、公共安全等事关重大社会公共利益的科技成果暂不纳入赋权范围，同时将建立赋权科技成果的负面清单制度。可见，由于国防投资产生的知识产权所具有的严格保密性，其配置和运用必须在不危害国家安全的前提下进行。而且，国防投资产生的知识产权具有鲜明的资产专用性，很大一部分只能用于特定武器装备领域中。即使向民用领域转化，也需要对该科技成果进行技术上的二次开发。[3]

国防投资产生的知识产权的保密性、资产专用性等特征带来其在权属分配上的复杂性。由于国防研发经费的主要来源是国家财政，很多国防投资产生的知识产权归国家所有，在赋权及权益分配时，不仅必须考虑国家安全因素，还需要考虑促进先进国防成果的转化和运用，涉及更加微妙的知识产权与公共利益的平衡之道。应该说，要在确保国防公共利益的前提下，尽可能兼顾项目承担单位和科技成果完成人的利益，是国防投资产生的知识产权在权属上的分配复杂性的症结所在。

国防投资产生的知识产权之法律性质及基本特征最终导致其在运用与转化上具有不完全市场、不完全竞争等交易属性。由于国防投资产生的知识产权往

---

〔1〕 曹爱红、王涵、王艳辉：《职务科技成果所有权的法律归属研究》，《科技中国》2018 年第 5 期。

〔2〕 李芳梅、徐琤：《论国防知识产权之权利属性》，《西安政治学院学报》2015 年第 3 期。

〔3〕 李颖：《国防科技自主创新对知识产权管理的影响研究》，《现代管理科学》2008 年第 3 期。

往直接涉及国家安全和军事秘密，其在国家安全方面的特殊地位决定了相关交易不能完全按照市场规律进行，其交易市场相对封闭，具有不完全市场性质。而且，从供给方来看，国防投资产生的知识产权资产专用性强，转化生产风险高，仅有少数有资质的承研承制承修单位；从需求方来看，国家是国防投资形成的科技成果的投资者和唯一买主，市场交易对象选择余地极小，具有不完全竞争的属性。

综上所述，在明确国防投资产生的知识产权是具有公权属性的私权的法律性质基础之上，从权利特征上看，其具有保密性、资产专用性等特征，从而带来权属分配的复杂性，最终导致在运用与转化上具有不完全市场、不完全竞争等交易属性。因此，国有资本投资形成的科技成果权属改革的成功经验具有参考意义，但是对于国防投资产生的知识产权权利配置和运用问题，仍需具体问题具体分析。

四、美国国防投资产生的知识产权配置和运用机制研究

20世纪以来，各个主要发达国家越来越重视并追求科学技术的进步与发展，力图在完善的制度环境下调整科技成果利益分配以广泛吸纳科技创新主体，以多样化的方式促进科技进步与创新。近30年来，美国始终在全球科技创新中居于领先地位，研究其知识产权配置和运用之制度变迁和奉行的科技创新制度模式，对进一步完善我国国防投资产生的知识产权配置和运用机制具有重要参考价值。因此，本部分从法律法规体系、权利义务配置以及专业保障措施三个方面对美国国防投资产生的知识产权配置、管理和运用进行研究，力图为我国相关机制设计寻找值得借鉴的先进经验。

（一）完善的法律法规及政策体系作为基础

1. 促进成果转化：以《拜杜法案》为核心的知识产权运用法律体系

20世纪40年代到80年代，针对联邦政府资助项目研究成果的专利权权属分配问题，美国出现观点截然不同的“收权”派与“放权”派。“收权”派认为，投资人应对项目成果享有当然、唯一的所有权，联邦政府理应保留资助项目所形成的知识产权；“放权”派则认为，虽然项目承包方的科研资金来源于联邦政府的资助，但是应允许项目承包方保留资助项目中所形成的知识产权，这将使他们有动力进一步参与相关项目，并将科技成果进行开发和商业利用。[1] 虽然有理论上的争论，但是在此阶段的实践中，美国联邦政府按照“谁投资，谁所有”原则，以“收权”政策为主导倾向，除极少数情况外，接受联邦政府科研经费资助的研究机构或者实验室在资助项目下产生的知识产权原则上归属于联邦政府。

“收权”政策导致当时美国联邦政府研发项目产出的知识产权运用转化效率

---

〔1〕 赵建皓：《国有资本投资形成的科技成果权属问题研究——以〈北京市促进科技成果转化条例〉为主进行分析》，北京大学硕士2020年学位论文，第26—27页。

极低。据统计，在 20 世纪 60—70 年代，美国国家航空航天局（National Aeronautics and Space Administration，以下简称 NASA）与民用领域企业合作开发的科技成果中，12 000 项发明专利由项目开发方，即民用领域企业保留知识产权，转化率为 16%；与此同时，NASA 虽然拥有 3500 项发明，其转化率仅为 1%；20 世纪 80 年代，联邦政府拥有 28 000 余项授权专利，而面向生产部门授权许可的专利数量不到 5%。[1]

面对此种科技成果转化率低、创新动力不足的问题，自 20 世纪 80 年代起，为巩固其在科技领域的国际地位并加强国内科技成果转化工作，美国国会制定了包括《1980 年专利与商标法修正案》（即《拜杜法案》，以下简称《拜杜法案》）、《1980 年技术创新法》（即《史蒂文森-怀特技术创新法》，以下简称《技术创新法》）以及 1986 年出台的《联邦技术转移法》在内的多部法律，对公共财政资助完成的研究项目科技成果归属确立了更加灵活的原则，明确了联邦政府在对国家投入的科技成果转化和技术转移中的责任，[2]即公共财政资助完成的知识产权归属于研究机构，联邦政府仅保留有限的介入权。

在颁布《拜杜法案》之后，美国国会逐步颁布了包括《综合贸易与竞争力法》（1988 年）、《国家竞争性技术转移法》（1989 年）、《小企业技术转移计划》（1992 年）、《国家技术转让和发展法》（1995 年）等[3]，构建起较完善的促进财政资助研究项目产生的科技成果转化法律体系。这些政策法规详细规定了知识产权转化的政策和原则、转化的规划和方法、转化环境、转化计划等内容，为相关机构及人员从事知识产权转化工作提供了实务上的指导。

完善的政策法规体系是美国推进国防知识产权运用和转化工作的重要基础。在美国较为完善的政策法规体系当中，最为重要和基础的文件即为《拜杜法案》，该法案是美国“制造经济”转向“知识经济”的产物。[4] 首先，该法案明确规定了联邦政府资助研究项目的承担者享有基于该项目产生的专利权，突破了“谁投资，谁拥有”的传统财产权归属分配规则。其次，选择保留相应知识产权的项目承担者应履行披露研发成果、无偿许可联邦政府非独占非转让使用、定期报告专利运用情况等义务。最后，《拜杜法案》提出美国产业优先原则，要求项目承担者优先在美国境内制造和使用专利产品；同时赋予联邦政府以介入权，如果“项目承担者在合理期限内怠于实施和运用成果”“为公共健康和公共安全的需要”等情况下，联邦政府有权要求项目承担者以许可方式，授权有能力实施者使用该科技成果。《拜杜法案》不但使得美国各科研院所、非营利机构以及中小型企业

---

[1] Barbara McGarey，Anntte Levey. Patents，Products，Products，and Public Health：An Analysis of the CellPro March，Berkeley TechL，1999(3)：1007-1098.

[2] 杨尚洪、李斌、王然等：《美国国防领域知识产权管理与技术转移的做法与启示》，《中国科技论坛》2017 年第 4 期，第 186—187 页。

[3] 付宏、张一博、夏梦虎：《美国〈拜杜法案〉对科技成果转化的促进及其启示》，2018 年北京科学技术情报学会学术年会——“智慧科技发展情报服务先行”论坛。

[4] 林键：《军民融合战略下大学国防知识产权制度研究》，《南京理工大学学报（社会科学版）》2018 年第 4 期。

拥有联邦政府资助项目产生科研成果的知识产权,而且允许其对相关知识产权进行独家技术转让。为了追求更多的经济利益,各权利人更为主动地寻求相关知识产权的实施和利用,有力地推动了科技成果转化工作。

《联邦技术转移法》不但明确项目承担者对联邦政府资助项目产生的科技成果享有所有权,而且允许项目承担者以独占或者许可的形式使用。[1] 该规定充分体现了美国对科技成果使用价值与交换价值的重视,有利于进行二次开发与商品化运作。另外,在利益分配与奖励政策方面,该法明确规定,研发机构应当每年首先支付给发明人 2000 美元,然后至少向其支付专利使用费的 15%,剩余经费基本由研发单位自行支配。[2]

2. 强化宏观调控:以统一管理为特征的国防领域知识产权法律体系

对于国防领域知识产权,美国国防领域采取的是国防部统一管理、各军兵种分别执行的知识产权管理模式。[3]

在统一管理模式下,美国国防部对于国防投资产生的知识产权的保护、管理、转化及运用等进行全方位和全流程的组织规划。美国国防部制定了《联邦采办条例》(FAR)、《联邦采办条例国防部补充条例》(DFARS)、《国防部合同知识产权问题指南》等规定,从宏观层面对国防投资产生的知识产权进行管理和控制,明确规定了承包商执行采办合同知识产权交付义务以及相关程序,[4]增强了美国针对国防领域知识产权的治理能力。

同时,对于国防采办活动,美国国防部也出台了以"5000 系列指令"为核心的完善的指导细则和指南,制定了以国防采办系统基本政策为主要内容的第 5000.01 号指令《国防采办系统》和以国防采办程序及其运行过程为主的第 5000.02 号指令《国防采办系统的运行》等。这些指令对于细化法律法规中的规定,使其更具有实践操作性,发挥了重要作用。2003 年与 2015 年,美国国防部先后两次修订并颁布新的"5000 系列指令"。新版指令与时俱进,对国防采办系统相关程序的设计更加注重采购项目与实际购买产品的契合度。[5]

2020 年 1 月,美国国防部发布美军新版采办全寿期管理政策文件第 5000.02 号指令《适应性采办框架的运行》,[6]在重申宏观政策的同时,也明确了各部门职责及管理权限,并且提出推行"适应性采办框架",针对不同类型科研采

---

〔1〕 张国虹、岳洁菱、葛鹏等:《国防科技工业知识产权实施转化研究》,2015 年中华全国专利代理人协会年会第六届知识产权论坛论文集,第 2 页。

〔2〕 杨尚洪、李斌、王然等:《美国国防领域知识产权管理与技术转移的做法与启示》,《中国科技论坛》2017 年第 4 期。

〔3〕 易继明:《美国国防领域知识产权的管理模式》,《社会科学家》2018 年第 6 期。

〔4〕 U. S. Department Of Defense. Defense federal acquisition regulation supplement(DFARS) and procedures, guidance and information(PGI).

〔5〕 张宝珍、曾天翔:《美国防部新旧防务采办文件比较》, http://www.defence.org.cn/article-13-45103.html,访问日期:2021 年 2 月 2 日。

〔6〕 Office of the Under Secretary of Defense for Acquisition and Sustainment, DoDI5000.02: Operation of the Adaptive Acquisition Framework, 2020-01-23.

办活动出台具体的程序文件予以规范。自此,美军在科研采办程序方面形成了“1+M+N”的政策体系。[1] 与2015年修订的第5000.02号指令相比,此次修改最大的不同在于新增了美军敏捷快速的“中间层采办程序”,包括快速原型样机和快速部署两类;同时,针对软件的迭代发展,软件采办程序也相应调整为计划阶段和执行阶段;在服务采办程序上,亦针对通信服务、产品保障、医疗等服务类活动做出了更为明确的规范。[2]

总之,成果转化是实现科技创新的重要环节。在大国竞争背景下,加速科技成果转化成为美国国防科研管理改革的主要目标。为实现这一目标,推动国防投资产生的知识产权的后续开发、试验与运用,美国国防部在原有较为完善的法律法规及政策体系的基础上,结合现有市场环境及发展态势,发布了一系列新的政策文件指导采办改革,为促进国防投资产生的知识产权的转化与运用进行了更为全面的顶层统筹设计。

(二)清晰的权利和义务配置作为前提

在国防知识产权归属管理方面,美国国防部在很长时间里对其给予国防科研经费投资产生的知识产权采取了严格的管理政策。尽管项目承包商有时能够获得所有权,但作为投资者的美国国防部仍然保留为国防目的的免费使用权,项目承包商所享有的所有权受到免费使用权的限制。此种管理模式与“谁投资,谁拥有”之理念相契合。

随着商业企业逐渐成为国防科研经费的主要投资者的商业环境变化,固守知识产权的管理模式无法对非传统国防承包商产生吸引力,商业企业与国防部展开科学技术研究或开发合作的积极性较低。造成此种结果的缘由是双向的:一方面,企业认为国防领域知识产权研发风险高、收益不确定,不愿涉足国防市场;另一方面,美国国防部为了防止国防利益受到损害,对作为非传统国防承包商的企业进入国防领域研发亦采取较为谨慎的态度。[3] 针对商业环境的转变与合作积极性较低的问题,美国国防部逐渐重视“竞争性原则”与“保护中小企业原则”的指导作用,并将如何吸引技术创新能力强的商业公司到防务市场作为首要任务。[4]

---

〔1〕“1”是指2020年版5000.02指示;“M”指具体科研采办程序的规范性文件,包括第5000.75号指令《业务系统需求和采办》、第5000.80号指令《中间层采办的运行》、第5000.81号指令《应急能力采办》和第5000.74号指令《国防服务采办》、《软件采办路径临时政策和程序》备忘录、国防部指示5000.UG《重大能力采办》(正在制定之中);“N”表示美军正在制定和出台的针对科研采办要素与管理活动的多份指示,目前确定出台的指示有10份,分别对知识产权、成本分析、试验鉴定、方案论证、网络安全、信息技术、人机结合等进行了进一步的细化规范。王磊、董正强、郭江民等:《美军科研与采办政策制度实施重大改革——国防部新版5000系列文件述评》,https://mp.weixin.qq.com/s/WIzQmMjMynFlQT2mPS_eGw,访问日期:2021年2月2日。

〔2〕王璐菲、魏俊峰:《2020年美国国防科技管理综述》,https://mp.weixin.qq.com/s/TqhHYwWoQjXQRCpTOxVxoA,访问日期:2021年3月7日。

〔3〕胡滓洲、李湘黔、郭春光:《美国国防知识产权管理的主要做法及借鉴》,《科学管理研究》2015年第6期。

〔4〕易继明:《美国国防领域知识产权的管理模式》,《社会科学家》2018年第6期。

2019 年 10 月，美国国防部发布第 5010.44 指令《知识产权采办与许可》[1]，这是美国首份知识产权采办指令。该指令通过明确各部门职责、制定知识产权政策，确保前沿技术及时快速转化为作战能力；通过强调尊重和保护私营部门的知识产权，并以公平合理的价格获取必要的知识产权交付物和相关的许可权，知识产权权利人相关权益得到法律层面的保障，最终达到平衡军事利益和商业利益的目标。

总而言之，如今，美国国防部只对满足最低限度的、必需的知识产权权益作出明确要求，鼓励项目承包商通过运用项目产生的知识产权提高市场份额并获取商业利润。在保证国防利益和国家安全的前提下，逐渐放权给企业，并通过颁布知识产权采办指令等与时俱进的措施，维护项目承包商的合法权益，鼓励企业进行发明创造并将科技成果融合到国防领域。具体而言，美国现行国防知识产权权利配置以承包商选择保留国家财政投资产生的国防知识产权为原则，以权利归属于国防部为例外。

1. 归属原则：承包商可以选择保留国家财政投资产生的知识产权

对于联邦政府给予经费支持项目产生的知识产权，项目承包商可以选择保留国家财政投资产生的知识产权所有权。在此情形下，国防部拥有的实体权利包括为国防目的而免费实施该知识产权的免费使用权、项目承包商在合理期限内无正当理由未转化实施相关知识产权时要求项目承包商将之许可给他人使用的介入权；国防部拥有的程序权利包括对相关知识产权进行保密解密程序的审批权。

不论是免费使用权、政府介入权等实体权利，还是审批权等程序权利，均会对项目承包商所有权之行使构成一定限制。与此同时，项目承包商在保留知识产权所有权的同时，还负担提交成果报告、限期转化、优先在境内实施、对涉密发明提交保密专利申请等义务。若相关义务未履行，则相关知识产权归联邦政府所有。

2. 归属例外：国家财政投资产生的知识产权归属于国防部门

权利归属与配置有原则便有例外，美国国防投资产生的知识产权归属例外主要针对所涉知识产权本身的属性及项目承包商的身份做出相应制度设计。针对项目产生的知识产权，若由项目承包商享有所有权不利于保护情报或反情报活动的安全、不利于实现促进转化运用和为公众所得到的目标，则项目承包商不具有选择是否保留国家财政投资产生的知识产权所有权的权利。针对项目承包商的身份，若其受外国政府管辖、在美国境内无经营场所，或者承包商选择放弃权利或者未履行前述相关义务，则权利仍然归属于国防部门。

综上所述，无论相关权利归属于联邦政府，还是归属于私人部门，双方都同时享有法律规定的基本权利，并承担相应的责任和义务。美国的此种权利义务

[1] DOD Instruction 5010.44：Intellectual Property (IP) Acquisition and Licensing，http://www.esd.whs.mil/DD/，访问日期：2021 年 2 月 18 日。

配置模式在很大程度上既维护了军事利益，又实现了知识产权利益的共享，推动了科技创新成果商业化。

(三)健全专业的保障措施作为支撑

为了提高国防知识产权转化的效率，美国政府从保密机制、信息交流、财政支持等多方面入手，提供全方位的保障措施。

1. 保密解密与信息交流顺畅，推进军民一体化

在保密机制方面，美国采取的是“保密不授权”的处理方式，[1]即基于国家安全和国防利益，经国防部门审查后，确需对专利申请进行保密时，颁发保密命令，中止专利授权程序，在针对该专利申请的保密命令被解除之前，禁止对其授予专利权[2]。但是，由于武器研制与生产高度依赖军工企业及其所形成的自由市场，美国对于国防知识产权的保密机制遵循国防保密例外原则，[3]即对涉及国防利益的科技成果并非所有均须保密，保密命令仅作为一种特殊的例外存在[4]。

在信息交流方面，为了解决各科研主体及中介机构之间信息不对称、供需不衔接等问题，国防部技术信息中心建立了国防技术转移信息系统(defense technology transfer information system，简称 DTTIS)、知识产权管理信息系统(intellectual property management information system，简称 IPMIS)等数据库平台，汇集、储存技术转移和知识产权方面的信息。[5] 美国军民两用技术信息数据库为企业、军方、政府各主体交流合作提供了完善的信息交流平台，提高了相关科技成果的转化与运用效率。同时，为打破机构间原有的分散、线性的沟通机制壁垒，美国陆军未来司令部于 2019 年 10 月成立了由作战需求人员、科研人员和技术人员等组成的“点燃团队”，旨在打通不同主体的沟通渠道，建立作战需求与科技创新交叉融合的协同机制，使装备发展需求与科技研发活动之间相互融合，推动作战能力的稳健进步和发展。[6]

2. 简化采办手续流程，加速科技成果转化应用

当前信息化、智能化技术更新迭代速度不断加快，科技创新发展的动力机制也正在发生深刻变革，如何进一步抓住技术风口、提升科技创新效率效能，这些对国防科技研发与管理模式，以及相关政策制度的制定都产生了重要影响。

在此种任务的背景下，其他交易协议(other transactions authority，简称 OTA)作为一种非常规的交易缔约模式，近年来逐渐成为美国国防部吸引和激励

[1] 袁晓东、凌霄霄：《基于解密发明信息的美国国防专利特征分析》，《情报杂志》2018 年第 6 期。

[2] 朱克毓、赵爽耀、薛旻等：《国防专利定密与解密存在的问题及对策研究》，《合肥工业大学学报(社会科学版)》2015 年第 1 期。

[3] 易继明：《美国国防领域知识产权的管理模式》，《社会科学家》2018 年第 6 期。

[4] 易继明：《美国国防领域知识产权的管理模式》，《社会科学家》2018 年第 6 期。

[5] 杨尚洪、李斌、王然等：《美国国防领域知识产权管理与技术转移的做法与启示》，《中国科技论坛》2017 年第 4 期。

[6] 卢胜军、张代平、赵超阳等：《2020 年世界国防科技创新活动发展综述》，https://new.qq.com/omn/20210218/20210218A0BBB900.html，访问日期：2021 年 2 月 28 日。

非传统国防承包商，特别是中小创新企业的重要制度和合同方式，在美军高新技术快速研发和装备采办领域发挥了重要作用。然而，纵使该制度具有对承包商资质要求少、签订程序简便灵活、协议履行快捷高效等特点，但是在过去很长一段时间，其并未得到美国国防部的大规模应用。随着大国竞争愈发激烈，为全面提升高技术研发与国防采办效率，美国近五年来开始大规模使用其他交易协议。据统计，从2016财年到2018财年，美国国防部采用其他交易协议的合同数量从248项增长到618项，增长249%，三年合同总数达到1250个；在国防部所有原型样机类项目中，采取其他交易协议形式的占到了48%。[1]

如前所述，美国在最新发布的第5000.02号指令《适应性采办框架的运行》中也加入了"中间层采办"这一传统国防采办程序之外的新途径，其程序设计大大提升了采办程序效率。美国国防部采用多样的运行机制和采办策略，吸引非传统承包商进入军品市场，将最新的民用创新技术转化为作战能力。而且，其他交易协议与"中间层采办"相互配合，将把美国国防采办送上"快车道"。

3. 加大财政支持力度，完善激励创新计划

在财政支持方面，美国国防部始终保持对国防科学技术研究的稳定投入，并针对不同创新环节和创新主体设置一系列的技术转移计划。例如，通过实施"大学研究设备资助计划"，改善大学科研环境；通过每年50万美元到100万美元资助仿生学、纳米技术等跨学科研究领域，为周期长、见效慢的基础研究提供了充足的经费支持。[2]

在激励创新方面，美国摒弃了陈旧的"谁投资，谁受益"观念，相关知识产权权益更多地配置给了项目承包商或实际研发人员。[3] 2020年，为推动商业技术领域的创新更快速地应用于国防领域，美国通过小企业创新计划，激发民用高技术企业和小企业参与国防高技术创新活力，加快外部创新成果引入步伐。美国从技术、市场和风险角度扶持高技术创新企业发展，帮助其拓展国防和商业领域市场，如空军2020年实质推进"空军风险投资"机构建设，广泛筹集空军项目、小企业项目资金及私营资本[4]，鼓励私营企业参与军事装备与武器建设，促进军民两用技术发展。

（四）小结

在法律法规及政策体系上，美国在促进科技成果转化方面形成了以《拜杜法案》为核心的知识产权运用法律体系，突破了"谁投资，谁拥有"的传统财产权归属分配规则，明确赋予项目承担者优先选择是否保留联邦财政资助项目所形成

---

〔1〕 李宇华、张代平、魏俊峰等：《美国防部吸引非传统国防承包商的利器——其他交易协议制度评析》，https://mp.weixin.qq.com/s/s4e8nf2-oEi81JY_Byw5OQ，访问日期：2021年2月18日。

〔2〕 刘婷立：《国防知识产权转化法律制度研究》，《法制与社会》2021年第1期。

〔3〕 易继明：《技术理性、社会发展与自由——科技法学导论》，北京大学出版社2005年版，第196—201页。

〔4〕 卢胜军、张代平、赵超阳等：《2020年世界国防科技创新活动发展综述》，https://new.qq.com/omn/20210218/20210218A0BBB900.html，访问日期：2021年2月28日。

的知识产权的权利;在国防领域知识产权归属与运用方面形成了以统一管理为特征的国防领域知识产权管理体系,并形成以国防部"5000 系列指令"为核心的指导细则和指南,通过定期修订,适应科学技术飞速发展的时代环境。

在国防投资产生的知识产权配置上,美国国防部以"竞争性原则"以及"保护中小企业原则"为指导,在保证国防利益的前提下,逐渐放权给企业;同时,美国通过其他交易协议这一非常规的交易缔约模式,提高国防采办效率,激发商业公司参与国防领域研发工作的积极性。

在国防投资产生的知识产权运用机制上,美国整体上非常重视市场的决定性作用与政府充分完善的保障措施的实施,不但保密解密与信息交流顺畅、采办手续流程简便,市场机制能够有效发挥其作用,而且政府通过财政支持和创新计划,鼓励国防投资产生的知识产权的运用,促进了美国军用和民用技术的进步和发展。

可见,美国国防投资产生的知识产权配置和运用机制具有先进性,我国应取其精华并在符合我国国情的基础上加以借鉴融合,提升我国国防投资产生的知识产权转化效率与运用的充分性。

五、财产权权利构造理论与国防投资产生的知识产权配置

在越来越重视产权运用效率的背景下,"谁投资,谁拥有"的观念愈发值得商榷。国防投资产生的知识产权当然归属于国家所有的观点,不但未脱离习惯性的计划主导思维,而且其赋权本身也仅是形式化的行为。这种过于简单的、不加区分的将所有权能配置给投资者的方式,无法促进国防投资产生的知识产权的有效转化运用。将国防投资产生的知识产权在不同主体之间基于不同利益而予以合理配置,是解决当前问题的关键。因此,本部分从研究两大法系的财产权权利构造理论入手,为国防投资产生的知识产权之配置提供理论依据和基础;从研究我国农村集体土地改革实践深入,为国防投资产生的知识产权之配置提供实践经验;最后,在分析国防投资产生知识产权全过程中不同主体的不同利益诉求,提出所有权、许可权、收益权配置机制,以期在利益分配平衡、权利配置公平有效的基础上,进一步促进其转化与运用。

(一)财产权权利构造:两大法系的分野、协调与发展

1. 日耳曼法的团体主义特征与双重所有权制度

日耳曼财产法最显著的特征就在于其鲜明的团体主义,而该特征又集中表现在双重所有权(duplex dominium)制度当中,"它承认一个双重所有权,即封建地主所有的高级所有权以及同时存在的佃农的低级财产权或地权"[1]。"双重所有权"制度指的是,将同一块土地的所有,分成"上级所有权"(dominium direc-

---

〔1〕 亨利·梅因:《古代法》,沈景一译,商务印书馆 1959 年版,第 167 页。

tun，也称直接所有权）和“下级所有权”（dominium utile，也称利用所有权）两种[1]，甚至在某些情形下，封臣可将其从领主或地主处获得的利用所有权继续授予第三人，形成“多重所有权”的框架。其中，“上级所有权”代表领主（或地主）对土地的管领权和处分权，“下级所有权”则代表实际耕作人对土地的使用权和收益权。当然，不可否认的是，耕作人的权利在管领和处分方面必然受到享有直接所有权的领主的制约，其享有的“下级所有权”主要发挥使用及收益之功能。[2]

英国“土地保有制”（tenure）便充分地体现了双重所有权结构。国王理应拥有全部土地所有权，实际却是各耕种人掌握相应土地上的具体权利。保有权实质上已经相当于国王的土地所有权，但是为了凸显国王的权力与地位，所有权与保有权在形式上始终存在权利的等级差距。因此，在土地保有制下，土地所有权形式上归属于国王，但土地的实际耕作人却“享有一种实质性与拟制性的所有权”[3]。

承袭日耳曼财产法团体主义特征，英美法系国家财产法中并无明确的所有权概念，至今也缺乏像大陆法系财产法中完整的、抽象的“所有权”定义。英美财产法并不承认绝对的权利依据，而是承认一系列具体的、相对的权利。如今，英美法系国家财产法当中虽然存在“ownership”和“property”这两个具有所有权归属意义的词汇，但是其所指向的是“各种完整的所有权”[4]，是具体权利与主体之间的归属关系，仅具有相对意义，是具体的主体依时间、地点和当地的法律而享有的具体权利，与大陆法系中具有最高权利位阶的“绝对所有权”存在本质区别。

2. 罗马法的个人主义特征与绝对所有权制度

与日耳曼财产法的团体主义特征与双重所有权或相对所有权制度相比，罗马财产法体现了鲜明的个人主义特征，且建立起绝对所有权制度。

在罗马法中，“proprietas”是在罗马帝国晚期出现的最接近近代所有权概念的词语[5]。主要包括地役权（servitus）和用益物权（usu fructus）在内的他物权之产生，促使所有权的形成，并进一步明确土地所有权人的地位[6]，因而表示“相对完整的个人所有权”的技术性术语“proprietas”应运而生。从历史的角度分析可知，决定绝对所有权制度产生和确立的必要条件是农业社会中最重要的不动产（即土地）的完全分割，[7]只有土地完全分裂后，绝对所有权制度才最终确立。然而，“在西方漫长的财产法历史中，单纯没有附加义务的所有权几乎只在罗马

---

〔1〕易继明：《论日耳曼财产法的团体主义特征》，《比较法研究》2001年第3期。

〔2〕李宜琛：《日耳曼法概论》，商务印书馆1943年版，第49—51页。

〔3〕汪洋：《罗马法“所有权”概念的演进及其对两大法系所有权制度的影响》，《环球法律评论》2012年第4期。

〔4〕梅夏英：《两大法系财产权理论和立法构造的历史考察及比较》，《私法》2001年第1卷。

〔5〕梅夏英：《民法上“所有权”概念的两个隐喻及其解读——兼论当代财产权法律关系的构建》，《中国人民大学学报》2002年第1期。

〔6〕王利明：《物权法论》，中国政法大学出版社1998年版，第209页。

〔7〕梅夏英：《民法上“所有权”概念的两个隐喻及其解读——兼论当代财产权法律关系的构建》，《中国人民大学学报》2002年第1期。

时代的末期存在过”[1]。可见,古罗马财产法中绝对所有权概念之形成是作为财产法制度历史演化过程中的例外存在的。

作为古代最重要的生产资料,土地的分裂必然会带来个人主义兴盛的结果。随着近现代西方自由资本主义时期个人主义精神的发展,随着社会经济水平的进步,大陆法系国家在其财产法中继承了罗马法中的绝对所有权制度,表现为对特定物所享有的完整的、全面的、统一的支配权利。换言之,所有权即在同一物之上独立支配其物的排他性权利,这种排他性的必然延伸就是“一物一权原则”[2]。

3. 日耳曼法与罗马法财产权权利构造之分野

日耳曼财产法与罗马财产法在财产权权利构造方面有以下几方面的不同,如表1所示[3]。

表1 日耳曼财产法与罗马财产法在财产权权利构造方面的不同

	日耳曼财产法	罗马财产法
所有权概念	相对所有权、双重所有权	绝对所有权
所有权和他物权	各种建立于物上的权利均为独立的权利,相互间无从属关系	所有权和他物权分离
所有和占有	无明显区分	所有和占有泾渭分明
所有权的分割	“质”的分割	“量”的分割

二者之所以有如上不同之处,是因为其财产权相关制度在逻辑上的根本矛盾。如前所述,罗马法中的个人主义特征是历史发展过程中的“突变”,日耳曼法中不存在属于个人的绝对所有权,其仍贯彻具有团体主义特征的土地制度,其仅存在构成其财产法基础的“支配权”(gewere)制度。“支配权”代表支配和拥有财产的事实状态。此事实上的支配状态,在不动产的环境下即表现为“用益”[4]。之所以称支配权为日耳曼法的基础,是因为对于土地的权利,即“用益”,必须通过具有公示性的支配权形式来展现,支配权构成物权的外观。[5]

可见,日耳曼法中的“占有”与罗马法中的与本权相对立的“占有”(possession)存在本质区别。日耳曼法采支配权和支配权之结合[6],占有并非从本权中分离出来的、与本权对立的占有,因而同一不动产上可以有数个均具有物权性质的占有同时并存[7];罗马法则严格区分所有和占有,由于个人享有绝对所有权,因而

[1] 梅夏英:《民法上“所有权”概念的两个隐喻及其解读——兼论当代财产权法律关系的构建》,《中国人民大学学报》2002年第1期。

[2] 王利明:《物权法研究》(修订版)(上卷),中国人民大学出版社2007年版,第395页。

[3] 我妻荣:《日本物权法》,五南图书出版有限公司1999年版,第2—3页。

[4] 易继明:《日耳曼财产法中的团体主义——与罗马财产法的比较及其历史价值》,《外国法制史研究》2009年刊,第107—109页。

[5] 王泽鉴:《民法物权(2):用益物权·占有》,中国政法大学出版社2001年版,第144页。

[6] 尹田:《论一物一权原则及其与“双重所有权”理论的冲突》,《中国法学》2002年第3期。

[7] 王利明:《物权法论》,中国政法大学出版社1998年版,第217页。

他人对土地的占有必然受所有人制约。财产权权利构造制度上的区别导致的是权利构造目的的分野——日耳曼法强调“使用”，以对财产的不同使用样态认定不同权利，所有权仅表现为一种具体的使用权；罗马法则强调“所有”，将财产的使用视为抽象所有权的作用，坚持严格的“一物一权”原则。

4. 当代两大法系财产权权利构造之协调与发展

(1)对大陆法系所有权“权能集合说”的质疑

近代大陆法系对罗马法的承继之结果，便是所有权“权能集合说”的出现。“权能集合说”以权利与权能的区分作为出发点，通过权能分离来解释所有权与他物权的关系。按照所有权“权能集合说”的观点，包含占有、使用、收益、处分等权能的所有权是具有全面支配性的完整物权，所有权人可以将所有权的全部或者部分权能分离出去，从而在权能分离的基础上形成具体的他物权。而所有权之所以能够以此种方式分离，便是因为所有权是由各种权能组成的集合。在此基础上，大陆法系财产权理论通常认为，所有权和他物权的关系必然是不平等的，所有权优先于他物权而存在，他物权依附于所有权而存在。

然而，学界近来对于此种“权能集合说”多有质疑，认为权能仅是所有权的不同作用方式，权能分离仅是所有权不同作用的具体表现。“权能集合说”之所以出现，是因为其混淆了所有权性质与所有权作用之间的关系。[1] 应当认为，所有权的本质与核心是对物在“质”上所形成的一种独占性支配权，其并非机械叠加各种权能而在“量”上的一种集合。权利与权能并非整体与部分而是本质与形式的关系，财产权实际上表现为一系列独立的、完整的和平行的具体财产权利。因此，绝对所有权的理念和“权能集合说”的观点体现了大陆法系财产法理论的局限性，即财产权的构造受到绝对所有权框架的限制，除所有权外的其他财产权利仅能纳入绝对所有权的依附从属地位，[2]限制其权利构造理论的发展。

(2)英美财产法权利构造理论的突破与发展

当代财产权表现形式和种类愈发丰富，传统的绝对所有权制度逐渐成为财产权理论发展的掣肘。随着社会基本运作方式向交换型社会变迁，生产的目的已经逐渐转变为通过权利支配而实现交换价值，英美财产法提出应促使财产的非物质化，应更注重保护抽象的经济价值而非作为客体的物本身，对物之归属的强调逐步让位于物的用益价值和担保价值。

在此基础上，英美财产法在权利构造理论上逐渐认可了从权利分析角度而非物的归属角度出发的“权利束”概念——财产权作为“权利束”的组合，其并非抽象的概念，而是不同样态的权利所组成的结构体系。[3] 在权利束的概念之下，所有权人享有完整的所有权仅表明其有权对物进行处分并获得收益，但与此同时，物的使用权人、收益权人亦可对物享有支配的权利，只是权利的内容、形式、

---

〔1〕 梅夏英:《两大法系财产权理论和立法构造的历史考察及比较》,《私法》2001 年第 1 卷。

〔2〕 马俊驹、梅夏英:《财产权制度的历史评析和现实思考》,《中国社会科学》1999 年第 1 期。

〔3〕 梅夏英:《民法上“所有权”概念的两个隐喻及其解读——兼论当代财产权法律关系的构建》,《中国人民大学学报》2002 年第 1 期。

受他人权利所限制之程度有所不同而已。

总之,绝对所有权观念的式微与对“权能集合说”的质疑亦体现了所有权相对化与他物权地位提升的趋势。可以预见,财产权理论的分析方式将会从以物的归属角度转变为从具体的权利义务关系角度;财产权将会日益强调客体的价值化和权利的多重化,将会更加注重物的交换价值,而非单纯的物之归属或作为客体的物之本身。

(二)我国土地制度改革:团体主义思维在资源有效配置中的意义

1. 理论层面:日耳曼财产法团体主义思维的现代意义

虽然日耳曼财产法中的团体主义特征是封建制度的必然产物,从制度全貌来看是落后的,但其在一种权利之上建立几种权利的规则,在按照等级“分割”权利的基础上维护交易安全和社会稳定起着重要作用。日耳曼财产法中的团体主义思维与双重所有权制度对资源有效配置和利用仍然具有重要的现实意义。现代财产权制度的设计应借鉴承袭日耳曼财产法的制度特征,从强调“所有”转向强调“利用”,以财产利用为核心构筑财产关系,避免因强调物之归属而阻碍物之利用。

2. 实践层面:农村集体土地改革与农村土地承包经营权

(1)中国传统地权制度:土地所有权与永佃权制度

明清时期,中国传统地权制度中的永佃权,即体现了一种与日耳曼财产法中的双重所有权制度相近似的权利安排。在该制度之下,土地所有权是依靠对土地交换价值的支配而获益的“田底权”,而永佃权则是除向所有权人交纳地租外几乎拥有对农地全面支配效力的、与“田底权”相对应的“田面权”。此种“田底权”与“田面权”并存的制度,即“田主买田为田骨,佃户出银佃种为田皮”,使得农地上形成土地所有权与永佃权并存且相互制约的多层次支配体系。永佃权对土地所有权的分割是“质”的分割,既满足了非农阶层通过农地获取收益的需要,亦实现了农地利用人对农地的占有、使用、收益与处分等需求。

(2)中国现代土地制度:集体农地所有制与土地承包经营权

财产权权利体系如今出现从所有权中心到使用权中心的发展趋势,与之相伴随的是财产归属与利用的分离,形成了一方拥有所有权,另一方拥有占有、使用、收益乃至处分权的格局。〔1〕 依据《土地管理法》的规定,〔2〕我国现代土地制度为集体农地所有制。因此,如何在集体土地所有权的基本前提之下提高土地资源配置效率,如何以“土地利用权”为核心制定土地制度,重建集体成员对集体土地支配性权利从而促进社会生产力发展,日益成为土地制度改革中的重点。

---

〔1〕 孟勤国:《物权二元结构论——中国物权制度的理论重构》,人民法院出版社2004年第2版,第64页。

〔2〕《土地管理法》第10条规定:“农民集体所有的土地依法属于村农民集体所有的,由村集体经济组织或者村民委员会经营、管理;已经分别属于村内两个以上农村集体经济组织的农民集体所有的,国土资源管理人员必备由村内各该农村集体经济组织或者村民小组经营、管理;已经属于乡(镇)农民集体所有的,由乡(镇)农村集体经济组织经营、管理。”

近年来，中央出台各类政策性文件以调整我国土地制度，从而更好地实现土地的流转与利用。2008年，《中共中央关于推进农村改革发展若干重大问题的决定》指出应完善土地承包经营权权能，允许农民以转包、出租、转让等多种形式流转土地承包经营权；2013年，《中共中央关于全面深化改革若干重大问题的决定》更加明确地指出，要赋予农民对承包地占有、使用、收益、流转及承包经营权的抵押、担保权能。2014年10月，中共中央办公厅、国务院办公厅印发了《关于引导农村土地经营权有序流转发展农业适度规模经营的意见》(中办发〔2014〕61号)，该意见指出要“坚持农村土地集体所有，实现所有权、承包权、经营权三权分置，引导土地经营权有序流转”，正式将“三权分置”确定为指导农村土地流转的法律政策。

可见，在土地所有权与利用权分离的中央政策导向下，土地承包经营权逐步具有类似集体土地所有权的近乎全面的各项具体权能，〔1〕这种对于集体土地所有权“质”的分割形成了集体土地所有权与土地承包经营权两权并存的双重所有权体系，不但有效地保障了农民的基本权益，还促进了农村土地的充分利用和流转。

3. 借鉴可行性：土地制度改革与国防投资产生知识产权配置的共通性

土地对于农民来说具有非常重要的意义，是其赖以生存的基本生产要素，如果国家或集体过度集中控制相关权利，则将产生农户利益无法得到全面保障、农村经济建设滞后等不利影响。农村集体土地改革实践之所以成功，是因为土地承包经营权正是在认识到了土地利用与流转对农民生存和农村发展的重要性的基础上而设置的，通过集体土地所有权与使用权的分离、转化，在保障农民利益的同时亦调动其生产积极性。

从借鉴可行性来讲，在我国土地制度之下，不论是村农民、乡(镇)农民还是村内两个以上农村集体经济组织的农民集体所有土地，其均具有集体所有的属性。与《国防法》中“国防资产属于国家所有”相对比，二者不论是采用“集体”的措辞还是“国家”的措辞，从直观角度进行分析，其均体现“公”的属性，蕴含着团体主义的思想。因此，农村土地承包经营权改革和国防投资产生的知识产权配置具有共通性，其理论来源与实践经验具有借鉴可行性。

总之，扬弃罗马法传统所形成的以绝对所有权为核心的财产权构造理论，继承日耳曼财产法的双重所有权制度的核心理论观点，借鉴我国农村集体土地改革实践经验，在此基础上对国防投资产生的知识产权进行分割，在所有权、许可权和收益权三权分置的框架下，促进其有效转化运用，是更好地助力军民融合深度发展、推动社会科技发展与进步的重要途径。

(三)国防投资产生的知识产权所有权、许可权、收益权配置机制

从前述对财产权权利构造理论的研究可知，日耳曼财产法具有团体主义特

〔1〕 袁震：《论农村土地承包经营权的相当所有权属性》，《河南大学学报(社会科学版)》2016年第5期。

征,在其基础上承认同一物之上的双重所有权;罗马财产法则具有个人主义特征,在其基础上仅承认绝对所有权的存在,物上的其他权利均依附、从属于所有权,其贯彻一物一权原则。然而,随着商品经济的发展,财产权权利构造日益从所有权中心主义向使用权中心主义演化。不同于大陆法系"权能集合说"过于简单和机械地将所有权认为是权能的叠加,应认为,所有权是一种"质"的规定,权利与权能的关系应为本质与形式的关系。与此同时,英美财产法逐渐更加注重物的用益价值和担保价值,而不是仅仅强调物的归属,其发展出的"权利束"理论对于我国国防投资产生的知识产权权利配置机制设计,具有重要的理论价值。

1. 国防投资产生的知识产权之权利束构成

西方学者科斯、阿尔钦、诺斯等针对产权均进行了不同维度的阐明,总结其共识可发现,产权是一种具有排他性的权利,是由多种权利组合在一起并呈一种特定结构的权利束。[1] 国防投资产生的知识产权作为知识产权的重要组成部分,是各类具体权利的集合,是由包括所有权、许可权、收益权在内的多种权利构成的权利束,其更多强调因知识产权的存在和运用而引起的人们之间被法律所认可的权利义务关系,起着规范相互之间行为和关系的作用。

民法上的所有权包括占有、使用、收益和处分四项权能。而知识产权的客体具有非物质属性,不能实现民法意义上的对物的实际占有,只能成立准占有。[2] 因此,国防投资产生的知识产权之所有权,意味着权利人对该知识产权客体所享有的使用、收益、处分等较为完整的权利。由于所有权权能的相对完整性,对于下述许可权和收益权的分析则主要对应所有权权能的模式,仅在处分权能的问题上对许可权和收益权进行适当的限制。

国防投资产生的知识产权之许可权,是指实施人或权利人依据合同约定或制度要求对国防投资产生的知识产权或者未形成知识产权的科技成果加以实际利用的权利。有学者将此种许可、转让、出售等安排、处置国防投资产生的知识产权的权利定义为"处置权"[3],以期与国有资本投资形成的科技成果"处置权"[4]形成对应。在此,本文认为,由于国防投资产生的知识产权自身属性的特殊性,"处置权"的设置易产生涉及国防利益受到损害、国防资产流失等问题之嫌,因而采用更为温和中性的"许可权"一词,来指代此种对于国防投资产生的知

---

〔1〕 纪建强、黄朝峰、张继东:《产权分离与产权分割——职务发明国防专利权归属的新思路》,《科技进步与对策》2015 年第 13 期。

〔2〕 吴汉东主编:《知识产权法》,中国政法大学出版社 2002 年版,第 333 页。

〔3〕 易涛:《军民融合背景下构建国防专利处置权之探讨》,《法学论坛》2019 年第 1 期。"所谓国防专利处置权,是指对国防专利的'处分权',即对国防专利的许可、转让、转化等相关的权利。其权利的内容是对国防专利进行转让、许可以及注销,具体包括无偿划转、对外捐赠、出售、转让、许可等行为"。

〔4〕《财政部关于中关村国家自主创新示范区进行中央及事业单位科技成果处置权改革试点的通知》中所指的科技成果处置权,是指科研事业单位对该单位所拥有的科技成果进行产权注销或转让的行为,包括无偿划转、对外捐赠、出售、转让等。参见《财政部关于中关村国家自主创新示范区进行中央及事业单位科技成果处置权改革试点的通知》(财教〔2011〕18 号)规定:"一、中央级事业单位科技成果处置是指,中央级事业单位对其拥有的科技成果进行产权转让或注销产权的行为,包括无偿划转、对外捐赠、出售、转让等。"

识产权加以实施、运用和转化的权利，许可权的本质属性为对于国防投资产生的知识产权之用益物权。

国防知识产权的收益权是指权利主体具有获取相关收益的权利。若国防投资产生的知识产权被他人实施，则收益权人可以按照法律规定获得使用费；若国防投资产生的知识产权被转让，则收益权人有权收取技术实施费用。此种收益权是基于价格机制和市场对资源配置的决定性作用而存在的权利，与因科研成果而获得的奖励或者补偿存在本质区别。关于收益权是否应该纳入使用权之范畴来考量的问题，传统财产权理论中常常存在争议。但本文认为，在我国物权法体系之中，所有权权能明确界定为四项，使用与收益为并列关系，且通过收益权分配这一赋权机制，更有利于促进国防投资产生的知识产权的转化积极性，从法理与实际需求的角度来看，以此来分析作为权利束中一种具体权利的收益权，诸无异议。

为了处理好国家、项目承担单位以及科技成果完成人等各主体间的利益分配问题，有效地激发国防领域相关知识产权的运用能力，提高科研人员的创造与转化积极性，对于国防投资产生的知识产权之各权利进行分离与分割，将之按照不同主体的不同利益诉求予以分配，是解决现存问题的关键所在。

2. 百家争鸣：学界对国防投资产生的知识产权配置的观点

从学理上看，对于国防投资产生的知识产权配置存在截然不同的观点。一种较为保守的观点认为，根据“谁投资，谁拥有”的原则，国防投资产生的知识产权应归国家所有〔1〕；相反观点认为，在国家保留必要权利的基础上，除了涉及国家安全、国防利益、军事秘密等情形外，国防投资产生的知识产权应归项目承担单位和科技成果完成人所有。〔2〕

当然，大多数学者提出应根据一定标准将国防投资产生的知识产权进行划分，将不同权利合理配置给国家、项目承担单位以及科技成果完成人。梁清文等提出应确立复合产权政策，即根据技术成果对经济发展、公共利益的影响程度，在强调国家拥有国防知识产权的所有权同时，适当考虑发明人和所在单位的利益；〔3〕王丽顺等指出，军事利益优先是装备科技成果推广转化中产权利益分配的首要原则，要体现出“谁投资、谁所有，谁投入、谁收益”的思想和有偿使用的原则；〔4〕杨筱认为，对于国家投资形成的国防知识产权，应当按照效率原则配置给研发单位或个人，国家享有在重大安全需求下的免费使用权〔5〕；冯媛等提出，单一依靠政府投资方式已难以为继，应促进权利配置机制从单一产权模式向多元

---

〔1〕 王林、黄怡苏、胡隽：《对国防知识产权归属制度的思考》，《科技进步与对策》2006 年第 4 期。

〔2〕 李泽红、张娅如：《完善国防专利激励制度的若干思考》，《科技与创新》2008 年第 1 期；张雅静：《国防知识产权的归属与利用》，《社科纵横》2013 年第 9 期。

〔3〕 梁清文、欧阳国华、丁德科等：《国防知识产权激励与管理政策研究》，《军事经济研究》2011 年第 10 期。

〔4〕 王丽顺、贡毅栋、万君等：《装备科技成果转化模式研究》，《装备学院学报》2014 年第 3 期。

〔5〕 杨筱：《国防知识产权交易治理研究》，国防科学技术大学 2015 年博士学位论文，第 165—166 页。

化产权模式变革[1]。

可见,绝大多数学者虽然认可国防投资产生的知识产权权利配置应在国家、项目承担单位以及科技成果完成人之间合理分配,但是仅以该知识产权是否与国防安全、国家利益密切相关进行分类讨论。这样简单的划分无法解决国防投资产生的知识产权配置机制对于激发科研人员创新积极性不足的问题,也不能实现在保护国家利益的条件下促进转化与运用的平衡。换言之,如果仅强调国防投资产生的知识产权的国家属性,就会损害项目承担单位进行创新的积极性;如果仅注重促进项目承担单位研发创新,就会造成忽视其主要来源于国防投资的前提事实,存在影响国家利益的可能性。因此,只有真正结合国防投资产生知识产权过程中的不同主体之身份,及其所追求的不同利益类型,对权利的配置进行精细化设计,才能真正解决现有问题,促进国防投资产生的知识产权的转化和运用。

3. 量体裁衣:基于国防投资产生的知识产权特征的设计理念

从国防投资产生的知识产权所涉及的不同主体来看,在权利配置和运用的过程中主要可分为投资者、研发者、使用者三类主体。从国防投资产生的知识产权所体现的利益性质来看,其主要可分为军事效益和经济效益两类效益。

从投资者的角度来看,目前我国绝大部分国防科研经费来源于国家直接投资。对于国家而言,其根本追求为国防利益的保障和军事水平的提高。国防投资所产生的知识产权在研制、生产、使用等各个阶段均离不开军事需求。军事利益在国防投资产生的知识产权所体现的利益中属于核心利益,[2]应赋予作为投资者的国家充足权能来保障军事利益的实现和国家安全职责的履行。

从研发者的角度来看,其主要包括军工科研院所、军工企业以及承担军工研制任务的民用单位。随着军工科研院所等应用型科研机构的体制改革,军工科研院所及军工企业日益脱离政府行政主导模式,而作为市场主体参与市场竞争,其往往将经济利益作为直接的追求。因此,应赋予作为研发者的具有不同性质的科研院所、军工企业与民用单位充足权能而提高经济效益,激发创新活力。

从使用者的角度来看,国防投资产生的知识产权使用者通常是军方装备归口管理及使用部门,这也正是国防投资产生的知识产权领域的重要特征,即军方既是投资者,也是使用者,其以提高军队作战能力等军事利益和国防利益为首要追求。

可见,国防科技成果研发过程中的各个阶段中的不同主体存在不同的利益追求和导向,处理好不同主体间的不同利益关系,通过权利分配与共享机制的有效运行,可为国防建设提供内在动力,巩固军事利益,同时也能通过国防投资产生的知识产权转化工作充分调动研制人员的积极性,提高经济利益。

---

〔1〕 冯媛、郭永辉:《国防知识产权制度与武器装备创新发展互动关系研究》,《科技进步与对策》2015年第10期。

〔2〕 杨筱:《国防知识产权交易治理研究》,国防科学技术大学2015年博士学位论文,第127页。

4. 刃迎缕解：国防投资产生的知识产权归属的重新配置

根据上述国有资本投资形成的科技成果权属改革的成功经验、美国国防知识产权管理模式的相关借鉴，并根据权利构造的理论基础，国防投资产生的知识产权配置刃迎缕解。但是，值得注意的是，国防投资产生的知识产权是以国家意志出现的，除创新活动之性质外，亦包含强烈的国家利益、国家安全考虑。因此，如果说国有资本投资形成的科技成果权属改革是以激励创新积极性为主要考量，兼顾利益平衡的话，那么国防投资产生的知识产权配置方面则必须优先考虑其中蕴含的国家利益和国家意志，只有在国防利益不受损害的大前提之下，才可以进入"适度放权"的阶段。

第一，国防投资产生的知识产权所有权应归国家所有。如前所述，国防投资产生的知识产权是具有公权属性的私权，而且其中相当一部分关乎国家安全、国防利益与军事技术秘密，国家需要随时能够实施利用，因此，具有公共产品属性的国防投资产生的知识产权之所有权应归国家所有。鉴于国防投资产生的知识产权在性质上所具有的政治性和公益性，国家所享有的所有权权能完整。具体而言，国家享有符合研发目的的无偿使用权或为国防目的指定他人有偿实施的权利，但是此种权利不包括随意指定其他单位或在其他目的领域免费使用的权利；同时，国家享有对相关知识产权的充分控制权，包括对项目承担单位行使相关权利的监管权和必要的交易控制权。具体制度可以设计为，在法律层面将国防投资产生的知识产权根据涉密程度、与国防利益的关联性等因素，划分为禁止交易、限制交易、自主交易等主要类型，对其进行分等级的监管、制约与控制。[1]同时，若国防投资产生的知识产权在实施和运用过程中，引起国家利益受损时，或者遇到战争或重大紧急情况需要征用相关技术等情况下，[2]国家有权将许可权、收益权等一并收回，以维护和实现国防利益。此种对于所有权的配置方式符合国防安全利益优先原则，且充分考虑了社会主义国家的现实属性及国情、军情。

第二，国防投资产生的知识产权之许可权应归科研成果完成人所有。赋予科研成果完成人此种用益物权，意味着可将该知识产权视作事实上的私产，可进行转让、许可、抵押等行为，并借助市场机制实现资源自由交换与流动，从而实现最大的经济价值。将许可权归于科研成果完成人所有，科研成果完成人可使用其技术成果继续进行开发研究，使资源向更有价值的地方流转。此种配置方式与农村土地承包经营权改革大同小异，即国家享有所有权，但农民享有土地承包权和经营权。如同提高农村土地资源配置效率一样，赋权激励模式不但能够提高科研成果完成人进行科技成果转化运用的积极性，而且能够形成国家与科研成果完成人均获得经济利益的双赢局面。

---

〔1〕 王梅：《完善和升级国防知识产权制度体系的思考》，《国防》2019 年第 4 期。

〔2〕 纪建强、黄朝峰、张继东：《产权分离与产权分割——职务发明国防专利权归属的新思路》，《科技进步与对策》2015 年第 13 期。

与此同时，国家作为国防投资产生的知识产权之所有权人，仍应保留为维护国家安全和国防利益的相关权利。如果在科研成果完成人获得国防投资产生的知识产权许可权后不能有效推广和实施知识产权，或者国家基于维护国防利益、国家安全、重大社会公益而需要实施相关知识产权时，或当科研成果完成人违反管理程序、不履行义务时，国家应行使具有限制其许可权之处分权能的政府介入权，授权第三人实施知识产权或自身实施知识产权。[1]

第三，国防投资产生的知识产权之收益权由国家、项目承担单位和科技成果完成人共同所有。对于国防投资产生的知识产权，国家在其中扮演着代表社会公共利益的角色，国家的收益应来源于实施相应项目承担单位及科技成果完成人上缴的税费。对于项目承担单位和科技成果完成人而言，其收益应不仅包括补偿和奖励，更应包括来自知识产权运用实施过程中产生的收入。因此，我国应摒弃“谁投资，谁拥有”的传统思维，转变为“谁创造，谁收益”的新思路，放松对项目承担单位和科研成果完成人的收益权限制，吸引更多创新主体参与国防领域的科研和创新活动。

具体而言，针对保障科技成果完成人的收益而言，一方面应完善国防投资产生的知识产权补偿与奖励制度，另一方面应建立国防投资产生的知识产权收益的合理分享机制。其一，在物质补偿方面，我国应通过制定详尽的补偿实施细则，完善补偿制度，并在税收、投融资、专项贷款、军品定价等方面制定政策优惠；其二，在物质奖励方面，国防领域科技成果转化相关文件中已经与《促进科技成果转化法》的规定相接轨，应进一步提高其法律位阶，推动收益分配和转化奖励的细则拟定和试点示范，明确奖励标准的同时，建立具有可操作性的分配方式[2]；其三，在精神奖励方面，应将国防投资产生的知识产权运用实施情况对经济效益的贡献率、知识产权许可与转让收益纳入科研人员的考核体系，并作为项目验收等级和评奖的重要参考指标，[3]从而提高其运用相关知识产权的积极性，提升项目承担单位以及科研人员的知识产权转化意识和能力。

同时，应当注意到，由于科技成果完成人为技术领域的人员，对于市场了解程度往往较低，因而在项目承担单位内部一般存在专业的科技成果转化团队，负责科技成果的转化与技术的运用。项目承担单位内部的科技成果转化团队的收益权在实践中亦应受到保障，具体的收益分配规则应当通过合同或者单位内部规章等形式进行明确规定，以保障科技成果转化团队的收益权，促进技术研发与市场推广的有效衔接。

综上所述，在国防投资产生的知识产权配置机制设计上，应以“适度放权”作为指导思想，在国防投资产生的知识产权所有权应归国家所有的基本前提之下，应将许可权配置给科研成果完成人所有，收益权则由国家、项目承担单位和科技

---

[1] 何家华：《国家重大科技专项中的知识产权归属研究》，华中科技大学 2012 年硕士学位论文。

[2] 侯媛媛、周晗、刘艳丽：《国防科技工业知识产权实施转化的现状与对策》，《国防科技工业》2020 年第 2 期。

[3] 李江磊：《构建国防科技创新的产权激励制度的对策分析》，《国防技术基础》2008 年第 2 期。

成果完成人共同所有，同时应注重保障项目承担单位内部科技成果转化团队的合法收益。此外，项目承担单位和科技成果完成人的相关权利之处分权能受到限制，国家享有对国防投资产生的知识产权的合同目的范围内的无偿使用权和指定使用权、介入权等，在国家安全、国防利益与社会公共利益优先的基础之上，通过赋予项目承担单位与科研成果完成人相应权利以提高效率、激励创新，从而达到各个主体利益平衡的状态。

六、军民融合背景下国防投资产生的知识产权运用机制

军民融合方针被提升为国家战略已经过五年时间，在如今军民融合的实施过程中，最困难却最为关键的环节便是“军转民”，即如何将军用领域的先进成果向民用领域转化运用及拓展。本文前一部分已经研究国防投资产生的知识产权之配置问题。然而，在军民融合的背景之下，仅有权利的配置和保护制度是不充足的，应在合理厘定权利归属的基础上，将战略重心从权利“配置”向“配置和运用”并重转移，完善国防投资产生的知识产权转化和运用机制，实现产生、保护、运用的良性循环。因此，本部分从完善立法体系、加强军民融合、知识产权运营三个方面，为我国国防投资产生的知识产权运用机制提供相关政策建议，以期对实践中具体举措的实施提供理论参考。

（一）完善立法体系：建立动态的法律与政策施行机制

第一，结合国防投资产生的知识产权本身特征和属性，在借鉴美国国防投资产生的知识产权管理制度和法律政策体系上，我国应尽快构建符合我国国情的国防知识产权法规体系。除了界定国防投资产生的知识产权概念以从根本上明确其私权属性之外，也应修改《国防法》《国防专利条例》等法律法规规定过于原则、不利于实际操作的条文，理顺不同法律规定之间的逻辑关系，更新《武器装备研制合同暂行办法》等实施较长时间的规定以回应国防领域的新发展、新要求，使得关于知识产权归属与配置方面的规定更加明确清晰。另外，为了保障项目承担单位和国防科技成果完成人的合法利益，我国应加强国防投资产生的知识产权相关规定的实施力度。例如，提高如今作为授权法规的《国防专利条例》的法律位阶，通过赋予其法律地位，并在此基础上由国务院颁布专门的国防知识产权实施细则，保证相关制度的有效实施。

第二，为了促进国防投资产生的知识产权之运用，应进一步完善转化和运用的法规体系。不可否认，国防投资产生的知识产权关乎国防利益与国家安全，具有不完全市场性的特征，不能完全按照市场规律进行交易，需要政府发挥一定的主导作用来控制交易行为。但是，在经过保密制度、国家分等级控制等环节后，应努力推动可以自由流通的部分国防投资产生的知识产权进入市场，推动权利与资本的转换，扩大经济效益。[1]

---

〔1〕 王梅：《完善和升级国防知识产权制度体系的思考》，《国防》2019 年第 4 期。

在完善立法体系方面，应处理好国防利益、国家安全与社会发展、经济建设二者的关系。通过完善我国国防领域知识产权管理和立法体系，健全交易和管理制度机制，达到国家利益、军事利益与经济效益的平衡状态。

（二）加强军民融合：健全定密与解密机制

近年来，为了促进国防知识产权向民用领域转化运用，国防相关部门在加快解密步伐、组织信息交流活动、开展知识产权中介服务等方面已经取得初步的成效：国防知识产权局集中解密的一批与人工智能、信息技术密切相关的国防专利已经在民用领域得到应用，经济效益显著；通过组织国防系统相关单位参加各类展览展示活动、搭建国防知识产权信息服务平台和数据库，引导国防知识产权服务机构开展军民融合成果转化工作，促进了相关信息的交流与传播。[1] 可见，顺畅、高效的“军转民”和“民参军”双向技术转移转化是军民融合创新的重要基础，[2]研究如何进一步贯彻军民融合方针政策是促进国防投资产生的知识产权运用的重要问题。

首先，在“军转民”方面，我国应制定更加系统、详细、操作性强的保密制度，转变当前定密过严、解密过难的现状，为国防投资产生的具有保密属性的知识产权向普通知识产权转化扫清制度障碍。在定密制度上，我国应针对不同领域的技术特点，从技术先进性、与军事作战能力关联性和专用性等方面出发，科学评估国防专利保密必要性，合理确定密级，防止定密过严的情形发生；在降密、解密的制度上，为了适应科学技术迭代周期短的特点，维持国防投资产生的知识产权的经济效益，我国相关部门应成立国防知识产权解密领导小组，明确解密规则和条件，规范审批和工作流程[3]——与前述国防投资产生的知识产权配置机制中的分级管理思想相一致，根据涉密程度、与国防利益的关联性等因素，划分为禁止交易、限制交易、自主交易等主要类型，制定不同等级、不同领域及不同类型知识产权解密细则，在使解密流程规范化、简便化的同时，提高解密效率。同时，对于禁止交易、限制交易等类型的国防投资产生的知识产权亦可在军队范围内、保密环境下展开运用，发挥相关知识产权的用益价值。

其次，在“民参军”方面，在制度上借鉴美国经验，制定顺应军民融合深度发展战略的管理办法，设置民用企业创新计划等方式，激发民用高技术企业和小企业参与国防高技术创新活力，鼓励私营企业参与军事装备与武器建设；在程序上应不断完善武器装备科研生产许可证制度，研究制定普通民企对接军工通用技术的资质标准等，[4]加强军地技术协调，吸引各类创新主体参与武器装备研发工

---

〔1〕 佚名：《科技兴军 知识产权助力——访中央军委装备发展部国防知识产权局局长王宏宇》，http://ip.people.com.cn/n1/2019/0515/c179663-31085636.html，访问日期：2021年2月20日。

〔2〕 冯媛、郭永辉：《国防知识产权制度与武器装备创新发展互动关系研究》，《科技进步与对策》2015年第10期。

〔3〕 何培育：《新常态下国防专利转化的现实瓶颈与对策研究》，《科技进步与对策》2015年第22期。

〔4〕 冯媛、郭永辉：《国防知识产权制度与武器装备创新发展互动关系研究》，《科技进步与对策》2015年第10期。

作。另外,民用技术因军用而导致定密的,应对相关技术权利人予以补偿。

在加强军民融合方面,应处理好“军转民”与“民参军”两个重要环节的关系。既要促进军口的先进技术向民用领域转化,激励全社会的科技创新与进步,又要适当统一军民标准,解决潜在的在特定条件下可能发生的不同权利主体的利益冲突,促进二者更好地融合。

(三)知识产权运营:建立政府引导下的市场机制

近年来,从国家到地方、从政府到企业都在积极探寻知识产权运营的发展路径,各种知识产权运营模式如雨后春笋般涌现。发展国防投资产生的知识产权运营,对于激发市场活力,提高知识产权绩效具有重要意义。如今,国防投资产生的知识产权运用模式主要包括以下几种[1]:一为成果持有方自运营,即军工科研院所不依靠任何中介机构,自行开展知识产权运营,但此种运营模式往往因不具备专业成果转化服务能力、不符合市场需求而导致运用转化效率低下;二为内部第三方服务机构支撑运营,即内部层级较多的军工单位依托有资质的内部第三方服务机构提供运营服务,但此种运营模式受到成果资源分散、统一收集管理困难且获取收益难等问题的限制;三为其余运营方式,包括成果孵化机构运营、在线平台运营等新兴模式,虽然此类运营模式解决了传统方式中的部分问题,但由于仍然处于起步发展阶段,仍需要进一步完善。

首先,在理念上,加强国防投资产生的知识产权的运用与转化,我国应进一步建立以市场需求为导向,兼备保密要求的国防知识产权资本运营体系,在保证国家安全需求的同时,兼顾经济效率的提高。通过充分发挥市场对资源配置的作用,进一步健全规范市场交易的行为准则,推动国防知识产权在市场有序流通。在进一步市场化的基础上,建立国防投资产生的知识产权运营遴选评价标准与价值评估机制,结合市场总体需求现状、相关产业竞争态势、产品市场现有规模等因素统筹分析和评估知识产权转化前景,从而准确了解和把握知识产权的内在价值,并根据该结果进行市场定位和合理定价。

其次,在模式上,为了解决信息交流和合作不畅的问题,我国现已建立国防知识产权信息平台。在此基础上,应进一步建设更加专业化、规范化的分领域、分层次的信息资源共享体系,借鉴美国经验,建设军民两用技术信息数据库,对国防科技信息进行更为精细化分类和整合,促进信息交流与沟通,提高合作效率。另外,我国应培育和完善全国统一的国防知识产权交易市场,提供展示国防科技最新成果的平台,降低国防投资产生的知识产权运用实施的交易成本,最大程度地实现经济价值。

再次,在服务建设上,我国应建立专业的第三方知识产权运营服务体系,有效地整合国防科技资源,促进交易双方的技术合作,推动国防投资产生的知识产

[1] 焦文慧、马曙辉:《国防知识产权运营模式分析》,https://mp.weixin.qq.com/s/0beFzsTqzGz5-ldm-Vt-Clg,访问日期:2021年2月20日。

权运营水平；另外，围绕军民融合的背景，我国应完善知识产权转化运用的中介服务，引导相关工作和流程规范化、专业化展开和发展。

最后，国防投资产生的知识产权转化工作离不开政府的协调作用作为保障后盾。第一，政府对国防知识产权的管理应逐步从依靠实践经验管理向系统化、专业化管理发展，应明确装备管理部门和项目承担单位在知识产权管理方面的职责，实现对装备推广转化全过程的知识产权管理控制；第二，政府应通过财政补贴与奖励性直接财政投入，加快国防投资产生的知识产权转化和运用进程，通过税收优惠，对重点领域、战略性新兴领域的知识产权转化予以财政支持；第三，政府一方面应通过各种方式鼓励和引导社会资金投入，推动国防领域科技成果转化资金投入的多元化，另一方面通过简化国防领域知识产权转化运用过程中的行政审批手续，适时学习美国其他交易协议制度和中间层采办程序，加快转化运用速度，构建保障充足、高效便捷的政府支持与引导体系。

在促进国防投资产生的知识产权市场化运营方面，应处理好市场决定性作用和政府引导作用之间的关系。市场决定性作用应当遵循市场运作规律，实现国防投资产生的知识产权与其他生产性要素的结合；政府引导作用应当以加强政策保障为主线，为国防投资产生的知识产权运用营造良好的发展环境。

七、结论

2016 年，《国务院关于新形势下加快知识产权强国建设的若干意见》明确提出“促进知识产权创造运用”的要求；2020 年，中共中央总书记习近平在中央政治局第二十五次集体学习时强调，我国正在从知识产权引进大国向知识产权创造大国转变，我国重要任务之一即“打通知识产权创造、运用、保护、管理、服务全链条”。可见，促进知识产权运用问题已经成为如今的重要任务。国防投资产生的知识产权由于其所处领域的特殊性和重要性——国防为国家安全之重，国防科学技术发展水平是综合国力的集中体现，因而其配置和运用问题值得引起各界的关注和思考。

针对国防投资产生的知识产权配置和运用问题，本文首先就国防投资产生的知识产权配置和运用现状展开研究。在日渐重视国防知识产权运用、保护和管理，促进军民融合发展等中央顶层理念和国家战略之下，我国针对国防投资产生的知识产权配置和运用问题形成了多部法律法规及政策。经过梳理权利归属、配置运用及补偿奖励的规定可以发现，我国现行制度存在较多问题症结：产权模式单一、法律政策笼统导致利益分配不平衡；市场机制缺乏、保密解密程序复杂导致资源配置效率低下；激励政策不足、收益分配不合理导致创新激励机制不完善。以上问题的共同作用使得我国国防投资产生的知识产权配置和运用现状不尽如人意，仍有值得改革和完善的空间。

其次，本文就我国已取得显著成效的国有资本投资形成的科技成果权属及其转化的改革路径展开研究，寻找二者在改革路径方面的共通性与借鉴可行性。始于立法的调整，科技成果权属改革经历了渐进释权给项目承担单位及科技成果完成人的过程，但是统计数据显示此时的改革成效并不显著。以 2016 年西南交大职务科技成果权属混合所有制改革为核心，各地均跟随其探索“适度放权”的科技成果转化机制和模式并展开有关实践，逐步形成了有效的产权激励，促进了科技成果转化的速度与质量。2019 年，《北京市促进科技成果转化条例》颁布，其亮点在于允许将国有资本投资形成的科技成果所有权全部或部分给予科技成果完成人，加快了科技成果权属改革及科技成果转化的步伐。经过分析和研究，此改革路径对国防投资产生的知识产权配置和运用问题具有借鉴意义。然而，由于此改革路径本身所存在的局限性，以及国防投资产生的知识产权在法律性质、权利特征等方面的特殊性，对于其改革路径的选择仍需在更多理论和实践支撑的基础上做出具体分析。

再次，本文对作为世界科技强国的美国国防投资产生的知识产权配置和运用机制进行了研究。通过从法律法规体系、权利义务配置以及专业保障措施三个方面的研究可以发现，美国在促进科技成果转化方面形成了以《拜杜法案》为核心的知识产权运用法律体系，突破了“谁投资，谁拥有”的传统财产权归属分配规则，不但明确赋予了项目承担者优先选择保留项目产出科技成果的权利，还规定了联邦政府在特定情形下享有介入权，以维持项目承担者与国家利益的平衡。美国在国防领域也形成了以统一管理为特征、以“5000 系列指令”为核心的国防领域知识产权法律体系，并通过持续的更新修订法律法规，与科技发展保持同频。在国防投资产生的知识产权权利和义务配置上，美国国防部注重竞争性原则与市场在资源配置中的作用，其力图通过一系列政策和制度提高装备采办市场主体的多样性。如今，美国形成了以项目承包商具有选择保留联邦政府投资产生的知识产权所有权的权利为原则，以权利归属于国防部为例外的权责清晰的国防投资产生的知识产权配置机制。对于国防投资产生的知识产权的运用，美国联邦政府从系统管理、财政支持、信息交流、保密机制等多方面入手，提供全方位的保障措施，极大地提高了军民一体化的程度和军民两用技术的发展。通过分析发现，美国在国防投资产生的知识产权配置和运用机制及其成功经验具有可借鉴性。

最后，本文从两大法系的财产权权利构造理论入手，为国防投资产生的知识产权之配置提供了理论依据和基础；从研究我国农村集体土地改革实践深入，为国防投资产生的知识产权之配置提供了实践经验；最后，在分析国防投资产生知识产权全过程中不同主体的不同利益诉求，提出所有权、许可权、收益权配置机制，以期在利益分配平衡、权利配置公平有效的基础上，进一步促进其转化与运用。具体来讲，配置机制及运用政策建议如下：

第一，国防投资产生的知识产权作为知识产权的重要组成部分，是一切相关权利的集合，是由包括所有权、许可权、收益权在内的多种权利构成的权利束，其更多地强调由于知识产权的存在和运用而引起的人们之间被法律所认可的权利义务关系，起着规范相互之间行为和关系的作用。

第二，国防投资产生的知识产权所有权应归国家所有；许可权应归科研成果完成人所有，但国家保留为维护国家安全和国防利益的相关权利，即科研成果完成人许可权的处分权能会受到一定程度的限制；收益权由国家、项目承担单位和科技成果完成人共同所有，采用“谁创造，谁收益”原则，同时应注重保障项目承担单位内部科技成果转化团队的合法收益。

第三，国防投资产生的知识产权转化和运用机制的完善，应建立系统化的立法体系，改变规定过于原则性、不具备实操性的不足，在保障国家利益的前提下，充分发挥国防投资产生的先进科技成果在推动社会进步和经济发展中的重要作用。我国也应在军民融合方针政策的指导之下，完善保密与解密制度，促进“军转民”；促进军民市场融合，降低军用市场准入标准，推进“民参军”。我国更应进一步发挥市场在国防投资产生的知识产权运用方面的作用，进一步建立以市场需求为导向，兼备保密要求的国防知识产权资本运营体系，完善价值评估机制，建设有层次的专业化资源共享体系，并通过政府在财政补贴、税收优惠、专项资金等保障措施的支持下，形成完备的转化与运用机制。

总之，国防投资产生的知识产权配置和运用机制的改革和完善是提高我国科技竞争力，全面提高科技创新水平的重要推动力，亦是建设知识产权强国的应有之义。

民间文学艺术的著作权问题
——以电影《花木兰》为例

赵丽娟*
孙雪莹**

摘　要　民间文学艺术是本国国民于领土上创造的、代代相传的、具备文化遗产属性的各类作品表现形式，属于一种智力成果，应当受到著作权保护。然而，历经漫长岁月的发展，民间文学艺术的初始作者难以确定，版权权属和保护模式存在争议。民间文学艺术的保护不足，导致其相较于一般作品更容易流失、损毁，然而，民间文学艺术关系公共利益与国家利益，应该得到强有力的保护。在权利主体的确定上，应当认可主体的多元化：传承人身份毋庸置疑者，应保障其署名权等精神权利与财产权利；在族群或社区内部世代传承的民间文学艺术，可以将群体作为权利的享有者；不属于特定群体或群体无力保护的，由国家承接相应的权利义务并由版权主管部门或文化主管部门代为行使。为其制定特别法规的同时，也可以借鉴国外登记注册、授权许可等制度，汇集行政力量，共同为民间文学艺术的保护铺路。民间文学艺术是先人智慧的结晶，除了商业使用价值、学术研究价值之外，也是文化认同、身份认同的重要源泉，扭曲、丑化等非正当利用理应被禁止，权利主体有权追究侵权责任。

关键词　民间文学艺术；权利主体；保护模式

目　次

---

* 赵丽娟（1984—），湖北第二师范学院副教授，华中师范大学教育学院博士，研究方向：声乐教学法。

** 孙雪莹（1999—），北京大学国际知识产权研究中心研究助理，北京大学法学学士，主要研究方向：知识产权法。

一、问题的提出

随着社会的发展,文化产业愈加兴盛,其中对于民间文学艺术的利用也越来越多。但是因为法律保护不足,民间文学艺术遭受破坏、逐渐消失的风险一直存在,现实中关于民间文学艺术的著作权纠纷也不断增加。同时,国外在使用我国民间文学艺术的过程中也出现了一些状况,例如,2020年上映的迪士尼真人电影《花木兰》是以我国传统文学形象木兰为主角打造的影视作品,但自上映后被部分观众认为属于文化挪用,甚至遭到了抵制,其中暴露出的问题值得我们深思。

电影《花木兰》是华特·迪士尼影片公司出品的著作权作品,取材于民间流传的木兰故事,进而演绎新的木兰角色。木兰是中国传统文化中广为人知的文学形象,最早出现于南北朝一首叙事诗《木兰辞》中,该诗约作于南北朝的北魏[1],最初收录于南朝陈的《古今乐录》[2],后世亦多有改编。从南北朝的《木兰辞》开始到明代徐渭的《雌木兰》、豫剧《花木兰》,已形成一个木兰故事演变系统。[3]

不仅在文学界、影视界等领域电影《花木兰》引起诸多反响,而且关于如何管理民间文学艺术使用的事项其也多次被提及。木兰形象本是我国民间文学艺术的组成部分,木兰女扮男装代父从军,勇敢担负家国之责,为亲人应召入伍,为国家征战疆场,巾帼英雄的形象在传统文化中熠熠生辉。然而,电影《花木兰》更像是一篇玄幻风格的闯关升级小说,主角逐步提升功力,成为一代高手。诚然,作品中存在创新的成分,但是原作的内涵被敛去大半,想要表达的精神也有所移位。花木兰是为人熟知的文学角色,虽是虚构人物,但历来被人们敬仰称颂,已经成为一种精神象征,代表的不仅是胆量智慧,还有家国大义。这一人物的构造融有一个民族的风骨与骄傲,并非简单的个人英雄主义可以概括。电影中出现的"气"这一概念有些类似《星球大战》中的"原力",西方文化中典型的元素——超能力、女巫、真我等被糅进剧本,辅以建筑、服饰、妆发等表面古风实则不搭的东方元素,套入中世纪家族荣誉理念,最终呈现的是东方历史背景下带有西方价值观的木兰历险记,木兰的人物属性自保家卫国的女英雄转换为了经历奇特的

---

〔1〕 贺玉萍:《〈木兰辞〉创作时代与作者之探究》,《洛阳理工学院学报(社会科学版)》2004年第19期。

〔2〕 郑恩玉:《从〈木兰诗〉到"木兰戏"——木兰故事演变系统研究》,《戏剧艺术》2013年第4期。

〔3〕 郑恩玉:《从〈木兰诗〉到"木兰戏"——木兰故事演变系统研究》,《戏剧艺术》2013年第4期。

迪士尼公主。[1] 类似的影片还有《功夫之王》《功夫熊猫》等，西方拍摄的中国素材的电影，不免会有外国风格的体现，在一定程度上背弃了我国民间文学艺术所传达的独特的民族精神，是对其核心价值的歪曲篡改，更有甚者，如电影《花木兰》将西方个人英雄主义的文化嵌入我国传统木兰故事，是一种潜移默化的文化入侵。

因此，外国对于我国民间文学艺术的使用是否需要得到权利主体的许可、大幅度改动是否涉及侵权等问题，都值得深入研究。随着国际交流的愈发频繁，民间文学艺术跨国纠纷也日益增加。民间文学艺术不仅属于无形财产，也是民族文化的代表，保护其长久延续、免于破坏已刻不容缓。

由于民间文学艺术作者难以锁定、渗入公共领域，处于动态演进过程中等特质，其版权问题历来存有诸多争议，针对民间文学艺术的保护亦有多种策略被勾勒。有学者提出应基于民间文学艺术独创性、形式多样性、变异性等客观属性量体裁衣，制定法律法规为其保驾护航；[2]有学者认为在民间文学艺术领域，于著作权之外，还需要政策支持，诸如人权保障、旅游管理等多方位、系统性的体例建构；[3]有学者强调民间文学艺术的范围应该加以限缩，确立固定化的程式以作依据，将民间文学艺术标为特殊作品给予特别保护；[4]还有学者提出为我国民间文学艺术中那些具有作品表现形式的内容提供类似著作权的特殊权利保护[5]。

然而，尽管保护民间文学艺术刻不容缓，但其私权保护目前基本处于空白状态。《著作权法》将对民间文学艺术的著作权保护办法交由国务院制定，而与之相关的《非物质文化遗产法》是一部行政法，对民间文艺作品的保护主要体现为公法角度上，[6]不涉及民间文学艺术表达的知识产权保护，从而导致民间文学艺术的私法保护和行政保护之间缺乏制度协调性。[7]

因此，与民间文学艺术相关的法律纠纷亟须一套行之有效的体系投入运行，这不仅是为了保护相关权利主体的利益，也是为了更好地保障民间文学艺术的传承与发展，使之在文化传播的过程中保持重要核心与精神内涵，将优秀的文化结晶延续下去。基于此，笔者想对民间文学艺术的保护进行一些探讨，期待民间文学艺术能够保持活力，在文化交流中展现自身价值，秉持可持续发展、利益保护与互惠共享并存的原则继续传承下去。

二、民间文学艺术范畴之界定

欲探究民间文学艺术究竟应该如何保护，首先需明确民间文学艺术的范畴和概念。对于民间文学艺术范畴的界定，相关的国际文件做出了或范围宽延或

〔1〕 韩晓强：《〈花木兰〉：迪士尼公主与家国想象》，《电影艺术》2020 年第 6 期。
〔2〕 蒋万来：《民间文学艺术的法律保护》，《电子知识产权》2004 年第 5 期。
〔3〕 吴海珍：《从乌苏里船歌案看民间文学艺术的保护》，《电子知识产权》2003 年第 12 期。
〔4〕 邓社民：《民间文学艺术法律保护基本问题研究》，中国社会科学出版社 2015 年版，第 196—239 页。
〔5〕 管育鹰：《民间文学艺术作品的保护机制探讨》，《法律科学(西北政法大学学报)》2016 年第 4 期。
〔6〕 齐爱民、曾钰诚：《民间文学艺术作品商业化的困境与出路》，《时代法学》2016 年第 6 期。
〔7〕 杨明：《非物质文化遗产的现实处境与对策研究》，《法律科学(西北政法大学学报)》2015 年第 5 期。

类型明确的规定。

1976年,世界知识产权组织(The World Intellectual Property Organization,简称WIPO)与联合国教育、科学及文化组织(United Nations Educational,Scientific and Cultural Organization,简称UNESCO)制定了《为发展中国家示范的突尼斯著作权法》(以下简称《突尼斯著作权示范法》),其中第18条(iv)对民间文学艺术做出了定义。民间文学艺术是指作者可推定为该国家或群落的族裔在其领土上创作、代代相传,且构成传统文化遗产的基本要素之一的全部文学、艺术与科学作品。[1]

1977年3月通过,1982年正式生效的《成立非洲知识产权组织(OAPI)的班吉协定》,其附件七第46条将民间文学艺术解释为一切由非洲的居民团体所创作的、构成非洲文化遗产基础的、代代相传的文学、艺术、科学、宗教、技术等领域的传统表现形式与作品。[2]

世界知识产权组织与联合国教育、科学及文化组织于1982年7月制定的《保护民间文学艺术表达、防止不正当利用及其他侵害行为的国内法示范条款》第2条规定[3],民间文学表达形式系由传统文化遗产的特有因素构成的,由某一国家的居民团体或反映该团体的传统艺术取向的个人所发展与保持的产品。[4]虽然上述规定或多或少存在差异,但皆有强调本国居民创作且世代传承、符合文化遗产要素的各类作品,地域性、历史性、艺术性等共同特点是认定民间文学艺术的重中之重。

在1994年与2001年,我国曾两次启动对民间文学艺术保护条例的起草工作,但具体保护办法至今仍未出台,仅出台了若干地方性法规。[5] 国家版权局2014年起草的《民间文学艺术作品著作权保护条例(征求意见稿)》(以下简称《征求意见稿》)中第2条规定,本条例所称民间文学艺术作品,是指由特定的民族、族群或社群内不特定成员集体创作和世代传承,并体现其传统观念和文化价值的文学艺术的表达。[6] 该《征求意见稿》根据《著作权法》第6条之规定“民间文学艺术作品的著作权保护方法由国务院另行规定”而制定。然而,该《征求意见

---

〔1〕 Tunis Model Law on Copyright for Developing Countries(1976),https://wenku.baidu.com/view/5e11ae50763231126fdb1132.html,访问日期:2021年1月22日。

〔2〕 张玉敏:《民间文学艺术法律保护模式的选择》,《法商研究》2007年第4期。

〔3〕《保护民间文学艺术表达、防止不正当利用及其他侵害行为的国内法示范条款》第2条列明四种形式的民间文学艺术:一是言语表现形式,如故事、史诗、传说、诗歌、谜语、文字、标志、名称和符号;二是音乐表现形式,如歌曲和器乐;三是行动表现形式,如舞蹈、游戏、典礼、仪式和其他表演;四是有形表现形式,如艺术品,尤其是素描、设计、油画(人体画)、雕刻、雕塑、陶艺、镶嵌、木工、金属器皿、珠宝、编织、刺绣、纺织、玻璃器皿、制毯、服饰、手工艺、乐器和建筑。

〔4〕 冀红梅:《民间文学艺术的著作权保护》,《科技与法律》1998年第1期。

〔5〕 如《新疆维吾尔自治区非物质文化遗产保护条例》《浙江省非物质文化遗产保护条例》《江苏省非物质文化遗产保护条例》《宁夏回族自治区非物质文化遗产保护条例》《湘西土家族苗族自治州民族民间文化遗产保护条例》《长阳土家族自治县民族民间传统文化保护条例》。

〔6〕《国家版权局关于〈民间文学艺术作品著作权保护条例(征求意见稿)〉公开征求意见的通知》,https://www.chinesefolklore.org.cn/web/index.php? NewsID=13219,访问日期:2021年1月23日。

稿》因种种原因迟迟未能出台，但该《征求意见稿》中对民间文学艺术作品的概念界定，是民间文学艺术表达的著作权保护研究取得的重大进展。[1]

然而，迄今为止，学界对民间文学艺术概念之界定仍存在分歧，各国际组织和各个国家对民间文学艺术之定义也未达成统一的认识，其原因在于不同的主体有不同的立场、利益需求和保护目标。[2]"民间文学艺术表达"与"民间文学艺术作品"并非同一概念，前者的范围要广于后者，"民间文学艺术表达"的形式极为多样，其中一些"表达"难以构成著作权法意义上的"作品"。[3]"民间文学艺术表达"属于非物质文化遗产的一部分，[4]非物质文化遗产的内涵和外延更为宽泛，甚至指向文化本身[5]。本文中所谈论的民间文学艺术是指包含了民间文学艺术表达和民间文学艺术作品在内的，由特定的民族、族群或社群内不特定成员集体创作和世代传承并体现其传统观念和文化价值的全部文学、艺术和科学领域内的作品和表达。

三、民间文学艺术的权利主体

针对民间文学艺术的权利主体问题，数种学说各有千秋。在民间文学艺术的保护过程中，除了涉及权利主体之外，还涉及传承人、采风者、再创作者与使用者等。[6]

（一）个人主义作者观

个人主义作者观认为，对于民间文学艺术，破除著作权问题壁垒的路径可以考虑删繁就简，将其与普通个体作品等同看待。传承人作为权利主体的地位应当得到确认。自然人作为权利主体，有其天然的独特优势。"谁创造，谁享有"原则毋庸置疑能够激发并保持创作者的创作热情，并且体现了公平原则。[7]但是，民间文学艺术具有口头性、变异性等传承特点，民间文学艺术处于长期的发展变异之中，发展过程中又呈现出相对成熟、成型而未定型之特点，故难以确定个人权利主体。[8]若因年代久远，流传谱系模糊不清，应当推定最近的传承人为口头

---

〔1〕李秀娜：《民间文学艺术表达司法实践发现和概念再认识——兼评〈民间文学艺术作品著作权保护条例〉（征求意见稿）第二条》，《科技与法律》2019年第1期，第26页。

〔2〕刘雪凤、王家棋：《中国民间文学艺术知识产权保护研究述评及展望》，《贵州师范大学学报（社会科学版）》2021年第1期。

〔3〕王迁：《〈著作权法〉修改与国际条约和协定》，《电子知识产权》2020年第11期。

〔4〕联合国教科文组织在2003年第32届会议上通过了《保护非物质文化遗产公约》，将民间文学艺术表达作为非物质文化遗产的一部分宣示保护，并明确由国家承担组织和协调开展行政保护的义务。我国《非物质文化遗产法》第2条第1项"传统口头文学以及作为其载体的语言"以及第2项"传统美术、书法、音乐、舞蹈、戏剧、曲艺和杂技"大致涵盖了民间文艺的基本内容及范围。

〔5〕管育鹰：《民间文学艺术作品的保护机制探讨》，《法律科学（西北政法大学学报）》2016年第4期。

〔6〕张洋：《民间文学艺术权利主体问题研究》，中国政法大学出版社2016年版。

〔7〕张洋：《民间文学艺术作品权利归属之次序探析》，《知识产权》2015年第7期，第61—62页。

〔8〕朱莉萍：《民间文学艺术作品个人权利主体研究——以邵阳布袋戏为例》，《东北农业大学学报（社会科学版）》2018年第2期。

作品的著作权人。如果存在记录整理者,可以视其做出的贡献将整理完毕的作品定为演绎作品或与传承人的合作作品。民间文学艺术超过保护期限之后,由国家著作权行政主管部门或者文化行政主管部门保护其精神权利。[1]

(二)集体主义作者观

集体主义作者观坚持民间文学艺术的权利主体应当是族群或社区,[2]民间文学艺术作为集体智慧的结晶,应当归于创造、延续它的族群所有[3]。例如,在《乌苏里船歌》纠纷一案中,法院判定赫哲族世代传承的民间曲调是赫哲族民间文学艺术的组成部分。《民间文学艺术作品著作权保护条例(征求意见稿)》第5条规定民间文学艺术作品的著作权属于特定的民族、族群或社群。[4] 对于这一条款将民间文学艺术作品的创作者界定为群体,部分学者予以认可,认为如能确定创作主体并且创作主体人数众多,可推选出代表代为行使著作权,如创作主体人数较少,则可由该群体内每一个社会成员共同行使,如短时间内难以确定创作主体,可由主管部门确定的专门机构代为行使其权利,真正的权利主体依旧属于特定的社会群体。[5] 亦有学者表示质疑[6],认为民间文学艺术的集体性特征是研究人员的误解,最新版本的作家文学作品与最新版本的民间文学作品,都可能是凝聚着无数前人贡献的"集体性"的作品,虚构出的集体作者和集体创新机制并不利于民间文学艺术的保护,舍弃集体作者观可终结民间文艺版权保护的难题。[7]

相关国际文件中,如联合国《原住民文化遗产保护原则与指南》(Principles and Guidelines for the Protections of the Heritage of Indigenous People)、《原住民文化与知识产权保护的马塔阿图阿宣言》(the Mataatua Declaration on Cultural and Intellectual Property Rights of Indigenous People)将有关原住民认定为民间文学艺术的权利主体。[8] 国外也存在若干关于土著居民维护原有文学艺术的判例。1983年,澳大利亚一家企业在桌布与茶巾上运用了土著人的树皮画作品,因而被诉至法庭,最终法院判其支付1500澳元的侵权赔偿,并收回涉案产品。[9]

---

[1] 崔国斌:《否弃集体作者观——民间文艺版权难题的终结》,《法制与社会发展》2005年第5期。

[2] 管育鹰:《知识产权视野中的民间文艺保护》,法律出版社2006年11月版。

[3] 张辰:《论民间文学艺术的法律保护》,载郑成思主编:《知识产权文丛》第8卷,中国方正出版社2002年版,第116页。

[4] 《国家版权局关于〈民间文学艺术作品著作权保护条例(征求意见稿)〉公开征求意见的通知》,https://www.chinesefolklore.org.cn/web/index.php? NewsID=13219,访问日期:2021年1月23日。

[5] 袁倩倩:《论民间文学艺术作品的著作权保护——兼评〈民间文学艺术作品著作权保护条例(征求意见稿)〉》,《中国集体经济》2018年第34期。

[6] 朱莉萍:《民间文学艺术作品个人权利主体研究——以邵阳布袋戏为例》,《东北农业大学学报(社会科学版)》2018年第2期。

[7] 崔国斌:《否弃集体作者观——民间文艺版权难题的终结》,《法制与社会发展》2005年第5期。

[8] 李钢:《论非物质文化遗产开发中权利冲突的解决机制》,《长江大学学报(社会科学版)》2014年第9期。

[9] 索晓霞、杨明芳:《澳大利亚土著文化知识产权的保护》,《江汉论坛》2010年第10期。

我国司法实践承认特定社群可作为民间文学艺术的持有主体,[1]并且基本认可地方政府和地方政府相关部门可作为诉讼主体参与诉讼,[2]但在非政府参与的民间文学艺术的诉讼中,特定社群难以作为一个整体提起诉讼,而往往需要相关权利人以个人身份起诉[3]。

(三)多层次主体观

多层次主体观的观点是,民间文学艺术与一般的作品相较,在长时间的流传过程中可能经历了复杂的变化,涉及的主体因而是多元的,如传承人、发现人、记录人、收集人、整理人、改编人、再创作人等。合理的策略应当是"按劳分配",依据其在作品的创造、维持过程中所付出的智力劳动的质与量来最终确定享有何种权利,是部分还是整体的著作权,是精神权利还是财产权利。[4]

(四)国家主体观

国家主体观将国家作为民间文学艺术的权利主体,由于民间文学艺术著作权问题涉及的不确定因素较多,维权成本相对较高,因而国家在保护民间文学艺术、行使相关权利方面有其优势所在。国家有权防止民间文学艺术遭受歪曲、篡改,有权规定整理出版的相关作品应当注明出处或源头,使用者应当获取许可并支付报酬,同时在国际范围内应对侵权行为,维护民间文学艺术免于破坏。[5] 苏丹的相关法律规定,民间文学艺术的所有权归属于国家,当民间文学艺术受到贬抑、滥用等情况时,国家可以通过法律途径进行处理。[6]《伯尔尼公约》第 15 条第 4 款规定:①对作者的身份不明的有充分理由推定该作者是本同盟某一成员国国民的未发表的作品,该国法律得指定主管当局代表该作者并有权维护与行使作者在本同盟成员国内之权力;②根据本规定而指定主管当局的本同盟成员国应以书面声明将此事通知总干事,声明中写明被指定的当局全部有关情况。总干事应将此声明立即通知本同盟所有其他成员国。[7] 许多学者认为,通过《伯尔尼公约》这一条款可以将民间文学艺术作品作为不知作者的作品的一种特例进行处理。因此,在民间文学艺术作品归属不明朗,或者相关群体无力对其进行

---

[1] 李秀娜:《基于司法实践的民间文学艺术表达权利归属研究》,《法律科学(西北政法大学学报)》2017 年第 4 期。

[2] 郭颂、中央电视台诉黑龙江省饶河县四排赫哲族乡人民政府、原审被告北京北辰购物中心侵犯著作权纠纷上诉一案中,北京市高级人民法院认为民族乡政府是在少数民族聚居区内设立的乡级地方国家政权,其有权作为赫哲族部分群体公共利益的代表。在安顺文化局诉新画面张艺谋侵犯著作权纠纷案中,北京市第一中级人民法院认为安顺市文化和体育局虽然并非"安顺地戏"的权利人,但作为文化主管部门,有资格提起诉讼。

[3] 陈启花等 117 名村民诉侵犯民间社火表演者权案中,法院认为社火是一种临时性表演团体,案件只能以表演者的个人身份起诉,由此出现了 117 名原告的场面。

[4] 杨勇胜:《论民间文学艺术作品的权利主体》,《浙江师范大学学报(社会科学版)》2004 年第 1 期。

[5] 吴汉东主编:《知识产权法》(第五版),法律出版社 2014 年第 5 版,第 53—54 页。

[6] 张耕:《论民间文学艺术版权主体制度之构建》,《中国法学》2008 年第 3 期。

[7] 张洋:《民间文学艺术权利主体问题研究》,中国政法大学出版社 2016 年版。

保护的情况之下,为维护文化遗产的完整性、纯洁性,国家可以成为权利主体。[1]

(五)小结

民间文学艺术的形式多种多样,权利主体诸般论断,莫衷一是。笔者认为,我国幅员辽阔,漫漫五千年中华史中产生了数之不尽的民间文学艺术,在其权利主体的认定方面,存在种种复杂的情况,仅选择上述一种主体观进行保护显然难以应对复杂多变的实际问题。实践中,民间文学艺术传承时间长、在历史中不断地发展和变异,往往难以追根溯源至最初权利人,并且随着民间文学艺术的流变,个体创造已经融入群体创作,[2]实难确定各部分创作之主体,故而即便自然人作为权利主体有其天然的保护优势,在难以确定个人权利主体时也无法对民间文学艺术进行有效保护。如采用集体主义作者观,则忽视了传承人在对民间文学艺术保护中所做出的突出贡献,而民间文学艺术的传承往往依赖于一个或几个传承人,如不给予其相应的权利难免会落入无人传承的境地,反而会不利于对民间文学艺术的保护。[3] 多层次主体观则是在民间文学艺术权利归属于群体时,依群体内各个成员的贡献不同而对其享有的权利所做出的进一步划分,具有一定的进步性,但是有学者认为推定传承人为作者可能造成传承人对非自己原创的作品享有著作权,而整理记录人是否付出创造性的劳动则需视情况而定。[4]《著作权法》第19条规定,在特定情况下,国家可以作为著作权人,享有著作财产权,国家作为权利主体自有其正当性,但仅限于在没有适格的自然人、法人或者非法人组织作为主体时,国家以一种"兜底主体"的面目出现,除此之外,国家不宜动辄作为私法上的权利主体。[5]

四、民间文学艺术的保护模式

无论是发达国家,还是发展中国家,关于民间文学艺术的立法与国内的现实情况都是不可分离的。各国建立的具备本国特色的保护模式,皆有使民间文学艺术发挥更大价值的目的。我国在制定专门法时,可以借鉴或改造其立法经验为我所用。

(一)行政许可模式

突尼斯1966年2月通过了《文学与艺术产权法》,其中规定,民间文学艺术

[1] 李永明、杨勇胜:《民间文学艺术作品的版权保护》,《浙江大学学报(人文社会科学版)》2006年第4期。

[2] 刘雪凤、王家棋:《中国民间文学艺术知识产权保护研究述评及展望》,《贵州师范大学学报(社会科学版)》2021年第1期。

[3] 《国家级非物质文化遗产代表性传承人认定与管理办法》肯定了非物质文化遗产传承人的传承地位,但是并未规定其对于非物质文化遗产享有的私法上的权利。国家版权局发布的《民间文学艺术作品著作权保护条例(征求意见稿)》第5条规定民间文学艺术作品的著作权属于特定的民族、族群或社群,第12条规定口述人、表演者和记录者有获得劳务报酬的权利,他人在使用民间文学艺术作品时须指明口述人、表演者和记录者的身份。征求意见稿亦未规定传承人权利。

[4] 崔国斌:《否弃集体作者观——民间文艺版权难题的终结》,《法制与社会发展》2005年第5期。

[5] 张洋:《民间文学艺术作品权利归属之次序探析》,《知识产权》2015年第7期。

是国家遗产的组成部分,任何人具有盈利目的的使用均需获得国家文化部的授权。全部或者部分转让受民间文学艺术启发而创作的作品的著作权的行为,需得到文化部的许可。1994年修订的《文学与艺术产权法》增加了取材于民间文学艺术的创作也需要得到文化部的许可。[1] 突尼斯确立了民间文学艺术使用、创作、转让均需行政许可的保护模式,指定相关机构负责具体流程,采取较为严格的保护方式。[2] 突尼斯《著作权示范法》第17条延续了公共领域付费制度,使用民间文学艺术需要向国家机构支付合理对价。[3] 思及发展中国家与发达国家在利用公共领域能力上的差距,偏重于国家利益、族群利益等地方性保护也是权衡之后的结果。[4]

尽管突尼斯《著作权示范法》规定国家民间文学艺术的著作权是由主管机关行使,但是它并未明确其原来属于何者。这种著作权没有作者的规定显然与大陆法系国家盛行的概念不符。同样地,突尼斯《著作权示范法》第6条第2款规定对民间文学艺术的保护"无时间限制",该种著作权体制也难以与著作权的基本原则相协调。[5]

如今文化交流已是不可阻遏的趋势,对民间文学艺术的保护亦非将其封存,是为了防止丑化、恶意篡改以及其他侵权行为。如何在弘扬与保护之间把握尺度,需要细致思量。

(二)商标模式

1935年,美国通过了第一部《印第安艺术与手工艺品法》(Indian Arts and Craft Act,IACA)。这部法案以刑事惩罚手段来减少印第安艺术仿冒品的出现。1990年法案经过修订后,增加了民事制裁,针对侵权行为可以获取私法救济。保护印第安文化的同时,也避免消费者在市场上购得仿制品。[6] 美国《宪法》的印第安商业条款中,确认印第安人作为一个民族的独特身份,授权国会处理联邦与印第安人的商业关系。[7] 美国对于印第安土著标志主要是在商标领域予以规范,传统名号以注册商标等形式在商业领域尽展用途。但是这于印第安文化产品的保护力度尚且不足,产品标签得以明确,制作的技艺却并未获得足够的法律保护,以同样技艺制造但并未标注印第安印记的产品,不受该法规制,可自由流

---

[1] 张洋:《民间文学艺术权利主体问题研究》,中国政法大学出版社2016年9月第1版,第20页。

[2] 刘筠筠:《民间文学艺术保护的立法探索与比较研究》,《贵州师范大学学报(社会科学版)》2005年第6期。

[3] Tunis Model Law on Copyright for Developing Countries(1976),https://wenku.baidu.com/view/5e11ae50763231126fdb1132.html,访问日期:2021年1月22日。

[4] 王太平、杨峰:《知识产权法中的公共领域》,《法学研究》2008年第1期。

[5] 莱万斯基编著:《原住民遗产与知识产权:遗传资源、传统知识和民间文学艺术》,廖冰冰、刘硕、卢璐译,中国民主法制出版社2011年12月第1版,第406页。

[6] 孙彩虹:《国外民间文学艺术法律保护实践及其启示》,《河南大学学报(社会科学版)》2011年第2期。

[7] 卿越:《民间文学艺术著作权保护模式探究》,法律出版社2015年版,第157页。

入市场而不违反法律。[1]

目前,我国也有通过商标保护民间文学艺术的司法实践,但与美国确认印第安人作为一个民族享有商标权不同,我国的商标保护多涉及以家族传承为主的民间文学技艺的保护。比如,"泥人张"案件中"北京泥人张"和"天津泥人张"均系家族传承的民间文学艺术,[2]涉及家族为传承主体的案件,法院基本承认传承家族可以成为权利主体,同时承认中国传统的"行业+姓氏"或者"商品+姓氏"命名方式可以作为特有称谓,而非法定的通用名称。[3] 而对于民间文学人物形象的保护,法院判定民间文学艺术传承群体内的个人成员不能出于商业使用目的注册并使用以民间文学人物形象命名的商标,[4]因为这将会对中华民族和中华文化产生负面影响,故直接否定了内部成员的使用权。[5]

(三)原住民权利模式

菲律宾 1987 年《宪法》第 17 章第 14 条规定:"政府应当承认、尊重和保护土著文化社区保存和发展其文化、传统和制度的权利。"1997 年,菲律宾又通过了《原住民权利法》(The Indigenous Peoples Rights Act)。[6] 这一法案确立了原住民群体的文化权利,设立"全国原住民事务委员会",负责管理日常事务、筹措调配资金等。该法案第 34 条为使原住民得以充分保护自己的文化,规定人类和其他遗产资源、种子,包括这些资源的衍生物、传统医药与医疗实践、关键药用植物、动物和矿物、土著知识体系和实践、关于动植物知识、口头传统、文学、设计和视觉与表演艺术等,享有其遗传资源权、传统知识利用权、文化产品制造权等相关权利。该法案同时赋予了原住民族群知情同意权,利用传统知识需要获得原住民的事先同意。除此之外,利用传统知识研究成果获取的利益应与原住民族群分享。[7] 同时,群体可以如组织一般进行注册,拥有法律意义上的人格,并且可以享受其他法律实体享有的权利。即使没有注册,群体依然可以作为民间文

---

〔1〕 莱万斯基编著:《原住民遗产与知识产权:遗传资源、传统知识和民间文学艺术》,廖冰冰、刘硕、卢璐译,中国民主法制出版社 2011 年版,第 371 页。

〔2〕 天津市泥人张世家绘塑老作坊与天津泥人张彩塑工作室名称专有权纠纷案,最高人民法院(2010)民提字第 113 号民事判决书。

〔3〕 李秀娜:《基于司法实践的民间文学艺术表达权利归属研究》,《法律科学(西北政法大学学报)》2017 年第 4 期。

〔4〕 李茂林诉商评委、第三人电白县人民政府商标行政纠纷案,北京市第一中级人民法院(2010)一中知行初字第 3415 号行政判决书。案件所涉冼太夫人民间传说。冼太夫人公元 522 年出生,毕生致力于国家统一和民族团结,使脱离大陆政权 600 多年的海南重新回归中央政权的统治,并积极拓展海上贸易,被周恩来总理誉为"中国巾帼英雄第一人"。李茂林个人欲注册"冼太夫人"商标,笔者认为一旦其注册成功,将遏制群体内其他成员对"冼太夫人"形象的利用,不利于民间文学艺术的传播和保护。

〔5〕 李秀娜:《基于司法实践的民间文学艺术表达权利归属研究》,《法律科学(西北政法大学学报)》2017 年第 4 期。

〔6〕 张洋:《民间文学艺术权利主体问题研究》,中国政法大学出版社 2016 年版,第 60 页。

〔7〕 邓社民:《民间文学艺术法律保护基本问题研究》,中国社会科学出版社 2015 年版,第 166—167 页。

学艺术的所有者。[1]

(四)群体诉讼模式

澳大利亚在法律上并未明确规定民间文学艺术的知识产权保护问题,[2]但是在 1995 年,土著居民通过对地毯商侵犯其土著艺术作品的诉讼,赢得了司法判决对土著居民拥有民间文学艺术作品权利的肯定。并且通过判例,奠定了土著居民群体的诉讼主体资格。在土著艺术家诉越南地毯公司案(Milpurrurru vs. Indofurn)中,法院认为社区居民群体对于本社区的民间文学艺术具备管理的权利,且有权寻求司法救济。澳大利亚联邦法院在司法实践中认可了群体诉讼,土著艺术家本人同样也可以作为适格主体主张法律救济。[3]

(五)新型知识产权客体模式

特殊知识产权多被认为是保护民间文学艺术的最理想途径,2000 年 6 月,巴拿马颁布《关于保护和尊重土著民的文化特性和传统知识的集体权利特别知识产权制度的法律及相关措施》(以下简称《巴拿马特别法》),创立了以原住民集体权利的特殊知识产权制度保护民间文学艺术的新型模式,即“巴拿马模式”。2001 年 3 月 20 日在巴拿马发布的第 12 号指令第 1 章第 2 条这样定义“原住民集体权利”:作者或所有人创作日期不明,属于全体原住民人民遗产的有关艺术、音乐、文学、生物、医药和生态知识,以及其他方面和表现的原住民知识和文化财产权。[4] 该模式通过对当地原住民基于其创造而产生的集体性知识产权进行专门的注册登记来防止任何第三方对其实施不当利用。在集体性知识产权的取得方面,注册登记是前提条件,而且只能由有资格的当地原住民代表大会或当地有关权力机关申请集体保护,任何个人不得申请知识产权注册登记。巴拿马国家工商业部对经登记的非物质文化遗产提供证明标识,以证明相关产品的真实来源地。[5]

(六)小结

中国是一个历史悠久、文化底蕴深厚的多民族国家,拥有众多的文化遗产,民间文学艺术即为民族文化的珍宝。由于民间文学艺术具有主体多元性、变异性、久远性等特点,部分已面临失传的危险,因而必须加大对民间文学艺术的保护力度。关于此,可借鉴上述国外模式,建立特殊的保护体系。制定的专门法中

---

〔1〕 谢英姿、蓝寿荣:《比较视野下传统知识的法律保护方式》,https://www.chinesefolklore.org.cn/web/index.php? NewsID=2827,访问日期:2021 年 1 月 22 日。

〔2〕 孙彩虹:《国外民间文学艺术法律保护实践及其启示》,《河南大学学报(社会科学版)》2011 年第 2 期。

〔3〕 孙彩虹:《国外民间文学艺术法律保护实践及其启示》,《河南大学学报(社会科学版)》2011 年第 2 期。

〔4〕 莱万斯基编著:《原住民遗产与知识产权:遗传资源、传统知识和民间文学艺术》,廖冰冰、刘硕、卢璐译,中国民主法制出版社 2011 年版,第 376—377 页。

〔5〕 张婷:《知识产权视角下女书非物质文化遗产保护的完善路径》,《重庆理工大学学报(社会科学)》2016 年第 6 期。

应对立法目的、权利客体、权利主体等做出明确规定。

结合上述国家的立法与我国国情，笔者认为，为民间文学艺术制定的专门法需要对以下几个要素做出明确规定：立法目的，保护民间文学艺术，保持文化多样性，促进交流与创新；保护对象，民间文学艺术的形式包括口头的、书面的、技艺的、仪式的等诸多类型，应采取广义解释，全面保护现存的民间文艺；权利主体，民间文学艺术的权利主体应当是多元化的，传承人的作用不言而喻，产生并流传于族群或社区的民间文艺可以由群体享有权利，不归属于特定群体者归国家所有，由著作权主管部门或文化主管部门代为行使权利；权利种类，包括精神权利与经济权利，精神权利主要有表明身份的权利、发表作品的权利、修改作品的权利、保护作品完整的权利，经济权利主要有使用民间文学艺术的权利、获取合理报酬的权利；义务履行，权利主体同时也要履行相应的义务，包括保护义务、培养义务、不得转让的义务等；侵权责任，除法律规定的合理使用之外的未经权利主体许可而擅自使用且未支付报酬、歪曲、破坏民间文学艺术的主体，应当视具体情况承担停止侵害、消除影响、赔礼道歉、赔偿损失等民事责任。〔1〕

五、保护我国民间文学艺术之制度设计

现如今，发达国家对于民间文学艺术的使用、二次创作数量大幅增长，采用传统知识产权制度已无法有效对民间文学艺术形成恰当的保护。私权领域之外，公共利益也应被纳入民间文学艺术发展方向的考虑之中。〔2〕民间文学艺术包括传承多年的先人智慧、民族风俗，是一个国家文化实力的重要组成部分。保护民间文学艺术亦是保护国家与民族的利益，因此，既要防止民间文艺的失传、没落，也要避免不正当使用，维护民间文学艺术的健康发展。

为了对民间文学艺术实施强有力的保护，民间文学艺术的可持续发展需要另有法规作为保障。民间文学艺术的公有性、权利主体的多元性、保护期限的永久性与版权的私权性、权利主体的单一性和保护期限的有限性有着固有的矛盾，若仅于著作权法体系之内对民间文学艺术予以保护，可能会出现买断的情况，不利于民间文学艺术的传承。民间文学艺术法并非著作权法的子集〔3〕，对于民间文学艺术需要设置特殊的保护机制。同时，行政力量也是必要手段，行政部门的加入也可以为民间文学艺术的保护做出贡献。

（一）民间文学艺术的权利主体

有学者认同民间文学艺术作品的著作权属于孕育它的族群，但是随着时间的流逝，作品的传播会愈加广泛，其间还可能被吸收、改动，传至今日其来源群体不止一个，这种情形之下，由群体行使相关权利不免会导致各方争求利益，互相否定，不利于民间文学艺术的保护。因此，权利的行使应付诸各级政府，由相对

〔1〕 杨新书、刘水云：《论中国民间文学艺术版权保护》，《知识产权》1993年第4期。

〔2〕 张今：《民间文学艺术保护的法律思考——兼评乌苏里船歌案》，《法律适用》2003年第11期。

〔3〕 吴汉东主编：《中国知识产权制度评价与立法建议》，知识产权出版社2008年版，第126页。

中立的一方开展相关活动。当群体中某一个体认为自身精神利益或经济利益受到侵害时，可以向行政部门申请主张合法权益，行政部门代为提起诉讼。[1]《乌苏里船歌》一案，原告即为黑龙江省饶河县四排赫哲族乡人民政府。但如木兰一般不属于国内特定族群的民间文学艺术，对于其保护便可能弱化，这关系到国家与民族的利益，不可忽视。

另有学者的思路是集体作为民间文学艺术的权利主体，可以按照地域以及民族、民间文学艺术的表现形式等进行划分，成立社团法人，依据法律法规与社团法人的章程行使各项权利。保护民间文学艺术，避免传承断绝已然迫在眉睫，需采取强制设立主义借助行政力量加速各地社团法人的成立。同时，政府还需要介入法人章程的制定、首届理事会的人选提名等，在法人建设初期帮助完成各项准备工作，待其平稳运行之后减少干涉。社团通过召开社员的定期会议与不定期会议完成重大事项的决策，日常事务授权与理事会进行管理，并通过监事会以及社员监督理事是否切实履行义务。[2] 引入代理制度固然有其优势，但现实中操作的工程量不小，且各地的民间文学艺术有可能出现重叠，例如，泌阳县与桐柏县争夺盘古神话的起源地，在各区域设立法人处理相关业务亦有可能发生利益纠纷。如何克服这些难处，需要在实践中摸索，具体执行的过程中可以因地制宜。

国家版权局发布的《民间文学艺术作品著作权保护条例（征求意见稿）》第5条规定了民间文学艺术作品的著作权属于特定的民族、族群或社群。[3] 然而，给予民间文学艺术著作权保护招致了部分学者的批评，有学者认为著作权作品权利主体的单一性与民间文学艺术作品权利主体的多元性存在矛盾，[4]具有“集体性、模糊性”的主体与私权意义上的主体在权利行使和救济方面存在显著差异[5]。

综上，笔者认为，对于民间文学艺术的权利归属，应采用阶层式的判断方法，即依照个人—集体—国家的次序进行。[6] 传承人于民间文艺的承继中处于重要地位，其权利应当得到确认，这也是为了激励传承人存有动力主动保护、延续民间文艺。传承人的权利主要包含发表权、署名权、修改权、保护作品完整权与使用民间文学艺术并获取报酬的权利。对于已然形成著作权法中作品的民间文学艺术，由于其中部分属于经过收集、整理、改编之后生成的产品，因而会受到原生态作品权利主体的限制。[7] 社区或群落代代相传的文学艺术，可认定属于集体

---

〔1〕 王瑞龙：《民间文学艺术作品著作权保护的制度设计》，《中南民族大学学报（人文社会科学版）》2004年第5期。

〔2〕 张洋：《民间文学艺术权利主体问题研究》，中国政法大学出版社2016年版，第65—96页。

〔3〕 《国家版权局关于〈民间文学艺术作品著作权保护条例（征求意见稿）〉公开征求意见的通知》，https://www.chinesefolklore.org.cn/web/index.php? NewsID=13219，访问日期：2021年1月23日。

〔4〕 齐爱民、曾钰诚：《民间文学艺术作品商业化的困境与出路》，《时代法学》2016年第6期。

〔5〕 耿希：《少数民族民间音乐知识产权利益分配机制的构建进路》，《法律适用》2020年第24期。

〔6〕 张洋：《民间文学艺术作品权利归属之次序探析》，《知识产权》2015年第7期。

〔7〕 张革新：《民间文学艺术作品权属问题探析》，《知识产权》2003年第2期。

所有，由社区或群落享受相关权利。既然民间文学艺术在社区或群落内流传已久，如此，保障群体的利益也是为了民间文艺可以在孕育它的地方更好地保存、传承以及产生新的创作。[1] 对于流传范围广泛、初始作者已不可考证的文学艺术，由国家持所有权，著作权主管部门或文化主管部门代为行使权利。

（二）民间文学艺术的保护期

该征求意见稿第 7 条规定了民间文学艺术作品的著作权的保护期不受时间限制，引发了学界的争议，因为著作权作品保护期限的有限性与民间文学艺术作品保护期限的永久性相矛盾。[2] 反对者提出应给予民间文学艺术有限保护期，应该规定为 70～100 年，[3]这样可以很好地权衡创作人与社会之间的权利，符合知识产权的衡平原则[4]。但自然人的著作权保护期为作者终生及其死后 50 年，法人或非法人组织的作品保护期为首次发表后 50 年，如给予民间文学艺术作品确定的保护期，则其起算时间难以在逻辑上周延。民间文学艺术没有著作权法上“作品完成”或“发表”的概念，[5]其在演变过程中成型而不定型，[6]在任何一个阶段都有可能形成著作权法意义上的作品，然后在下一阶段被继续演绎形成新的作品，而这样的过程是后来者难以从浩如烟海的历史长卷中探寻原貌的。即使将最新的一次作品成型时间作为起算点，那其创作者也是某一群体、族群或社群，而非具体的某个人或某几个人，故其保护期不能适用著作权法通行的限定方式。[7] 无论是有期限保护还是无期限保护，其争议的本质在于权利主体的权利与公众权利之间的利益冲突问题。[8] 对民间文学艺术给予无期限保护并非意味着保护创作人权利而忽视社会利益，相反，有学者提出可以通过建立某种专门兼顾社会利益的机制来解决权利分配不平衡的问题。[9] 因此，笔者认为，在设置特殊机制对民间文学艺术进行保护时，应给予民间文学艺术永久保护期。

（三）其他制度设计

随着中外文化交流的日益加深，文化输入与文化输出已经是常态。民间文学艺术作为民族文化的宝藏，其价值自然会吸引众多感兴趣的人对其发掘使用。

---

[1] 刘胜红：《再论民间文学艺术权》，《中央民族大学学报》2006 年第 1 期。

[2] 齐爱民、曾钰诚：《民间文学艺术作品商业化的困境与出路》，《时代法学》2016 年第 6 期。

[3] 钟敬文主编：《民俗学概论》（第 2 版），高等教育出版社 2010 年第 2 版。

[4] 刘雪凤、王家棋：《中国民间文学艺术知识产权保护研究述评及展望》，《贵州师范大学学报（社会科学版）》2021 年第 1 期。

[5] 卿越：《民间文学艺术纳入著作权法保护的正当性》，《学术探索》2017 年第 9 期。

[6] 朱莉萍：《民间文学艺术作品个人权利主体研究——以邵阳布袋戏为例》，《东北农业大学学报（社会科学版）》2018 年第 2 期。

[7] 卿越：《民间文学艺术纳入著作权法保护的正当性》，《学术探索》2017 年第 9 期。

[8] 刘雪凤、王家棋：《中国民间文学艺术知识产权保护研究述评及展望》，《贵州师范大学学报（社会科学版）》2021 年第 1 期。

[9] 刘雪凤、王家棋：《中国民间文学艺术知识产权保护研究述评及展望》，《贵州师范大学学报（社会科学版）》2021 年第 1 期。

外国以国内民间文学艺术为基础打造的作品也越来越多，2020 年上映的电影《花木兰》便是一个观察国外使用民间文学艺术很好的例子。文化交流中使用民间文学艺术出现的问题同样需要得到重视，这关系到民族文化认同与国家利益，电影《花木兰》是一面以小见大的镜子，从中可以窥得一二关于民间文学艺术跨国使用的境遇。在弘扬中国传统文化的同时，其精神内涵应该有所展现，这是其核心所在。

类似的影片还有《功夫之王》《功夫熊猫》等，西方拍摄的中国素材的电影，不免会有外国风格的体现，但毕竟有关的民间文学艺术已根植于国民心中，部分观众可能接受不了风格迥异的改编，将其视为对传统文化的扭曲丑化，这也是一大问题。民间文学艺术是一个民族与国家的文化积淀，包含这个民族的特性，如果没有这些特质，只余一个名头，便失去了原来的色彩。同时，这些作品在观看时需要付费，在直观感受上可能会使人不快，利用了国内的素材，并且收取费用，或许民众会产生心态上的不平衡。但这也是弘扬中国传统文化的机会，并非全然不利，重要的是如何弘扬中国文化，打造属于中国的文化符号，不破坏国民的文化认同。

自影片《花木兰》管中窥豹，民间文学艺术的演绎作品确实一定程度上起到了加深文化交流的作用，然而还是需要原作精华的保留，如果核心内容所剩无几，就不是旧瓶装新酒，而是“借壳上市”了。在此提倡以合作的方式进行跨国文艺产品的制作，保留精华，打造更多好的作品。双方合作是一种更好的思路，既可以传播中国优秀的历史文化，也可以让民间文学艺术的价值得到更多展现的机会，能够更稳定地传承下去。

故而，笔者认为，在外国利用我国民间文学艺术进行再创作时，禁止外国人买断著作权，若是有外国人对重要的民间文学艺术进行采风、收集，应当经过审批。[1] 族群以外的个人或法人、非法人组织营利性使用民间文学艺术应当支付合理的报酬，涉及国外使用本国民间文学艺术，考虑到国家之间交流的需要，可以设置授权，鼓励采取合作的方式，但是要保证使用的正当性，保留原作的核心内容，如若演绎作品被改至面目全非，可能会破坏国民的文化认同，歪曲我国民间文学艺术的传统形象和核心价值，不利于我国优秀文化在国际社会上的传播和发扬。

六、结论

民间文学艺术种类多样，在时间的流动中经历着散佚或创新，加之与公共利益相关，著作权法已提供不了全面的保护，需以特殊法例进行专门管理。其权利主体的多元化使得利益的分配更为复杂，传承人的地位理应得到重视，在族群或社区内部代代相传的民间文学艺术可以视为群体所有，已是广为流传的则由国家著作权主管机关或文化主管机关行使相关权利。同时，延长民间文学艺术的

---

〔1〕 程慧钊：《民间文学艺术若干法律问题研究》，《法学杂志》2004 年第 5 期。

保护期，为权利主体积极行使权利履行义务增添了动力，有利于传统文化的传承。在制定专门法之外，行政部门也加入民间文学艺术的保护。民间文学艺术与一般的作品还是有所不同的，其关系到民族认同感与传统文化的传承，民间文学艺术的授权使用应该得到慎重考虑。禁止外国人买断著作权，如若外国人对民间文学艺术进行采风、整理等需经有关部门批准。社团、民间组织的力量同样也可以集结起来，对现存的民间文学艺术进行收集，一并为民间文学艺术的可持续发展贡献力量。

论国际投资仲裁诉讼化改革的限度与路径

汪 蓓*

摘 要 围绕国际投资仲裁上诉机制的最新改革，国际社会观点纷呈，存在诸多争议。应当聚焦于"诉讼化改革"这一核心价值，着力解决好以下三大问题：一是合理限度。应当克服激进诉讼化观点，避免采用常设投资法院这一极端设计，而是秉持"有限诉讼化"原则，构建专设上诉机制或常设上诉机构，在仲裁的实质价值与诉讼的形式价值的统一中提升投资仲裁裁决机制的公信力。二是制度构架。在投资仲裁机制中增设上诉程序、强化仲裁员遴选条件要求和增加程序的透明度，以便更好地消解传统仲裁制度的合法性危机。三是系统关联。虽然诉讼化改革后裁决的承认与执行难以适用《解决国家和他国国民之间投资争端公约》，但可以适用《承认及执行外国仲裁裁决公约》；同时，可借鉴《联合国贸易法委员会投资人与国家间基于条约仲裁透明度规则》和《投资人与国家间基于条约仲裁透明度公约》来保障多边上诉机制所作裁决与现有国际投资协定相兼容。

关键词 国际投资仲裁；诉讼化；改革

目 次

---

* 汪蓓(1994—)，北京大学法学院博士研究生，主要研究方向：仲裁法学、民事诉讼法学。

问题的提出

投资者—东道国争端解决机制正面临着“合法性危机”(legitimacy crisis)[1],主要体现在:其一,无视国际投资纠纷的特殊性,采用与商事仲裁完全相同的“一裁终局”模式,缺少实体审查机制;其二,仲裁员缺乏独立性和公正性;其三,仲裁程序缺乏透明度,无法实施有效的监督制约;其四,裁决结果缺少一致性、连贯性与公正性。如此种种,严重侵蚀着投资纠纷解决机制的公信力。

在这一背景下,国际社会围绕投资者与东道国之间纠纷解决机制的改革呼声日益高涨,从制度上先后提出了三种不同方案:一是“内部上诉机制”模式。此方案由国际投资争端解决中心(以下简称 ICSID)秘书处提出,期望在 ICSID 争议解决体系内“增加上诉机制(appellate mechanism)”。[2] 二是“双边投资仲裁法庭”模式。其核心在于,以双边投资协定为基础逐步“建立一个包含第一审和上诉审的投资法院体系(Investment Court System)”。[3] 该方案由欧盟倡导,并逐步融入部分新近缔结的投资协定中。在投资协定缔约国双方之间,以随机不可预测(random and unpredictable)的裁判者与上诉机制,来替代原有缺乏独立性的特设仲裁庭(ad hoc arbitral tribunal)和缺乏救济的一审终审制度。[4] 三是“多边上诉机制”模式。该模式由联合国贸易法委员会主导,旨在建立一个“拥有成熟上诉机制的多边上诉机制”,以多边合力而非双边或单个机构内部改革的方式构建类似于诉讼的上诉机制,力求消除国际投资仲裁的合法性危机,重拾投资者与东道国的信任。[5]

相较前两种模式而言,第三种模式能够汇聚更多的力量共同推进投资仲裁的全面改革,因而在国际社会的呼声日益高涨。但目前,国际上对于这种多边改

---

〔1〕 Susan Frank, “The Legitimacy Crisis in Investment Treaty Arbitration: Privatizing Public International Law Through Inconsistent Decisions”, in *Fordham Law Review*, 73(2005), pp. 1522-1524;刘笋:《国际投资仲裁引发的若干危机及应对之策评述》,《法学研究》2008 年第 6 期。

〔2〕 ICSID Secretariat, “Possible Improvements of the Framework for ICSID Arbitration”, Discussion Paper, 22 October 2004, https://icsid.worldbank.org/news-and-events/news-releases/possible-improvements-framework-icsid-arbitration, last accessed on 18 May 2021; “Suggested Changes to the ICSID Rules and Regulations”, Working Paper, 12 May 2005, https://icsid.worldbank.org/news-and-events/news-releases/suggested-changes-icsid-rules-and-regulations, last accessed on 18 May 2021.

〔3〕 The European Commission pointed out that “The Investment Court System would replace the existing investor-to-state dispute settlement(ISDS) mechanism in all ongoing and future EU investment negotiations.” http://europa.eu/rapid/press-release_IP-15-5651_en.htm, last accessed on 18 May 2021. 自《里斯本条约》赋予欧盟在外国直接投资领域的专属权限后,欧盟代表其成员对外缔结双边投资协议时积极推进采用此方式解决纠纷。

〔4〕 Chapter 3 of the EU-Vietnam Investment Protection Agreement, Chapter 8 of the Canada-EU Comprehensive Economic and Trade Agreement(CETA), Chapter 3 of the EU-Singapore Investment Protection Agreement etc.

〔5〕 欧洲委员会有关建立多边投资法庭的设想,http://trade.ec.europa.eu/doclib/press/index.cfm? id=1608,访问日期:2021 年 5 月 16 日。

革存在不同看法,其最大争议点在于,它在多大程度上对传统投资仲裁一裁终局、突出仲裁当事人程序主导权的背离具有合理性,以及改革后的新机制是否具有可行性?[1]

随着中国企业海外投资的快速增长,优化和完善现有国际投资仲裁机制,为一裁终局增加新的防护墙,成为最大限度地在国际社会保护我国海外投资利益的当务之急。我国政府也正式致函联合国国际贸易法委员会,对这一机制改革表示欢迎[2]。可见,一旦该上诉机制改革成功,势必对与我国有关的投资纠纷产生重大影响。为此,本文认为,应当重点研究这一诉讼化改革的合理限度、制度构架以及与现行国际投资纠纷解决体系的兼容问题,以便我国更加深入地参与国际规则的制定和完善,促进涉外法治工作战略布局。

一、投资仲裁诉讼化改革的合理限度

多边地改革投资者—东道国纠纷解决机制的设想,系由欧盟于 2015 年在一份名为"Investment in TTIP and beyond——the path for reform"的概念报告中提出。该报告指出:"在改变由欧盟缔结的双边投资协议的同时,欧盟也应致力于建立一个国际性的投资法庭和上诉机制。"[3]这种改革倡议一经提出,在国际社会上便产生了强烈反响。联合国贸易法委员会正在征求和讨论投资争端各利益相关方对此改革倡议的意见与建议,[4]以便谋求建立多边上诉机制的最佳方案,有效解决投资仲裁中的合法性危机,而包括增设上诉机制在内的诉讼化改革则被认为是解决上述危机的最佳出路。因此,讨论正当性基础不应继续拘泥于分析是否应当增设上诉机制,而应阐释确定国际投资仲裁诉讼化的合理限度,使

---

[1] August Reinisch,"Will the EU's Proposal Concerning an Investment Court System for CETA and TTIP Lead to Enforceable Awards? —The Limits of Modifying the ICSID Convention and the Nature of Investment Arbitration",in *Journal of International Economic Law*,19(2016);Catharine Titi,"Procedural Multilateralism and Multilateral Investment Court",in Elaine Fahey(ed.),*Institutionalization Beyond the Nation State:Transatlantic Relations:Data Privacy and Trade Law*, Switzerland:Springer,2018;Jansen Calamita,"The(In)Compatibility of Appellate Mechanisms with Existing Instruments of the Investment Treaty Regime",in *Social Science Electronic Publishing*,18 (2017);Gabrielle Kaufmann-Kohler,Michele Potestà,*ISDS and National Courts:Current Framework and Reform Options*,Springer Open,2020.

[2] "Possible reform of investor-State dispute settlement(ISDS),Submission from the Government of China", A/CN. 9/WG. III/WP. 177, https://documents-dds-ny. un. org/doc/UNDOC/LTD/V19/073/86/PDF/V1907386. pdf? OpenElement,last accessed on 18 May 2021.

[3] European Commission,"Investment in TTIP and beyond—the path for reform",Paper,5 May 2015, p. 4, http://trade. ec. europa. eu/doclib/docs/2015/may/tradoc_153408. PDF, last accessed on 18 May 2021.

[4] 联合国贸易法委员会于 2015 年第四十届会议注意到,投资者与国家间纠纷解决机制出现的重大挑战与某些改革意见,后于第五十届会议审议后,决定赋予由委员会所有成员国组成的第三工作组广泛的任务授权,就投资仲裁的改革开展相关工作。United Nations Commission on International Trade Law,"Report of Working Group III(Investor-State Dispute Settlement Reform) on the work of its thirty-fourth session",A/CN. 9/930/Rev. 1,https://undocs. org/en/A/CN. 9/930/Rev. 1,last accessed on 18 May 2021.

之可以兼顾新旧机制的优势，在促进公正的基础上，平衡公正与其他价值之间的冲突。

本次改革已演变为一场一裁终局的商事仲裁传统模式与法院诉讼制度之间的博弈。一个较为理想的新机制不仅可以消除合法性危机，还应最大限度地保留原有投资仲裁机制的优势。仲裁以自治性区别于诉讼，当事方的意思自治体现在仲裁事项、仲裁规则、适用法律、仲裁员选任等多个方面。无论是传统机制还是改革提议均充分尊重当事方在前三项上的意思自治，而改革提议在仲裁员选任上存有较大变化。因此，对仲裁员或裁判者选任的改革是检视诉讼化程度是否合理的重要标尺。

虽然各方目前就增设上诉机制达成了基本共识，但就如何设置上诉机制提出了多种意见。按照改革的程度，现有改革提议分为两类：一类属于在原有投资纠纷解决体系中嵌入上诉机制，但不改变以仲裁解决纠纷的本质。基于与原有一审的协调、制度运行的成本等多种因素的影响，各方在此类改革提议中就上诉机制设立的形式又存在不同思路，有的认为应建立专设上诉机制（ad hoc appellate mechanism），有的则主张建立常设上诉机构（permanent appellate body）等。[1] 另一类是对原有投资纠纷解决体系的完全颠覆，主要由欧盟提出，期望设立一个两审终审、区分事实审和法律审的常设投资法院。[2] 这一提议是对欧盟原有双边协定下投资法院体系的进一步发展，以多边协作而非双边协定的方式加快投资法院的建成。然而，投资法院体系（international court system）和多边投资法院（multilateral investment court）均不再具备仲裁的特性，无法被称为真正意义上的仲裁院。“court”在英文中不仅仅可以指代行使司法权的法院，还可以用来形容仲裁院，如国际商会国际仲裁院的英文名称为“International Court of Arbitration”。多边投资法院的制度构建已经基本趋同于行使司法权的法院，一个显著的特征即为在个案中完全排除当事方直接或间接选任裁判者的权利。[3] 在剥夺当事人选任裁判者的自由之后，适用该机制所作决定是否还可以借助《承认及执行外国仲裁裁决公约》（以下简称《纽约公约》）予以承认与执行则是一个亟待解决的重大问题。欧盟针对多边投资法院所作决定的执行问题做出了特别回应，其自行标榜多边投资法院所作决定为裁决，认为可以通过《纽约公约》得到

---

〔1〕 UNCITRAL Working Group III, “Possible reform of investor-state dispute settlement (ISDS), Appellate and multilateral court mechanism”, A/CN. 9/WG. III/WP. 185, pp. 8-10, https://documents-dds-ny. un. org/doc/UNDOC/LTD/V19/113/57/PDF/V1911357. pdf? OpenElement, last accessed on 18 May 2021.

〔2〕 UNCITRAL Working Group III, “Possible reform of investor-state dispute settlement (ISDS), Submission from the European Union and its Member States”, A/CN. 9/WG. III/WP. 159/Add. 1, https://documents-dds-ny. un. org/doc/UNDOC/LTD/V19/004/19/PDF/V1900419. pdf? OpenElement, last accessed on 18 May 2021.

〔3〕 UNCITRAL Working Group III, “Possible reform of investor-state dispute settlement (ISDS), Submission from the European Union and its Member States”, A/CN. 9/WG. III/WP. 159/Add. 1, pp. 5-6, https://documents-dds-ny. un. org/doc/UNDOC/LTD/V19/004/19/PDF/V1900419. pdf? OpenElement, last accessed on 18 May 2021.

承认与执行。[1] 根据联合国贸易法委员会秘书处发布的《纽约公约》使用指南，符合条件的仲裁裁决至少要满足终局性与约束力两项标准。[2] 多边投资法院所作决定自然满足这两项标准，但并不能因此推导出满足这两项标准的决定一定属于可以适用《纽约公约》得到承认与执行的裁决。行使司法权的法院判决亦符合这两项标准，但司法判决显然不得适用《纽约公约》得到承认与执行。若不从本源上明确界别仲裁裁决与司法判决，仅依靠名义上的区分只会导致诉讼判决与仲裁裁决的承认与执行混同。

此外，完全否认当事方选任裁判者的权利并不利于消除现有投资仲裁机制的合法性危机，即仲裁裁决缺乏一致性、同一性、可预测性、公正性。消除合法性危机是本次改革的根本目的。虽然《维也纳条约法公约》作为条约解释工具在许多案件中被广泛使用，但不同仲裁庭基于自身的法系背景及不同当事人指定的仲裁员之间的潜在角逐，基于相同或相似实体性权益推理得出截然不同的结论的案例比比皆是。[3] 这极大地损害了当事方希望通过国际投资仲裁获得公正结果的合理预期。对于诸如最惠国待遇、公平与公正待遇等实体性权益定义过于宽泛的问题，仅仅通过更为详细的澄清只是解决存在的表象问题的一种手段，并不能使其得到根治，因为导致解释不一致的关键因素在于解释的主体——仲裁庭的不一致。[4] 针对仲裁庭或裁判者本身独立性缺失的问题，欧盟在多边投资法庭设想中提出，由缔约国根据专业资质、道德修养、人选多样性等标准选任多边投资法庭的裁判者。欧盟还特别指出，在裁判者选任中，缔约国不仅应考虑本国作为被申请方时的国家利益，更应考虑本国投资者作为申请方时的个人利益。在缔约国确认了裁判者名单后，每一案件将随机抽选一定数量的裁判者进行审理，由此绝对阻隔纠纷当事方与裁判者的事前联络。此种以牺牲当事方选任自由来换取所谓独立性的方式，并不能实现其保障裁判者独立性的目的。在由缔

---

〔1〕 UNCITRAL Working Group III, "Possible reform of investor-state dispute settlement (ISDS), Submission from the European Union and its Member States", A/CN. 9/WG. III/WP. 159/Add. 1, p. 7, https://documents-dds-ny. un. org/doc/UNDOC/LTD/V19/004/19/PDF/V1900419. pdf? OpenElement, last accessed on 18 May 2021.

〔2〕 UNCITRAL Secretariat, "Guide on the Convention on the Recognition and Enforcement of Foreign Arbitral Awards", pp. 11-13, https://newyorkconvention1958. org/pdf/guide/2016_Guide_on_the_NY_Convention. pdf, last accessed on 18 May 2021.

〔3〕 The arbitral tribunal considers the relevant action constitutes expropriation in Renta 4 SVSA et al v. the Russian Federation (SCC Case No. V 024/2007) whereas the tribunal in Vladimir Berschader and Moise Berschader v. the Russian Federation (SCC Case No. 080/2004) does not when similar provisions are invoked.

〔4〕 For example, the arbitral tribunal in Renta 4 SVSA et al v. the Russian Federation (SCC Case No. V 024/2007) explains whether the relevant action constitutes expropriation in accordance with "Any dispute between one Party and an investor of the other Party relating to the amount or method of payment of the compensation", which contradicts the explanation given by the tribunal in Vladimir Berschader and Moise Berschader v. the Russian Federation (SCC Case No. 080/2004) according to "Any dispute between one Contracting Party and an investor of the other Contracting Party concerning the amount or mode of compensation".

约国主导的裁判者选任中，缔约国未根据上述公平、公正、公开原则选任并不承担任何责任。裁判者的选任反而易成为政治谈判的筹码，而势力弱小的欠发达国家在这其中的参与程度只会日趋弱化，投资仲裁改革存在着沦为政治工具的风险。

完全否认当事人的裁判者选任权被视为诉讼化改革的标志，但完全否认不仅不能保障裁判者的独立性，从而消除合法性危机，还无法保有传统投资仲裁裁决得到广泛承认与执行的优势。为了使上诉机制所作决定可以适用《纽约公约》得到承认与执行，改革应当在消除既有消极影响的情况下保留一定的仲裁属性，而非一味地朝诉讼靠拢。

本文认为，投资仲裁的诉讼化改革应当持续保留仲裁特质，通过对一审仲裁庭的仲裁权和当事方的自治权施以合理监督制约和克减，以减少当事方干预仲裁员独立公正地行使仲裁权的情况。从最根本的意义上分析，在改革国际投资仲裁机制时，首要的关切在于优化价值理念，夯实国际投资仲裁的合法性基础，具体而言，应当从以下三方面对仲裁价值体系进行重塑：

一是在价值定位上，改变以往过分强调一裁终局的效率价值，在全面彰显法律价值功能的同时，重点突出公平价值，实现从效率至上向正义至上的价值转向。而在正义价值中，以实质正义为终极导向来型塑与重构形式正义，重视程序正义的制度构建。二是在价值主体上，为了使投资仲裁的结果更加公平，克服传统仲裁制度本身存在的局限性，必须通过较为彻底的程序性改革，以进一步优化仲裁庭与纠纷当事方之间的纵向关系，平衡纠纷当事方之间的横向关系，赋予投资争端解决机制更大的自我修正性、开放性、公开性，以充分彰显程序的正当性。三是在价值整合上，在仲裁的一裁与上诉、保密与公开、自由与秩序之间进行价值冲突之协调，在维护仲裁之本性的基础上，引入对仲裁这一社会权力的制约监督机制。对此，可从两个面向予以展开：一方面是遵循以权力制约权力的原则，构建仲裁上诉监督机制；另一方面是遵循以社会监督权力的原则，设置适度公开机制，以消解仲裁保密可能形成的暗箱效应。唯其如此，才能不断夯实国际投资仲裁机制的正当性基础，为上诉机制改革及具体机制优化提供理性而明确的核心价值指引。

二、投资仲裁诉讼化改革的制度构建

以诉讼化的方式改革投资仲裁机制，核心要旨在于通过重新配置仲裁权力/权利。一是在原有的仲裁庭、当事方这一三角关系的上层增设一个监督层，实现从仲裁庭和当事方这一三角关系到双方当事人和原审仲裁庭、二审仲裁庭对一审仲裁庭关系框架的根本转型。二是改变当事方对仲裁庭权力的过度支配，适度加强仲裁庭组建的独立性，在当事方权利和仲裁庭权力之间构建起最佳权力/权利配置模式，通过强化仲裁权对当事方自治权的制约以确保仲裁裁决的公正性（如图 1 所示）。

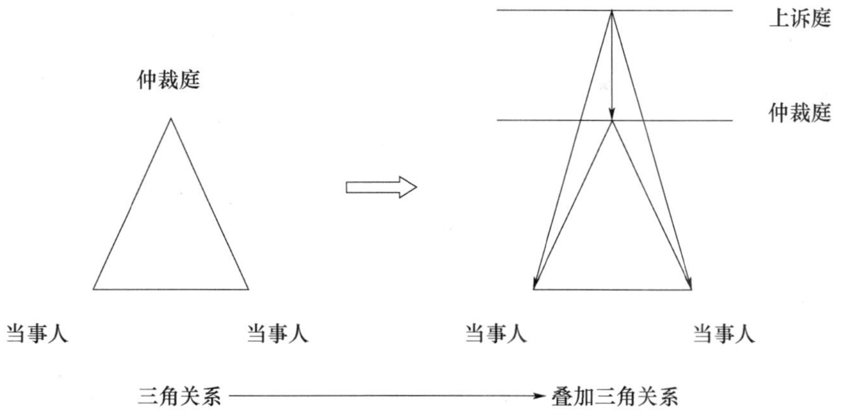

图 1　仲裁权力/权利的重新配置

具体而言，遵循有限诉讼化的根本原则，以上诉制度监督一裁终局，以仲裁员选任的资格限制来约束仲裁庭组成的自治性，以更高的透明度来凸显社会公共利益在投资仲裁中所发挥的重要作用。迄今，在制度构建中，仍存在着不少分歧和模糊认识，亟待从理论上加以澄清，在制度上加以理性地构建。

(一)增设上诉机制

上诉机制的建立更有利于保障纠纷当事人的实体权益。上诉审的设立将会提供一个与《解决国家和他国国民之间投资争端公约》(以下简称《ICSID 公约》)及其他投资仲裁规则截然不同的复审国际投资仲裁裁决的救济程序。[1]《ICSID 公约》将一裁终局性视为国际投资争端解决中心(以下简称 ICSID)裁决的一项重要特质。一般而言，对于非 ICSID 裁决来说，均不存在依据仲裁规则再次提起内部审查的可能性。而对于依据 ICSID 机制作出的裁决来说，在《ICSID 公约》之外几乎不存在可以挑战 ICSID 裁决的渠道，仅存在于 ICSID 机制内部，其主要依据是《ICSID 公约》第 50 条至第 52 条的规定。[2] 第 50 条并未损害仲裁裁决的终局性[3]，它仅为争议双方提供了质疑裁决解释方法的机会，且这种质疑被限定在裁决的意思或范围之内。[4] 虽然第 51 条看似允许裁决内容的更改，但是实现更改的条件较为苛刻——仅在当事人提出案件具有决定性意义的事

---

〔1〕 我国深圳国际仲裁院于 2019 年 2 月 21 日开始实施的《深圳国际仲裁院仲裁规则》也纳入了选择性复裁这一机制。同时，中国国际经济贸易仲裁委员会、北京仲裁委员会等也相继出台了相似规则。

〔2〕 Christoph Schreuer, "From ICSID Annulment to Appeal Half Way Down the slippery Slope", in *The Law and Practice of International Courts and Tribunals*, 10(2011), p. 212.

〔3〕 ICSID 公约第 50 条规定："一、如果双方对裁决的意义或范围发生争端，任何一方可以向秘书长提出书面申请，要求对裁决作出解释。二、如有可能，该项要求应提交作出裁决的法庭。如果不可能这样做，则应依照本章第二节组织新法庭。法庭如认为情况有此需要，可以在它作出决定前停止执行裁决"。

〔4〕 Aron Broches, "Observations on the Finality of ICSID Awards", in *ICSID Review-Foreign Investment Law Journal*, 6(1991), p. 377.

实,且该事实在裁决作出时并不为仲裁庭和当事人所掌握的情况下才能进行。[1] 在实践中,当事人几乎难以同时满足第 51 条规定的这两个要件,在全球涉及第 51 条的所有 8 个案件中,没有一名当事人获得胜诉。[2] 第 52 条是《ICSID 公约》中唯一与仲裁程序的审查相关的条款。不过,第 52 条第 1 款中所述的五项审查标准也谨慎地将撤销事由限定在程序性瑕疵之内。[3] 由此可见,传统投资纠纷解决机制在保障一裁终局的前提下,仅注重对程序性瑕疵的纠正。对嵌入式上诉机制持反对观点的学者也正是从程序瑕疵审查机制的优势出发,认为上诉机制将会带来国际投资纠纷解决程序的冗长,使其丧失仲裁本身相对高效的传统优势,并且从本质上否定了仲裁一裁终局的关键属性。[4] 从价值平衡的角度来看,《ICSID 公约》设置程序性审查的初始目的在于部分放弃效率以试图实现公正。但是这不过是一种极不保守的做法,难以遏制在实践中出现的不公裁决。对此,ICSID 专设委员会(ad hoc Committee)业已意识到 ICSID 裁决中存在的实体性瑕疵。其尽管无权根据实体性瑕疵撤销裁决,但在 CMS 输气公司诉阿根廷共和国案等案件的撤销审查程序中明确指出了一系列规则适用的实体错误。[5] 而且,仲裁裁决的效力在程序性瑕疵审查阶段也将一直处于不稳定状态。撤销审查程序结束前,裁决既无法确定纠纷当事人之间的权利义务关系,亦无法作为债权凭证向法院申请强制执行。一裁终局性是否还保持其"瑜"——纠纷解决的相对高效,甚至是否还能以其"瑜"来掩盖其"瑕"——纠纷解决相对欠缺实体公正,都令人怀疑。与上述规定不同,多边上诉机制不仅能够如 ICSID 仲裁一样实现纠纷解决的程序正义,亦能确保其裁决的实体公正性与一致性。[6] 为实现这一目标,多边上诉机制的审理范围必然超出 ICSID 内部审查的范围,既应当包括程序性审查,也应当包括实质性审查。

(二)强化仲裁员资质要求

为加强对仲裁庭与当事人之间的纵向调节、减少规则适用与解释的不一致

[1] ICSID 公约第 51 条规定,"任何一方可以根据发现一些其性质对裁决有决定性影响的事实,而向秘书长提出书面申请要求修改裁决,但必须以在作出裁决时,法庭和申请人都不了解该事实为条件,而且申请人不知道该事实并非由于疏忽所致"。

[2] Koorosh Ameli, Ilias Bantekas, Horia Ciurtin, Filippo Fontanelli, Nikos Lavranos, Mauro Rubino-Sammartano, "Task Force Paper Regarding the Proposed International Court System", European Federation for Investment Law and Arbitration, 1 Feburary 2016, p. 28, note 103.

[3] 根据 ICSID 公约第 52 条,申请撤销裁决的理由包括:①法庭的组成不适当;②法庭显然超越其权力;③法庭的一个成员有受贿行为;④有严重的背离基本的程序规则的情况;⑤裁决未陈述其所依据的理由。

[4] Katia Yannaca-Small, "Improving the System of Investor-State Dispute Settlement", OECD Working Papers on International Investment, January 2016, p. 13.

[5] CMS Gas Transmission Company v. The Republic of Argentina, ICSID Case No. ARB/01/8, Decision of the ad hoc Committee on the Application for Annulment of the Argentine Republic, etc.

[6] European Parliament, "At a Glance: Prospects for a Multilateral Investment Court", June 2017, p. 2, https://www.europarl.europa.eu/RegData/etudes/ATAG/2017/607252/EPRS_ATA(2017)607252_EN.pdf, last accessed on 18 May 2021.

性，有必要对仲裁员资质加以明确限制，增强仲裁员的独立性与公正性。对此，采用专职聘用制便成为多边上诉机制减少外界对仲裁员不利干扰的最佳选择。[1]

《ICSID公约》对仲裁员的资质规定得过于原则，是仲裁员在独立性与公正性上备受诟病的主要原因。如果当事人不服ICSID仲裁裁决而基于《ICSID公约》规定的五项程序性审查事由提起撤销程序时，ICSID行政理事会主席对审理撤销申请的仲裁庭享有排他性仲裁员选任权。虽然《ICSID公约》第52(3)条对仲裁员的选任做出了一定限制，[2]但是这仍然与以当事人意思自治为基石的仲裁制度相去甚远。即便第14(1)条、第40条对仲裁员小组(panel of arbitrators)中的成员与其他拟选任的仲裁员的道德品质与专业素养做出了规定，也仅以“应具备高尚品德”，以及“应在法律、商务、工业或金融方面具有公认的能力”这样的模糊表述进行了原则性限定。[3] 而联合国贸易法委员会和国际商会仲裁规则，对仲裁员独立性与公正性的规定几乎都缺乏精准性。[4] 诚然，国际律师协会制定的利益冲突指南对仲裁员的职业操守与道德素养进行了更高层次、更具针对性地约束，但是国际律师协会的相关规则在仲裁程序中属于可选择性的软法规则，只有在双方当事人合意的情况下才得以适用，难以对仲裁员的资质要求形成硬性约束。

在现有机制对仲裁员的道德品质与利益冲突缺乏具体化、强制性规定的情况下，投资争议解决结果的不公正性与不一致性便极有可能源于仲裁员自身的“缺陷”：一是同时肩负投资纠纷仲裁员以及解决纠纷之外的其他职务，在实际上可能会影响作为仲裁员的独立公正判断；二是在不同案件中分别行使当事人代理人与仲裁员的职责，也可能导致仲裁员的角色错位；三是当事人利用仲裁员对争议问题的预先判断进行指定，由此造成指定的仲裁员对案件存在一定的成见。

针对上述三大问题，有必要对仲裁员进行两个层面的限制，分别体现于仲裁员个人独立与公正性层面，以及选任仲裁员层面。这两个层面既有区别，也有联系。对于第一种不利影响，以仲裁员个人公正与独立为坐标同时进行评判，可以通过专职化以使仲裁员免受外部干扰。例如，在欧盟的初步设想中，采用专职聘用制以减少外界对于仲裁员的不利干扰。[5] 而对于第二种不利影响，通过强制性要求仲裁员自我披露与实施问责机制，可以起到过滤利益关联的作用。对于第三种不利影响，在仲裁员的选任被划定在一定范围之内后，仲裁裁决的一致性

---

〔1〕 欧洲委员会有关建立多边投资法庭的设想，http://trade.ec.europa.eu/doclib/press/index.cfm? id=1608，访问日期：2021年5月16日。

〔2〕 限制主要包括：①不得选择做出原裁决的仲裁庭成员；②不得选择与做出原裁决仲裁庭成员有相同国籍的仲裁员；③不得选择与纠纷双方当事人具有相同国籍的仲裁员；④不得在相同纠纷中担任调解员。

〔3〕 Article 14(1) of the ICSID Convention.

〔4〕 e.g. Article 11-13 of the UNCITRAL Arbitration Rules, Article 13 of the ICC Arbitration Rules.

〔5〕 欧洲委员会有关建立多边投资法庭的设想，http://trade.ec.europa.eu/doclib/press/index.cfm? id=1608，访问日期：2021年5月16日。

亦会得到加强。此时前案中仲裁员对某一争议事项的认定思路,将对后案产生指导意义上的积极作用,而非构成原有机制下当事人投机的工具。

值得关注的是,多边上诉机制若依托常设性机构的方式设立,仲裁员也可能由于常设性机构的不独立性而遭受不利干扰。[1] 仲裁员的个人独立并不意味着仲裁员的完全独立。在常设机构的管理之下,仲裁员的独立与仲裁机构的独立息息相关。只有仲裁机构在行政、财政、内部决策等方面做到独立,才能有效地避免因仲裁机构的不独立对本来拥有个人独立性的裁决者造成不利干扰。

(三)增强仲裁程序透明度

"参与"(participation)和"透明"(transparency)是国际法治的基本原则。提高国际投资争端解决程序的透明度有助于强化公众参与以及监督仲裁权的行使,而国际投资仲裁的保密性使其与法治的公开性一直存在矛盾。通过全方位梳理具有代表性的国际投资仲裁公约与规则中涉及透明度的条款,可以发现,无论是从仲裁信息的发布、文书的公开还是审理的公开、庭审旁听及对非争议方的开放,仲裁均相当保守。有关具体情况详见表1:

表1 国际投资仲裁公约与规则中涉及透明度的条款

透明度 公约 仲裁规则	仲裁程序开始阶段相关信息的发布	仲裁文书的公开	非争议方的参与	公开审理
《联合国国际贸易法委员会仲裁规则(2010)》[2]	无规定	无规定	没有明确规定,但依据第17条第1款,仲裁庭对此拥有自由裁量权	除非争议双方不同意,审理阶段应录像(第28条第3款)
《ICSID仲裁规则》(2006)	公开任何仲裁申请(第22条第1款)	需征求仲裁双方当事人的同意后公布(第22条第2款、第48条第5款)	需征求争议双方的同意(第37第2款)	需征求争议双方的同意且需咨询秘书长(第32条第2款)
《联合国贸易法委员会投资人与国家间基于条约仲裁透明度规则》(2014)	自动公开(第2条)	除受规则第7条保护的涉密信息外,自动公开(第3条)	需征求争议双方的同意(第5条)	开庭审理中的证据展示或口头辩论应当公开(第6条第1款)

[1] Gabrielle Kaufmann-Kohler, Michele Potestà, "The Composition of a Multilateral Investment Court and of an Appeal Mechanism for Investment Awards", CIDS Supplemental Report, 15 November 2017, pp. 49-53.

[2] 联合国贸易法委员会目前存在3个版本的仲裁规则,分别是1976年版、2010年版、2013年版。其中,2013年版仲裁规则中包括《联合国贸易法委员会投资人与国家间基于条约仲裁透明度规则》。

续表

透明度公约 / 仲裁规则	仲裁程序开始阶段相关信息的发布	仲裁文书的公开	非争议方的参与	公开审理
《欧盟—加拿大综合性经济贸易协议》(2017)[1]	涉密不公开(第8.36条第2、4款)	涉密不公开(第3条、第8.36条第2、3款)	需征求争议双方的同意(第8.38条)	开庭审理应公开,但仍强调涉密信息的保护(第8.36条第5款)

从早期对仲裁程序开始阶段资料的公开、仲裁裁决文书的公开、庭审程序的公开,以及非争议方参与仲裁程序无规定或规定模糊,到中期以双方当事人达成一致为公开的前提,再到近期对公开的应然性规定,表明了国际投资纠纷解决机制对公众监督、程序正义的日益重视。但是,对于透明度相对较高的《联合国贸易法委员会投资人与国家间基于条约仲裁透明度规则》(以下简称《透明度规则》)而言,目前仅有加拿大、瑞士等5个国家批准其适用。[2] 而另一透明度较高的《欧盟—加拿大综合性经济贸易协议》及其类似规定仅适用于新近缔结的小部分投资协定。现有主流国际投资纠纷解决机制对公众的开放程度亟待加强。保密性固然是传统仲裁理念中不可分割的基本属性,但是因国际投资仲裁纠纷主体的不平等性,对于程序公开性的要求也存在差异。国际投资纠纷发生在东道国与外国投资主体之间,相比于平等私主体之间产生的民商事纠纷,国际投资纠纷中的公权力一方还肩负着促进国家经济稳定增长等其他维护社会可持续发展的义务,如环境的可持续发展、资源的有效利用与保护等。根据多边投资上诉机制的构想,在国际投资仲裁的标的涉及非仲裁当事人的东道国公众利益时,基于正当程序保障原理,案外人应当享有一定的知情权和参与权。所以,增强透明度将是上诉机制改革的必然选择。本文认为,应当尽可能地借鉴诉讼机制的公开审理原则,在证据、程序性事项和实体性事项诸方面保障各方享有一定的知情权,同时,适度向社会公开,通过社会监督来确保对仲裁的意思自治进行有效约束,在公开透明之中增强对仲裁权的制约以更好彰显其公正价值。

---

[1] 相同或相似规定还存在于欧盟新近缔结的欧盟—越南、欧盟—新加坡、欧盟—墨西哥自由贸易协定等协定之中。

[2] The status of the United Nations Convention on Transparency in Treaty-based Investor-State Arbitration, only Cameroon, Canada, Gambia, Mauritius, Switzerland have approved the Convention, https://treaties.un.org/pages/ViewDetails.aspx?src=TREATY&mtdsg_no=XXII-3&chapter=22&lang=en, last accessed on 28 May 2021. 相较于国际公约中的成功典范——目前拥有168个缔约国的《纽约公约》以及拥有154个缔约国的《ICSID公约》而言,《联合国贸易法委员会投资人与国家间基于条约仲裁透明度规则》的配套公约《投资人与国家间基于条约仲裁透明度公约》的适用范围并不算大。

三、投资仲裁诉讼化改革的可行路径

如何使基于现有投资协定产生的纠纷适用改革后的投资仲裁来解决，如何有效执行上诉机制所作裁决，是推行诉讼化改革进程中必须攻克的两大现实难关。

在缔约方希望将现有投资协定项下的纠纷交由上诉机制来解决时，除修改现有解纷条款这种耗时费力的方式之外，是否存在更加优化的路径呢？建立一个多边性质的上诉机制的目的在于，凝聚多国力量，从根本上推动法律适用与解释的一致性以及裁决的公正性。双边改革难以促使仲裁员按照统一要件与标准对投资条约进行解释，同时，从时间、金钱、人力成本支出角度来看，运用多边主义来替代逐一修订双边协定的方式，亦能更为有效地舒缓国际投资争端解决机制的合法性、公信力危机。在解决多边上诉机制与现有 3000 多个国际投资协定之间的兼容性问题上，也应秉持这一多边主义精神。2014 年《透明度规则》以及《投资人与国家间基于条约仲裁透明度公约》（以下简称《毛里求斯透明度公约》）可以在此方面提供智识，尤其是其中关于“选择性退出”（opt-out）、“单边提议”（unilateral offer）及“双边/多边提议”（bilateral and multilateral offer）机制的规定对构建多边上诉机制具有重大意义。

《透明度规则》与《毛里求斯透明度公约》是联合国贸易法委员会为增强国际投资争端解决程序的透明度而起草的两份配套文件。《毛里求斯透明度公约》并不包含关于透明度的实质性规定，其制定旨在扩大《透明度规则》的适用。除非双方当事人选择不适用，否则依据在《透明度规则》生效日期 2014 年 4 月 1 日及之后缔结的投资协定且适用联合国贸易法委员会仲裁规则提起的国际投资仲裁，将自动适用《透明度规则》。[1] 对于依据在此日期之前缔结的投资协定提起的投资仲裁程序，则采用提议加入模式。适用《透明度规则》的方式包括：第一种情形是在仲裁程序适用联合国贸易法委员会仲裁规则时：①争端双方当事人同意；[2]②所依据的双边投资协定的缔约双方为《毛里求斯透明度公约》缔约方，或者在所依据的投资协定为多边投资协定的情况下，与争端有关的申请方与被申请方的所属国为《毛里求斯透明度公约》缔约方。[3] 第二种情形是在仲裁程序不适用联合国贸易法委员会仲裁规则时：①争端双方是《毛里求斯透明度公约》缔约方，且并未依据《毛里求斯透明度公约》第 3 条做出保留；[4]②仲裁被申请方是《毛里求斯透明度公约》缔约方，且并未依据《毛里求斯透明度公约》第 3 条做出保留，而仲裁申请方同意适用《毛里求斯透明度公约》。[5]

---

[1] Article 1(1) of UNCITRAL Rules on Transparency in Treaty-based Investor-State Arbitration.

[2] Article 1(2) of UNCITRAL Rules on Transparency in Treaty-based Investor-State Arbitration.

[3] Article 1(2) of UNCITRAL Rules on Transparency in Treaty-based Investor-State Arbitration.

[4] Article 2(1) of United Nations Convention on Transparency in Treaty-based Investor-State Arbitration.

[5] Article 2(2) of United Nations Convention on Transparency in Treaty-based Investor-State Arbitration.

这种机制的设置充分体现了当事人意思自治原则。联合国贸易法委员会仲裁规则的选择适用或者成为《毛里求斯透明度公约》缔约国并非为适用《透明度规则》的必要条件。在适用其他仲裁规则的仲裁案件中，如当事人所在缔约国未依据《毛里求斯透明度公约》第3条第1款b项作出《毛里求斯透明度公约》仅适用于使用联合国贸易法委员会仲裁规则的案件的保留，[1]当事人仍然可以运用公约所提供的不同加入机制。同时，《透明度规则》及其配套的《毛里求斯透明度公约》也未改变缔约国现有的国际投资协议中可仲裁事项的范围。这两份国际法文件没有为投资者提供提起对东道国仲裁的更多事由及契机。再者，以两份文件配套使用的方法可以避免《ICSID公约》难以获得多数或全部缔约国同意得到修订这一劣势。与透明度相关的核心规定均存在于《透明度规则》之中。《毛里求斯透明度公约》对于规则修订的同意采取缔约方个体退出的方式，如某一缔约国不赞成规则的修订，可以在修订采纳后6个月之内依据《毛里求斯透明度公约》第3条第2款作出保留。[2] 这些做法符合多边上诉机制的设置目的，可以成为使多边上诉机制广泛适用现有及未来缔结的国际投资协定的机制范本。

在多边上诉机制的适用问题得到解决后，还需关注多边上诉机制所作决定如何执行的问题。任何改革方案的实施都必须建立在有效的法律制度之上。在目前国际上通行的投资争端解决机制中，《ICSID公约》机制尽管处于主导地位，但是，多边上诉机制的设想与该机制并不兼容。根据《ICISD公约》第53条，ICSID裁决具有一裁终局性，不适用于公约规定之外的上诉等任何救济方式。第54条规定缔约国法院应将裁决视为与内国终审判决具有同一法律地位。换言之，《ICSID公约》项下，仲裁裁决的审查具有内部专属性。[3] 挑战裁决的唯一方式是根据第52条的规定，向ICSID秘书长申请撤销原裁决。如前所述，依据第52条撤销裁决的事由限定在程序性瑕疵之内。在此情况下，是否有可能启动《ICSID公约》的修订程序来转变其忽略实体性瑕疵救济的态度呢？早在2004年，国际投资争端解决中心就开始关注理论界与实务界对改革投资纠纷解决方式的呼吁，并提议建立一个由秘书长任命的15人上诉小组。[4] 这个提议在一年后因未能获得公约规定的足够的理事会成员支持以失败告终。[5] 即使因时局变

---

[1] Article 3(1)(b) of United Nations Convention on Transparency in Treaty-based Investor-State Arbitration.

[2] Article 3(2) of United Nations Convention on Transparency in Treaty-based Investor-State Arbitration.

[3] Christoph Schreuer, Loretta Malintoppi, August Reinisch, Anthony Sinclair, *The ICSID Convention: A Commentary*, Cambridge: Cambridge University Press, 2009, p. 18.

[4] The ICSID Secretariat, "Possible Improvements of the Framework for ICSID Arbitration", Discussion Paper, 22 October 2004, p. 5 of Annex Possible Features of an ICSID Appeal Facility, https://icsid.worldbank.org/en/Documents/resources/Possible%20Improvements%20of%20the%20Framework%20of%20ICSID%20Arbitration.pdf, last accessed on 28 May 2021.

[5] The ICSID Secretariat, "Suggested Changes to the ICSID Rules and Regulations", Working Paper, 12 May 2005, p. 4, https://icsid.worldbank.org/en/Documents/resources/Suggested%20Changes%20to%20the%20ICSID%20Rules%20and%20Regulations.pdf, last accessed on 28 May 2021.

迁，三分之二的国际投资争端解决中心行政理事会成员对改革意见持积极态度，推动改革进入缔约国批准阶段，但是第 65 条、第 66 条规定的修订程序也终究只停留在理论层面而无法落实。第 65 条赋予每一个缔约国提出公约修正案的权利。不过，根据第 66 条第(1)款的规定，修订意见首先需要得到行政理事会(administrative council)三分之二成员的同意，其后还需经过《ICSID 公约》所有缔约国的批准、赞同或认可。改革投资仲裁机制是一种主流观点但并非所有国家都能够接受，一旦某一缔约国基于政治考量等其他因素反对改革提议或弃权，修订也就无法得到一致通过。因此，即使通过《ICSID 公约》内部修订程序，也无法使多边上诉机制所作决定适用《ICSID 公约》得到承认与执行。

为规避上述促成所有国家对《ICSID 公约》的修订达成一致同意的难题，国际上有学者提议可以通过《维也纳条约法公约》第 41 条规定的“彼此间的修订”(inter se modification)使得适用上诉机制得出的裁决转换成为“ICSID 仲裁裁决”，从而借助《ICSID 公约》得以承认及执行。[1] 本文认为，适用第 41 条规定的理由并不充分。从第 41 条的措辞来看，《ICSID 公约》的两个或两个以上的缔约国在满足下列两种条件之一时可以签订协议约定仅在他们彼此之间对《ICSID 公约》进行修订：①《ICSID 公约》提供了做出这种修订的可能性；②这种修订并没有被《ICSID 公约》所禁止，而且该修订不影响《ICSID 公约》的其他缔约国享受《公约》项下的权利或履行义务，亦并非与有效施行整个《ICSID 公约》的目的与宗旨不相适宜。[2] 该学者具有前瞻性地认识到第 41 条可能成为一种改变 ICSID 仲裁不能上诉的方式，但是选择性地忽略了适用第 41 条的重点，将《ICSID 公约》是否提供这种修订的可能性中的“这种修订”解释为“彼此之间的修订”而不是通过修订可以对仲裁裁决进行上诉。[3] 显然，《ICSID 公约》缔约国适用第 41 条的根本目的在于修订《ICSID 公约》第 53 条不可上诉的规定。也正是由于《ICSID 公约》明文禁止上诉，第 41 条规定的适用“彼此间的修订”的第二种前提条件也无法得到满足。因此，无论是通过《ICSID 公约》自有的修订程序，还是通过《维也纳条约法公约》“彼此间的修订”，突破《ICSID 公约》对国际投资仲裁裁决一裁终局的防守不存在可行性。

无法适用 ICSID 纠纷解决机制意味着多边上诉机制所作裁决无法通过《ICSID 公约》第 54 条得到执行，而上诉机制解纷最终结果可以得到有效的执行是联合国贸易法委员会诉讼化改革的关键设想之一，为此，必须考虑其他途径以保证

---

[1] August Reinisch, “Will the EU's Proposal Concerning an Investment Court System for CETA and TTIP Lead to Enforceable Awards? —The Limits of Modifying the ICSID Convention and the Nature of Investment Arbitration”, in *Journal of International Economic Law*, 19 (2016), p. 761, pp. 771-782.

[2] Article 41 of the Vienna Convention on the Law of Treaties.

[3] August Reinisch, “Will the EU's Proposal Concerning an Investment Court System for CETA and TTIP Lead to Enforceable Awards? —The Limits of Modifying the ICSID Convention and the Nature of Investment Arbitration”, in *Journal of International Economic Law*, 19(2016), pp. 774-777.

多边上诉机制所作裁决的有效执行。本文认为,《纽约公约》[1]可以作为有效执行媒介。《纽约公约》第 1 条第 2 款规定,适用该公约得到承认及执行的仲裁裁决应由每一案件指定的仲裁员或者常设仲裁机构作出。除此条款之外,《纽约公约》对适用范围之内的仲裁裁决并无更为明确的规定。根据目前的改革动议,多边上诉机制可能是以"常设机构"的形式建立,但是否符合第 1 条第 2 款规定的"常设仲裁机构"仍然存疑。从多边上诉机制的种种特征来看,以上诉机制取代一裁终局,通过适当限制当事人选任仲裁员的自由权,以仲裁的透明度消解其保密性,投资法庭在实质上与传统仲裁机构、仲裁裁决必然发生较大偏离。不过,因此而简单认定《纽约公约》不适用多边上诉机制所作裁决的执行并不适宜。《伊朗—美国求偿法庭(Iran-US claims tribunal)》同样作为一个对国家与他国国民之间的争议拥有管辖权的常设机构,也对当事人选择仲裁庭组成成员的范围进行了限缩。《求偿解决宣言》规定当事人只能根据伊美两国政府指定的人员名单提出人选偏好。[2] 在伊朗伊斯兰共和国国防部诉古尔德公司一案中,伊朗就求偿法庭作出的针对美国公司的裁决在美国寻求执行时,巡回上诉法院认定该裁决的承认与执行符合《纽约公约》的适用范围,同时,并未与美国加入《纽约公约》时所作出的互惠保留相矛盾。最终法院因该裁决未违反《纽约公约》第 5 条第 1 款为由驳回了美国古尔德公司的上诉请求。[3]由此可见,即便多边上诉机制以常设机构的形式设立,其所作的裁决仍符合《纽约公约》的适用范围,《纽约公约》可以成为承认及执行的媒介。值得注意的是,我国虽然在 1987 年加入《纽约公约》时作出了商事保留,排除了对国际投资仲裁裁决的适用,但是承认与执行国际投资仲裁裁决,在近来为越来越多的中外投资协定所认可。中国先后与德、法、葡、韩、瑞士、荷兰等签署投资协定,约定了通过国际投资仲裁方式解决投资者与东道国的投资纠纷。例如,《中华人民共和国政府和荷兰王国政府关于鼓励和相互保护投资协定》第 10.3 条规定,缔约各方无条件同意应有关的投资者要求将该争议提交:①依照 1965 年《ICSID 公约》进行仲裁或调解;②依照 UNCITRAL 仲裁规制建立的专设仲裁庭。如果在中外共同确认的国际投资仲裁庭进行仲裁的结果得不到执行,显然不符合缔结双边投资协定的初衷。所以,在目前尚未即刻废除商事保留的前提下,可以先期按照互惠原则处理国际投资仲裁裁决在我国的承认与执行问题,今后,随着我国综合国力的不断提升,可以考虑废止商事保留,使国际投资仲裁裁决成为可依《纽约公约》予以承认与执行的事项。基于这一思路,在构建国际投资法庭制度中的裁决执行机制时,可以考虑在一定条件下与《纽约公约》相互对接,确保裁决的有效执行。当然,其前提建立在互惠的基础之上。

---

〔1〕 the List of Contracting States of the New York Convention, http://www.newyorkconvention.org/list+of+contracting+states, last accessed on 28 May 2021.

〔2〕 Article III. 1 of Claims Settlement Declaration.

〔3〕 Ministry of Defense of Islamic Republic of Iran v. Gould Inc., United States Court of Appeals, Ninth Circuit, 1989, 887 F. 2d 1357.

结语

由联合国国际贸易法委员主导的诉讼化改革正如火如荼地开展，不仅拟在仲裁内部增设上诉机制，遴选专职仲裁员、明确仲裁员资质要求，而且还增强程序的透明度，保障裁决的可执行性。这些改革举措，既要能够消除传统国际投资争端解决模式的弊端，又要考量其与现有投资纠纷解决体系的兼容问题，还要确保该机制得到广泛适用、裁决获得有效承认与执行。

这一机制改革对我国所具有的重大价值功能值得进一步挖掘和重视。长期以来，面对国际投资纠纷，我国企业或外国投资者都不得不选择 ICSID 等国际仲裁机构和规则，尽管 ICSID 也与欧盟和联合国贸易法委员会一样，试图对其仲裁机制着手进行改革，[1]但 ICSID 目前还未就实体性救济发布任何实质性书面改革提议。在经历了中国平安保险公司诉比利时案无法对法律适用问题进行上诉，只能接受失败结果的阵痛之后，我们不得不反思这一机制所存在的固有缺陷。如 ICSID 受制于《ICSID 公约》而无法转变其有限内部程序性审查的态度，我国是否应当继续广泛沿用 ICSID 机制解决投资争端便存在诸多疑义。此时，选择多边上诉机制将是一个值得考虑的关键问题。

近来，最高人民法院发布的《关于人民法院为中国(上海)自由贸易试验区临港新片区建设提供司法服务和保障的意见》指出，“支持经登记备案的境外仲裁机构在新片区就国际商事、海事、投资等领域发生的民商事纠纷开展仲裁业务”。随后，国务院《关于印发北京、湖南、安徽自由贸易试验区总体方案及浙江自由贸易试验区扩展区域方案的通知》亦指出，“允许境外知名仲裁及争议解决机构经北京市人民政府司法行政部门登记并报国务院司法行政部门备案，在区内设立业务机构，就国际商事、投资等领域民商事争议开展仲裁业务。”多边上诉机制一旦以常设性机构形式成功设立，在我国以登记备案的方式开展机构仲裁业务，或者以临时仲裁的形式提供仲裁服务，都将会面临与我国国内法以及我国所缔结的国际公约之间相磨合的多重问题。解决这些问题的关键在于，厘清多边投资法庭的本质特征，密切关注并积极参与建构相关制度机制，完善我国仲裁机制以及仲裁司法审查与执行机制，及时做好与国际法律文件的相互衔接。

---

[1] ICSID, “Working Paper 3: Proposals for Amendment of the ICSID Rules”, August 2019, https://icsid.worldbank.org/en/Documents/WP_3_VOLUME_1_ENGLISH.pdf, last accessed on 28 May 2021.

突发公共卫生事件应对中行政强制的普法教育研究[1]

张羽佳*
宋冬冬**

摘　要　突发公共卫生事件应对中行政强制的普法教育，是指教育主体针对教育客体开展以了解和掌握行政强制法律知识为主要内容，以提高政府依法防控能力，增强广大人民群众法治意识，为疫情防控工作提供有力法治保障为目标的教育活动。该教育活动有助于传播正确的法治理念，培养公民的法律信仰，约束公民的行为规范和维护稳定的社会秩序。然而，该教育活动在教育主体、教育内容和教育方式方面仍存在问题。因此，需要探讨优化突发公共卫生事件应对中行政强制的普法教育路径，包括加强教育主体建设以提升行政机关依法行政的水平，完善教育内容设计以引导人民群众支持疫情应对中的行政强制，以及发挥教育载体作用以促进校园网络课堂中关于行政强制的普法教育。

关键词　突发公共卫生事件；行政强制；普法教育

目　次

---

* 张羽佳（1990—），中国地质大学（武汉）马克思主义学院2018级博士研究生，研究方向：思想政治教育。

** 宋冬冬（1985—），中国地质大学（武汉）党委宣传部副部长，公共管理学院副教授、自然资源部法治研究重点实验室研究员，研究方向：自然资源法律与政策。

〔1〕 本文系2021年度湖北省高等学校人文社会科学重点研究基地——大学生发展与创新教育研究中心科研开放基金项目“新时代我国大学和谐师生关系构建策略研究”成果。中国地质大学（武汉）马克思主义理论研究与学科建设计划重点课题“推进习近平法治思想‘三进’中的法治人才培养的研究”（MX2014）成果。

习近平同志在中央全面依法治国委员会第三次会议上强调“要在党中央集中统一领导下，始终把人民群众生命安全和身体健康放在第一位，从立法、执法、司法、守法各环节发力，全面提高依法防控、依法治理能力，为疫情防控工作提供有力法治保障”，并进一步指出“要加强疫情防控法治宣传和法律服务，组织基层开展疫情防控普法宣传，引导广大人民群众增强法治意识，依法支持和配合疫情防控工作”。针对新型冠状病毒肺炎疫情，各级政府依法采取了紧急状态下的行政强制措施。《突发公共卫生事件应急条例》中明确规定“应当对公众开展突发事件应急知识的专门教育，增强全社会对突发事件的防范意识和应对能力”。为了更有效地防控疫情，有必要加强对于突发公共卫生事件应对中行政强制的普法教育。因此，必须深刻认识到突发公共卫生事件应对中行政强制的教育内涵，重点分析突发公共卫生事件应对中行政强制的教育问题，努力探索突发公共卫生事件应对中行政强制的教育路径。

一、研究缘起

(一)突发公共卫生事件应对中的行政强制

突发公共卫生事件应对中的行政强制，本质上是一种行政紧急强制，主要是指行政主体在宣布进入紧急状态之后，为了实现行政目的，而对行政相对人的人身自由或财产直接实施的强制行为。[1] 这一行政行为的特点有两方面：一是实施行政强制的前提条件必须是应急机制启动了法律上规定的紧急状态，该紧急状态是国家利益、公共利益或社会秩序处于严重危险的状态；二是行政主体为了防止紧急状态扩大，对不具有法律义务的行政相对人采取了强制措施。行政紧急强制措施的功能主要有及时处理突发事件、整治社会混乱、引导紧急状态下的公众行为。

由于紧急状态的危险性、威胁性以及紧迫性，仅仅采取一般手段或措施难于应对紧急状态、恢复社会秩序，从而对社会实施有效管理，有必要赋予政府以特殊的、比平常更大的行政权力——紧急行政权力，从而使政府能有效及时地组织、运用各种资源，采取强有力的措施，有效地应对紧急状态，消除危险，度过危机，维持或恢复正常的宪法和法律秩序，确保人民的生命健康和财产安全，将紧急状态可能造成的损失减少到最低程度。[2] 由于紧急事件的特殊性，紧急权力经常脱离明确细致的法律规范，以改变常规体制、悬置法律执行、中止某些权利保障等方式灵活运行。对于以形式理性的规范为基本形态、以捍卫秩序和人权为基本目标的现代法律体系而言，这几乎是无法容忍的。[3]

突发公共卫生事件应对中，狭义的行政强制的主体是指法律法规授权的应急指挥机构。根据《突发公共卫生事件应急条例》的规定，我国设立两级应急指

---

〔1〕 马怀德主编:《应急反应的法学思考》，中国政法大学出版社 2004 年版，第 35 页。

〔2〕 江必新:《紧急状态与行政法治》，《法学研究》2004 年第 2 期。

〔3〕 孟涛:《紧急权力法及其理论的演变》，《法学研究》2012 年第 1 期。

挥机构，一是国务院设立的全国突发事件应急处理指挥部，二是省、自治区和直辖市人民政府成立的地方突发事件应急处理指挥部。广义的行政强制主体还包含有权实施行政强制的行政主体，包括卫生行政主管部门、疾病预防控制部门、公安部门、市场监督管理部门等。这些行政机关不仅是一般情况下最直接负责执法和维持秩序的机关，而且是在特殊情况下最直接负责恢复秩序的机关，紧急情况为其提供了独特机会来行使特别程度的酌情决定权。[1] 行政强制的客体主要是指被采取行政强制措施的行政相对人，主要包括需要接受隔离治疗、医学观察措施的病人、疑似病人和传染病病人密切接触者。

在新型冠状病毒肺炎疫情暴发伊始，世界大多数政治机构都采用了强有力地实施规章制度的政策模板，包括关闭非必要业务、宵禁等。[2] 就我国而言，包括湖北省在内的全国各省、直辖市、自治区启动了重大突发公共卫生事件一级响应，涵盖了几乎全国人口。实施行政强制是行政主体控制突发公共卫生事件的关键。在突发公共卫生事件应对中，采取正常的限制措施已经不足以维护公共安全和人民生命健康，因此有必要采用特别应对措施。[3] 根据有关突发公共卫生事件的法律法规和我国的应对经验，在新型冠状病毒肺炎疫情期间，已采取的行政强制手段包括：强制隔离和隔离治疗，强制留验和观察，强制检疫和检验，强制封存、查封和扣押，强制征用和征调，限制或停止集聚性活动，封锁疫区等。

（二）突发公共卫生事件应对中行政强制的普法教育

结合突发公共卫生事件应对中行政强制的内涵和法律法规条文，政府有义务对公众开展突发事件应急知识的教育工作。[4] 突发公共卫生事件应对中行政强制的普法教育是指教育主体针对教育客体开展的以了解和掌握以行政强制法律知识为主要内容，以提高政府依法防控能力，增强广大人民群众法治意识，为疫情防控工作提供有力法治保障为目标的教育活动。

突发公共卫生事件应对中行政强制普法教育过程的主客体可以从教育管理和教育实施两个层面来分析。第一个层面是教育管理的主体和客体，该主体是指管理行政强制教育活动的相关行政部门，主要负责行政强制教育的顶层设计，主要包括教育方针、教育方向、教育决策、教育总体规划等。需要注意的是，这些行政部门并不直接参与行政强制普法教育活动的具体过程。突发公共卫生事件应对中管理行政强制普法教育的主体是指应急指挥机构、卫生行政主管部门和有关部门。客体是指直接参与行政强制普法教育活动的教学宣传人员，以及接受行政强制普法

---

〔1〕 Fatovic C, *Outside the law: Emergency and executive power*, JHU Press, 2009, p. 352.

〔2〕 Bylund P L, Packard M D, "Separation of power and expertise: Evidence of the tyranny of experts in Sweden's COVID-19 responses", *Southern Economic Journal*, 87(2021), pp. 1300-1319.

〔3〕 江必新：《紧急状态与行政法治》，《法学研究》2004 年第 2 期。

〔4〕 《突发公共卫生事件应急条例》明确规定，国务院设立全国突发事件应急处理指挥部，省级政府成立地方突发事件应急处理指挥部，领导和指挥突发事件应急处理工作。县级以上各级人民政府卫生行政主管部门和其他有关部门，应当对公众开展突发事件应急知识的专门教育，增强全社会对突发事件的防范意识和应对能力。

教育的广大受众。第二个层面是教育实施的主体和客体,该主体主要是行政强制的教育宣传部门,即教育方针和教学宣传计划的执行者。行政强制普法教育者在执教的过程中,必须注意对受众群体进行行政强制法律知识的传授。行政强制的教育者并非简单地传达行政强制法律法规的教条内容,而是要组织和引导整个宣传教育活动过程;接受教育的广大人民群众是客体,即主要的受教者。

突发公共卫生事件应对中行政强制普法教育的具体举措主要有以下两点:一是对行政强制的合法性以及不接受政府管理的违法性进行宣传。落实宣传教育的措施包括设置思政课、开展大学生法律心理健康教育、设立专门的法治宣传教育组织、策划法治理念讲座、模拟法庭、法治情景剧表演等各项活动。[1] 构建精准有效的法治宣传体系,要建立法治宣传与司法执法、公共法律服务、矛盾纠纷化解等部门的情况通报、业务联动机制,不断增强工作的前瞻性和主动性。[2] 二是针对行政强制提供法律服务,接受公众日常咨询,通过分类指导、政策指引、依法建议、合规干预等方式及时解决行政行为不当造成的权益受损问题。[3] 法律服务的公共服务功能把司法的严肃性和便民性有机结合,在准司法、司法与公众之间搭建起感情沟通桥梁,推动社会公众对司法公正的感知和认同,促进全民守法和提升法治信仰。[4]

(三)突发公共卫生事件应对中行政强制的普法教育意义

突发公共卫生事件应对中行政强制的运用,对社会产生着重要的积极作用。进行相关的普法教育能够提高疫情防控法治化水平,推进法治政府建设,并且提高依法行政水平,此外,还能教育引导广大人民群众增强法治意识,依法支持、配合和参与疫情防控工作。具体表现在五个方面:

一是传播正确的法治理念。行政强制是行政主体在突发公共卫生事件应对中实施的各类行政行为中最为权威和最能保证效率的一种行政行为。对行政强制的教育,能够促进公众学习相关法律知识,增强法治观念,从而有助于行政主体运用多种政策工具调动全社会的力量,并且配置各种可利用的资源来应对危机。突发公共卫生事件应对中行政强制的普法教育与一般法治教育不同,它的教育基调可以服务国家疫情防控大局,聚焦正能量,理性平和传递依法防控、依法治理思想,确保教育正确导向。[5]

二是培养公民的法律信仰。突发公共卫生事件的暴发,其危害性往往是致命的,直接关乎人民群众的生命健康安全。由于突发公共卫生事件危险的紧迫性,要求采取的措施也必须迅速及时。坚持统筹兼顾科学方法论,突发公共卫生

〔1〕 竺皋翔、杨光熙、刘佳怡:《高校依法治国教育现状及提升策略分析——基于浙江省十所高校的调查研究》,《管理观察》2016 年第 17 期。

〔2〕 周福莲:《构建精准有效的法治宣传工作体系》,《群众》2021 第 2 期。

〔3〕 韩钢:《新冠肺炎疫情依法防控教育基本策略探析》,《渭南师范学院学报》2020 年第 6 期。

〔4〕 杨凯:《论公共法律服务与诉讼服务体系的制度协同》,《中国法学》2021 年第 2 期。

〔5〕 韩钢:《新冠肺炎疫情依法防控教育基本策略探析》,《渭南师范学院学报》2020 年第 6 期。

事件应对中行政强制的普法教育一方面考虑了长远性的顶层设计,另一方面着眼实践解决了当前面临的实际问题,并且有助于全民族法治习惯与信仰的养成。[1] 从长远来看,针对行政强制的教育充分发挥了法治的基础性调控、制度性保障、根本性指引功能,保证依法防控教育导向正确,引导公众增强大局意识和法治意识。[2] 就当前而言,针对行政强制的教育使公众认识到政府权力的行使不是随意而为,不是因人而为,而是于法有据,从而理解各项防疫措施的合理性。[3] 加强行政强制的教育有助于政府依法行政,规范行政主体的行为,从而使公民对行政强制的法治理念予以认同,培养其正确的法律信仰。

三是提升公民的集体意识。行政强制教育给人民群众提供了一个学会运用集体主义原则理解个人安全与集体安全的关系的机会,认识到个人安全与集体安全的辩证统一关系,没有集体的安全,就没有个人的安全,有了集体的安全,个人安全才能更加有保障。

四是约束公民的行为规范。突发公共卫生事件应对中行政强制教育的目标是消除疫情危机对公众的不利影响。但是,由于行政强制存在部分消极情形,行政相对人容易对行政主体作为公共利益代表者的身份产生怀疑,甚至在内心抵触行政主体的所有行为。这就极大地阻碍了行政目标的实现,甚至有可能会激发新的社会矛盾,不利于突发公共卫生事件的控制。加强突发公共卫生事件中的行政强制的教育,有助于引导人民群众理解、支持和配合疫情防控工作。

五是维护稳定的社会秩序。包括突发公共卫生事件在内的突发公共卫生事件,一般是毫无预期的,突然暴发之后往往会大规模迅速扩散蔓延,容易导致整个社会秩序陷入混乱。行政强制作为行政主体的主要控制手段,目的是及时有效地控制病毒的传播蔓延,促使社会恢复正常秩序。加强行政强制的教育有助于实现这一目标。

二、突发公共卫生事件应对中行政强制的普法教育存在的问题

(一)普法教育主体力量不足

在教育管理层面,突发公共卫生事件应对中行政强制的普法教育管理主体存在分工不明、责任不清的情况。突发公共卫生事件应对中管理行政强制的普法教育主体包括应急指挥机构、卫生行政主管部门和有关部门等多个部门。从法规条文和实践情况来看,突发公共卫生事件应对中行政强制的普法教育管理主体多元化且不统一,导致在实际工作中各主体之间容易出现分工不明,甚至相互推诿责任的情形,这样不仅影响开展教育工作的效率,而且会导致问题出现后教育管理主体的责任分担不明。[4] 行政强制的普法教育管理主体权力配置方

---

[1] 韩钢:《新冠肺炎疫情依法防控教育基本策略探析》,《渭南师范学院学报》2020 年第 6 期。

[2] 郑万生:《法治视域下高校疫情防控教育研究》,《青年与社会》2020 年第 30 期。

[3] 郭颖:《重大疫情对青少年法治教育的几点启示》,《人文天下》2020 年第 20 期。

[4] 戚建刚:《我国应急行政主体制度之反思与重构》,《法商研究》2007 年第 3 期。

面，纵向权力分配不明确、横向权力之间协调弱，各主体间的职权规定与合作规定不清晰。各主体“条块分割”严重，目标的不协调造成各类应急信息和知识未能有效整合、缺乏必要的关联性，教育效果呈现“碎片化”。[1]

在教育实施层面，突发公共卫生事件应对中行政强制的教育实施主体存在师资力量配备不足的问题。[2] 在开展关于行政强制的普法教育体系中，学校的教育极为重要。受教客体能够遵纪守法、提升法治素养的关键在于学校教育，然而学校关于突发公共卫生事件应对中行政强制的普法教育目前是被忽视的，绝大数学生不清楚突发公共卫生事件应对中行政强制的基本知识。这一问题的主要原因就是开展教育的师资力量配备不足，制约着突发公共卫生事件中行政强制的教育活动高质量推进。当代高校教育中，学科化和专业化的特点鲜明，真正从事法治教育的教师屈指可数。且目前我国现有从事法治教育的教师大多毕业于思想政治教育专业，缺乏系统的法律专业教育，这就要求对法治教育教师队伍系统、持续地进行法律专业知识培训，这既包括教育部门组织专门的短期培训，也包括选送教师到高校进行法律专业进修。[3]

(二)普法教育内容缺失

一是突发公共卫生事件应对中行政强制教育所依据的不可或缺的法律法规存在滞后性。对相关法律法规进行全面准确的解读是教育的基本表现形式，教育内容有一大部分内容都涉及法律法规的宣讲。[4] 目前，关于突发公共卫生事件中行政强制的法律体系仍不完善，规定不统一，部分条规合理性存疑。从总体的法律体系来看，关于突发公共卫生事件应对中行政强制的法律制度适用的是一种分散的立法模式。具体而言，在《行政强制法》中仅规定了一般状态下的行政强制，但紧急状态下的行政强制则需要参照其他法律法规的有关规定，分散在《突发事件应对法》《传染病防治法》《突发公共卫生事件应急条例》《国境卫生检疫法》等多部法律、行政法规或者部门规章之中。这种分散式立法的优点是专业性较强，针对不同领域规定了不同的强制措施，有利于发挥专业优势，但是无法有效整合不同层级、不同功能结构的各部门之间的资源，不能够发挥整体资源优势，同时这些专业法律法规多属于部门立法，缺乏相互间的统一性和协调性。这一问题使得教育主体无法准确把握行政强制教育的权威法律规定内容，在相关课程内容的设置上，难以形成完整而自洽的逻辑体系，不利于教育活动开展。此外，尽管具体应急预案的制定，均自称依据宪法、法律及行政法规等规范性文件，但是大多数应急预案的规范内容实质上缺乏明确的法律依据，在法治国家，各种“例外”制度和措施最后仍要得到主权机构以及法律体系的合法性追认，这个阶

---

[1] 王兴鹏、崔明家:《面向多主体的应急知识协同管理体系构建》,《科技管理研究》2020 年第 24 期。

[2] 赵东玉、徐国亮:《依法治国视域下大学生法治理念的培育——基于山东省 8 所大学的调查》,《思想教育研究》2017 年第 6 期。

[3] 杨忠明、杨强:《青年学生法治素养提升的时代特征和实践路径探析》,《思想教育研究》2017 年第 11 期。

[4] 石雁:《法治教育中的思想政治教育渗透》,《思想教育研究》2013 年第 2 期。

段在中国还没有完成。[1] 在我国常规法律与非常规法律体系中，无论是《宪法》《国家安全法》，还是《戒严法》《突发事件应对法》及其他与突发事件相关的法律，并没有关于"国家紧急权力"的法律概念、法律原则及相应的规范体系。[2]《宪法》将"国家紧急状态"严格限定在战争、内乱的狭义社会事件，使自然灾害、重大公共卫生事件等新型重大突发事件引发的公共利益危机无法得到《宪法》"紧急状态"规范的确认，进而间接限制了"国家紧急权力"的正当行使。[3]

二是针对教育客体的法治理念教育滞后。在突发公共卫生事件应对中行政强制的普法教育内容，以往更倾向于引导教育客体注重公共利益的保护，而忽视对个人利益的保护。在实践中偏重教导客体配合行政强制的实施，而容易忽视被侵害的行政相对人的利益补救。在补偿救济方面，目前的法律法规尚未规定具体可操作的补偿标准。例如，《突发公共卫生事件应急条例》仅规定授权相关部门在突发事件发生后征用物资、封锁疫区等，但对疫情之后是否要补偿并未规定。行政强制的教育中，权利救济和经济补偿内容的缺失问题，实际上是法治理念教育滞后的表现，容易导致受教育客体产生对于行政强制合理性的质疑。

（三）普法教育方式不完善

一是传统教育形式不能在突发公共卫生事件期间运用。传统的教育形式，主要以开展法制宣传为主，具体包括发放教育资料手册、制作户外展板和板报、张贴宣传口号和标语、举办面对面的现场讲座、进行专题报告、召开会议讨论等形式进行知识讲解、提供法律咨询和法律援助等形式。[4] 丰富多样的传统教育形式在常规状态下能够全方面、多层次的宣传教育内容，但是，在突发公共卫生事件期间，大多数人民群众需要在家自我隔离，难以聚集在一起，这些需要公共场所才能进行的传统教育形式不可能运用。因此，需要探索新媒体的运用，借助新媒体载体移动化的优势提高教育形式的灵活性，利用多平台互通的软件或网页，有机串联起电脑、平板、手机等多个终端，使得教育活动的开展具备更多样化的渠道，提升法治教育的实效性。

二是教育实施方法较为单一。突发公共卫生事件应对中行政强制的教育客体是包括青少年在内的广大人民群众，青少年的教育关系到整个教育事业的成功与否。现阶段的教育方式主要采用书本教学形式，以书本为介质的优点在于权威性可以得到保障，内容比较全面，但是过于重视认知教育而轻视体验教育。简单对法律知识的解读重灌输而轻互动，导致教育过程枯燥单调，不利于青少年主动接受教育。[5] 体验教育的一大优势在于可以使教育客体处于一种沉浸式情境中，对于所授知识内容能够获得更直观生动的理解，既增进了对于知识本身的

---

〔1〕 孟涛：《紧急权力法及其理论的演变》，《法学研究》2012年第1期。

〔2〕 李晓安：《"国家紧急权力"规范约束的法治逻辑》，《法学》2020年第9期。

〔3〕 李晓安：《"国家紧急权力"规范约束的法治逻辑》，《法学》2020年第9期。

〔4〕 杨忠明、杨强：《青年学生法治素养提升的时代特征和实践路径探析》，《思想教育研究》2017年第11期。

〔5〕 杨忠明、杨强：《青年学生法治素养提升的时代特征和实践路径探析》，《思想教育研究》2017年第11期。

内在思考，也在很大程度上削弱了知识点的记忆难度。实现体验教育的核心在于将晦涩难懂的法律理论知识转化成为生动直观的内容，譬如，运用 3D 动画渲染技术，将理论寓于案例，再以动画形式呈现，还可为受教育客体提供 VR 眼镜等虚拟仿真技术产品，充分调动其感官，加深其印象并促进思考。在突发公共卫生事件应对中，应当创新教育方法，运用包括教育部中小学网络云课堂在内的网络媒体平台开展教育活动。

（四）普法教育成效评价体系不健全

思想政治教育的成效，是指思想政治教育实践活动取得的实际成就及其效果，对其进行评价，既是思想政治教育实践的需要，也是思想政治教育理论建设的必然要求。哲学社会科学建设存在的“权威的评价标准缺漏、多元的评价主体缺位、契合的评价方位缺乏、科学的评价指标缺憾”，突发公共卫生事件应对中的行政强制教育也存在类似问题。[1]

当前对于突发公共卫生事件应对中行政强制教育的效果，既无定量化的评价指标，也无科学健全的评价体系。由此造成的局面就是教师的唯一工作是授课，而学生的任务则是出勤，至于教学的效果以及学生对于课上所学内容的掌握运用情况，在很多时候都没有具体的途径可以了解，缺乏一套具有导向性和活力的考核评价机制来对教学情况进行有效地反馈。[2] 这种缺乏有效反馈机制的教育活动弊端明显，不利于客观认识现有的教育内容、手段所存在的缺陷，因而也就不能进一步采取有针对性的改进措施，提升人民群众对于行政强制在突发公共卫生事件中的必要性与合理性的认知。

三、优化突发公共卫生事件应对中行政强制的普法教育路径

（一）提升行政机关依法行政的水平

加强教育主体建设，提升行政机关依法行政的法律素养。突发公共卫生事件应对中，明确党所领导的教育主体的分工和职责尤为重要。根据法律规定和上文分析，突发公共卫生事件应对中行政强制的教育主体广义上包括应急指挥机构、卫生行政主管部门、公安机关、市场监督管理机关、司法机关等。

国家级和省级两级应急指挥机构应当总体负责宣传教育与行政强制相关的疫情防控部署和应急处置法律法规。卫生健康主管部门应当具体负责宣传教育与行政强制相关的法律知识。[3] 公安机关和市场监督管理机关应当加强与行政

---

〔1〕 陈金波、刑孟军：《沿海发达地区党风廉政建设评价体系的重构论要》，《浙江万里学院学报》2014 年第 4 期。

〔2〕 王勇、李赟赟：《浅谈提高大学生法治教育实效性的途径》，《沈阳建筑大学学报（社会科学版）》2012 年第 4 期。

〔3〕 包括《传染病防治法》及其实施条例、《野生动物保护法》《动物防疫法》《突发公共卫生事件应急条例》等法律法规中关于行政强制的法律规定。

强制相关的执法教育工作。[1] 司法机关应当以案释法,加强与行政强制有关的法治教育。[2]

加强教育主体建设的重要步骤是确立联动机制,即实现系统内部各要素间的和谐共进,系统化强调的一个重要方面就是系统内部各要素之间的共存共荣,进一步增强系统内部各个要素之间的交流和协作,形成要素的联动机制是提升教育主体素质的重要举措。[3] 因此,要加强应急指挥机构、卫生行政主管部门、公安机关、市场监督管理机关、司法机关等教育主体之间的联系,更好地服务于突发公共卫生事件应对中行政强制的教育。各主体应该充分发挥各自的优势,系统地整合资源,形成开展关于行政强制的教育合力。

最为基础性的是增强各类行政主体与疫情防控紧密相关的应急法治思维和法治能力,通过加强培养演练提升公务人员的应急法治思维和能力。[4] 政府相关机构行政要遵循比例原则,需以对基本权利干预最小,课以负担最少的手段来达到控制疫情目的。[5] 只有做到有法必依、执法必严、违法必究,"法律之内完全自由,法律之外没有民主",才能形成良好的法治文化氛围,为教育客体的法治思维培育营造良好的社会环境。[6] 疫情防控需要将依法治理的原则落实为规范化、精准化的执法和施策,实施分区分级分类治理,以切实维护最广大人民群众的根本利益和基本权利。[7] 例如,在流动限制方面,高收入家庭更有可能通过减少流动性来减少其社会联系,但低收入家庭可能没有这种灵活性,这种不平等在疾病传播方面具有重大影响,需要行政机关依法进行全面政策规划。[8]

教师作为突发公共卫生事件应对中行政强制的教育实施主体,其法学素养高低直接关系到教育成效的好坏,然而实施突发公共卫生事件应对中行政强制教育的教师队伍中法学专业出身较少,应加强教师队伍的法学素质培养。一方面,要大力引进法学专业毕业生,或者安排法学专业教师兼职任教突发公共卫生事件应对中行政强制的教育课程;另一方面,要充分运用好现有师资力量,对不

---

[1] 可以通过实际执法行为开展行政强制教育,比如,依法加大力度打击暴力伤害医务人员的违法行为,严厉打击哄抬防疫用品和民生商品价格的违法行为,依法严厉打击抗拒疫情防控、医疗用品制假售假、造谣传谣疫情等破坏疫情防控的违法犯罪行为。

[2] 通过对相关行政强制案件的审理,及时有效地定分止争。应对组织基层开展疫情防控普法宣传,引导广大人民群众增强法治意识,依法支持和配合疫情防控工作。应当强化行政强制相关的法律服务,及时处理疫情期间矛盾纠纷化解,为人民群众提供有效的法律援助。

[3] 张小秋:《系统化视域下大学生思想政治教育主体建设》,《思想理论教育导刊》2017 年第 6 期。

[4] 莫于川、莫菲:《行政应急法治理念分析与制度创新——以新冠肺炎疫情防控中的行政应急行为争议为例》,《四川大学学报(哲学社会科学版)》2020 年第 4 期。

[5] 赵树坤、伍科霖:《精准治理视角下的依法防控与人权保障——基于抗击 2019 新型冠状病毒引发的思考》,《南开学报(哲学社会科学版)》2020 年第 4 期。

[6] 李红玲、苏守波、吕新宇:《疫情视阈下大学生法治思维培育探析》,《北京理工大学学报(社会科学版)》2020 年第 6 期。

[7] 赵树坤、伍科霖:《精准治理视角下的依法防控与人权保障——基于抗击 2019 新型冠状病毒引发的思考》,《南开学报(哲学社会科学版)》2020 第 4 期。

[8] Yabe T, Tsubouchi K, Fujiwara N, et al, "Non-compulsory measures sufficiently reduced human mobility in Tokyo during the COVID-19 epidemic", *Scientific reports*, 18053(2020), pp. 1-9.

具有法学专业背景的教师加强培训，以集体备课、专题讲座等形式，帮助他们掌握法律知识，强化法制意识，提高法学素养，同时建立岗位准入、定期考核制度，以确保教师能够胜任突发公共卫生事件应对中行政强制的教育的重任。[1]

（二）引导人民群众支持疫情应对中的水平

完善教育内容设计，引导人民群众支持疫情应对中的行政强制。我国关于应对突发公共卫生事件的各部法律法规之间，应当对行政强制的启动、实施、程序以及相关概念名称等建立统一的标准。在当前的分散式立法模式下，应当对抽象的法律条文进行细化规定，对于原则性的相关概念进行科学的统一界定，补充操作性强的立法解释；应当对突发公共卫生事件应对中行政强制的启动、执行、手段、监督、补偿、救济等具体规范进行详细规定；对于陈旧不合时宜的法律规范进行立改废的修订；应当建立起突发公共卫生事件应对中各部门的统一协调机制，并通过司法解释将统一协调机制予以制度化、常态化，从而解决各行政部门职责冲突矛盾的问题。通过上述完善措施，能够促进行政强制的教育主体准确地把握基本概念，便于开展教育活动。《宪法》对特殊权力的监管不仅可以帮助一个国家应对紧急情况，也可以帮助其应对紧急权力的滥用。[2] 对于我国现行《宪法》有关"国家紧急权力"严格限定问题的解决，可以采取两条进路：第一，对《宪法》"紧急状态"条款进行扩张性立法解释；第二，修改《宪法》，以明示性条文对国家紧急状态、"国家紧急权力"予以明确规定。[3]

应当完善突发公共卫生事件中行政强制的法治理念教育。突发公共卫生事件发生后，传统的行政理念过于注重效率优先，但如果脱离了公平正义，行政目标也难以真正实现，与此同时，应当教育行政主体改变传统的"官本位"思想，不应遵循单一的公共利益至上原则，应当综合衡量公共利益与个人利益之间的平衡。行政强制是一种严重涉及公民人身权、财产权的"高权"行政行为，需要特别强调权利救济，此外，行政强制的救济相较于一般行政救济，也具有一定的特殊性，需要加以特别规定。[4] 对于教育客体而言，应当培养其权利救济意识。例如，对于突发公共卫生事件这种紧急状态下，被实行行政强制的行政相对人也有权及时便利地提起行政复议或行政诉讼。应当培养教育客体的侵权补偿意识。在突发公共卫生事件应对中，行政主体基于保护公共利益的需要，往往会对行政相对人的个人权益带来一定的损害。受害人应当得到公平合理的补偿，从而保证人民群众配合应对危机的积极性，有利于全面有效地应对疫情。

（三）促进校园网络课堂中关于行政强制的普法教育

发挥教育载体作用，促进校园网络课堂中关于行政强制的普法教育。为提

---

〔1〕 隋璐璐：《依托高校思想政治理论课培育大学生法治意识探究》，《思想教育研究》2019 年第 11 期。

〔2〕 Ferejohn J，Pasquino P，"The law of the exception：A typology of emergency powers"，*International Journal of Constitutional Law*，22(2004)，p. 210.

〔3〕 李晓安：《"国家紧急权力"规范约束的法治逻辑》，《法学》2020 年第 9 期。

〔4〕 姜明安：《〈行政强制法〉的基本原则和行政强制设定权研究》，《法学杂志》2011 年第 11 期。

升行政强制的教育效果，加大法制教育的宣传力度是不可忽视的一环。加大宣传力度就要不断地利用各类媒体如电视、报纸、广播、互联网等开展宣传教育活动，在运用传统媒体开展宣传的同时，要进一步加强对新媒体的创新和运用，充分运用新媒体传播速度快、传播面广的特点，积极探索与新时代贴切的宣传形式和内容，提高突发公共卫生事件应对中行政强制的教育的宣传效果。

新媒体近年来发展迅猛，在学生群体中发挥着不可忽视的作用，负责法治教育的机构应当将校园微博、微信等新媒体的运用纳入法治教育工作整体布局当中，充分利用新媒体载体进行学生法治宣传和教育。应依托互联网平台强大的信息传播能力以及多元化的信息可视化表达方式，将原本晦涩生硬的法治知识通过诸如视频、GIF 动图等形式予以传达，使突发公共卫生事件应对中行政强制的相关知识更加形象生动，深入人心。与传统的传播媒介相比，新媒体具有开放性、虚拟性、交互性等特点，此外，新媒体海量的信息储存功能也是当前学生普遍依赖新媒体的重要原因。[1] 依托于新媒体技术的发展，校园网络课堂业已成为当代学生教育的重要载体。校园网络课堂是法治推广的关键平台，也是学生法律意识培育的重要阵地。[2] 为支持防疫，疫情期间大中小学延期开学并且居家学习。各地教育部门和学校都采取了“停课不停教、不停学”的组织部署工作，并结合线上教学平台和各校实际，因地制宜地组织教师开设校园网络课堂并开展在线教学。应当根据网络课堂的传播特征对其加强监管，专项设置疫情知识板块，进行关于行政强制的法治宣传。

校园网络课堂与学生联系最密切、最直接，也是青少年进行信息咨询的重要渠道。在依托课堂教学的基础上，应充分利用自媒体整合法治教育资源，借助自媒体强大的信息聚合作用，构建学生法治教育数据库，开展互动答疑和学习交流，实现师生之间、教师之间、学生之间的信息共享最大化。[3] 应当加强校园网络建设，提高技术能力，形成多种网络课堂平台多面联动，让学生的思想意识紧跟时事政治，不断提高关于疫情应对中行政强制的法律觉悟，自觉提高法律意识，积极配合行政主体实施的行政强制措施，支持国家的疫情防控工作。通过发布疫情应对中典型的法律事件与具体的法学知识相结合的方式，提高校园网络课堂的吸引力和学生接受法律知识的自觉性，全方位地做好校园法治宣传教育工作，促使学生自觉获取突发公共卫生事件应对中的法律知识。

(四)增强疫情应对中行政强制的普法教育效果

建立教育成效评价体系，增强疫情应对中行政强制的教育效果。要建立多维度、多元化的教育成效评价体系，首先要回答突发公共卫生事件这一特定时空情境中，对于行政强制的教育成效评价的主体、客体、介体、环体四大问题，明确

---

[1] 杜博士:《论习近平关于青年学生道德教育的重要论述》,《盐城工学院学报(社会科学版)》2019 年第 2 期。

[2] 蓝邱勇:《自媒体时代大学生法治精神的化育理路探究》,《思想教育研究》2017 年第 9 期。

[3] 蓝邱勇:《自媒体时代大学生法治精神的化育理路探究》,《思想教育研究》2017 年第 9 期。

由谁来评价、评价什么、评价手段以及评价的实施，对过去的教育成效做一个总结和评判，并为今后进一步提升人民群众法律素养指明方向。[1]

在进行评价指标设计时，要耦合量化评价和质性评价，将形成性评价与终结性评价有机结合，使学生、教师、学校以及课程的发展过程成为评价的组成部分。[2] 法治教育不同于文化课程教育，其评价方式不能采取试卷这样的传统手段，毕竟突发公共卫生事件应对中行政强制的教育本质上属于素质教育，素质教育的成效难以通过量化指标进行评价。在评价方式方面，可采用网络调查测试和书面问卷调查相结合的评价方式，为保证测试的代表性和针对性，应针对学生的年龄特点涉及不同年龄阶段的试卷，而且抽样时应该考虑学生法治教育评价的主要影响因素。[3]

突发公共卫生事件应对中行政强制的教育成效的评价不只是对学生的评价，还涉及对学校或者任课教师的法治教育评价，这种评价主要考查学校或任课教师对法治教育课程的管理是否到位、教学内容是否安排合理、教学时数是否足额等方面，该评价要求由第三方机构主导进行。[4]

四、结语

当前，疫情防控仍处于关键时期，研究突发公共卫生事件应对中行政强制的普法教育对落实疫情防控工作具有重要作用。本文在突发公共卫生事件应对中行政强制的普法教育内容、意义的基础上，分析了突发公共卫生事件应对中行政强制的教育存在的问题，提出了对应的优化路径。从教育管理和教育实施两个层面，突发公共卫生事件应对中行政强制教育过程中的教育管理主体包括应急指挥机构、卫生行政主管部门和有关部门，教育实施主体是指行政强制的教育宣传部门；教育管理客体包括直接参与行政强制教育活动的教学宣传人员以及接受行政强制教育的广大受众，教育实施客体是指接受教育的广大人民群众。开展行政强制相关的教育可以传播正确的法治理念，培养公民的法律信仰，提升公民的集体意识，约束公民的行为规范，维护稳定的社会秩序。然而，目前我国突发公共卫生事件应对中行政强制的教育仍然存在若干问题：教育主体力量不足，教育内容缺失，教育方式不完善，教育成效评价体系不健全。因此，国家应加强教育主体建设，提升行政机关依法行政的法律素养；完善教育内容设计，引导人民群众支持疫情应对中的行政强制；发挥教育载体作用，促进校园网络课堂中关于行政强制的普法教育；建立教育成效评价体系，提升疫情应对中行政强制的普法教育效果。

---

〔1〕 凌德政：《党校党性教育成效评价指标体系探议》，《党史博采（理论）》2017 年第 2 期。

〔2〕 施佩娟、蔡飞、朱剑萍：《高职教育成效的多元评价体系及设计实施思路》，《收藏》2016 年第 1 期。

〔3〕 陈春勇：《中小学法治教育：来自国外的启示》，《教育家》2019 第 22 期。

〔4〕 胡峻：《中小学法治教育评价体系研究》，《现代中小学教育》2020 年第 5 期。

民间借贷超高利息的司法裁决问题

——对中国裁判文书网2016—2019年发布的165份民间借贷裁判文书进行的分析[1]

蓝寿荣*
李圣瑜**

摘　要　民间借贷超高利息如何处置，是一个涉及当事人利益和民间经济运行秩序的重要问题，也是一个长期以来的未解难题。民间借贷超高利息问题，给我们展现一个有趣的现象，即学术研究与司法实践的不一致，法学研究分析、司法实践裁决、民间社会议论的“互不买账”。分析中国裁判文书网发布的涉及民间借贷超高利息的案件，发现法院裁决超高利息折抵本金比较普遍、超高利息几乎都存在于商业性借贷中、不少当事人预扣利息以规避制度性约束。法官依据职权将超高利息直接裁定为折抵本金，这与法律规定不符。超高利息不是合同之债或侵权之债，应当认定为以不法原因给付而形成的不当得利之债，返还借款人。超高利息作为一种社会现象及其法律规范是清晰的，但是作为一种社会现象出现的民间社会基础及其运行机制并不简单，需要法官依据常识善意理解。因此，法官在发现借款人赖账行为会损及出借人利益时，裁决超高利息直接折抵本金给出借人，是正当的；区分生活性借贷和经营性借贷的不同利率限额有其理论合理性，但在实际中并不可行；出借人预扣利息等规避制度行为，只要是总体利息在限额之内，不需要特别处置。尊重市场机制，维护市场主体活力，非必要不干预，是应对民间借贷高息问题的理念。由此提出民间金融法治化的“民生”路径：一是民间借贷纠纷裁决要理解民间社会习惯及其生活常识；二是民间借贷纠纷裁决结果要鼓励普通人行为的善意；三是民间借贷纠纷裁决要考虑平衡双方当事人的合理利益；四是民间金融立法要以激励发展经济为主线。

关键词　民间借贷；超高利息；不当得利；民间习惯

目　次

* 蓝寿荣（1966—），南昌大学立法研究中心研究员，南昌大学法学院教授，博士研究生导师，法学博士后，主要研究方向：金融法学。

** 李圣瑜（1995—），南昌大学法学院硕士研究生，主要研究方向：金融法学。

[1] 本文系江西省高校人文社科重点研究基地2019年度招标项目“乡村振兴背景下的金融立法问题研究”（JD19087）成果。

利息是民间借贷的核心和焦点问题,无论是正常的邻里或熟人朋友之间互相接济资金余缺,还是为了生产生活向人借钱,甚至是一些刻意用心之人借民间借贷敛财,利息都是最主要的要素。[1] 很多的时候,利息太高还不上,成为不少借款人的心头梦魇,自古以来政府为了维护社会基本运行秩序,都会对高利贷行为予以打击。近年来,有少数发放贷款的人更是丧心病狂,利用“套路贷”等表面上的民间借贷剥夺借款人的财产,更有个别利用权力以民间借贷方式受贿,民间借贷高利息问题引起了高度重视。[2] 从最高人民法院1991年的银行同类贷款利率4倍,到2015年年利率在24%和36%的“两线三区”,再到2020年4倍贷款

〔1〕 笔者于2019年11月4日从中国裁判文书网中输入“民间借贷”进行检索,共出现10 968 207个结果。其中按关键词排名前三的为“利息”(2 817 707个)、“民间借贷”(2 739 230个)、“利率”(2 542 456个)。这直观地说明民间借贷纠纷案件大多涉及利息问题。

〔2〕 鲁畅、吴文诩:《变种套路贷瞄上年轻人》,《瞭望》2020年第37期;张亮:《高利转贷成违法牟利新方式 领导干部注意,这不是理财是腐败!》,《半月谈》2020年第16期。

基础利率(以下简称LPR)的司法保护限制性利率规定,[1]都对引导民间借贷有序运行和司法审判有效展开起到了积极的作用,但对于超过利率司法保护上限的高额利息即超高利息,在司法审判中如何处理一直是民间借贷纠纷案件司法审判的一个疑难问题,“对于超额利息抵扣的问题,目前既无法律明确规定,各地法院的理解又各不相同,裁判尺度亟待统一”。[2]

一、民间借贷案件显现的超高利息情形

为了较好了解民间借贷中有关超高利息处理的有关情况,笔者在中国裁判文书网中高级检索区的全文检索,分别输入关键词“超额利息”“高额利息”和“超限利息”,案件类型选择“民事案件”,审判程序选择“一审案件”,文书类型选择“判决书”,裁判日期选取了2016年1月1日至2019年12月31日,计4年有关“超额利息”一审案件的判决书,发现有421份裁判文书。之所以选择一审案件,是为了更多、更直接地了解民间借贷超高利息的具体情形。通过查阅筛选,裁判文书中出现超36%以上利息部分的共有175份。其中2016年有39份,2017年41份,2018年52份,2019年43份,很明显民间借贷中出现超高利息的情况比较稳定、借贷纠纷案件存在超高利息的数量也是缓慢增加,符合目前融资的实际情况。通过详细阅读这175份超高利息案件判决书,从借贷主体、借期、借款用途以及担保方式上概览这类案件纠纷的大致状况。具体情况见于表1。

表1 超高利息案件中借贷主体、借期、借款用途及担保方式

原被告关系	熟人(亲朋好友同事关系)	关系一般		纯粹借贷关系	
	31	19		125	
借款期限	无约定	1个月以下(不含1个月)	1～6个月(含6个月)	6～12个月(含12个月)	12个月以上(不含12个月)
	63	8	59	34	11

---

〔1〕1991年最高人民法院《关于人民法院审理借贷案件的若干意见》的有关规定:“民间借贷的利率可以适当高于银行的利率,但最高不得超过银行同类贷款利率的四倍。”2015年最高人民法院发布《最高人民法院关于审理民间借贷案件适用法律若干问题的规定》(以下称《民间借贷司法解释》),将民间借贷法定利率调整为“两线三区”,即年利率在24%以下的利息部分为合法债务,借贷双方当事人可以任意约定,受法律保护;年利率在24%至36%之间的利息部分为自然债务,对于已经偿还的该部分利息可以不予返还,对于未偿还的该部分利息不予认定;而年利率在36%以上的利息无效。有鉴于此,本文界定超过年利率在24%的为高额利息,超过年利率36%的为超高利息。2020年8月20日,最高人民法院发布了《关于修改〈关于审理民间借贷案件适用法律若干问题的规定〉的决定》,将民间借贷利率的司法保护上限从24%降至四倍LPR(一年期贷款市场报价利率)。按照2020年8月20日LPR为3.85%,那么此时民间借贷利率的司法保护上限大约为15.4%,比之于原先的“两线三区”有明显的降低,降低了民间借贷借款人的成本,但也会加大借款的难度,势必会增加各种隐性高利息的出现,民间借贷高额利息问题仍然是诉讼中的一个重要问题。因为本文研究的案件样本为中国裁判文书网发布的2016年至2019年裁判文书,所以文中提到的《民间借贷司法解释》,如无特别说明,为2015年最高人民法院发布《关于审理民间借贷案件适用法律若干问题的规定》,本文中指的超高利息也是超过36%的利息部分。

〔2〕石钰:《超额利息抵扣问题实证分析——基于第三巡回法庭辖区内107份裁判文书的整理分析》,《法律适用》2019年第22期。

续表

原被告关系	熟人(亲朋好友同事关系)	关系一般	纯粹借贷关系
	31	19	125
借款用途	家庭生活需要	资金周转、生意开支	其他
	8	116	51
是否有担保	有担保	无担保	
	79	96	

(一)案件分布地区以中部、东南部居多

通过整理归纳可以发现,在这175个超高利息纠纷案件中,其中位于东南部的浙江省、江苏省、福建省、广东省4个省份居首位,共有69个,占比为39.4%;其次为中部省份的江西省、湖北省、湖南省、河南省、安徽省5个省份共有39个,占比为22.3%;剩下的67个分布在北京市、上海市、浙江省、四川省、贵州省、重庆市、陕西省、黑龙江省等18个省份。发生此类纠纷案最多的省份为广东省,有29个,其次是福建省,有28个。福建省和广东省以民营企业、个体工商户发展为主,民间借贷类纠纷案频发,约定的高额利息也相对多一些。一些发达城市如北京市、上海市等地,超高利息纠纷案却很少出现,分别为6个、7个,这些发达地区经济发展水平高,金融机构林立、金融服务体系健全,相应的民间借贷数量和额度也都少些。还有一些省市如内蒙古自治区、[1]甘肃省、[2]天津市、[3]黑龙江省[4]等出现此类纠纷案件只有1个。可见,民营经济活跃的地区比较容易引起超高利息纠纷案件发生,此类纠纷案件与经济发展水平有一定的关系。

(二)借款用途以生产和商业性借贷用途为主,纠纷多发

从借款用途看,涉及超高利息的纠纷案件多发于从事生产或商业经营性借贷。有66.3%的超高利息案件,借方当事人是以资金周转、用作公司运营资金或投资款形式而借款的,只有8份判决书(即占比4.6%)中详细记载了借款用途为

〔1〕 高振邦与阿木尔、宋艳婷合同纠纷案,呼和浩特市赛罕区人民法院民事判决书(2015)赛民初字第01333号。

〔2〕 王某1、王某2诉任某、王某3民间借贷纠纷案,甘肃省文县人民法院民事判决书(2019)甘1222民初282号。

〔3〕 张明军与天津开发区泰富置业发展有限公司、孟召东民间借贷纠纷案,天津市宝坻区人民法院民事判决书(2018)津0115民初421号。

〔4〕 孙祥婷与哈尔滨市谦基房地产开发有限公司、张岩民间借贷纠纷案,黑龙江省巴彦县人民法院民事判决书(2017)黑0126民初14号。

用于家庭生活开支需要，[1]其他情况为判决书中没有特别注明。从现象上看，民间借贷当事人以自然人为多，商事性借贷占绝大多数。用于商业生产经营的借贷风险较高，约定的借款利息也比较高，更容易引起超高利息纠纷。为了生活开支进行借款的行为，根据的是对人的信任因素，用于临时周转资金，借款数额不大、约定的借款利息相对低、资金风险相对低，出现民间借贷中的超高利息纠纷案就相对少。

（三）借期越短，利率越高，更易引发超高利息纠纷

民间借贷大部分为短期借款。从借款人的借款期限上看，超高利息案件中借贷双方当事人约定的短期借款即 12 个月以下占大部分，为 57.7%，而最短的借款期限为 10 天，[2]最长的有 6 年之久，[3]借款期限无约定的有 63 份，占比为 36%。约定的借款期限越长，市场性、政策性、信用性不确定性增多，出现风险情况也就多，比如，借期越长，违约风险越高，出现的纠纷越复杂，借期越长对于借款人来说支付的利息越多。那些借钱期限长的，较高利率占比越少，仅占样本总数的 6.3%，而借钱期限短的，利率却比较高。对于借期无约定的借款人来说，每月定期付息，到期再一次性还本的方式比较自由，而这种方式同样也极易引起民间借贷纠纷。

（四）借贷双方当事人为自然人居多，关系亲疏影响不大

从当事人之间关系看，超高利息案件纠纷主要分布在自然人之间，在样本中占比高达 78.9%。自然人之间约定的借款利率不合理、借款方式不规范（如口头方式，无借条）、借款条目混乱等，都容易引起纠纷。一般民间借贷主体为家庭成员、亲朋好友，为熟人之间的关系，民间借贷的民间性极大地影响着借贷双方当事人约定的利息高低。在超高利息案件中，借贷双方当事人为纯粹借贷关系居多，占比高达 71.4%。在这些放贷人中，有些就是纯粹的放高利贷者，[4]他们希

---

〔1〕 李凤英、仝飞等与王国喜等民间借贷纠纷案，河南省长葛市人民法院民事判决书（2018）豫 1082 民初 2008 号；叶成旺与郑小红民间借贷纠纷案，江西省上饶市信州区人民法院民事判决书（2017）赣 1102 民初 1052 号；叶成旺与张岚民间借贷纠纷案，江西省上饶市信州区人民法院民事判决书（2017）赣 1102 民初 1055 号；叶成旺与叶茶仙、郑礼华民间借贷纠纷案，江西省上饶市信州区人民法院民事判决书（2017）赣 1102 民初 1054 号；申越诉被告蒋卫兵、陈福芝等民间借贷纠纷案，湖北省枣阳市人民法院民事判决书（2016）鄂 0683 民初 1623 号；谢绍利与龚清良、林彬艳民间借贷纠纷案，福建省石狮市人民法院民事判决书（2016）闽 0581 民初 2175 号；付群峰与高宇、杨靖、张晓、余汉华民间借贷纠纷案，陕西省南郑县人民法院民事判决书（2017）陕 0721 民初 4 号；韦小刚、黄群英、赵颖等民间借贷纠纷案，广西壮族自治区上林县人民法院民事判决书（2019）桂 0125 民初 1907 号。

〔2〕 程庆峰与周航、洪亮民间借贷纠纷案，江西省南昌市东湖区人民法院民事判决书（2018）赣 0102 民初 6880 号。

〔3〕 赣州纵横房地产开发有限公司、肖声富等与王龙民间借贷纠纷案，江西省赣州市中级人民法院民事判决书（2017）赣 07 民初 183 号。

〔4〕 祝文荣与郭海滨、陈延祥民间借贷纠纷案，广东省惠州市惠城区人民法院民事判决书（2018）粤 1302 民初 2772 号；王钦与陈海民间借贷纠纷案，河南省修武县人民法院民事判决书（2016）豫 0821 民初 977 号。

望通过高风险交易，获得高额收益，也是一种具有可能性收益的冒险行为。[1] 也有不少是通过 P2P 平台借债，借贷人和放贷人相互不认识，平台根据借贷双方的需求进行交易。[2] 有无担保对超高利息案件纠纷影响不大。从担保情况来看，有无担保方式基本呈持平状态，双方当事人对借款无担保的还是相对占大多数，有 54.9%。这一情况说明对放贷人来说，是否约定担保对其影响并不大，都是要承担一定的风险。

二、民间借贷超高利息纠纷的裁判思路

由于本研究样本为 2016 年至 2019 年的裁判文书，对应的法律依据为 2015 年《民间借贷司法解释》。在涉及民间借贷纠纷案件的超高利息处置中，法官裁决引用《民间借贷司法解释》最为频繁，而那些存在裁决结果和说理表述不够衔接的细节，恰恰是《民间借贷司法解释》没有具体条文规定的地方。

(一)法院裁决适用法律条文基本相同，但解释条文有差异

在法律适用方面，我国关于处理民间借贷超高利息纠纷案件的依据主要有《民间借贷司法解释》第 26 条、《合同法》第 58 条以及《最高人民法院关于适用〈中华人民共和国合同法〉若干问题的解释（二）》（以下简称《合同法解释（二）》）第 21 条。法院在适用法律条文上最频繁的是《民间借贷司法解释》第 26 条，有 130 次，占比高达 74.3%；适用最少的为《合同法》第 58 条，只有 6.3%。适用《合同法解释（二）》第 21 条的次数也不多，才 20 次，只有 11.4%。虽然运用《民间借贷司法解释》第 26 条的情况最多，但是法院做出的判决结果对条文涵义理解有差异。有些法院认为为了便利当事人，将超高利息折抵本金，但有些法院认为超高利息折抵后期利息更为妥当，直接折抵后期本金不妥；[3]在因被告未到庭而缺席判决案例中，有些法院认为被告并未提出返还已支付超高利息要求，就对这部分利息不予认定；[4]而有些法院则认为被告未出庭，对未放弃超高利息返还视为不放弃，因此法院直接做出折抵本金的结果。[5] 在 175 个案件中，被告出庭应诉的有 120 个案例，占比为 68.6%；被告缺席的有 55 个案例，大约只有 1/3 的案件

---

〔1〕 颜立中与陈伟雄民间借贷纠纷案，广东省佛山市南海区人民法院民事判决书(2016)粤 0605 民初 6570 号。

〔2〕 庞永斌与姜宗平等民间借贷纠纷案，北京市石景山区人民法院民事判决书(2017)京 0107 民初 16035 号。

〔3〕 赣州纵横房地产开发有限公司、肖声富等与王龙民间借贷纠纷案，江西省赣州市中级人民法院民事判决书(2017)赣 07 民初 183 号。在这份判决书中，法院认为应从当事人主张返还的时候作为超额利息的返还时间点，故对于确定为多支付的利息应折抵后期借款的利息较为合理，若直接冲抵后期借款本金是不妥当的。

〔4〕 蔡庆链与蔡天亮、郑丽娜民间借贷纠纷案，福建省石狮市人民法院民事判决书(2016)闽 0581 民初 6746 号。在该案法院认为被告未请求原告返还已支付的超额利息，不予处理。

〔5〕 申越诉被告蒋卫兵、陈福芝等民间借贷纠纷案，湖北省枣阳市人民法院民事判决书(2016)鄂 0683 民初 1623 号。在该案中法院认为被告未出庭，被告未主张返还超额利息，其未放弃视为不放弃，对多付利息冲减本金处理。

被告人未出庭应诉，法院依法做出了缺席判决。对于返还，有些法院认为应当在本息清偿完毕后可主张返还，对于存在未清偿本金的情况下，可以直接对超高利息折抵未偿还本金方式。[1] 尽管对超高利息纠纷案件，法院引用的法律条文都有所体现，但是到具体法律适用上，对该条文的运用，到底应如何理解，各地法院表述不一，并没有形成统一认识，对法律条文意思的理解存在差异。

(二)法院裁决超高利息5种方式，折抵本金居多

在175份判决中，从判决结果看，法院对于超高利息处理结果，采用折抵未偿还本金方式的共有131份判决书，占比高达74.9%。其余判决书的处理结果分别是应当返还(20份，占比为11.4%)、折抵未偿还利息(7份，占比为4%)、不予处理(13份，占比为7.4%)、另案处理(4份，占比为2.3%)。具体情况见于表2。

表2 法院裁决超高利息所引法条及判决方式

<table>
<tr><td rowspan="3">引用的法律条文</td><td>《民间借贷司法解释》第26条</td><td colspan="2">130</td></tr>
<tr><td>《合同法解释(二)》第21条</td><td colspan="2">20</td></tr>
<tr><td>《合同法》第58条</td><td colspan="2">11</td></tr>
<tr><td rowspan="9">5种判决方式</td><td rowspan="2">折抵本金方式(131份)</td><td>意思自治方式</td><td>37</td></tr>
<tr><td>直接折抵方式</td><td>94</td></tr>
<tr><td rowspan="2">返还方式(20份)</td><td>意思自治方式</td><td>16</td></tr>
<tr><td>直接返还方式</td><td>4</td></tr>
<tr><td>折抵未偿还利息方式(7份)</td><td>直接折抵利息</td><td>7</td></tr>
<tr><td rowspan="2">不予处理方式(13份)</td><td>意思自治方式</td><td>8</td></tr>
<tr><td>驳回</td><td>5</td></tr>
<tr><td>告知另诉方式(4份)</td><td>意思自治方式</td><td>4</td></tr>
</table>

从裁判结果看，法院裁决超高利息折抵本金方式居多，返还较少，其中按照意思自治方式处理，即根据当事人的诉讼请求做出的折抵未偿还本金方式有37份，占比为28.2%；法院依职权做出的直接折抵未偿还本金方式的有94份，占比高达71.8%。法院根据当事人诉讼请求做出的裁判结果共有65份，占样本总数的37.1%；法院依职权做出的裁判结果共有105份，占比为60%；剩下的法院依法做出驳回处理。驳回诉讼请求的情况有3种，一是当事人之间已经支付的利息金额、付息期间均无法明确，客观上无法进行计算，也未能举证证明；[2]二是原

〔1〕 陈玉珠与陈文烈、林铃淑民间借贷纠纷案，福建省厦门市海沧区人民法院民事判决书(2019)闽0205民初997号。在本案中，法院认为《民间借贷司法解释》第26条并未规定何时返还，因此法院理解为借款人已清偿本息情况下才享有返还请求权。而对于本息尚未清偿的情况下，有《合同法》第58条规定因合同无效取得的财产应当予以返还，故超过年利率36%部分的已付利息可以直接冲抵未付本息。

〔2〕 张凯与林鹭陆、刘博民间借贷纠纷案，福建省厦门市同安区人民法院民事判决书(2017)闽0212民初2933号。

告提出的返还借款利息诉讼请求已经超过司法保护范围；[1]三是借贷双方约定的月利率为4%，超过年利率36%，该案件涉及8笔借款的借贷双方所达成的债务抵偿方案系以公司股权及资产折价等问题，且未经评估估值并没有确切证据表明原告已实际支付了超过年利率36%的利息。[2]

(三)法官依职权做出裁判与法律条文规定不一致

法院对超高利息的以上5种处理方式中，采用折抵未偿还利息方式，是根据最高人民法院发布的《合同法解释(二)》第21条的规定，即当主债务人除主债务之外还应支付利息和费用，按实现债权的有关费用、利息、主债务顺序进行冲抵。在样本案件中，有7个案件，法院裁决是采用先折抵还需支付利息部分，再折抵未偿还本金。采用不予处理方式的原因在于当事人并未提出对超高利息需返还的诉讼请求，法院根据不告不理的诉讼原则进行处理也并无不妥。采用告知当事人另案起诉方式，是因为当事人在该案件中，对超高利息已经支付并未提出反诉要求，[3]或者当事人虽已经支付利息但无法查明是否属于超高利息应当返还的情况，[4]因此法院不作处理。对于这3种处理方式，有相关法律的明文规定，符合实际情况。

存在疑义的是，法院审理中认为超高利息应当返还，却又是裁决直接折抵未偿还本金的情况。从文本文义来看，根据《民间借贷司法解释》第26条规定，超过年利率36%部分的利息被认定为无效后，应当返还，但对如何返还没有具体规定。我国《合同法》第58条也规定："合同无效或者被撤销后，因该合同取得的财产，应当予以返还。"在上述纠纷案件的法官裁决结果中，法院对于这部分超高利息的处理结果与《民间借贷司法解释》等相关规定的意旨明显有出入。

对超高利息处置问题，为什么会出现法律文本规定和法院裁决不一致的情况呢？在涉及民间借贷超高利息的纠纷案件审理中，有的是应当事人请求折抵本金，更多的是法官依据职权裁决超高利息直接折抵了本金。不同地方的法院在裁决的时候也会有一点区别，其原因是涉及具体的返还折算没有相关法律以及司法解释的具体规定。

三、民间借贷超高利息的折抵本金问题

法院裁决纠纷案件，大多是将超高利息折抵本金。在175个判决结果中，有131份判决书表明法院判决对超高利息的处理是折抵未偿还的本金。其中，法院根据原被告的诉讼请求做出的折抵本金的判决方式的有37例，其余94例都是

---

[1] 钟志林与雷佑林民间借贷纠纷案，广西壮族自治区贵港市港北区人民法院民事判决书(2017)桂0802民初1383号。

[2] 孙芳清诉肖家守民间借贷纠纷案，上海市第一中级人民法院民事判决书(2016)沪01民初33号。

[3] 邹骏与陶贤荣、何翠萍民间借贷纠纷案，安徽省南陵县人民法院民事判决书(2016)皖0223民初2236号。

[4] 王敏与泰和县娇炬服饰有限公司、罗崇来民间借贷纠纷案，江西省泰和县人民法院民事判决书(2016)赣0826民初1238号。

法院直接做出折抵本金的方式。法院根据原被告的诉讼请求做出的判决方式当然是合法的，对于这部分裁判结果没有争议。只是如果当事人没有折抵本金的诉讼请求，法官依据职权将超高利息直接裁定为折抵本金，就有分析的必要。

（一）法院裁决超高利息折抵本金很难"同案同判"

在法官依据自己职权直接做出折抵本金的案子中，虽然裁决结果一样，但是不同的案件也有一些不同的特点。在庞永斌与姜宗平等民间借贷纠纷案中，原被告是通过"借贷宝"网上平台达成借款协议。由于被告借款次数太多，对已偿还的借款利息无法与本金一一对应，对于多偿还的超高利息，法院认为借款人可以要求返还，故裁决超额部分按抵扣本金计算，可见法院的观点是对超高利息应当返还，但最终做出的裁决结果却是直接抵扣本金。[1] 在林佩英与厦门大同之家贸易有限公司、林建文合同纠纷案中，被告向原告借款 5 万元，双方约定每个月偿还本金及利息 11 300 元，5 个月内还清，被告只偿还两期，还剩三期未还。经计算，双方当事人已履行的利息除第一期外均超过月利率 3%的标准。[2] 根据《民间借贷司法解释》第 26 条，对超高利息，借款人可以要求返还，但该条并未规定归还时点，因此，法官理解为借款人已清偿本息情况下才享有返还请求权。根据《合同法》第 58 条的规定，因无效合同取得的财产应当予以返还，超高利息的已付部分可以直接冲抵未付本息。超高利息返还借款人，如何返还，还是直接折抵本金，如何折抵，司法实务中都不确定。

在折抵本金的判决案件中，是先冲抵实际还款时点之后的未付合法利息，还是直接冲抵本金，也是一个问题。先冲抵未付利息，本金并未减少，对出借人相对有利，反之则对借款人比较有利。鉴于出借人已经取得法定允许最高标准的合法利息，若在冲抵先后顺序的确定上保护出借人的利益，无疑变相纵容违法高利贷，与平衡借贷双方当事人合法权益、维护社会秩序稳定的立法精神相悖。因此，对已付超过司法保护利率上限部分的利息，应直接冲抵实际付款时的本金。在绝大部分案件裁判中，无论是法院认为超高利息应当返还，还是基于维护借贷双方当事人合法权益以及社会秩序要求，做出一番权衡之后，最终的做法都是直接折抵了未偿还的本金。在林佩英与厦门大同之家贸易有限公司、林建文合同纠纷案中，法院理解称借款人只有在清偿完毕本息时才享有返还请求权。借款人在给付了超高利息时即可主张返还请求权，而不需要等到清偿本息之后，法院的这种做法限制了借款人返还权益，加重清偿责任。

（二）法院裁决超高利息折抵本金有违契约自治精神

从缔约的效力来看，意思自治是当事人合同缔结的基础，对超高利息的约定

---

〔1〕 庞永斌与姜宗平等民间借贷纠纷案，北京市石景山区人民法院民事判决书（2017）京 0107 民初 16035 号。

〔2〕 林佩英与厦门大同之家贸易有限公司、林建文合同纠纷案，福建省厦门市海沧区人民法院民事判决书（2017）闽 0205 民初 3153 号。

也是双方合意的体现，非依法律规定任何人都不可以强制介入。《合同法》第58条规定：“合同无效或者被撤销后，因该合同取得的财产，应当予以返还；不能返还或者没有必要返还的，应当折价补偿。有过错的一方应当赔偿对方因此所受到的损失，双方都有过错的，应当各自承担相应的责任。”在合同有效的情况下，合同双方当事人应当本着善意认真履行各自的约定义务。对于借款人来说，合同到期后就应该按照合同约定履行还款义务以及支付相应的利息。超高利息部分合同认定为无效，就应当将该部分利息返还出借人，不应该将超高利息直接折抵未偿还的本金。对于民间借贷合同，超过法律规定的司法保护利率上限的利息部分是无效的，将无效部分的利息直接折抵未偿还本金，混淆了合同无效部分与合同有效部分的不同处理，自然也有可能违反了原本合同约定的还款方式及期限。

从市场经济运行来看，融资是市场经济运行的必要环节。民间借贷作为社会融资体系的组成部分，利率是调整资金供求双方平衡的结果，是一个国家市场经济运行情况的体现。超高利息也是借贷双方当事人意思自治的体现。对于放贷人而言，出借资金要承受市场风险和信用风险，有些出借资金由于经济波动到时是收不回来的，所以出借资金有点类似于风险投资，借贷双方当事人约定年利率超高本身也要承担很大的商业风险。对于借款人而言，利率管制反而可能导致其丧失获得贷款的机会。对于资金借贷活动，过度地实施干预，会破坏时间在金融合约中的基础作用，也在一定程度违背市场经济一般规律。[1] 对于超高利息先折抵未偿还本金再计息，计息的本金基数减少，这种做法无疑造成了一定的资金流失，损害出借人的利益。通常而言，法院只需要将超高利息返还给出借人即可，简单易行。

(三)法院裁决超高利息折抵本金的“多管闲事”

从公平正义角度来看，民事纠纷事件是有人去申诉了才会有法院受理，即“不告不理”，法官也只是针对当事人提出要求的内容进行审理，对于当事人没有提出的要求不会自己主张去“多管闲事”。在民间借贷中，当事人未提出此类诉讼请求的前提下，法官直接做出折抵未偿还本金的裁决处置，如法官依职权裁决已支付的超高利息抵扣未支付的利息和本金。比如，在曾艳与怀化恒信置业发展有限公司、王健君民间借贷纠纷一案中，被告王健君向原告借款100万元，借期1年，月息4分。这明显超出年利率36％，借款到期后，被告分期支付了利息4.4万元，但剩下的利息及本金却未支付。法院在处理此案件时，主动将超高利息抵扣被告已支付的利息以及借款本金，认为并未侵害出借人的“诉讼权利”，也不存在“严重违反法定程序”的情形。[2] 由此可见，司法裁判过程中，法院对于超高利息与本金的处理上，法官充分发挥了自己的自由裁量权。

---

〔1〕 威廉·N.戈兹曼、K.哥特·罗文霍斯特：《价值起源》，王宇、王文玉译，万卷出版公司2010年版，第33—36页。

〔2〕 曾艳与怀化恒信置业发展有限公司、王健君民间借贷纠纷案，湖南省靖州苗族侗族自治县人民法院民事判决书(2018)湘1229民初183号。

四、民间借贷案件超高利息的属性问题

1991年实施的《关于人民法院审理借贷案件的若干意见》规定超过4倍利息上限不受法律保护。这一项规定的出台目的在于防止高利贷，引导民间借贷活动。[1] 2015年《民间借贷司法解释》规定的“两线三区”，明确司法裁判法律依据、指引民间借贷正常运行，起到了积极的作用。2020年《关于修改〈关于审理民间借贷案件适用法律若干问题的规定〉的决定》，将民间借贷利率的司法保护上限从24%降至4倍LPR（一年期贷款市场报价利率）。但是，从私法的角度来看，利率约定高低无疑是根据借贷当事人双方合意、意思自治的结果，不过考虑到社会公平正义以及公序良俗原则，对借贷利率进行法律规制很有必要。借贷约定利率超过规定的司法保护利率上限部分的利息属于无效，应当返还，而对如何“返还”却未做出明确解释。

（一）超高利息不是侵权或违约之债

超高利息不应认定为合同之债。依据《合同法》第56条规定，合同部分无效的不影响其他部分的效力。由合同引发的债权以有效合同为依据，而借贷双方当事人约定的年利率超高的借款合同虽属于有效合同，但是超过法律规定司法保护利率上限的利息部分的合同条款，由于违反了法律的强制性限制而无效的，对于超高利息不可能形成合同之债。事实上，法院在处理民间借贷纠纷案时，首先对案件性质进行认定，在选取的法院判决书样本中发现，法院确认双方借贷关系成立，合法的民间借贷受法律保护，只是对于其中双方约定的借款年利率超高利息的条款因违法而判定无效，或者是对原告主张的超高利息不予支持。这属于合同的部分无效，对于这部分主张，不会认定为合同之债。

超高利息不应认定为侵权之债。侵权行为之债一般有4个构成要件，行为的违法性、损害事实发生、侵权行为与损害事实之间有因果关系、行为人有过错。[2] 只有同时满足这4个构成要件，才能认定为一般侵权行为。对于超高利息，虽然有行为的违法性，但是对于是否有损害事实发生却比较有争议。假设约定年利率为50%，出借人往往会很痛快地提供借款，若约定的年利率为3%，则出借人可能不同意借款，而会将资金投入收益更高的项目。可以看出，借贷双方当事人基于各自所需，通过意思自治达成合意而约定的高利息，对于当事人来说并没有损害事实发生，也就不用讨论因果关系和行为人是否有过错了。之所以法律规定借贷利率的最高限制，是为了社会公共利益的需要、社会经济秩序的维护，如果对于超高利息都应认定为侵权的话，恐怕以后鲜有人会将自有资金外借。

---

〔1〕 王利明：《合同法研究》（第3卷），中国人民大学出版社2012年版，第271—272页。

〔2〕 张新宝：《侵权责任法原理》，中国人民大学出版社2005年版，第50页。

（二）超高利息为财产利益上的不当得利

超高利息应当认定为以不法原因给付而形成的不当得利之债。财产利益上的不当得利，是指某一个行为人在取得别人的财产时，并没有合法的依据或者事后证明没有合法的依据，从而说明行为人取得的财产增加了自己的财产、减少了别人的财产。我国台湾地区著名学者王泽鉴将不当得利类型化，即划分为“因给付而受利益”和“因给付外事由而受利益”。[1] 给付利益的行为都不是无缘无故的，在没有出现后来的不当得利纠纷或是给付者认为给付目的不再存在、切断双方利益联系的情况下，给付行为合法有效，给付行为也是一种民法上的自愿行为。因此，当时的真实情况就是当事方有意识地增加对方财产。[2] 在民间借贷出现超高利息时，是出借人从借款人那里获得了超高利息，这部分的金钱增加了出借人的财产收益、减少了借款人的自有财产，产生原因是借贷双方协商好的借贷合同。从这一方面可以看出，借贷双方当事人约定的年利率超高的借款合同、对于超高利息的给付行为是合法有效且自愿的，但是这个超高的利息为国家法律所否定因而具有违法性，受益人的这种继续占用超高利息的行为也就失去了法律根据，失去原本存在的正当性。

超高利息被认定为不当得利，是基于不法原因给付而形成的。对于不法原因给付形成的不当得利之债，理解不法原因给付很重要。从法律规定条文的文义来看，立法者认为高于一定限额的利息具有不法性，超高利息的给付就构成了不法原因的给付。由于民间借贷合同都是基于双方当事人合意达成，对于超高利息的形成，双方都有一定程度的过错。虽然有学者提出“民间借贷市场上存在众多行为主体，交易方式复杂多样，因此利率规制必须针对不同类型的交易行为作出区分处理”，应该对不法原因给付进行类别化，根据不同的给付目的来区分是否应该对借款人的超高利息返还请求权予以认可，如对出借人利用借款人的轻率、窘迫或者无经验的场合应积极认可借款人的超额利息返还请求权，对借款人利用贷款从事违法活动的场合则应否定借款人的超额利息返还请求权。[3] 但是从民间借贷情况来看，实际发生的情况错综复杂、事后探求真相不易，区分意义不大。除了那些假借民间借贷之名行诈骗、敲诈、勒索、强抢等犯罪活动，平常的普通当事人之间的借贷活动，双方约定的利息超高年利率的，虽然是双方的合意表示，却因违反了目前法律的强制性规定而具有违法性。如果出借人受领了对方超高利率的利息，这个受领行为欠缺给付超高利息目的时，受益人对这个给付目的无法做出合法解释，继续占用给付的超高利息构成不当得利。从保护借款人角度，超高利息因违反法律的强制性规定而具有不法性，应认定为无效，作返还处理。超高利息被认定为不当得利，根据法律规定，就应当做出相应的返

---

〔1〕 王泽鉴：《民法思维——请求权理论基础》，中国政法大学出版社 2003 年版，第 174 页。

〔2〕 王泽鉴：《不当得利》，北京大学出版社 2015 年修订版，第 51 页。

〔3〕 刘勇：《超额利息返还的解释论构成——以法释（2015）号第 26 条、第 31 条为中心》，《法学》2019 年第 4 期。

还，不能直接折抵未偿还本金。民间借贷的超高利息，属于财产利益上的不当得利，借款人可以要求利益返还。这个返还请求权在古罗马法的规定中就已经存在了。古罗马法对于那些没有合理缘由取得的他人财产和具有理由但是理由不合法取得的财产，规定了可以行使返还请求权。对此类不法原因给付所形成的超高利息，就有了返还给借款人的必要。

（三）超高利息不当得利的返还与否

虽然“法律解释方法包括文义解释、论理解释、比较法解释、社会学解释等”，但是一般来说首先是文义解释。[1] 2015 年《民间借贷司法解释》第 26 条有明确规定年利率超 36%以上的部分应当返还，在《民法总则》第 122 条也规定对于不当得利，受损失的人有权请求返还不当利益。对于超高利息被认定为不当得利，无论是最高人民法院做出的司法解释，还是《民法总则》的规定，都明确显示超高利息应当返还，看不出有折抵本金的意思。从法律之间的衔接来看，超高利息返还与折抵未偿还本金之间也不可以做等同解释。无论是《合同法》规定的对于合同无效的法律后果应当返还，还是司法解释以及其他法律的相关规定，都是对返还做出规定，而不能认定为折抵本金。

民间借贷的超高利息属于不当得利，自然是应当返还。可是，法院在判决时既要依法保护正常的民间借贷、引导社会经济有序发展，又要防范和遏制高利贷行为，还要平衡双方当事人的合法权益，体现公平正义。如果是借款人行为已经显示，他实质上不准备偿还后面的本金利息，并且这个本金利息占了整体本金利息的大部分，甚至是整个本金，那么，这个时候法院的裁判结果直接将超高利息折抵本金，也是可以的，法官的裁判行为具有正当性。涉及民间借贷的纠纷案件，有其特殊性，需要坚持程序正义也要兼顾实体正义，“在民间借贷领域，有着浓厚的民间乡土气息，程序本身要结合实体法，不可能完全离开实体法，即程序正义的追求要关照到实体法”，“这样，方可接近实质上的社会正义，更好地为民间纠纷的当事人所接受，引导乡村社会形成良好的行为秩序”。[2] 假设有借款人蓄意接受超高利息，出借人自然是高兴为之，借款人偿还几次高息后就提起诉讼主张对方违法，如果法院简单裁决保护借款人，那出借人就当了冤大头、哑巴吃黄连，损及百姓善良心愿、契约自治精神、社会诚信秩序，自然也就谈不上公平正义。

五、民间借贷超高利息的制度规避问题

制度性的严格限制与民间社会经济运行中的实际需要，形成了强烈的反差，致使少数的借贷行为中出现了表面符合制度规定实际上构成超高利息的情况，

---

〔1〕 梁慧星：《论法律解释方法》，《比较法研究》1993 年第 1 期。
〔2〕 蓝寿荣：《民间借贷虚假诉讼的逆向选择与司法应对》，《政法论丛》2019 年第 1 期。

如利息预先扣除等。[1]

(一)经营性资金的急需致使协议规避现象出现

我国一直以来对高利贷行为高压打击,但却从未因此消灭民间借贷的高利贷现象,客观上的原因是历史上一直存在和目前必然会出现的金融运行体系不完善。从经济学的角度看,民间借贷是“金融压抑”的产物,[2]总有人急需借贷资金以渡过生产或生活难关。

我国法律对于借款利率限制是很明确的。《合同法》第 211 条规定,“借款的利率不得违反国家有关限制借款利率的规定”。1991 年实施的《关于人民法院审理借贷案件的若干意见》第 6 条规定,以同期银行利率的 4 倍作为民间借贷的利率上限,也称为“4 倍利率红线”。在 2002 年中国人民银行《关于取缔地下钱庄及打击高利贷行为的通知》第 2 条也规定,民间借贷利率超过央行同期同档次 4 倍的也被认定为高利贷。[3] 受金融政策制约,对民间借贷利率上限的设定需要以市场自身运行规律所产生的利率作为依据。《民间借贷司法解释》第 26 条中做出了具体划分细则,超过年利率 36%的部分就可认定为高利贷。实施全国统一的“两线三区”规定,对规范民间借贷行为、抑制高利贷起到了一定的积极作用。但是,在面对复杂的现实情况下,《民间借贷司法解释》中“两线三区”单纯“一刀切”地将超过年利率 36%的部分统一划分为高利贷的做法却并不能完全抑制高利贷。在黄凯与蒋卫生、蒋焕君民间借贷纠纷一案中,被告因资金周转困难向原告借款 100 万元,借期 1 个月,约定月息 2.5 分。虽然借条上约定的年利率未超过法律规定的 36%,但实际上原告在出借时预先扣除 20 万作为利息,且后期以月利息 1 角即年利率 120%支付利息,远超过法律规定年利率 36%上限的 4 倍,并且支付时原告要求被告以现金的形式支付,没有留下收据和凭证。法院认定原告属于以放贷为业的职业放贷人,但裁判结果却简单处理成超高利息折抵未偿还本金,被告以月利率 2%另行支付利息至清偿本息之日止。[4] 可见,尽管法律规定很清楚也很明确,依然不能杜绝民间借贷中的高额或超高额利息现象。

---

〔1〕 也称为砍头高利贷或隐性高利贷,参见袁继红:《民间融资中隐性高利贷的反思与治理》,《金融与经济》2014 年第 2 期。

〔2〕 爱德华·S.肖:《经济发展中的金融深化》,王威译,中国社会科学出版社 1989 年版,第 32 页。

〔3〕 1991 年实施的《关于人民法院审理借贷案件的若干意见》第 6 条规定:“民间借贷的利率可以适当高于银行的利率,各地人民法院可根据本地区的实际情况具体掌握,但最高不得超过银行同类贷款利率的四倍(包含利率本数)。超出此限度的,超出部分的利息不予保护。”2002 年中国人民银行《关于取缔地下钱庄及打击高利贷行为的通知》第 2 条规定:“严格规范民间借贷行为。民间个人借贷活动必须严格遵守国家法律、行政法规的有关规定,遵循自愿互助、诚实信用的原则。民间个人借贷中,出借人的资金必须是属于其合法收入的自有货币资金,禁止吸收他人资金转手放款。民间个人借贷利率由借贷双方协商确定,但双方协商的利率不得超过中国人民银行公布的金融机构同期、同档次贷款利率(不含浮动)的 4 倍。超过上述标准的,应界定为高利借贷行为。”

〔4〕《黄凯与蒋卫生、蒋焕君民间借贷纠纷一审民事判决书》,湖南省邵东县人民法院民事判决书(2018)湘 0521 民初 998 号。

（二）制度规避的主观原因是熟人社会的亲情朋友观念

在民间借贷中，尽管政府的法律、政策都限制超高利息，并且还从文化宣传上说明高利贷的危害和违法，但是民间借贷的超高利息一直存在，主观上与我国民众长期以来形成并不自觉墨守的亲情朋友观念有关。“民间借贷是民间融资的重要方式，在传统乡村社会生活中发挥着重要的作用，其乡土气息浓郁，有着浓厚的‘民间性’，很多借贷是依靠人和因素、朋友感情而发生”。〔1〕民间借贷利率本质上是由民间借贷市场自身状况决定的，有时候当事人利率约定并不受制度的限制。

民间借贷利率既反映市场资金供需情况，也与金融机构竞争，推动形成利率市场化的经济秩序。首先，受市场价格的影响。〔2〕这包括两个方面：一是受供求关系影响。政府对民间借贷市场管制越严格，则出借人越难以获得收益，会使得民间借贷市场萎缩，供不应求情况一旦出现，借贷利率就会上升。二是受正规的金融机构贷款利率影响。决定利率高低的是社会的平均利润率，民间借贷利率与信贷运行平均成本持平，但高于边际成本。〔3〕总之，民间借贷利率受市场价格波动较为敏感。其次，受传统风俗的影响。毋庸置疑，“人情借贷”是影响民间借贷的最重要因素之一。民间借贷中借贷双方当事人大部分是家庭成员、亲朋好友或是熟人，但目前市场经济发展迅速、借贷活动规模和范围不断扩大，民间借贷已经从传统的基于血缘、亲缘、地缘等关系的熟人借贷拓宽到半熟人或陌生人借贷，借贷双方的距离、关系差异往往在纠纷上表现出明显不同。〔4〕再次，受经济发展程度影响。一般来说，经济越发达的地区（沿海城市、一线城市等），利率水平越高，民营经济活动活跃的地区更容易引起民间借贷纠纷，而对于相对不发达的地区，则利率水平越低。利率水平高低，与当地经济发展水平和民营企业活跃程度有关。最后，还受人际信任程度的影响。“利率水平可以衡量人际信任程度”，“信任作为一种文化因素，具有较强的稳定性，不会随着时间的演进快速变化”。〔5〕比如，借款人的还款能力强、信用记录好、对资金使用的安全性高，则出借人就会以较低的利率借款；反之，借款人历史信用记录差、还款自觉性低，则出借人就会要求较高的借款利率。

---

〔1〕 蓝寿荣、李沃幸：《论民间借贷纠纷案件的司法认定》，《民间法》2016 年第 17 期。

〔2〕 王林清：《民间借贷利率的法律规制：比较与借鉴》，《比较法研究》2015 年第 4 期。

〔3〕 童笛、张文彬：《民间借贷利率对宏观经济冲击的区制非对称相应：以温州为例》，《中国经济问题》2013 年第 4 期。

〔4〕 林丽琼：《地理距离、关系与民间借贷违约风险——基于 240 个法院纠纷案件调查数据的分析》，《亚太经济》2017 年第 2 期。

〔5〕 有研究者统计分析历史数据认为：“利息高低可以分解为四个部分即时间补偿、通胀补偿、流动补偿和违约风险补偿。人际信任程度越低，借款拖欠可能性越高，贷款损失率也越高，相应地，均衡的利率水平自然就会高。”齐春宇、孙力军、李修彪：《信任与经济增长：1949—2014——基于 1934 年中国 21 省民间借贷利率测度信任》，《现代经济探讨》2018 年第 5 期。

(三)区分经营性和生活性借贷以消除制度规避不可行

在民间借贷中,如出现生产或经营资金周转困难,必然会出现超高利息。1988年《最高人民法院关于贯彻执行〈中华人民共和国民法通则〉若干问题的意见》第122条规定,"公民之间的生产经营性借贷的利率,可以适当高于生活性借贷利率"。那么,是否可以考虑将民间借贷活动类型化,给予某些急需资金必然会出现高息的借贷高息行为合理化,即区别不同类型的民间借贷行为,给予经营性借贷行为相对更高的利率。

在选取的175个裁判样本中发现,超高利息纠纷案中,以生产用商事借贷为主,借期越短,约定的利率则会越高,超高利息也会出现。《民间借贷司法解释》中规定的"两线三区"利率限制规则,并不能有效地遏制经常性营利出借资金行为,相反还出现了制度规避现象。有学者提出对我国利率上限的界定,应该采用折中主义模式进行监管,[1]生活借贷主要体现借贷双方当事人的民事法律关系,适用一般性民事纠纷处理规则,而对于商用借贷则应施加国家干预手段,严格控制利率水平。[2] 也有学者认为,还需要对民间借贷利率限制做进一步细分,借贷利率上限应该区分商用借贷与生活借贷,如以家庭生活开支与生产经营借贷进行区分,也即区分营利性借贷与非营利性借贷。[3] 通常来讲,民间借贷中期限短的或者用于经营性生产业务的借贷利率会高些,期限短是因为出借资金准备等不可少,有不低的短期成本,用于经营性业务是因为出借的资金中一定会有收不回来的,有不可预测的市场风险。

鉴于民间借贷的熟人社会、亲情朋友观念的社会基础,存在民间借贷利率形成的内生定价机制,[4]法律和政策的限制、宣传的效应均不能遏制其超高利息的产生,那么制度性地划分生活性借贷与商业经营性借贷也将没有实际作用,因为民间社会的乡土性和复杂性决定了"上有政策,下有对策"之必然,将商业性的借贷化身为生活性借贷或者是反过来都会频繁出现,制度性约束引导正常有序的作用会变成好的制度引导人们去作假。

---

〔1〕 王一舟:《高利贷边界标准的重新认定——基于对民间借贷利率客观主义模式的反思》,《北方经贸》2019第10期。

〔2〕 凌蔚、何键、曹彦:《辨识与慎查:高息民间借贷的司法认定及规制——以839宗基层民间借贷纠纷为研究蓝本》,载《探索社会主义司法规律与完善民商事法律制度研究——全国法院第23届学术讨论会获奖论文集》(下),国家法官学院科研部2011年版,第992页。

〔3〕 有学者认为需要"针对市场交易的典型情况区分集资型、放贷型和充分合意型借贷",刘勇:《利率规制:从"法定"到"市场"——兼评最高人民法院司法解释的相关规定》,《内蒙古社会科学》2016第3期。也有学者提出了消费型借贷、投资型借贷、原始形态借贷,及区分"一是针对青黄不接的家庭或企业的放贷;二是激发消费需求与投资需求"的两种类型,参见登高、潘庆中、林展:《高利贷的前世今生》,《思想战线》2014年第4期。

〔4〕 王林清、于蒙:《管控到疏导:我国民间借贷利率规制的路径选择与司法应对》,《法律适用》2012年第5期。

六、民间借贷超高利息的民间习惯问题

有些事情也许就是一种生活常识，但并不一定为有着各种知识体系的学者所理解。我国两千年文明传承、生生不息的中华民族传统文化，经济基础和核心载体在于农耕生活，到了今天，外在现象上最为明显和丰富、复杂的当属以乡村为代表的民间社会。读懂中国国情不易，读懂中国的民间社会更难，简单地照搬西方国家成熟的社会科学理论及其话语体系显然是不行的。所以，民间借贷纠纷案件的审理的确给我们的一线法官出了难题，也说明在民间纠纷问题的研究上，需要有法律规范依据，也要有社会现实问题意识和历史传统文化意识。

（一）学理研究与实际可行有时不一致，实际可行要优先考虑

在论及高额利息问题时，出现的一个有趣现象是，几乎所有的学术研究者都主张超高利息为不当得利，应该返还不能折抵本金、要区分生活性借贷和经营性借贷，而从事司法工作的法官提出或持有此看法的很少。[1] 很明显，这个问题作为一种社会现象及其法律解析是清晰的，不复杂的，但是作为一种社会现象出现的民间社会基础及其运行机制并不简单，需要予以注意。

民间纠纷问题有其特殊性，这个特殊性就是文化特色，是长期以来的历史文化传承的显现。这在关于民间借贷的最高利率限制上很明显。从资金借贷的用途上说，应当区分生产、商业等经营性用途借贷与生活性、消费性、小额度的借贷。不少研究者认为经营性的借贷利息可以高一些，我们觉得生活性的借贷利息可以高一些，因为真正的生活性借贷往往是一时急需，需求很急，俗话说人都有手头紧的时候，但不会借贷太久，也不会借钱太多，属于江湖救急，稍微高一些是可以理解的。从资金借贷的数量上说，应当区分大额度的借贷与小额度的借贷，一般来说，小额度的借贷，利息可以高一些。这些看法，从法理依据和社会行为理性来说，都有其合理性和正当性，但在实际中并不可行，因为民间借贷的熟人社会运行机制，当事人将生活性借贷与商业性借贷互换或混合、长期借贷与短期借贷互换或混合、大额度借贷与小额度借贷互换或混合，以规避制度的约束，当事人操作方便而法官识别却很难，客观上人为造成了制度的失效。

与此相似，还有人认为可以对民营经济发达地区和相对不发达地区的民间借贷做不同利率上限划分，“根据特定时期、特定地区的市场情况，结合具体案件类型以及与合同订立有关的各种情势，构建动态的规制模式”。[2] 由于我国地区间经济发展很不平衡，如福建、广东、浙江等地民营企业发达，会更容易产生民间借贷，相应地会有比较完善的借贷市场规制，借贷利率可以反映出借贷双方的真

---

〔1〕 例如，“民间借贷利率超过年利率36%部分的利息不应从本金中折抵”，李学辉：《民间借贷中超限利息的处理》，《法学杂志》2017年第12期。“原则上应禁止超额利息的抵充”，刘勇：《超额利息的抵充——以民间借贷为对象》，《法律科学》2019年第2期。

〔2〕 刘勇：《利率规制：从“法定”到“市场”——兼评最高人民法院司法解释的相关规定》，《内蒙古社会科学》2016第3期。

实意愿，相反，那些经济不发达、人均收入较低的地区，正规金融机构覆盖不全面，引发的民间借贷纠纷复杂，此时就有必要进行司法干预，规范借贷市场，这个看起来也是很有道理的。我国国土辽阔，自然资源禀赋各异，自古以来民间经济发展就差异很大，各地的民间借贷利息也不一样，但是如果允许各地的最高利息限额不一致，就不利于市场机制的作用发挥、统一市场的形成，所以，一些在法理上成立的说法在实际中并不可行。利率市场化将会是发展的一个趋势。但是在市场利率机制没有形成之前，对于民间借贷最高利息限制是有必要的。目前的最高利率限制性规定体现了维护市场机制与社会运行秩序的平衡，保护了市场运行，也体现了维护社会整体秩序的制度性行政干预的强制，给当事人更多的意思自治空间。

（二）依法裁决与尊重习惯可能很费解，正常运行长期沿袭的习惯要尊重

乡村社会是目前我国相对来说保持了部分传统民间习俗和交往规则的地方，尤其是亲朋好友和熟人之间。民间借贷也有可能依据传统的人情面子习俗来办理，不一定与我们现在的立法出发点和理念相一致，这就需要我国的司法裁决既要遵循法律规定，又要顾及民间借贷的实际、熟人社会的交往习惯，保持司法强制干预权力的谦抑性，特别是要注意，不要“过度强调用事后的刑事手段予以制裁”。[1] 在涉及民间行为时，对其了解、制定需要考虑其民间习惯，从而更好地透过现象认识其事物的本质，还当事人以公平、给当地社会运行以正义。曾经有法官举例说，有村民在借条上写“利息一分”，那么这个“一分”，是“一日”“一月”抑或“一年”，从字面上看是不清楚的，如果简单地依据《合同法》第 211 条第 1 款的规定来确定为约定不明就不妥，应该依据民间习惯，大多是指“一月”。如果借贷双方当事人没有约定借贷利息，自然，民间借贷是借贷双方意思自治的结果，其他方需要尊重当事人的意思、不可强行改变，依据《合同法》的规定及其精神，也是确定为无须支付利息。没有约定借贷利息的借贷，可以理解为是出借人给借款人的一种善意帮助，也可能借贷双方是熟人关系，不好意思开口要利息，但是一般来说是要遵循当地的民间习惯，别人给予帮助就要记着这份情日后要还，所谓“钱要还，情要记”，“大多数的调查发现，农户之间的私人借贷基本不收利息，但这种无息借贷存在隐性利息”。[2] 既然是友好帮助，依据社会诚信善意习惯，借钱人就应该及时还钱，对于没有及时还款的借款人，人民法院的法官从维护社会秩序和保护老百姓的诚信善意出发，可以裁定借款人应当还的本金和利息，利息的给付应以当地金融机构正常借贷利率为参照。

（三）整体正义与个体正义的衡平是动态的，个体正义也要兼顾

目前法律规定的民间借贷利率限制是基于社会整体正义的理念，维护社会

---

〔1〕 罗曦、刘建：《高利贷治理的关键》，《中国金融》2015 年第 7 期。

〔2〕 黄晓红：《隐性契约、声誉机制与农户借贷》，经济科学出版社 2012 年版，第 18 页。

运行秩序,对个体之间协议行为的一种矫正,但并不表明个体之间的协议行为是恶意的或者是有害的。社会金融服务体系不健全、覆盖面不足,导致民间借贷盛行,有其社会实际存在的必然性。资金借贷客观上也为社会资金需求救急提供了帮助,因而只要不是恶意的套路贷之类的借款,是正常的民间借贷,过分打压出借人的利益也是没有必要的。包括对待职业放贷人也一样,正常的提供民间借贷行为,方便了借款人、有益于社会,也是社会经济运行的需要。从法院办案的经验来看,"高息民间借贷的产生绝非因为民法对民间借贷中出借人一方的过度保护。当前民间借贷案件审判的主要矛盾,仍然是借款人逾期不还款侵害了出借人的利益"。[1] 对于超高利息,属于不当得利,不能折抵本金,应当返还,这是基于《合同法》认识的必然结果。但是在民间借贷中,有很多已经进入了诉讼阶段的借贷,是借款人出现不还款或不继续还款的情况,司法不能只是维护借款人的利益,也要维护出借人的利益,这也是很多法院法官会依据职权主动作出裁决,以超高利息直接折抵本金的原因。有的借贷事先约定了扣除利息,而在借条上约定了只偿还本金或很少的利息,同样要尊重双方的意思自治。如果是这种预先扣除利息的借贷,其扣除的利息和后来约定的利息之和,超过了最高利率限制,就是无效的。对于这种预先扣除利息的现象,基于各地的风土人情复杂性过多分析没有必要,可以以出借人实际金额计算本金,即从借款人真实领到的借贷资金数额为本金数额。民间借贷纠纷的诉讼中,如果发现存在超高利息,如果存在严重信息不对称、虚假宣传、高利息诱惑的,应该处以罚款,涉及套路贷、官商勾结、虚假诉讼等违法犯罪行为,[2]应当引起特别重视,依法惩处。

七、余论

通过对民间借贷超高利息的分析,形成了本文的结论。关于民间借贷超高利息的处理,法官依据职权将超高利息直接裁定为折抵本金,这与规定不符,超高利息不是合同之债或侵权之债,为以不法原因给付而形成的不当得利之债,应该返还借款人,但是法官在发现借款人赖账行为会损及出借人合理利益时,裁决超高利息直接折抵本金给出借人,是正当的。民间借贷中出现的出借人预扣利息等行为,是想规避法律制度的限制,根源在于民间金融需求的硬约束。鉴于民间社会生活的复杂性和资金需求的刚性,出借人预扣利息的规避制度行为,只要总体利息在限额之内,不需要特别处置。目前发现的超高利息,大多出现在以生产和商业性借贷用途为主的借贷案件中,往往是借期越短利率越高,更易引发超高利息纠纷,区分生活性借贷和经营性借贷的不同利率限额有其理论合理性,但

---

[1] 凌蔚、何键、曹彦:《辨识与慎查:高息民间借贷的司法认定及规制——以 839 宗基层民间借贷纠纷为研究蓝本》,载《探索社会主义司法规律与完善民商事法律制度研究——全国法院第 23 届学术讨论会获奖论文集》(下),国家法官学院科研部 2011 年版,第 990 页。

[2] 有些地方出现的违法民间借贷活动一度非常猖獗,据《财经》杂志白兆东 2019 年 8 月 27 日报道,"借助一些官员形成的'保护伞',小额贷款公司以高利贷为诱饵,将借款人引入圈套之中,再利用刑民同进的手段,对借款人进行围猎,低价抵债侵吞其资产"。白兆东:《真实案件揭露:民间借贷官商利益链》,https://www.163.com/dy/article/ENJS8JQ70519ADGM.html,访问日期:2022 年 8 月 19 日。

在实际中并不可行。

分析民间借贷超高利息问题,理论研究观点和司法审理裁判的不一致现象是一个需要引起关注和思考的话题。

(1)民间借贷纠纷裁决要理解民间社会习惯及其生活常识。中华文化源远流长、博大精深,流淌在民间社会生活中的各种处事方式有其存在的物质基础,简简单单但又意蕴丰富,需要我们以善意的心态去理解。民间借贷的熟人社会,亲情朋友观念的社会基础,形成民间借贷利率形成的内生定价机制,法律和政策的限制、宣传的效应均不能遏制其超高利息的产生,那种试图通过高压消灭高利贷,或者认为区分生活性借贷与商业经营性借贷就能纾解超高利息,是不实际的。

(2)民间借贷纠纷裁决结果要鼓励普通人行为的善意。民间借贷盛行有其社会实际存在的经济必然,要善意宽容民间借贷。虽然古今中外各国几乎都打击高利贷,但是从来不能消除高利贷现象。迄今为止的经验表明,民间借贷始终存在,官方的制度性限制也无法抑制高利率,甚至历史上还经常出现越是政策高压限制,民间借贷利率越高的不正常现象。[1] 资金借贷客观上也为社会资金需求救急提供了帮助,因而只要不是恶意的"套路贷"之类的借款,是正常的民间借贷,过分打压出借人的利益也没有必要。

(3)民间借贷纠纷裁决要考虑平衡双方当事人的合理利益。民间借贷的超高利息属于财产利益上的不当得利,借款人可以行使返还请求权。但是,如果是借款人明显已经显示,实质上不准备偿还后面的本金利息,并且这个本金利息占了整体本金利息的大部分,甚至是整个本金,那么,这个时候法院的裁判结果直接将超高利息折抵本金也是可以的,法官的裁判行为具有正当性。为什么也要考虑出借人的合理利益呢,因为很长时间以来,对于民间借贷高息特别是高利贷都是打击的,"总体态势以严为主,打击非法借贷成为主流",[2]制度的设计也明显倾向于保护借款人利益,这与历史上经济发展水平低、借款人赚钱不易,容易陷入生活绝境有关。现在整体经济水平提高了,借款人也应该依据自身的实际量力而行借款,适当地考虑出借人合理利益便有必要。

(4)民间金融立法要以激励发展经济为主。"金融法要适应市场运行机制",

---

〔1〕"民国时期信用合作立法最终未能实现遏止农村高利贷的终极目标","到抗战末期时,农村几乎被高利贷全盘控制","没有达到预期的遏止目标,农村高利贷问题日趋严重"。邱少晖:《民国时期信用合作立法遏止农村高利贷问题研究》,《中国农史》2017年第3期。"致这一时期农村高利贷蔓延的原因是多方面的,借贷需求增加、借贷资源相对减少以及借贷风险和成本的提高等共同促使这一时期借贷利率居高不下"。"供给的有限性和需求的近乎无限性使农村借贷资源长期处于稀缺状态,稀缺性使得农村借贷利率一直居高不下,也促使高利贷活动长期普遍存在"。杨乙丹、高德步:《农村高利贷及其治理的历史审视:1957—1966年》,《中国经济史研究》2008年第2期。"契约中的抵赦条款的反复出现与国家免除民间债负赦令的频繁发布,反映了民间高利贷与国家控制的长时间博弈",霍存福:《敦煌吐鲁番借贷契约的抵赦条款与国家对民间债负的赦免——唐宋时期民间高利贷与国家控制的博弈》,《甘肃政法学院学报》2007年第2期。

〔2〕常宇豪:《民间借贷法律规制三十年进程与衍变》,《南方金融》2017年第2期。

“政府干预要积极有为，要扼制金融风险，还要主动协调金融运行、服务金融发展”。[1] 古今中外各国对高利贷行为的打击，从未能消灭民间借贷的高利贷现象，[2]即使是历史上的欧洲国家出现的基督教或伊斯兰教禁止高利贷，都未能遏制高利贷行为，相反“在禁止高利贷时期，西欧的利率居高不下”，从历史经验来看，“民间自由放贷，禁令愈严，利率愈高；相反，交易愈自由，利率会趋于平缓”，[3]甚至有历史研究者提出，“把利率高低作为区别高利贷和正常借贷的唯一标志是不妥当的，不能作为决策依据”。[4] 制度性的严格限制与民间社会运行中的实际需要，形成了强烈的反差，致使少数的借贷行为中出现了表面符合制度规定实际上是超高利息的情况。民间借贷超高利息问题，光靠压制性的限制规定不能从根本上解决问题，只能治标，因为几千年来的中外政府都采取严厉打击高利贷政策，也都不能遏制高利贷行为产生。民间借贷最高利率限制的法律规定，在法律制度规范体系中并不起眼，但在社会经济生活中却是事关千千万万小企业和私人业主生产经营的大事。解决民间借贷高息或高利贷问题，希望寄托于社会金融体系健全，能够形成覆盖全社会各个角落的有效的融资运行机制，结束正常人借贷难的困局。

[1] 蓝寿荣：《论金融法的市场适应性》，《政法论丛》2017 年第 5 期。

[2] 王君：《高利贷：从国际到国内的思考》，《银行家》2005 年第 12 期。

[3] 登高、潘庆中、林展：《高利贷的前世今生》，《思想战线》2014 年第 4 期。

[4] 常明明：《土改后农村私人借贷形式及利率的历史考察——以中南区豫、鄂、湘、赣、粤 5 省为中心》，《中国经济史研究》2007 年 1 期。

情势变更与不可抗力的融合与改革〔1〕

刘廷华*

摘　要　《关于正确适用〈中华人民共和国合同法〉若干问题的解释(二)》将不可抗力排斥在情势变更之外,试图在情势变更和不可抗力之间划清界线。为了处理不可抗力导致合同履行显失公平情形,司法实践中直接援引或者参照情势变更处理的现象较为普遍。情势变更和不可抗力规则在不能实现合同目的情形中分别适用诉讼解除模式和通知解除模式,这种区分缺乏令人信服的理由。除不可抗力致合同履行不能情形外,按照情势变更和不可抗力规则解除合同后的损失分配问题缺乏清晰的指引,司法实践中的处理模式大相径庭。鉴于情势变更和不可抗力规则都是处理缔约后客观情势变化引起的风险问题,应当进行整合,以情势变更吸收不可抗力,设置“诚信协商”前置程序,构建“诉讼解除”合同解除模式,适用“公平分担”风险分配模式。

关键词　情势变更;不可抗力;协商前置;诉讼解除;公平分担

目　次

---

* 刘廷华,宜宾学院法学院院长、教授,四川省法律援助研究所主任,主要研究方向:民商法。

〔1〕 本文系国家社科基金重大研究专项项目“平等公正核心价值观融入产权保护立法研究”(18VHJ007)成果。

关于情势变更规则,《最高人民法院关于武汉市煤气公司诉重庆检测仪表厂煤气表装配线技术转让合同购销煤气表散件合同纠纷一案适用法律问题的函》(法函〔1992〕27号)含蓄地予以认可,《中华人民共和国合同法》未作规定,[1]《关于正确适用〈中华人民共和国合同法〉若干问题的解释(二)》(以下简称《合同法解释(二)》)第26条正式承认,历经17年而成,按理应比较成熟。但是,从各地高级人民法院针对新型冠状病毒肺炎疫情这一公共卫生事件出台的司法政策看,情势变更与不可抗力二元架构无论是理论上还是在实务中都存在问题。《民法典》并未彻底解决这些问题,情势变更与不可抗力规则亟待融合与改革。

一、情势变更与不可抗力二元架构的破产

不可抗力既可能导致合同履行不能,也可能导致合同履行困难。[2]《合同法》第94条第1款规定"不能实现合同目的"情形可以解除合同,而"合同履行困难(显失公平)情形"应如何处理,并未交代。[3]《合同法解释(二)》第26条虽然规定了情势变更致使显失公平情形的处理,但明确将不可抗力排斥在外,因不可抗力致使显失公平情形应如何处理问题依然悬而未决。

(一)实务中的分歧

新型冠状病毒肺炎疫情这一突发公共卫生事件以及政府就此采取的措施无疑对合同履行造成重大影响,不少地方高级人民法院发布了专门司法政策,其中,就不可抗力致使显失公平情形的处理,呈现出以下几种模式。

1. 视而不见型

2020年2月10日,全国人民代表大会常务委员会法制工作委员会就疫情防控有关法律问题答记者问时指出:"当前我国发生了新型冠状病毒肺炎疫情这一突发公共卫生事件。为了保护公众健康,政府也采取了相应疫情防控措施。对于因此不能履行合同的当事人来说,属于不能预见、不能避免并不能克服的不可抗力。根据合同法的相关规定,因不可抗力不能履行合同的,根据不可抗力的影响,部分或者全部免除责任,但法律另有规定的除外。"[4]由此可见,全国人民代表大会常务委员会法制工作委员会将疫情及相关防控措施一并认定为不可抗力,但增加了"不能履行合同"这一限定条件。对此,如果理解为只有造成"不能

---

〔1〕 据《关于合同法草案审议结果的报告》,《合同法》未规定情势变更的原因在于对情势变更难以做出科学的界定,而且和商业风险的界限也难以划清,执行时更难以操作。立法者担心其难以与商业风险相区分,从而容易导致该制度被滥用,可能会引起合同的连锁变更。孙礼海主编:《〈中华人民共和国合同法〉立法资料选编》,法律出版社1999年版,第163页。

〔2〕 王利明:《情事变更制度若干问题探讨——兼评〈民法典合同编(草案)〉(二审稿)第323条》,《法商研究》2019年第3期。

〔3〕 有学者认为此规定不够周延,属于法律漏洞。韩强:《情势变更原则的类型化研究》,《法学研究》2010年第4期。

〔4〕《充分发挥法治在疫情防控中的力量和作用 全国人大常委会法工委就疫情防控有关法律问题答记者问》。

履行合同”才属于不可抗力，则与《合同法》第 117 条规定的“不能预见、不能避免并不能克服”明显不同；如果理解为造成“不能履行合同”情形按不可抗力免责处理，则发言忽视了不可抗力致使合同显失公平情形应当如何处理问题。湖南省高级人民法院重申了全国人民代表大会常务委员会法制工作委员会的观点，只是把“但法律另有规定的除外”简单替换成了《合同法》第 117 条规定的“但当事人迟延履行在先，不可抗力发生在后的除外”。[1]

2. 闪烁其词型

上海市高级人民法院指出，对因疫情影响，当事人不能履约或履约对当事人权益造成重大影响的，应依照公平、诚实信用等原则，综合考量当事人之间的约定、疫情的发展阶段、疫情与履约不能或履约困难之间的因果关系以及疫情影响的程度等因素，根据不可抗力或情势变更等相关规定，并结合案件具体情况，妥善处理。[2] 对于不可抗力致使“不能履行合同”的情形，“公平原则”“综合考量”等字眼似乎暗示可以适用情势变更规则。

3. 情势变更型

吉林省高级人民法院指出，因疫情原因，且不属于商业风险的重大变化，继续履行合同对于一方当事人明显不公平或者不能实现合同目的，当事人请求人民法院变更或解除合同，人民法院应当根据公平原则，并结合案件的实际情况确定是否变更或者解除的，适用《合同法解释（二）》第 26 条规定的情势变更原则处理。[3] 其明确指出不可抗力导致显失公平或者不能实现合同目的的情形适用情势变更原则，广西壮族自治区、江苏省、山东省和广东省四地的高级人民法院出台了类似的司法政策。[4]

4. 类推或者参照情势变更型

湖北省高级人民法院指出，因为新型冠状病毒肺炎疫情属于不可抗力，不属于《合同法解释（二）》第 26 条适用的范围，但与该条规定的情形类似，故可以类推适用该条规定。[5] 浙江省高级人民法院指出，新冠肺炎疫情虽属不可抗力，但并非对所有商事合同的履行都构成阻碍，疫情对合同履行有重大影响，继续履行合同对于一方当事人明显不公平或者不能实现合同目的，当事人请求人民法院变更或者解除合同的，应当适用公平原则，参照《合同法解释（二）》第 26 条和《最高人民法院关于正确适用〈中华人民共和国合同法〉若干问题的解释（二）服务党

[1] 《湖南省高级人民法院关于涉新型冠状病毒感染肺炎疫情案件法律适用若干问题的解答》。

[2] 《上海市高级人民法院关于充分发挥审判职能作用为依法防控疫情提供司法服务和保障的指导意见》。

[3] 《吉林省高级人民法院关于审理涉新冠肺炎疫情民商事案件的工作指引》。

[4] 《广西壮族自治区高级人民法院关于审理涉及新冠肺炎疫情民商事案件的指导意见》《江苏省高级人民法院关于为依法防控疫情和促进经济社会发展提供司法服务保障的指导意见》《山东高院民一庭涉疫情建设工程施工合同纠纷案件法官会议纪要》及《广东省高级人民法院关于审理涉新冠肺炎疫情商事案件若干问题的指引》。

[5] 《湖北省高级人民法院关于审理涉及新冠肺炎疫情民商事案件的指导意见》。

和国家的工作大局的通知》的规定予以处理。[1]

5. 回归公平原则型

2003年"非典"疫情肆虐,对合同履行造成重大影响,但很多合同却并未达到"不能履行"的程度,无法适用不可抗力条款。为此,最高人民法院明确提出,由于"非典"疫情原因,按原合同履行对一方当事人的权益有重大影响的合同纠纷案件,可以根据具体情况,适用公平原则处理。[2] 根据2013年最高人民法院审判委员会第1569次会议通过的《关于废止1997年7月1日至2011年12月31日期间发布的部分司法解释和司法解释性质文件(第十批)的决定》,上述通知已经废除,但是四川省和内蒙古自治区两地高级人民法院发布的司法政策明显有其影子。四川省高级人民法院指出,对于因疫情导致按原合同履行对一方当事人权益有重大影响的合同纠纷,可以根据具体情况,进行利益衡平,公平处理。[3] 内蒙古自治区高级人民法院认为,疫情对案件确有影响的,人民法院应当告知双方当事人本着尊重事实的态度,在互让互谅的基础上进行协商,并善于引入人民调解、行业调解等多元解纷机制进行调解,合理分担损失。对无法协商一致的,人民法院应当依据公平原则,充分考虑当事人所处的客观环境、主观过错,依法灵活运用自由裁量权,平衡各方当事人利益。[4]

前述"情势变更型"和"类推或参照情势变更型"两种处理模式,明显忽视了《合同法解释(二)》第26条关于"情势变更属于非不可抗力"之规定。此后,最高人民法院发布《关于依法妥善审理涉新冠肺炎疫情民事案件若干问题的指导意见(一)》(法发〔2020〕12号),明确了疫情或者疫情防控措施属于不可抗力的范畴,同时强调当事人以继续履行合同对其明显不公平,请求变更合同履行期限、履行方式、价款数额等的,人民法院应当结合案件实际情况决定是否予以支持。上述关于合同变更的规定,明显带有情势变更的影子,让情势变更和不可抗力之间的界线变得不再泾渭分明。事实上,司法实践中历来都是如此,法院往往根据自己的判断来认定情势变更或者不可抗力,同样类型的事由,在这个案件中被认定为不可抗力,而在另一个案件中可能被认定为情势变更。例如,在成都鹏伟实业有限公司与江西省永修县人民政府、永修县鄱阳湖采砂管理工作领导小组办公室采矿权纠纷案中,法院将鄱阳湖36年未遇的罕见低水位认定为情势变更。[5] 而在黑河市德源化工硅有限公司与逊克县库尔滨流域水电有限公司供用电合同纠纷上诉案中,法院将降水量下降导致水库蓄水不够认定为不可抗力。[6]

---

〔1〕《浙江省高级人民法院民事审判第二庭关于审理涉新冠肺炎疫情相关商事纠纷的若干问题解答》。

〔2〕《最高人民法院关于在防治传染性非典型肺炎期间依法做好人民法院相关审判、执行工作的通知》(法〔2003〕72号)。有学者认为该意见有给情势变更制度留出适用空间的司法理念。王轶:《新冠肺炎疫情、不可抗力与情势变更》,《法学》2020年第3期。

〔3〕《四川省高级人民法院关于充分发挥审判职能作用为打赢疫情防控阻击战提供有力司法保障的指导意见》。

〔4〕《内蒙古自治区高级人民法院关于审理涉新冠肺炎疫情民商事案件相关问题的指引》。

〔5〕中华人民共和国最高人民法院(2008)民二终字第91号民事判决书。

〔6〕中华人民共和国最高人民法院(2013)民二终字第127号民事判决书。

再如，最高人民法院的法官曾撰文指出，合同成立之后出现了当事人缔约时无法预见的诸如全球性或区域性战争、自然灾害、经济危机或者国家经济政策的重大调整等客观重大变化，通常属于情势变更。〔1〕 而在河北燕港（集团）富源城房地产开发有限公司诉渤海国际信托股份有限公司等借款担保合同纠纷上诉案中，法院认为法律上所指的不可抗力系自然灾害、战争等情形。〔2〕

（二）理论中的争论

通说认为，情势变更的适用条件包括 5 个方面：①现实性上，应有情势变更的事实，也就是合同赖以存在的客观情况确实发生变化。②突发性上，情势变更，须为当事人所不能预见的。③原因上，情势变更的发生不可归责于双方当事人。④时间上，情势变更的事实发生于合同成立之后，履行完毕之前。⑤后果上，继续维持合同效力，则会对一方当事人显失公平。〔3〕 毫无疑问，不可抗力的适用同样需要满足上述 5 个方面的条件，学者习惯从适用条件之外去比较情势变更和不可抗力的差异。

最高人民法院曹守晔法官认为不可抗力和情势变更的不同主要包括：形成权与请求权之分别、法院直接适用与当事人主张之分别、金钱债务能否适用之分别、诉讼时效中止与否之分别、责任减免与共担风险之分别以及造成合同不能履行与合同显失公平之分别。〔4〕 王利明教授将情势变更与不可抗力的不同总结如下：功能上给付均衡与合理分配风险之分别、适用范围在合同责任与包括其他民事责任之分别、可预见性和可避免性程度较低与无法之分别以及对合同履行的影响是履行艰难或履行代价过高与不能履行或部分不能履行之分别。〔5〕

上述比较，言之凿凿，但有学者认为："比较不可抗力规则与情势变更制度，就是在驱使'关公'战'秦琼'，二者不是一个维度上的问题。"〔6〕类似是否适用于其他民事责任领域等区别，确实有"关公"战"秦琼"之嫌。事实上，就不可抗力与情势变更的区别而言，有些区别是错误的，〔7〕或者是其他学者和法院所不认可

〔1〕 王闯：《当前人民法院审理商事合同案件适用法律若干问题》，《法律适用》2009 年第 9 期。

〔2〕 中华人民共和国最高人民法院(2016)民终 519 号民事判决书。

〔3〕 曹守晔：《最高人民法院〈关于适用中华人民共和国合同法若干问题的解释（二）〉之情事变更问题的理解与适用》，《法律适用》2009 年第 8 期。王闯：《当前人民法院审理商事合同案件适用法律若干问题》，《法律适用》2009 年第 9 期。

〔4〕 曹守晔：《最高人民法院〈关于适用中华人民共和国合同法若干问题的解释（二）〉之情事变更问题的理解与适用》，《法律适用》2009 年第 8 期。

〔5〕 需要指出的是，王利明教授强调，不应将不可抗力排除在情势变更制度之外。王利明：《情事变更制度若干问题探讨——兼评〈民法典合同编（草案）〉（二审稿）第 323 条》，《法商研究》2019 年第 3 期。

〔6〕 王轶：《新冠肺炎疫情、不可抗力与情势变更》，《法学》2020 年第 3 期。

〔7〕 例如，有学者认为，情势属于人为造成的情形，不可抗力是客观发生的自然灾害和社会灾难。任生林：《因疫情引发合同纠纷如何认定不可抗力和情势变更》，《山西法制报》2020 年 2 月 24 日，第 3 版。

的。[1] 由于不可抗力与情势变更都是当事人预料之外的风险，二者之间很难像《合同法解释(二)》第26条关于“情势变更属于非不可抗力”之规定那样泾渭分明。甚至在不少情况下，不可抗力和情势变更还可能会相互转化。[2] 对学术界绞尽脑汁想出来的各种区别，法官往往视而不见、听而不闻，更习惯按照自己断案的需要进行认定。[3]

值得关注的是，《民法典》第533条规定：“合同成立后，合同的基础条件发生了当事人在订立时无法预见的、不属于商业风险的重大变化，继续履行合同对于当事人一方明显不公平的，受不利影响的当事人可以与对方重新协商；在合理期限内协商不成的，当事人可以请求人民法院或者仲裁机构变更或者解除合同。人民法院或者仲裁机构应当结合案件的实际情况，根据公平原则变更或者解除合同。”与《合同法解释(二)》第26条相比，新增了重新协商问题的相关规定，但最大的变化在于情势变更不再排斥不可抗力；[4]并且，将《民法典》第563条第1款第1项规定的不能实现合同目的情形排除在外，于是形成了显失公平情形按“协商前置＋诉讼解除”模式处理，不能实现合同目的情形按“通知解除”模式处理，避免了《民法典》第533条和《民法典》第563条第1款第1项在不能实现合同目的情形下可能出现的解除合同模式之间的模糊或者冲突。问题在于，“显失公平”与“不能实现合同目的”之间当真泾渭分明以至于确有必要设置不同处理模式吗，又会不会存在“显失公平”严重到足以导致“不能实现合同目的”？

二、风险分配视角下的情势变更和不可抗力规则

情势变更和不可抗力规则在本质上都是风险分配规则，都是为了合理分配当事人缔约时未曾预见的、缔约后发生的、不可归责于当事人的客观风险。正因如此，抛开风险分配视角去讨论情势变更和不可抗力规则，无异于舍本逐末。

(一)情势变更和不可抗力规则风险分配的漏洞

如果没有预设的风险分配规则，无论如何分配，法院都很难平息风险承担方的抱怨和公众的质疑；如果按照预设的风险分配规则处理，法院能够完全隐身于规则之后，即使出现不公平的判决，当事人也只能接受适用风险分配规则的后

---

[1] 有学者指出，对于不可抗力造成合同履行艰难的局面，司法解释将不可抗力一概排除在情势变更原则的适用范围外，显然不当。弥补这一法律漏洞的方法，无非由法官通过解释诚信原则条款将不可抗力造成的履行艰难纳入情势变更原则的调整范围内。韩强：《情势变更原则的类型化研究》，《法学研究》2010年第4期。

[2] 例如，在发生自然灾害时，灾区的物价、服务价格都可能突然大幅上涨，继续履行某些合同必然会导致一方成本剧增，此时应当构成情事变更。谢鸿飞：《合同法学的新发展》，中国社会科学出版社2014年版，第357页。

[3] 有学者借助“非典”疫情中的真实案例进一步说明，当裁判者需要免责或者部分免责的结果时，便将“非典”作为不可抗力；当裁判者需要调整或者变更合同内容时，便将“非典”作为情事变更。韩世远：《不可抗力、情事变更与合同解除》，《法律适用》2014年第11期。

[4] 对此，有学者撰文指出，一度被司法解释中的情势变更制度“流放在外”的不可抗力，又被民法典草案中的情势变更制度“请回家中”。王轶：《新冠肺炎疫情、不可抗力与情势变更》，《法学》2020年第3期。

果。原因在于：一方面，由于规则是提前预设而且公开存在的，如果你选择司法程序处理合同纠纷，你就应该接受司法判决。[1] 另一方面，相比于挑战法官个人而言，挑战规则更有难度。当风险分配诉诸预设规则之后，当事人服判概率大大提高。[2] 问题在于，除了《民法典》第 590 条规定的不可抗力导致不能履行合同免责情形，按照《民法典》第 563 条第 1 款第 1 项和《民法典》第 533 条解除合同造成的损失问题该如何处理，是否适用《民法典》第 566 条，并非不言自明。

1. 按不可抗力规则解除合同后的损失处理

《民法典》第 590 条规定了“不能履行合同”情形下的免责，相当于让合同当事人各自承担自己的损失。通常认为，“不能实现合同目的”包括但不限于“不能履行合同”。在合同还能履行却无法实现合同目的的情形下，依据《民法典》第 563 条第 1 款第 1 项规定解除合同后如何处理当事人的损失，目前有两种不同的处理思路：

(1)各自承担己方损失。例如，吉林省高级人民法院在司法政策中明确提出，因不可抗力解除合同造成损失的，各自承担己方损失。[3]

(2)公平分担损失。例如，内蒙古自治区高级人民法院在司法政策中提出，在案件处理过程中引导当事人协商，合理分担损失；对无法协商一致的，人民法院应当依据《民法总则》第 6 条、《合同法》第 5 条规定的公平原则，充分考虑当事人所处的客观环境、主观过错，依法灵活运用自由裁量权，平衡各方当事人利益。[4]

2. 按情势变更规则解除合同后的损失处理

《民法典》第 533 条只是规定人民法院应当根据公平原则并结合案件的实际情况决定是否解除，但并未规定如何处理解除合同后的损失。对此遗留问题，目前有两种不同的处理思路：

(1)解除方承担损失。受不利影响的当事人依据情势变更解除合同须承担损害赔偿责任。例如，在常州新东化工发展有限公司与江苏正通宏泰股份有限公司技术委托开发合同纠纷上诉案中，就当事人以情势变更为由主张不承担违约责任问题，法院认为，《合同法解释(二)》第 26 条仅仅规定了构成情势变更的，人民法院应当根据公平原则，决定是否变更或者解除合同，而对解除后的民事责任如何处理，没有做出规定。在此情况下，涉案合同被解除只能归责于新东公司，新东公司应该赔偿正通公司的损失，包括可得利益。[5]

(2)公平分担损失。浙江省高级人民法院指出，新冠肺炎疫情对合同履行有

---

〔1〕 正如你参加一次没有欺诈和胁迫的抽彩，虽然输掉了，但你却不能以此为由抱怨这次抽彩本身不公平。波斯纳：《正义/司法的经济学》，苏力译，中国政法大学出版社 2002 年版，第 92 页。

〔2〕 这是“海瑞定理”相关论文的重要结论，关于预设规则效果的详细分析，苏力：《“海瑞定理”的经济学解读》，《中国社会科学》2006 第 6 期。桑本谦：《疑案判决的经济学——“海瑞定理”的补充和延伸》，《中国社会科学》2008 年第 4 期。

〔3〕《吉林省高级人民法院关于审理涉新冠肺炎疫情民商事案件的工作指引》。

〔4〕《内蒙古自治区高级人民法院关于审理涉新冠肺炎疫情民商事案件相关问题的指引》。

〔5〕 江苏省高级人民法院(2013)苏知民终字第 0205 号民事判决书。从判决说理看，似乎受《民法通则》第 115 条影响，该条规定“合同的变更或者解除，不影响当事人要求赔偿损失的权利”。

重大影响,继续履行合同对于一方当事人明显不公平或者不能实现合同目的,当事人请求人民法院变更或者解除合同的,应当适用公平原则,参照《合同法解释(二)》第26条的规定予以处理。综合考虑疫情对于合同履行的影响程度、各方当事人的过错等因素,平衡合同各方利益。要加强调解工作,引导当事人互让互谅,合理分摊损失,共度时艰。〔1〕再如,江苏省高级人民法院提出,合同成立后因疫情形势或防控措施导致继续履行对一方当事人明显不公平或者不能实现合同目的,当事人起诉请求变更或者解除合同的,可以适用《合同法》关于情势变更的规定,因合同变更或解除造成的损失根据公平原则裁量。〔2〕

(二)风险分配的经济学路径

合同是资源配置的重要途径,最终目的是通过资源有效利用来改善合同当事人的福利状况。发生情势变更后,按照原合同配置资源可能不再符合效率要求,可能严重偏离帕累托最优状况。因此,需要变更甚至解除合同,重新配置资源。情势变更和不可抗力规则设置了非常严格的解除条件,不仅仅是对"合同必须严格遵守"理念的尊重,更是为了防止已经完成的投资因合同解除而大幅贬值或者完全浪费,此外,还有减少纠纷和节约司法资源等方面的考虑。〔3〕

1. 鼓励当事人自决

理性人是自身利益的最佳守护者,尊重和保护意思自治,就能够通过交易实现利益最大化;并且,受市场规律指挥,个人利益和社会利益的对立统一也会自动生成。〔4〕简言之,自由竞争的市场可以导致资源有效配置和社会福利的最大化,〔5〕坚守平等自由原则,鼓励私法自治,并非基于所谓"人最适合于服从他给自己规定的法律"〔6〕,而是为了提高效率,增进社会福利。〔7〕正因如此,应该允许当事人通过约定处理合同履行过程中的风险分配问题。〔8〕在理论上,到底是风

〔1〕《浙江省高级人民法院民事审判第二庭关于审理涉新冠肺炎疫情相关商事纠纷的若干问题解答》。

〔2〕《江苏省高级人民法院关于为依法防控疫情和促进经济社会发展提供司法服务保障的指导意见》。

〔3〕刘廷华:《法经济学视野下的情势变更》,《北方论丛》2011年第2期。

〔4〕胡寄窗:《西方经济学说史》,立信会计出版社1991年版,第73页。

〔5〕田国强:《和谐社会构建与现代市场体系完善》,《经济研究》2007年第3期。

〔6〕康德:《法的形而上学原理》,沈叔平译,商务印书馆1991年版,第50页。

〔7〕有学者敏锐地洞察到,"在商业时代里,财富多半是由许诺组成的"。P. S. 阿蒂亚:《合同法概论》,程正康等译,法律出版社1982年版,第3页。

〔8〕该观点在法院的判决中有所反映。例如,在陕西圣安房地产开发有限公司与延长油田股份有限公司川口采油厂商品房买卖合同纠纷上诉案中,法院认为,对于设计变更以及与此相关的房屋买卖价款是否调整、交房日期是否变更、相关费用是否增加等事项,当事人之间通过补充协议、会议纪要进行了明确约定,达成了合意,当事人应当按照约定履行。在此情况下,本案不存在适用情势变更原则的前提条件。参见中华人民共和国最高人民法院(2015)民一终字第179号民事判决书。此外,司法政策也支持当事人按约定分配风险。例如,《关于依法妥善审理涉新冠肺炎疫情民事案件若干问题的指导意见(一)》(法发〔2020〕12号)在"依法妥善审理合同纠纷案件"部分仅就"除当事人另有约定外"的情形提供了指导意见,言外之意即是当事人事前有约定按约定处理;在当事人事前没有约定情形,履行困难的可以重新协商。由此可见,就风险分配而言,无论是事前约定,还是事后约定,司法实践中都是高度认可的。

险发生之前分配风险还是风险发生之后分配损失更有效率，依赖于二者成本的比较。当然，这种比较往往是困难的，或者是微妙的。但是，如果风险是可以预见的，通常事前分配风险较好，这也是情势变更和不可抗力规则都规定有不可预见要件的重要原因。

风险分配的约定可能是明示的，也可能是隐含的。对于隐含的风险分配，通常可以通过合同价格来帮助识别。毫无疑问，承担风险会导致经营成本增加，承担风险的一方当事人必然会要求较高的合同价格。如果对方当事人接受这样的风险分配，一般会愿意接受包含风险成本在内的合同价格。双方之间一旦达成风险分配条款，相当于一方当事人为另一方当事人提供了保险，保险费用就是合同价与市场价之间的差值部分。只要存在明示的或隐含的风险分配条款，当风险真实发生时当事人就应该严格按照条款执行，不得再要求调整。[1] 即法院应该承认风险分配条款的可执行性，以此鼓励当事人事前约定风险分配。

如果当事人事前没有约定，风险一旦发生，当事人双方往往会进行协商。如果谈判成功，无论是变更合同还是签署了新的协议，都会优于法院强制分配。因为这不仅符合当事人意愿，并且有利于节约解决纠纷的司法资源。即使谈判失败，也并不意味着这种协商毫无价值。通过谈判，双方当事人对于是否发生了情势变更以及情势变更对权利义务的影响等问题能够有更加准确的判断，而且会形成相关的证据，为启动司法程序奠定较好的基础。需要注意的是，情势变更发生后往往需要及时采取措施，防止损失的扩大。这意味着未及时启动谈判程序或者违背诚信原则参与磋商，都可能浪费社会资源，因此也是应该禁止的。

2. 协商不成时的风险分配

当事人之间的谈判并不是一定能够成功，一旦谈判破裂后进入司法程序，法院必须通过调解或判决的方式分配风险。从经济效率上考虑，风险应该分配给优势风险承担人。[2] 优势风险承担人，一般是指能以较低的成本处理风险的当事人。如果风险能够预防，则预防成本较低的一方当事人就是优势风险承担人；如果风险不能预防，则保险成本较低的一方当事人就是优势风险承担人。由于情势变更和不可抗力规则都规定有不可预见要件，无论是预防还是保险，合同双方都不具有明显优势。

风险一旦发生，就会转变成损失，减损问题变得极为重要。一方面，对于实现合同目的而言，除了现有合同，也可以通过替代履行的方式。替代履行与现有合同之间的差距越小，合同目的受挫影响就越小，则风险导致的损失就越小。另

〔1〕 刘廷华：《法经济学视野下的情势变更》，《北方论丛》2011 年第 2 期。

〔2〕 有效的风险控制激励制度的关键在于，将风险分配给能以最廉价、最有效的方式控制风险的一方。余延满：《货物所有权的转移与风险负担的比较法研究》，武汉大学出版社 2002 年版，第 319 页。事实上，这和德国曾一度盛行的风险领域理论有异曲同工之妙，该理论认为，导致履行障碍产生的因素源自何方当事人负责的风险领域，就应当由该方当事人承受风险。在划分两方当事人各自所应负责的风险领域时，必须仰赖一般性的风险控制能力、风险吸收能力、劳动分工安排等标准。有学者认为该标准存在过多不确定性和模糊性等问题，因而被广泛地拒绝接纳。刘洋：《对待给付风险负担的基本原则及其突破》，《法学研究》2018 年第 5 期。

一方面，对于资源利用而言，除了现有合同，也可以通过其他方式利用。资源的非专用性越强，资源转用就越是方便，则风险导致的损失就越小。无论是安排替代履行，还是资源转用，都是重要的减损措施。由此看来，积极采取措施减轻自己的损失并及时通知对方当事人采取减损措施就具有极其重要的意义，具有过错的当事人应该承担相应的损失。

资产配置给不同的个体会带来不同的效用，对以个人效用测度的社会财富总量就会产生影响。[1] 受边际效用递减效应的影响，就相同数量的资产带来的效用而言，穷人明显高于富人。并且，贫富差距越大，效用差别也越大。因此，可以将资产较多的人视为优势风险承担人并将风险损失分配给他，这样导致的社会效用减少相对较低，而且符合公平理念，容易被社会接受。[2] 此外，资产较多的一方承担损失遭受的边际损害低于资产较少一方承担相同损失遭受的边际损害，这种风险分配也较易被当事人接受，从而节约了风险分配不当引发纠纷而浪费的司法资源。

三、情势变更和不可抗力规则的融合与重构

(一)重新协商

情势变更后重新协商是变更或解除合同的必经程序，还是可有可无？《合同法解释(二)》没有规定。通说认为，应当肯定“再交涉义务”的存在。[3] 从司法实践看，也是倾向于将重新协商界定为义务。例如，在甘肃海秋文化传媒有限责任公司青藏高原铁道国际旅行社有限公司与青海路兴物流集团有限公司合同纠纷中，法院指出：“合同成立以后，因与双方当事人无关的原因，发生了社会环境的异常变动，在这种情况下造成当事人一方遭受重大损害，对此双方当事人应重新协商，如果达不成协议，受损害的一方可以请求人民法院解除合同、变更合同。”[4]再如，对于新型冠状病毒肺炎疫情引起的合同解除问题，广西壮族自治区高级人民法院在司法政策中强调要严格审查情势变更情形是否足以导致不能实现合同目的，同时还要鼓励、引导当事人在合理期限内通过协商的方式变更合同约定、继续完成交易，当事人在合理期限内协商不成的，才可以解除合同。[5]《民法典》第 533 条考虑了重新协商问题，但法条规定的“受不利影响的当事人可以

---

[1] 苏力：《“海瑞定理”的经济学解读》，《中国社会科学》2006 第 6 期。

[2] 若是劫富济贫，多认为是侠义之举；而劫贫济富，往往与为富不仁等贬义评价相联系。

[3] 王闯：《当前人民法院审理商事合同案件适用法律若干问题》，《法律适用》2009 年第 9 期。也有学者指出重新协商应该被界定为权利而非义务，认为权利定性具有尊重意思自治、避免无效率交涉、避免司法资源浪费等优点。并且，该学者将重新协商界定为形成权，认为权利人行使再交涉权利，双方即进入再交涉程序，此程序便成为法官变更或者解除合同的前置程序，被请求进行再交涉的当事人诉讼权利受限，不得直接请求法官变更或者解除合同，必须应要求进行实质性交涉。张素华、宁园：《论情势变更原则中的再交涉权利》，《清华法学》2019 年第 3 期。若果真如此，该学者提及的权利定性的上述优点必定荡然无存。

[4] 青海省高级人民法院(2019)青民终 189 号民事判决书。

[5] 《广西壮族自治区高级人民法院关于审理涉及新冠肺炎疫情民商事案件的指导意见》。

与对方重新协商”，是否可以理解为“受不利影响的当事人也可以不与对方重新协商”，容易引起歧义。联系该条“在合理期限内协商不成的，当事人可以请求人民法院或者仲裁机构变更或者解除合同”的规定看，应当理解为必须协商。为此，建议进一步将重新协商明确规定为法定义务，并且将其规定为解除合同的前置程序，即“受不利影响的当事人应当与对方重新协商”。

按照《民法典》第533条，不可抗力导致“显失公平”情形需要重新协商才能解除合同；根据《民法典》第563条第1款第1项，不可抗力导致“不能实现合同目的”情形并不需要重新协商即可解除合同。但是，不可抗力的认定本身容易引发争议，而不可抗力对合同履行的影响是造成“显失公平”还是“不能实现合同目的”同样容易引发争议。此外，不可抗力的发生时间、不可抗力与损失之间的因果关系、不可抗力后的通知与减损等问题，无不是容易引发争议的重要诱因。因此，建议删除《民法典》第563条第1款第1项，对“显失公平”与“不能实现合同目的”两种情形都按照“协商前置”模式处理，让当事人在协商中辨明更多问题。

情势变更发生后，受到不利影响的一方当事人应该毫不迟疑地启动重新协商，不得无故拖延。原因在于：一方面，拖延会贻误最佳减损时机，可能导致损失扩大；另一方面，可以获得的替代履行可能随着合同履行期的临近而减少，重新协商配置合同资源的效率会逐渐下降。因此，情势变更规则还应增加受不利影响当事人及时提出协商请求的规定。同样是基于上述理由，当事人的协商应有合理期限，不能久拖不决。一旦在合理期限内无法通过协商解决问题，及时启动司法程序就非常必要。

无论是重新配置合同资源，还是为以后的司法程序奠定基础，双方当事人诚实信用地进行协商都十分必要。如果违反诚信协商义务而无须承担任何法律后果，必将导致协商义务沦为纯粹的道德宣示，而不成为一项义务，[1]因此有学者支持损害赔偿。[2] 但也有学者认为没有必要规定损害赔偿责任，谈判失败后法院的处理结果可能不如协商处理对自己有利，这会倒逼当事人认真协商。即便如此，该学者还是强调，为了督促当事人谈判，法院应当将当事人是否违反继续谈判义务作为判决的依据进行通盘考虑，从而做出公正的判决。[3] 从经济学角度看，大多不计成本或者未计入全部成本的事情最终都会远远超过最优数量，因此，有必要明文规定当事人在重新协商过程中违背诚实信用原则的责任以激励诚信磋商。违背诚实信用原则容易贻误减损时机，可能导致损失扩大，违背诚实信用原则的当事人应该就因此而扩大的损失承担责任。至于是否违背诚实信用原则，可以结合当事人提供的谈判方案和客观情势进行认定。

---

〔1〕 韩世远：《合同法总论》，法律出版社2008年版，第342页。

〔2〕 王闯：《当前人民法院审理商事合同案件适用法律若干问题》，《法律适用》2009年第9期。

〔3〕 王利明：《情事变更制度若干问题探讨——兼评〈民法典合同编(草案)〉(二审稿)第323条》，《法商研究》2019年第3期。

(二)合同变更

《合同法》第 54 条规定订立时显失公平的合同可以司法变更,《合同法解释(二)》第 26 条延续了上述做法,将情势变更造成显失公平的合同规定为可变更、可解除合同。但是,根据《民法总则》第 151 条的规定,显失公平的合同是可撤销的合同,废除了人民法院变更合同的权利。《全国法院民商事审判工作会议纪要》(法〔2019〕254 号)明确规定,因《民法总则》施行后成立的合同发生的纠纷,如果《合同法》"总则"对此的规定与《民法总则》的规定不一致的,根据新的规定优于旧的规定的法律适用规则,适用《民法总则》的规定。这意味着订立时显失公平的合同只能依申请撤销,法院不得依职权变更。无论是订立时显失公平,还是订立之后客观情势导致显失公平,调整依据都是公平原则。既然《民法总则》不允许法院对订立合同时显失公平合同进行变更,自然应当禁止法院对情势变更造成显失公平的合同进行变更。原因在于,由于缺乏当事人偏好等相关信息,法院无法判断什么样的合同才符合当事人双方的利益,这决定着法院无法通过变更合同来实现真正的公平。易言之,法院对合同的变更既不能实现公平正义,又破坏了意思自治,实无必要。因此,必须打破对《合同法解释(二)》第 26 条的路径依赖,〔1〕删除《民法典》第 533 条关于法院变更合同的规定。

(三)合同解除

根据合同受到影响情况的不同,情势变更规则和不可抗力规则规定了不同的合同解除模式。对于情势变更造成"明显不公平或者不能实现合同目的"情形,《合同法解释(二)》第 26 条统一规定为诉讼解除模式。对于不可抗力造成"不能实现合同目的"情形,《合同法》第 94 条第 1 款规定为通知解除模式。二者在"不能实现合同目的"情形容易形成竞合,到底适用诉讼解除模式还是通知解

〔1〕 在制度变迁中存在着路径依赖,即对制度变迁做第一次推动之后,这一制度选择会立即进行自我强化,使之得到日益增加的支持和拥护,而且能在此基础上一环节扣一环节,沿着既有的轨道发展。刘波:《资本市场结构——理论与现实选择》,上海:复旦大学出版社 1999 年版,第 52—53 页。值得关注的是,《关于依法妥善审理涉新冠肺炎疫情民事案件若干问题的指导意见(一)》(法发〔2020〕12 号)就合同变更使用的表述是"继续履行合同对于一方当事人明显不公平,其请求变更合同履行期限、履行方式、价款数额等的,人民法院应当结合案件实际情况决定是否予以支持"。从字面含义看,法院只是决定是否支持当事人关于变更的请求,并没有自己去变更合同的举动。如此规定,可能是由于最高人民法院倾向于否决法院变更合同的权利,当然,也可能是出于法院不愿意调整合同的考虑。有研究指出,由于司法实践中法院主动变更的比例极低。申海恩:《〈民法总则〉关于"民事法律行为"规定的释评》,《法律适用》2017 年第 9 期;朱广新:《论可撤销法律行为的变更问题》,《法学》2017 年 2 期。

除模式，容易引发争议。[1]《民法典》第533条在规定情势变更时不再排斥不可抗力，并且规定情势变更造成“明显不公平”情形适用诉讼解除模式，而在“不能实现合同目的”情形依然适用《民法典》第563条第一款通知解除模式。如前所述，“显失公平”与“不能实现合同目的”之间并不存在不可逾越的障碍，设置不同处理模式实无必要。

就合同解除模式而言，主要有自动解除、通知解除和诉讼解除三种模式可供选择。不可抗力致合同不能履行情形到底是自动解除还是通知解除更好，并不是一开始就有定论。多年以前，有学者认为，赋予当事人合同解除权，从反面讲就是赋予当事人保持合同效力的权利。既然合同已经不能履行，这样做实际上已经没有意义。[2] 而且，《合同法》第117条和第118条分别规定了免责问题和通知问题，合同解除后的损失负担和减损启动也有安排，自动解除不更好吗？多年以后，该学者还是觉得通知解除模式有其道理，并总结了实践和理论两个层面的理由：[3]①实践层面。由于有了解除程序，当事人双方互通情况，互相配合，积极采取救济措施，具有优点。[4] 合同当事人往往并非法律专家，并不清楚自己的法律处境，因而明确解除权，可以使问题变清晰，方便合同实务。[5] ②理论层面。通过双务合同的牵连性理论，解决的只是给付义务与对待给付义务的存续问题，并未见其对附随义务做出相应的具有说服力的理论交待。在个案中，如当事人间还存在着特定之“附随义务”，此时解除权将具有实际上的意义。[6] 从是否应该解除到解除后的清算，合同解除涉及一系列纷繁复杂的问题，这些问题能否得到妥善处理直接决定了解除模式的妥当性。

与通知解除相比，诉讼解除明显更有利于坚持鼓励交易原则。合同是市场配置资源的主要方式，人民法院在审理合同纠纷案件时，要坚持鼓励交易原则。[7] 合同是交易的重要基础，维持合同效力（严格限制合同解除条件）是鼓励

---

〔1〕 有学者认为应允许当事人自行选择，若当事人愿意基于情事变更而变更和解除合同，则法院应当准许；若当事人愿意选择依据不可抗力解除合同，也应当得到许可。王利明：《情事变更制度若干问题探讨——兼评〈民法典合同编（草案）〉（二审稿）第323条》，《法商研究》2019年第3期。从比较法上来看，依据《通则》第6.2.3(1)条的规定，在两者发生竞合的情形下，允许当事人选择不可抗力和情事变更进行适用，这一经验值得借鉴。张玉卿主编：《国际统一私法协会国际商事合同通则2010》，中国商务出版社2012年版，第483页。也有学者认为，由当事人选择方案，本身存在不完善之处。考虑我国法规则制定者将情事变更场合的解除设计成形成诉权的特别的法政策考量，应该以诉讼解除为准，不承认一方当事人解除合同的形成效果，这样更利于确保法的统一性、安定性以及裁判结果的公平妥当性，值得提倡。韩世远：《不可抗力、情事变更与合同解除》，《法律适用》2014年第11期。

〔2〕 韩世远：《合同责任的争点与反思》，《人民法院报》2001年6月23日，第3版。

〔3〕 韩世远：《不可抗力、情事变更与合同解除》，《法律适用》2014年第11期。

〔4〕 崔建远主编：《合同法》，法律出版社2003年版，第194页。

〔5〕 韩世远：《合同法总论》，法律出版社2011年版，第514页。

〔6〕 阿恩特·泰希曼：《德国民法债编修正之重点》，林易典译，《政大法学评论》2004年第79期。

〔7〕《全国法院民商事审判工作会议纪要》（法〔2019〕254号）。

交易的重要手段。[1] 鼓励通过协商变更合同的方式分配风险，可以防止情势变更发生前投入交易中的资源被浪费，节约分配合同风险的司法资源，避免了解除合同后续交易的缔约成本。协商不成的，人民法院必须坚持调解优先的原则，将调解工作贯穿到合同诉讼的全过程。充分协商和谈判，包括《合同法解释（二）》发布3天之后即专门发布《关于正确适用〈中华人民共和国合同法〉若干问题的解释（二）服务党和国家的工作大局的通知》（法〔2009〕165号）要求层报高级人民法院审查批准，都是为了最大限度地避免对交易安全和市场秩序造成大的冲击。[2] 不难看出，从法〔2009〕165号通知到〔2019〕254号会议纪要，鼓励交易是始终坚持的原则。[3]

与通知解除相比，诉讼解除更有利于处理解除后的清算问题。表面看来，通知解除模式比诉讼解除模式更方便快捷，还能节约诉讼成本，实则不然。情势变更和不可抗力的识别本身较为困难，而情势变更和不可抗力对合同影响程度的判断同样困难，当事人往往从自身利益角度出发去主张，完全无视合同解除可能给对方造成的损失以及安排替代履行的不便。法律规定并未对解除通知设置其他附加条件，当事人通知解除合同时并不会附送合同解除之后的清算方案。一方当事人从于己不利的合同中摆脱出来，留下对方当事人独自面对被解除所带来的一切后果，争议在所难免。对合同解除有异议的一方当事人可以依据《民法典》第565条的规定，请求人民法院或者仲裁机构确认解除合同的效力，通知解除模式最终在实质上演变为诉讼解除模式。因此，应当废除《民法典》第563条第1款第1项，对情势变更造成"明显不公平或者不能实现合同目的"情形统一适用诉讼解除模式。

（四）损失分配

任何人不能从自己的过错中捞取好处，否则，这会激励当事人犯错，造成更多损失。情势变更和不可抗力本身都是不可归责于任何一方当事人的客观变化，就此造成的损失而言，双方都无过错。但是，客观变化发生后当事人如果存在不按照法律规定行事等过错行为，则当事人应该对自己过错造成的损失负责。例如，未能及时启动协商程序、未能诚实信用地履行协商义务、未能及时采取减损措施，等等。司法实践中，不可抗力规则分配客观风险的正当性基础及其推理逻辑，仍然属于过错责任范畴。在大量涉及自然风险的案件中，法官关注的是债务人在客观风险来临后是否穷尽履约、克服风险及止损的努力，对这种努力程度

---

〔1〕 例如，浙江省高级人民法院民事审判第二庭关于印发《关于审理涉新冠肺炎疫情相关商事纠纷的若干问题解答》的通知就明确指出，在商事纠纷的处理中，既要体现鼓励交易的原则，维护交易安全，稳定交易预期，严格合同解除的条件。

〔2〕 曹守晔：《最高人民法院〈关于适用中华人民共和国合同法若干问题的解释（二）〉之情事变更问题的理解与适用》，《法律适用》2009年第8期。

〔3〕 《全国法院民商事审判工作会议纪要》（法〔2019〕254号）强调，法院审理合同纠纷案件时必须坚持鼓励交易原则。《全国法院贯彻实施民法典工作会议纪要》（法〔2021〕94号）强调，法院必须坚持鼓励和促进交易的精神去处理合同成立相关争议。

的评价构成法律判定债务人是否有过错或过错大小,进而是否应当承担违约责任或者承担多大违约责任的根据。[1]

对于非因当事人过错造成的损失,目前主要有解除方赔偿守约方损失、各自承担己方损失以及公平分担损失三种损失分配模式。①解除方赔偿守约方损失。将客观情势变化造成的所有损失都分配给了受不利影响的一方当事人,结果难免显失公平。更糟糕的是,这种模式可能降低守约方重新协商的积极性,容易造成谈判破裂,浪费司法资源。②各自承担己方损失。由于无须为对方的损失负责,相当于将解除合同的损失从解除方转嫁给了守约方,容易造成滥用解除权,容易引发解除异议而进入诉讼程序浪费司法资源。并且,客观情势变化对当事人造成的损失可能并不均衡,双方参与重新协商的积极性差异较大,同样容易造成谈判破裂,浪费司法资源。③公平分担损失。将客观情势变化对当事人造成的全部损失在合同当事人之间进行公平分配,可以有效地激励当事人积极谈判,重新分配合同风险。[2] 具体而言,公平分担损失模式有助于消除重新协商过程可能出现的敲竹杠现象,节约交易成本。此外,在双方当事人均无过错的情况下按公平原则分担损失,也有立法例的支持。[3] 综合来看,公平分担损失模式是较为理想的选择,也是最容易得到认可的模式,应该明确。[4]

《民法典》第 590 条规定:"因不可抗力不能履行合同的,根据不可抗力的影响,部分或者全部免除责任。"此即所谓不可抗力免责条款,在本质上就是让合同当事人各自承担己方损失,本身并不可取。此外,该规定与情势变更损失分配规则明显不协调。《合同法解释(二)》第 26 条规定情势变更造成"明显不公平或者不能实现合同目的"情形通常被认为应公平分担损失,《民法典》第 533 条所谓的"根据公平原则变更或者解除合同"也应当理解为包括公平分担损失。由于"不能实现合同目的"在范围上包含"不能履行合同",这会造成法律体系内部不协调。对于客观情势变化造成的损失,仅仅根据其对合同履行的影响程度而适用

---

[1] 孙学致:《过错归责原则的回归——客观风险违约案件裁判归责逻辑的整理与检讨》,《吉林大学社会科学学报》2016 年第 5 期。

[2] 事实上,由于风险初次分担的不完备性,在合同执行过程中对其漏洞进行弥补、对其不当之处进行调整的风险再分担即成为必需。风险再分担是风险初次分担的继承与补充,其执行的效率与效果依赖于风险初次分担中预设的后支持制度,同时也受制于交易双方的信任、规范、社会网络等社会资本,否则,交易中的一方当事人将利用合同的不完全占用另一方的准租,即所谓的"敲竹杠"现象。杜亚灵、尹贻林:《不完全契约视角下的工程项目风险分担框架研究》,《重庆大学学报》2012 年第 1 期。

[3] 《中华人民共和国侵权责任法》第 24 条规定:"受害人和行为人对损害的发生都没有过错的,可以根据实际情况,由双方分担损失。"也有学者认为,公平不仅是民法的基本原则,在民法的具体制度中也有所体现,《合同法》及《合同编(草案)》创造性地将公平作为负担风险的依据,新颖且合理,《合同编》应予承继。崔建远:《风险负担规则之完善》,《中州学刊》2018 年第 3 期。有学者在评价交付主义的合理性时指出,这种风险负担模式从利益风险相一致的基本原则出发,与利益平衡相吻合。刘洋:《对待给付风险负担的基本原则及其突破》,《法学研究》2018 年第 5 期。

[4] 最高人民法院《关于依法妥善审理涉新冠肺炎疫情民事案件若干问题的指导意见(一)》(法发〔2020〕12 号)"一、充分发挥司法服务保障作用"部分提及的"共担风险""共渡难关"和"平衡各方利益"等字眼,也可以看作是司法政策层面对公平分担损失模式的支持。

完全不同的两种损失分配模式,难以令人信服。此外,正如不可抗力和情势变更难以严格区分,“显失公平”与“不能履行合同”之间也不是清晰可辨,针对难以准确划界的情形适用完全不同的两种损失分配模式,同样难以令人信服。因此,建议删除《民法典》第590条规定的各自承担己方损失模式,统一适用公平分担损失模式。

四、结论

《合同法解释(二)》第26条将不可抗力强行排除,情势变更与不可抗力形成二元架构,造成理论上的争议和实务中的分歧。《民法典》第533条在规定情势变更时虽然不再排斥不可抗力,但《民法典》在建构情势变更与不可抗力规则时仍然沿袭了二元分置模式,尤其是不可抗力造成的“显失公平”和“不能实现合同目的”两种情形,在协商程序、解除模式和损失分配等方面存在较大差异。在显失公平情形,《民法典》规定了协商前置、诉讼解除以及公平分担损失(第533条);而在不能实现合同目的情形,《民法典》规定了无须协商(第563条第1款)、通知解除(第565条)以及各自承担损失(第590条)。由于情势变更与不可抗力之间并不存在非此即彼的界线,而且二者对合同造成的影响到底是“显失公平”还是“无法实现合同目的”同样不存在明确肯定的答案。在此前提下,情势变更与不可抗力二元分置模式缺乏令人信服的理由。鉴于二者在适用条件上的高度重合性,建议从风险分配视角将不可抗力规则和情势变更规则进行整合,删除《民法典》第563条第1款第1项关于不可抗力通知解除合同以及《民法典》第590条关于不可抗力免责的相关规定,将不可抗力融入情势变更规则,具体改革如下:“合同成立后,合同的基础条件发生了当事人在订立时无法预见的、不属于商业风险的重大变化,继续履行合同对于当事人一方明显不公平或者无法实现合同目的,受不利影响的当事人应当及时与对方重新协商;重新协商过程中违反诚实信用原则造成损失的,应当承担损失。在合理期限内协商不成的,当事人可以请求人民法院或者仲裁机构解除合同。人民法院或者仲裁机构应当调解,引导当事人协商处理;调解不成的,可以解除合同并按照公平原则分配损失。”

海南自由贸易港建设消费仲裁制度的问题与进路

——基于澳门消费仲裁制度的启示

王信腾*

摘　要　将海南建设成为国际旅游消费中心是海南自贸港建设的重要目标，营造优质多元的消费环境是将海南建设成为国际旅游消费中心的必然要求，发挥多元化纠纷解决机制的作用是建设海南自贸港的法律制度优势。消费仲裁制度，根植于传统民商事仲裁，具有定分止争的先天优势，是理性维权的制度保障。我国现行法律虽将仲裁规定为消费争议救济路径之一，但因制度设计障碍，《中华人民共和国仲裁法》的修订，为我国多元纠纷解决机制的建设提供了新的沃土。作为国际旅游城市的澳门，是亚洲首个建立消费仲裁制度的地区。依靠其特殊的消费仲裁理念、优化的仲裁制度设计、高效稳定的执行保障及为跨域旅行者提供的特别安排，在保护旅游消费环境及促进社会和谐稳定上取得良好实践效果，具有借鉴意义。海南可以从中获得启发，克服建设困境，构建符合国际旅游消费中心建设的消费仲裁体系，发挥其制度优势，助力中国特色自由贸易港的探索与建设，成为消费仲裁制度在中国其他地区良性推进的示范试验田。

关键词　消费仲裁制度；海南自由贸易港；澳门消费争议调解及仲裁中心；国际旅游消费中心

目　次

---

* 王信腾（1993—），北京大学法学院、海洋研究院博士研究生，研究方向：宪法学与行政法学、海洋立法与海洋执法。

一、背景与问题

法律中蕴含着普通的生活逻辑,这是问题的一面。问题的另一面是,人们要将法律运用到自己的日常生活中去。[1] 自国务院2018年批复设立海南自由贸易试验区[2]以来,海南已经成为实施全面深化改革和试验最高水平开放政策的富饶土壤,将海南建设成为国际旅游消费中心,是我国一项重要的政策。[3] 如何将海南打造成为国际旅游消费中心,是海南自由贸易港建设过程中必须面对的问题。《实施方案》中明确要求海南省需进一步推进旅游公共服务设施建设、加强旅游消费市场监管体系建设、加强旅游诚信体系建设及创新消费者权益保障体系。营造优质的消费保障环境,不仅是旅游业蓬勃发展的软性命脉,更是建设国际旅游消费中心的刚性需要。构建多元便利的消费纠纷解决机制,业已成为世界各地发展旅游产业的必要背书。

作为专门解决消费争议的一种通路,从消费争议特征出发而构造的消费仲裁制度,受到旅游业发达地区的青睐。作为国际旅游城市,旅游业是澳门的支柱产业,[4]旅游消费是澳门的重要经济来源。[5] 旅游业蓬勃发展的背后,一套完整有效的消费争议解决体系功不可没。为了公平、高效、便利地对消费争议定分止争,澳门于1998年建立了亚洲首个专门处理消费争议的仲裁中心——"澳门消费争议仲裁中心",并于2020年更名为"澳门消费争议调解及仲裁中心",[6]处理消费者与经营者之间因提供商品或服务而产生的争议,在实践中取得明显成效。澳门消费仲裁制度的设计及运行实践对于将海南建设成国际旅游消费中心有重要借鉴意义,能够为海南自由贸易港国际旅游产业的发展提供重要的制度借鉴价值。

二、消费仲裁制度的法律辨析

与一般民商事仲裁不同,消费仲裁制度是为了强化对消费者权益的保护,依据消费争议的特点设计的一种纠纷解决机制。一般认为,消费仲裁制度是指,消费者和经营者发生消费合同纠纷时,依照达成的仲裁协议,将纠纷提交专门的仲

---

〔1〕 易继明:《法律是一种平常的生活》,《私法》2008年第15期。

〔2〕《国务院关于同意设立中国(海南)自由贸易试验区的批复》(国函〔2018〕119号)。

〔3〕 2018年,中央全面深化改革委员会审议通过了《海南省建设国际旅游消费中心的实施方案》(以下简称《实施方案》),计划于2025年基本建成国际旅游消费中心,于2035年将海南打造成为具有全球影响力的旅游消费地。

〔4〕 例如,2020年,澳门本地人口数约为68万人次。澳门特别行政区统计暨普查局:《人口统计(2020年第4季)》,https://www.dsec.gov.mo/getAttachment/d1b0ae76-b589-47cc-8594-8ba06590708c/C_DEM_FR_2020_Q4.aspx,访问日期:2021年8月12日。

〔5〕 除博彩业外,2020年澳门旅游消费总收入640.8亿澳门元,全年旅客人均消费1626澳门元。澳门特别行政区统计暨普查局,https://www.dsec.gov.mo/getAttachment/4e45ab48-81e9-42fd-a73a-d86d8eed113a/C_TUR_FR_2020_Q4.aspx. 访问日期:2021年8月12日。

〔6〕 澳门特别行政区2020年第228/2020号行政长官批示,https://images.io.gov.mo/bo/i/2020/50/despce-228-2020.pdf,访问时间:2021年8月12日。

裁机构适用专门处理消费纠纷的仲裁规则进行仲裁，并受仲裁结果约束的一种法律救济途径。[1] 我国《消费者权益保护法》明确将仲裁列为消费者寻求消费争议解决的法律路径。[2] 然而，消费仲裁机制在我国实践中仍处于空转的状态。[3] 因此，有必要厘清消费争议的特点，分析现有消费争议解决路径面临的实践难题，剖析消费仲裁制度的优势。

(一)消费仲裁制度的特殊性

消费仲裁制度是在传统民商事仲裁基础上，依据消费争议的特点建立起的具有特殊制度设计的纠纷解决机制。这主要是因为消费争议虽是民事争议的一种，却存在与传统民事纠纷不同的特殊性，[4]若直接采用传统民商事仲裁制度加以应对，往往会出现制度运行上的“水土不服”，这也是目前我国消费仲裁制度空转的主要原因。

一方面，以传统民商事仲裁制度解决消费争议，救济成本过高，消费者往往难以承受。与传统民事纠纷相比，消费争议涉及广泛的社会关系，具有小额、分散、多发的特点。[5] 消费行为本身具有高频与普遍的特质，在消费争议中占比最多的往往是规模较小的经济活动，如果单纯的用金钱额度对消费争议进行衡量，大多消费争议主体的诉求额度并不高。根据中国消费者协会发布的《2020 年全国消协组织受理投诉情况分析》统计，在中国消费者协会处理的投诉案件中，消费者平均涉案金额为 2087.14 元。[6] 消费争议所具有的小额多发特征，对消费争议的解决路径和方式提出了特殊要求。消费者往往不愿投入比争议标的更多的经济成本和时间精力去解决消费争议，甚至委曲求全，放弃对自身权益的维护，并侧面助长了消费环境的恶性循环。由此就对消费争议解决机制的构建，提出了边界条件。无论在形式或实质上，消费仲裁制度的构建，需要打破传统民商事仲裁制度的成本壁垒，需要以较小的维权成本为设计前提，促进消费维权活动的有序开展，进一步起到监督作用，从而保障消费环境的良性发展。

另一方面，传统民商事仲裁制度难以处理不平等主体之间的争议。与传统民事纠纷不同，消费争议是双方不对等的社会关系，存在能力悬殊的特点。争议双方在信息掌控、经济能力甚至在话语权上都存在较大差异，并贯穿于消费活动及消费争议的全程。经营者对关键消费信息的掌控，比消费者更加全面。特别是在信息时代，与消费争议密切相关的消费信息或关键数据，被经营者牢牢把控，成为摆在消费者面前一道“有理说不清的”数字鸿沟。此外，由于

---

[1] 姚敏：《中国消费仲裁的问题与进路——基于美国消费仲裁的启示》，《河北法学》2019 年第 3 期。

[2] 《消费者权益保护法》第 39 条第 4 项规定，消费者和经营者发生消费者权益争议的，可以通过下列途径解决：……(四)根据与经营者达成的仲裁协议提请仲裁机构仲裁。

[3] 杨尊源：《小额消费争议之仲裁解决机制》，《青海金融》2020 年第 3 期。

[4] 杨慧：《论消费争议解决途径的障碍及疏通》，《安徽大学学报》2005 年第 6 期。

[5] 孙颖：《论消费者纠纷的解决机制》，《法学评论》2008 年第 5 期。

[6] 中国消费者协会：《2020 年全国消协组织受理投诉情况分析》，http://www.cca.org.cn/tsdh/detail/29923.html，访问日期：2021 年 8 月 12 日。

双方财力的悬殊，在争议所产生的经济成本上，双方不具有对等抗衡的基础。相对于消费者，经营者具有更充实的社会资源及系统化公关能力，容易在消费活动及消费争议中拥有更具主导地位的话语权。如果欠缺可以补足两者差距的消费争议解决机制，这不仅会降低消费者采用理性的方式进行维权的积极性，更容易使占有实力高点的经营者在消费争议解决的过程中刻意拖延时间及拒绝让步。

综上，消费仲裁制度并不是单纯地将消费争议带入传统民商事仲裁程序，而是在保留传统民商事仲裁一裁终局、保密性等优势解纷功能的基础上加以改良，构建符合消费争议特征的消费纠纷解决机制，这也是使消费仲裁制度能够在实践中行稳致远的关键因素。

（二）现有消费争议解决纠纷路径存在的问题

我国消费争议解决体系主要规定在《消费者权益保护法》第 39 条。[1] 由于消费争议双方的不对等，消费争议解决机制应当有别于传统的以平等关系为基础构建的争议解纷机制，但协商、调解、投诉、诉讼等四种方式均是解决民事争议的一般路径，缺乏为解决消费争议而构建的特殊设计理念，在实践中往往会出现争议解决效果上的障碍。

第一，与经营者协商。这是消费者在现实生活中最常用、最先用的争议解决方式，但也是最没有保障力、不具有确定性的争议解决路径。在没有第三方介入的前提下，双方谈判的过程、妥协的程度以及后续承诺的保障，均取决于双方的主观道德底线。

第二，请求消费者协会或依法成立的其他调解组织调解。相较于双方协商，该路径引入了第三方，一定程度上为消费争议的解决提供了斡旋的形式条件。但在实践中，调解程序的启动需要双方的合意，但经营者往往因担忧消费者协会或依法成立的其他调解组织无法持有中立态度而拒绝调解。[2] 即使调解成功，协会或调解组织自身并没有法律强制力，一旦在调解结果的履行上出现变动，消费者仍需再次使用其他方式维权。此外，调解组织的工作效率、公信力和影响力良莠不齐，很少受统一标准约束，在实际维权效果上，个案差异较大。

第三，向有关行政部门投诉。行政机关所具有的强制力，主要是针对经营者在经营过程中存在的违法行为，行政行为的效力亦限于经营者与行政主体之间，并不能直接作用于消费者与经营者间所产生的消费争议。消费者向行政部门投诉后，行政部门在经营者与消费者之间，只能处于民事调解人的地位，[3]仅具有调解功能。即使行政部门在通过投诉发现经营者具有违法行为后，其行政执法行为仍然只能针对经营者的违法行为作出。因此，向有关行政部门投诉，的确是有效促使经营者让步的一种方式，但消费者并不能以此直接获赔。投诉处理的

---

[1] 该条规定了协商、调解、投诉、诉讼、仲裁等五种消费争议解决方式。

[2] 谷口安平：《程序的正义与诉讼》，王亚新、刘荣军译，中国政法大学出版社 1996 年版，第 296 页。

[3] 河山：《〈消费者权益保护法〉诠释》，法律出版社 2014 年版，第 137 页。

过程,受多方因素影响,不确定性仍然较大。

第四,向人民法院提起诉讼。诉讼是具有终局性、强制性的消费争议解决方式,[1]但是需要付出较高的维权成本。一方面,诉讼过程的运行机理与消费争议自身特性缺少契合。消费争议诉讼的载体是民事诉讼,而比例原则是民事诉讼的基本原则之一。[2] 由于消费争议具有小额多发的特征,小额消费争议与民事诉讼比例原则[3]在司法实践中仍然存在一定的张力。虽然我国《民事诉讼法》及有关司法解释规定了小额诉讼程序,[4]可以为争议双方节省诉讼成本,但小额诉讼程序不一定适用于小额消费争议案件,也不能与小额消费争议案件直接画上等号。小额消费争议虽然标的额不高,但不意味着诉争清楚,法律关系明确。因此,小额诉讼程序对消费争议的适用具有一定的局限性。另一方面,诉讼结果的实名公开可能让消费者陷入"小额公正"以外的困境。在现有司法公开原则下,[5]诉讼文书中的当事人信息除法定隐名处理情况外,均需要在网络上实名公开,这可能会对当事人的生活、学习及就业带来一定影响,甚至在一些社会关注度较大的案件中,容易让维权者承受远超于争议本身的舆论压力,让选择以诉讼方式解决"小额公正"的双方付出更大及难以预测的社会成本,进一步削减消费者维权的积极性。

(三)建设消费仲裁制度的优势

面对消费争议的特殊性,为了更好地平衡消费争议解决中的公平性和效率性,建立一个兼具公正与效率、降低争议双方介入成本并拥有结果权威性与执行力的消费争议解决机制就成为解决消费争议问题的关键。消费仲裁制度有其独特的优势,作为一种"准司法程序",仲裁是解决当事人间实体权利义务争议的一种方式,亦是对权利救济的一种有效的纠纷解决机制。相较于其他四种消费争议救济途径,消费仲裁的特点决定了消费仲裁是消费争议及时、廉价解决的理想机制。

第一,消费仲裁具有终局性与强制力。相较于和解、调解、投诉,消费仲裁是终局性解决机制。一方面,消费仲裁是社会层面或者介于公权力和私权力之间的权益救济方式,存在第三方的介入,具有终结争议的效力。消费仲裁中的仲裁员对消费争议的解决具有终局裁决权,而在其他救济途径中,居于纠纷调停位置的调解员对消费争议的解决仅具有非强制性的建议权。另一方面,仲裁具有"牙齿"的功能,仲裁裁决生效后,一方不履行仲裁裁决,另一方即可向法院申请强制执行。如果不服仲裁裁决,能通过向法院申请撤销仲裁裁决或不予执行仲裁裁

---

〔1〕 肖建国、黄忠顺:《消费纠纷解决:理论与实务》,清华大学出版社 2012 年版,第 239 页。

〔2〕 邵明:《民事诉讼法学》,中国人民大学出版社 2007 年版,第 81 页。

〔3〕 占善刚、张博:《比例原则在民事诉讼中的适用与展开》,《学习与实践》2019 年第 1 期。

〔4〕《民事诉讼法》第 157—163 条、《最高人民法院关于适用〈中华人民共和国民事诉讼法〉的解释》第 271—283 条。

〔5〕《最高人民法院关于人民法院在互联网公布裁判文书的规定》第 8 条、第 11 条。

决的方式加以救济。而和解、调解及投诉的结果,并不直接具有执行的保障,如果一方不履行,或一方对结果不服,仍需通过仲裁或诉讼的方式来定分止争。

第二,相较于诉讼,消费仲裁具有保密性与便捷性。一方面,消费仲裁以不公开审理为原则,以公开审理为例外,具有保密性,这与诉讼的公开原则正好相反。对消费者而言,仲裁的不公开性可以对个人信息进行很好的保护与处理,避免消费者维权时因个人信息公开产生困惑;对经营者而言,仲裁的不公开性,可以降低个案对经营者的影响,同时可以对商业秘密进行有效保护,为纠正或维护商业信誉留下迂回空间。特别是在自媒体时代的今天,不公开的消费仲裁既可以减轻消费者的维权顾虑,又可以降低经营者陷入"按闹分配"舆论漩涡的风险,有利于维护社会和谐和营商环境的稳定。另一方面,消费仲裁更尊重双方的意思自治,程序相对简单,具有便捷性。在现有法律框架下,以诉讼方式解决消费争议,时间跨度长,维权成本等比增加,这与消费争议小额多发的特征存在矛盾,而仲裁采用一裁终局,程序相对简练。此外,仲裁机构可以依据当事人的约定展开仲裁程序,更容易创造出便于争议双方解决纠纷的环境,这意味着消费仲裁机构具有快速处理案件的可能。有些国家或地区已经开通网络快速仲裁处理程序,例如,美国国家仲裁论坛(NAF)及美国仲裁协会(AAA)。[1]

第三,消费仲裁具有专业性。随着数字经济的蓬勃发展,消费多元性是未来消费关系发展的重要趋势,因此对于消费领域的专业法律判断就成为解决消费争议不可或缺的关键因素。根据我国《仲裁法》第13条,仲裁机构都应具有分专业的、由专家组成的仲裁员名册并提供给争议双方进行选择,因此,仲裁结果的专业性和权威性是其他消费争议解决方式无法比拟的。如果采用仲裁方式来解决消费争议,势必会增强裁决的专业性,增加争议双方对裁决结果的信赖和遵守,促使消费争议有效解决。

综上,与其他四种救济途径相比,消费仲裁在制度设计上更符合消费争议的特征,在公正和效率的博弈上,可以为消费者寻求"小额的公道"提供更有效、更有保障的公平解决方案。

三、海南建设消费仲裁制度的成因分析

海南现行的消费争议解决方式主要为协商、调解、投诉、诉讼四种方式,消费仲裁制度虽有法律依据,[2]但尚未在海南得到有效运行。面对国际旅游消费中心的建设,在消费激增与消费多元化的背景下,海南是否需要建设消费仲裁制度?消费仲裁制度在海南的落地生根是否具有意义?在建设中将面临何种困难?亟须一一厘清。

(一)构建海南消费仲裁制度的现实需要

构建海南消费仲裁制度,可以为海南国际旅游消费中心消费争议的解决提

---

[1] 何其生:《互联网环境下的争议解决机制:变革与发展》,武汉大学出版社2009年版,第339页。

[2] 法律依据为《消费者权益保护法》《仲裁法》《电子商务法》等。

供一个兼具高效与快捷的专门路径，为消费者打通消费保障通路，增加全球消费者在海南的消费信心。在海南建设消费仲裁制度是顺应海南自由贸易港的政策定位与发展，营造优质旅游消费保障环境的重要一环。《海南自由贸易港建设总体方案》[1]已经明确将海南建设成国际旅游消费中心的定位。良好的消费及营商氛围，不仅依靠丰富的消费供给及多层次的消费维度，更需要营造优质的旅游消费保障环境。消费仲裁制度已经成为世界经济高速发展地区普遍青睐的消费争议解决机制。[2] 因此，在海南构建具有消费争议解决优势的消费仲裁制度，不仅是顺应政策的需求，更是促成海南到 2025 年基本建成国际旅游消费中心，到 2035 年成为具有全球影响力的旅游消费目的地目标的重要助推器。

政策红利使海南消费需求持续攀升，但缺乏专门解决消费争议的制度通路。数据显示，2020 年海南省消费数据在疫情冲击下仍然出现逆势增长，截至 2020 年底，全省社会消费品零售总额比上年度增长 1.2%，达到 1974.63 亿元，[3]高出全国平均水平 5.1 个百分点。[4] 在免税消费方面，根据《中国中免跟踪报告》显示，2020 年海南离岛免税销售额达到 274.8 亿元，同比增长 103.7%。[5] 特别是在海南免税新政[6]实施后，免税消费呈现井喷现象，根据海口海关统计，2021 年“五一”假期期间，共有 12.1 万人次完成免税购物，购买离岛免税品 134.5 万件，销售金额高达 9.93 亿元人民币，分别比去年同期增长 141%、229%和 248%，创消费新高。[7] 2021 年首届中国国际消费品博览会发布的《海南自贸港旅游零售市场白皮书》表示，海南将有望在未来两年内成为全球最大的旅游免税零售市场。面对庞大的消费市场数据与消费商机，海南在消费争议解决体系的建设上亟须专门解决消费争议的机构设置与制度建设。

(二)构建海南消费仲裁制度的重要意义

一方面，构建海南消费仲裁制度，对我国其他地区具有先行示范意义。具有消费争议解决优势的消费仲裁制度，不仅符合海南自由贸易港建设多元化争议解决机制的趋势，更是对我国当下消费争议解决实践路径的必要补充。海南自由贸易港的定位使海南成为制度创新与法治革新的先行试验田。虽然消费仲裁

[1] 《海南自由贸易港建设总体方案》，http://www.gov.cn/zhengce/2020-06/01/content_5516608.htm，访问日期：2021 年 8 月 12 日。

[2] 孙颖：《论消费者纠纷的解决机制》，《法学评论》2008 年第 3 期。

[3] 海南省人民政府公开的全省生产总值数据，https://www.hainan.gov.cn/hainan/zfsj/xsj.shtml，访问日期：2021 年 8 月 12 日。

[4] 陈雪怡：《调结构转动能，高质量发展成色足——透视 2020 海南经济年报》，《海南日报》2021 年 1 月 22 日，第 2 版。

[5] 新时代证券：《中国中免跟踪报告》，https://pdf.dfcfw.com/pdf/H3_AP202102011456728347_1.pdf? 161219400 8000.pdf，访问日期：2021 年 8 月 12 日。

[6] 自 2020 年 7 月 1 日起，海南离岛免税政策施行新一轮调整，免税购物额度由原来的 3 万元提高至 10 万元，增加手机、酒类等商品类别。

[7] 吴茂辉：《“五一”假期海南离岛免税购物金额高达 9.93 亿元》，http://www.xinhuanet.com/fortune/2021-05/06/c_1127413394.htm，访问日期：2021 年 8 月 12 日。

制度具有纠纷解决优势，但我国目前仍未在消费领域形成仲裁习惯，在立法及制度建设上，也未有成熟的消费仲裁制度。作为以国际旅游消费中心为建设目标的海南，其庞大的消费需求与实践为试行消费仲裁制度提供了试验沃土，海南自由贸易港所具有的弹性法律政策，更为海南践行消费仲裁制度提供了契机与活力。

另一方面，构建海南消费仲裁制度，助力海南培养仲裁制度研究与实践人才。完善国际商事纠纷案件集中审判机制，提供国际商事仲裁、国际商事调解等多种非诉讼纠纷解决方式，是海南自由贸易港建设总体方案中的重要内容。[1]这就要求海南无论是在人才培养还是在制度建设上，都要加强对仲裁制度的研究与实践。海南消费仲裁制度的建设，为仲裁人员的培养提供了实践良机。

（三）构建海南消费仲裁制度的困境成因

事实上，与澳门等消费仲裁制度业已成熟的地区相比，海南尚未形成完善的消费仲裁社会共识。一项仲裁制度的创设与发展，既取决于地区的经济社会水平，又取决于该项仲裁制度的设计对当事人的吸引力及其在实现类型化纠纷解决时较为充分地展示了其制度优势。[2] 当前，海南经济发展与消费市场格局为建设消费仲裁制度提供了制度创设的动力和制度运行的可行性基础，但制度的设计仍需面对与解决如下困境：

第一，消费仲裁习惯尚未形成，消费仲裁协议的达成面临困境。与澳门社会普遍形成了消费仲裁共识不同，包括海南在内的中国内地社会缺乏相应的制度实践，市场交易中也缺乏类似的商业惯例。这就导致经营者与消费者之间并没有选择以仲裁解决纠纷的商业习惯，仲裁协议的达成更是无从谈起，但仲裁程序的激活又依赖于争议双方的仲裁协议。因此，若要真正在海南建立起可以成功运营的消费仲裁制度就需要通过多种方式促进消费仲裁习惯的养成，创设有效的消费仲裁协议达成模式，并保持两者的良性互动，从而赋予消费仲裁活力，最大限度地发挥其解决消费争议的优势。

第二，消费仲裁理念尚未形成，打破民商事仲裁思维面临困境。如前文所述，以仲裁方式解决消费争议具有其制度优势，但一般民商事仲裁模式并不适用于以追求“小额正义”为目标的消费争议。若单纯套用民商事仲裁理念，消费仲裁制度仍会陷入僵局。海南曾于 2019 年尝试在海南国际仲裁院下建立专门解决包括旅游消费、旅游投资等在内的涉旅游民商事纠纷的仲裁庭——海南旅游仲裁中心。但实际上，该中心并不是专门的消费仲裁机构，而只是以“旅游仲裁”为名，分管原属于海南国际仲裁院管辖的涉旅游仲裁纠纷。其仲裁规则、仲裁程序、仲裁费用、对双方仲裁协议的要求等均与海南国际仲裁院一般民商事仲裁相同。按照其所公开的仲裁费用标准，一个涉案金额为 1000 元的旅游消费争议，

---

〔1〕《海南自由贸易港建设总体方案》，http://www.gov.cn/zhengce/2020-06/01/content_5516608.htm，访问日期：2021 年 8 月 12 日。

〔2〕彭丽明：《论涉外消费争议仲裁制度在我国的确立》，《商业时代》2014 年第 33 期。

仲裁费却高达 2000 元。也正是因其固守传统民商事仲裁思维,中心的运营几乎停滞。自建立至今,该中心只受理了一起关于酒店入住纠纷的案件。[1] 因此,海南消费仲裁制度的建设,虽应以民商事仲裁原则为基础,但需摆脱民商事仲裁思维的束缚,做出符合消费争议特征的扬弃,吸纳与发展消费仲裁这一特殊理念。

四、澳门地区消费仲裁制度

为了在不平等的经营者和消费者之间达到公正和效率的平衡,许多国家和地区开始建立消费仲裁制度,以优化解纷路径、提升消费信心、保障经济发展。澳门于 1998 年创建了亚洲首个解决消费争议的专门仲裁机构——“澳门消费争议仲裁中心”[2](2020 年更名为“澳门消费争议调解及仲裁中心”)。良好的争议解决效果,使其成为澳门最为活跃的仲裁机构之一,兼顾民商事仲裁传统原则和消费争议特征,是其制度特色与优势,具有示范和借鉴意义。[3]

(一)澳门消费仲裁的制度缘起

作为国际旅游城市,旅游业是澳门的支柱产业,旅游消费是澳门的重要经济来源。因此,澳门政府对消费环境的构建十分重视,形成了一套完整的消费权益保护体系。该体系的构建,与消费者运动的历史背景[4]及 1887 年至 1999 年 12 月 19 日当局允许公民参政的政治契机有关。随着社会对直接参与公共事务热情度的不断攀升,在澳门经济起飞的背景下,消费者权益保护成为社会亟须解决的重要议题。

1988 年建立的“澳门消费者委员会”(以下简称“澳门消委会”),[5]作为政府独立部门,[6]拥有行政及财政自治权。[7] 为了进一步满足消费争议解纷的需求,澳门消委会于 1998 年成立了“澳门消费仲裁中心”。[8] 制定了仲裁规章及配

---

〔1〕 笔者于 2021 年 3 月 17 日,对海南旅游消费仲裁中心进行调研。中心蒋先生为笔者提供了文中所提及的数据与材料。

〔2〕 该中心于 1998 年由澳门特别行政区消费者委员会组建。

〔3〕 黎晓平、杨永纯:《澳门消费:理性维权与模范仲裁》,《法制日报》2011 年 3 月 29 日,第 4 版。

〔4〕 消费者运动是指在市场经济条件下,消费者为了维护自身利益,自发的或者有组织的以争取社会公正、保护自己合法利益、改善其生活地位等为目的同损害消费者利益行为进行斗争的一种社会运动。该运动缘起于美国,并于 20 世纪影响包括葡萄牙在内的欧洲多地,并于 20 世纪后半叶传入澳门。

〔5〕 澳门第 12/88/M 号法律,https://bo.io.gov.mo/bo/i/88/24/lei12_cn.asp#12,访问日期:2021 年 8 月 12 日。

〔6〕 1998 年,澳门立法会对澳门消委会的职责功能进一步厘清并沿用至今,其职责参见澳门第 1/98/M 号法律,https://bo.io.gov.mo/bo/i/98/22/lei01_cn.asp#1,访问日期:2021 年 8 月 12 日。

〔7〕 澳门第 4/95/M 号法律,https://bo.io.gov.mo/bo/i/95/24/lei04_cn.asp#4,访问日期:2021 年 8 月 12 日。

〔8〕 该仲裁中心设置于澳门消委会项下,是隶属于澳门消委会这一独立法人的下属机构。

套法律。[1] 消费仲裁制度在澳门的建立,使政府摆脱了在消费权益保护实践中,只"介入"却"不解决"、只"倡导"却无"牙齿"的尴尬处境,打通了专门解决消费争议的"最后一里路",标志着多元化的消费纠纷解决体系在澳门正式形成。

(二)澳门消费仲裁的运行体系

澳门消费争议调解及仲裁中心是澳门消委会的常设机构。调解服务的结案方式为双方签署调解协议,该协议仅具有等同于合同的适当法律效力;而仲裁服务的结案方式为出具仲裁裁决,具有等同于初级法院[2]判决的法律效力。争议双方既可以通过协议的方式在两项服务中二选一,也可以先后选择调解或仲裁,以达到终结消费争议的目的。

1. 消费仲裁的程序启动

首先,消费仲裁遵从自愿原则,仲裁的启动必须以双方书面合意为前提。[3] 根据《澳门仲裁法》的规定,仲裁协议应以书面方式或视为以书面方式订立。[4] 消费者和经营者达成将消费争议提交澳门消费争议调解及仲裁中心仲裁的书面协议,是启动消费仲裁的前提。

其次,消费仲裁的管辖范围是在澳门特别行政区发生的消费争议。根据《澳门消费争议调解及仲裁中心规章》[5]的规定,该中心仅管辖因订立消费合同所产生的、不涉及不可处分权利亦不存在刑事性质犯罪迹象的争议。

最后,消费仲裁采取费用减免,争议标的小于 10 万澳门元的案件免费仲裁。该中心以第一审法院法定上诉利益值为分界线,争议标的不超过 10 万澳门元,免收仲裁费,超过 10 万澳门元的案件,根据中心收费表收取仲裁费。[6] 该中心仲裁不强制双方委托律师,但如当事人因委托律师或进行专家鉴定产生其他费用,由当事人承担。

此外,该中心还对仲裁的启动做了时效承诺。申请仲裁之个案在立案 12 个工作日内,卷宗可通过在线的仲裁个案进度查询平台[7]查询排期结果。

2. 消费仲裁的裁决过程及法律效力

该中心的仲裁程序分为介入斡旋、仲裁调解和仲裁审理等三个步骤(见图 1)。

---

[1] 如《广告法》《黄金商品化》及《标签法》等法律。黎晓平、杨永纯:《澳门消费:理性维权与模范仲裁》,《法制日报》2011 年 3 月 29 日,第 4 版。

[2] 初级法院是澳门特别行政区的一审法院。

[3] 根据澳门法律规定,任何仲裁机构的章程设置,都禁止与澳门第 19/2019 号法律《澳门仲裁法》相抵触。虽然《澳门消费争议调解及仲裁中心规章》存在依据消费仲裁特性做出的特别安排,但其基本程序、原则应当符合《澳门仲裁法》之规定。

[4] 根据澳门第 19/2019 号法律《澳门仲裁法》第 11 条。

[5] 《澳门消费争议调解及仲裁中心规章》第 17 条。

[6] 《澳门消费争议调解及仲裁中心规章》第 32 条。

[7] 仲裁个案进度查询平台,https://www.consumer.gov.mo/arbitration/Login.aspx? lang=zh,访问日期:2021 年 8 月 12 日。

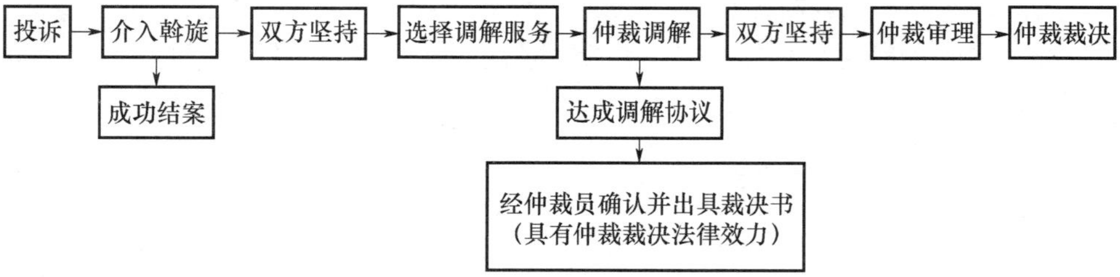

图1 澳门消费仲裁流程

(1)介入斡旋。中心在接到消费者消费争议的投诉请求后,先由澳门消委会介入双方争议,尝试斡旋解决。调停无效时,若双方存在或达成仲裁协议,案件将进入消费仲裁程序,反之只能建议双方诉讼解决争议,并提供适当协助。

(2)仲裁调解。案件进入仲裁程序后,仲裁员将采用“背对背”与“面对面”相结合的方式进行调解。双方达成调解协议,可申请仲裁员确认,以产生仲裁裁决效力。[1] 需要强调的是,在仲裁过程中达成的协议,经仲裁员确认,在法律效力上等同于仲裁裁决,具有相当于初级法院判决的效力,可直接申请强制执行。

(3)仲裁审理。在仲裁中调解不成的案件,将进入仲裁审理阶段。仲裁全程以不公开方式进行,仲裁庭由独任仲裁员组成。消费仲裁裁决与法院判决具有同等强制性及执行力,若一方不履行,另一方可向法院直接申请执行。在时效上,如存在调查证据及进行口头陈述,仲裁员一般情况下会在相关措施结束后立即作出裁决,最迟会在10日内作出裁决。仲裁裁决的形式,以书面方式作出,并由仲裁员签名。消费仲裁裁决具有终结消费争议的法律效果,裁决不可以提起上诉,但当事人在裁决作出前约定可向其他仲裁庭提起上诉者除外。[2]

(三)澳门消费仲裁的制度优势

澳门消费仲裁制度是以一般仲裁制度为基础,结合消费争议特点进行特殊设计的一种新型仲裁制度,该制度以公正、独立、快速、廉价等优势成为消费争议解决的重要方式。

1. 仲裁协议前置:经营者提前承诺仲裁

双方自愿是仲裁制度的基石,也是开展消费争议仲裁的绊脚石。消费争议小额多发,消费双方地位不等,作为争议的消极被动方,经营者缺乏主动与消费者达成仲裁合意的动力,这也成为消费仲裁制度容易沦为空中楼阁的重要诱因。为解决这一启动消费仲裁的根本性问题,澳门在消费仲裁制度设立之初就创建了“加盟商号”机制,使“强制”经营者参与消费仲裁,在双方自愿的仲裁原则基础上成为可能。加入澳门消费争议调解及仲裁中心“加盟商号”的经营者,必须预先做出接受该中心以仲裁方式解决消费争议的承诺,即提前向消费者发出仲裁

---

〔1〕《澳门消费争议调解及仲裁中心规章》第25条。

〔2〕澳门第19/2019号法律《澳门仲裁法》第67条。

协议的要约。一旦与消费者发生消费争议，消费者有权向该中心申请仲裁，“加盟商号”经营者不得拒绝接受仲裁。

对消费者而言，“加盟商号”制度将启动消费仲裁的选择权交给消费者。只要消费者同意仲裁，仲裁协议立即达成，仲裁程序也即刻启动。经营者可通过签署声明自愿加入或退出中心“加盟商号”行列，只要消费行为发生于“加盟商号”存续期间，即使经营者在发生消费争议时退出“加盟商号”，该中心仍然具有强制经营者参与仲裁的强制力。

对经营者而言，“加盟商号”也是一块广告宣传标牌，经营者为了树立良好的形象，自愿成为“加盟商号”。中心将向“加盟商号”经营者统一颁发“加盟商号”标识，粘贴于经营场所或商品上，使消费者对经营者更有信心。相关经营者可以获得该中心的认可，并将其商号名称刊登于官方刊物、网页及其他宣传资料。[1]同时，消费者也可以通过手机客户端、中心“加盟商号”服务专线等多种渠道，及时了解周边“加盟商号”的地址，做出消费选择。

该中心会对“加盟商号”进行管理，对经营者的经营状态进行评级与惩处。自 2001 年起，该中心在“加盟商号”的基础上，增设“诚信店”制度，对于过去一年诚信、守法经营且通过该中心考核的“加盟商号”颁发“诚信店”资格标识，以示嘉许。2017 年，该中心在“诚信店”的基础上推出“网上诚信店”优质标识计划，以切合网络购物等新型消费形式的普及与发展。如果“诚信店”违反《诚信店规定及承诺》，该中心也有权做出摘牌等处罚。例如，“澳门来来超级市场”[2]就因在疫情期间哄抬物价而遭到摘牌处罚并进行社会通报。[3]

综上，根据消费争议特征建立的“加盟商号”机制是澳门消费仲裁制度的优势之一，它不仅可以为经营者创造获得提升自身形象的机会，在未破坏仲裁自愿原则的基础上，将消费仲裁的主动权转交给消费者，有效地防止了消费仲裁制度的空转。

2. 仲裁费用减免：政府出资降低维权成本

有偿性是仲裁制度的经济保障。一方面，充足的经费是仲裁机构运行的必要需求；另一方面，由于消费争议小额多发，过高的仲裁费用将影响消费者寻求仲裁救济的积极性，弱化以仲裁方式解决消费争议的制度优势。因此，如何设计消费仲裁的收费标准，既关系到仲裁制度的现实运营，也关系到仲裁制度能否成功激活。

制度设计者在仲裁有偿性原则与最大限度降低维权成本之间做出了特殊设计，使澳门消费仲裁具有部分无偿性。制度设计者以澳门第一审法院法定上诉利益值为分界标准，对所涉金额不超过 10 万澳门元的案件，当事人可享

---

[1] Fred R. David, *Strategic Management: Concepts and Cases*, New York: Prentice Hall, 2001, p. 5.

[2] 澳门来来超级市场，是澳门最大型的连锁超级市场，市场占有率约为三成。

[3] 2020 年，澳门来来超级市场，因商品的实际最终售价存在误导，有损消费者权益，被澳门消委会撤销“诚信店”标识。消费者委员会：《当局打击损害消费权益行为，来来超市被取消“诚信店”资格》，https://www.gov.mo/zh-hant/news/329461/，访问日期：2021 年 8 月 12 日。

受免费仲裁;对超过 10 万澳门元的案件,中心将按照其所公布的价格表收费仲裁。澳门消费争议调解及仲裁中心的运营成本由政府提供支持。此外,该中心不强制当事人聘请律师,因此当事人并不会因为提请仲裁而消耗过多的经济维权成本。

但妥协本身并非没有代价,无偿仲裁的背后是对仲裁员选择权的阉割。仲裁本质上具有契约属性,当事人原则上具有选择仲裁员的自由。出于对消费仲裁机制运营成本控制的考虑,无偿仲裁的消费争议案件当事人不得选择仲裁员;有偿仲裁的案件双方有选择仲裁员的自由。这一设计虽然容易遭受诟病,但无疑是在成本运营与降低维权成本间做出的衡量。这也说明消费仲裁在高效率和低成本之间的博弈需要以程序上的让步为代价。

综上,小额消费争议的无偿仲裁是澳门消费仲裁制度的优势之一。通过对仲裁原则的特别设计最大限度地保障小额消费争议在消费仲裁中得以无偿解决,进一步消除消费者的维权障碍,有效地促进消费仲裁制度的运行。从实际来看,自澳门消费争议调解及仲裁中心成立以来,并未受理过涉案金额超过 10 万澳门元的案件,这从侧面反映出澳门消费仲裁制度在解决小额消费争议上是成功的。

3. 仲裁全程保密:隐私保护和教育效果并存

保密性是仲裁有别于诉讼的一大特征。但消费争议较为特殊,不仅具有私权利益属性,更具有公共利益色彩,在不对等的争议双方关系下,消费争议的解决不仅需要保护好当事人的隐私,更要使个案争议的解决具有社会教育的意义。澳门消费仲裁制度恪守了仲裁的保密性原则,也从个案的示范意义出发,为净化地区消费环境做出了特别安排。

根据《澳门消费争议调解及仲裁中心规章》,消费仲裁的当事人信息、仲裁过程与结果均不予公开,但该中心将在争议较多的领域,选取具有典型教育意义的案例,进行匿名化分享,并同时对该中心的受案数量、胜诉比等数据进行公开。这样的安排具有如下优点:第一,减少了个案对经营者的影响,为经营者在争议中的妥协留出余地;第二,避免了消费者信息的泄露,降低了消费者因维权而产生其他社会滋扰的可能;第三,减轻了社会舆论对个案仲裁的影响,有利于仲裁中立;第四,增强了个案的警示教育意义,对消费者的消费斟酌与经营者的经营作为产生监督及警示效果。

综上,兼具保密性与公示性是澳门消费仲裁制度的优势之一。通过对仲裁原则的坚持,及针对公共利益的考量而做出的特别安排,最大限度地减少了"按闹分配"在仲裁中存在的可能,有利于双方争议的理性解决。

4. 仲裁公正高效:法官兼职仲裁附时效保障

一项仲裁制度的成功很大程度上取决于仲裁员。仲裁员的专业与品德对仲裁结果的公正起着重要作用。时间成本也是消费者维权选择的重要参考,这就要求对消费争议的解决,需要在公正与效率间建立最大平衡。

澳门消费仲裁制度,聘请初级法院法官担任仲裁员,并保障仲裁程序持续时间不得超过 90 日。聘请澳门初级法院法官作为仲裁员，主要有以下几个方面的考量：第一，法官在澳门社会具有较高的公信力，专业素养强，具有争议双方信任基础；第二，聘任法官兼职做仲裁员，需要经过严格的选拔，根据澳门法律，只有经澳门终审法院院长批准，才可在澳门消费争议调解及仲裁中心获得仲裁员受聘资格；[1]第三，受聘后，主要由其于该中心专门处理消费仲裁案件，进一步保障消费仲裁个案裁量尺度的统一；第四，在仲裁时效上，根据《澳门消费争议调解及仲裁中心规章》，仲裁程序的持续期间不得超过 90 日，除非争议特别复杂，则最长可以相同期间延长两次。[2]

综上，聘请法官担任仲裁员，力求在仲裁的公正与时效上取得平衡，是澳门消费仲裁制度的优势之一。通过在仲裁公正与审理时效上进行特别设计，减轻了消费者维权的时间成本，也保留了仲裁独立公正的消费争议解决优势。

5. 仲裁跨域服务：外地旅客就地仲裁新模式

灵活性与便捷性是仲裁的特征之一，澳门消费仲裁制度充分利用了这一特征，并做出了符合旅游城市消费救济的制度革新。澳门消费争议调解及仲裁中心在 2017 年根据澳门特区政府经济财政司司长的批示，修改了中心章程，批准仲裁中心可以通过远距离资讯传送方式，如网络视讯会议等方式进行跨域调解及审判听证，使跨域视讯仲裁成为可能。

在具体制度运行上，澳门消费争议调解及仲裁中心通过与内地城市的消费者维权组织签署跨域维权协议，由消费者所在地的消费者维权组织负责协助当事人包括申请、视频会议等在内的仲裁全过程。自该项制度试行以来，该中心已完成多起跨域仲裁。例如，在 2020 年，一名广州旅客与澳门“加盟商号”经营者发生消费争议，广州市消费者委员会根据其与该中心签署的跨域消费维权协议，协助该消费者完成消费仲裁申请，并提供场地协助消费者完成视讯仲裁。[3]

综上，以视频的方式为外地旅客提供跨域仲裁是澳门消费仲裁制度的优势之一。新模式降低了消费者维权的时间与经济成本，消除了外地游客在澳的旅游消费顾虑。澳门消费仲裁制度不仅具有解决本地消费者消费争议的功能，更具有保障跨域旅游消费者消费权益的功能，促进了旅游消费的增长。虽然该项服务目前仍属于试行阶段，服务范围仅限于与中心签署协议的广州、珠海等大湾区城市。但不可否认，澳门消费争议调解及仲裁中心的跨域消费仲裁制度设计为其他旅游城市消费仲裁制度的构建提供了新的理念与范式。

五、海南消费仲裁制度的构建

2021 年，我国《仲裁法(修订)(征求意见稿)》的发布，为我国仲裁制度的发展

---

〔1〕 萧杨辉：《澳门“消费委员会”作为“公共服务型”政府机构之“战略管理”与“公共关系”分析》，《澳门研究》2007 年第 42 期。

〔2〕《澳门消费争议调解及仲裁中心规章》第 33 条。

〔3〕 消费者委员会：《消费争议调解及仲裁中心跨域服务案例体现便捷灵活优点增旅客信心》，https://www.gov.mo/zh-hant/news/372801/，访问日期：2021 年 8 月 12 日。

提供了新的机遇。面对困境与契机，海南消费仲裁制度的构建应当从理念、制度与程序三个维度入手，借鉴旅游发达地区成熟的消费仲裁经验，以澳门消费仲裁制度为参照进行辨析取舍，构建出具有海南自由贸易港法治特色，符合海南国际旅游消费中心建设逻辑的消费仲裁制度。

（一）海南消费仲裁制度的创设理念

为了打破现有海南旅游消费仲裁发展困境，最大限度地发挥消费仲裁的制度优势，海南消费仲裁制度的建构理念，应当跳脱出一般民商事仲裁传统，构建契合消费争议特征的特别仲裁理念。这就要求在一般民商事仲裁原则的基础上进行扬弃改造。具体而言，消费仲裁特别理念应当体现在以下几个方面。

1. 在意思自治的基础上考量对消费者的倾斜保护

意思自治是民商事仲裁的基本原则，双方自愿是仲裁制度的基石，但由于消费争议双方的能力和地位不均衡，如若固守私权自治和合同自由，对于身处弱势的消费者显然不公平，在实践中消费仲裁制度也难以开展。事实上，仲裁意思自治虽与消费者保护存在张力，但并非不可调和，澳门消费仲裁制度中“加盟商号”制度将签订仲裁协议的选择权提前交给消费者便是范例。因此，构建私权自治与消费者保护的再平衡，是创设海南消费仲裁制度需要首先秉持的特别理念。

2. 在低成本仲裁基础上保障仲裁机构的正常运行

当事人缴纳的高昂仲裁费，在传统民商事仲裁中，是维护仲裁机构正常运行的重要保障。然而，消费争议有所不同，其小额多发并带有公共利益的属性，决定了良好的消费争议解决机制，应当具有较小的消费者维权成本。因此，使消费仲裁维权的低成本性与消费仲裁机构的正常运行取得再平衡是保障海南消费仲裁制度行稳致远的特别理念。

3. 在高效仲裁基础上兼顾纠纷解决的独立与公正

在传统民商事仲裁中，严格的程序设计为结果正义提供了支撑，也带来了繁重的诉累。但消费争议本身涉案金额较小，当事人并不希望为争议的解决付出更多的时间成本，这就要求消费仲裁在兼顾独立公正的基础上，对程序做出弹性优化。因此，建立灵活精简的仲裁程序与独立公正的仲裁结果之间的再平衡，是确保海南消费仲裁制度能够实现“小额公正”的特别理念。

4. 在消费仲裁基础上促进海南消费环境健康理性

与一般民商事仲裁只保护私法益不同，消费仲裁除了具有保护私法益的功能外，还具有通过保护私法益间接维护公法益之作用。其通过为消费者建立优质的理性维权路径，鼓励消费者积极参与消费维权，监督市场秩序，维护公共利益，确保地区消费环境与市场状况良性发展。[1] 这就要求我们，一方面，要通过

---

〔1〕 Jean R. Sternlight, “Is the U. S. out on A Limb? Comparing the U. S. Approach to Mandatory Consumer and Employment Arbitration to That of the Rest of the World”, *University of Miami Law Review*, 56(2002), p. 863.

创设“消费者友善型”仲裁规则，让消费者在消费仲裁中切实感受到便捷、高效及有保障的理性消费维权红利；另一方面，政府部门、仲裁机构、消费者协会及行业协会等应当加强对海南消费仲裁制度的宣传，引导当事人选择以消费仲裁方式解决在海南的消费争议，从而促进地区消费仲裁共识的建立，推动海南消费环境健康理性的良性发展。因此，在消费仲裁基础上促进海南消费环境健康理性发展，是覆盖建设海南消费仲裁制度全过程的特别理念。

（二）海南消费仲裁制度的构建

以海南国际旅游消费中心的定位为出发点，借鉴澳门成熟的消费仲裁制度经验，创设消费仲裁制度，需要从以下几个方面入手。

1. 消费仲裁机构的设立及其受案范围

由于与传统的民商事仲裁有着不同的设立目的与运营体系，并适用不同的仲裁规则，在民商事仲裁机构外单独建立消费仲裁机构，专门处理消费争议，是落实消费仲裁特别理念的重要保障，亦是创设消费仲裁制度的前提。这不仅有利于消费仲裁摆脱传统民商事仲裁制度的制约，更好地发挥制度优势，还有利于促进消费仲裁共识的形成，提高经营者与消费者对消费仲裁的认知。

在消费仲裁机构的建立上，可以参考澳门经验。海南消费仲裁机构的设立，可以借鉴澳门消费争议调解及仲裁中心的设置架构，在海南省消费者委员会下设立海南消费仲裁中心，成立独立的消费争议仲裁委员会，专门负责受理消费仲裁案件。由消费者委员会的工作人员，协助消费者完成消费仲裁的申请并提供程序性帮助。

在消费仲裁机构的受案范围上，海南消费仲裁中心的服务对象应为在海南发生消费争议的当事人。案件的受理应同时满足以下条件：①属于消费争议并属于财产权益纠纷；②相关争议在海南发生；③经营者和消费者达成将消费争议提交仲裁的书面协议。笔者认为，涉及人身权益的消费争议纠纷不应纳入海南消费仲裁中心的受案范围。一方面，根据我国《仲裁法》第 2 条和《消费者权益保护法》第 39 条的规定，人身权益纠纷不能进行仲裁；另一方面，人身权益与消费者关系重大，往往案情较为复杂，处理难度较大，缺乏快速专项解决的可能。

此外，为了降低消费者提请消费仲裁的门槛，增加消费者进行消费仲裁的意愿，海南消费仲裁中心不应强制双方委托律师代理，消费者可独立参与消费仲裁。

2. 仲裁协议的达成及经营者加盟机制的建立

消费仲裁制度的建设必须在仲裁意思自治与倾斜保护消费者之间达到平衡。仲裁协议作为双方仲裁意思自治的直接体现，是仲裁制度赖以生存的根基，因此双方签署仲裁协议，仍是启动消费仲裁的前提。但由于经营者与消费者往往没有长期的商业往来，难以形成仲裁合意，仲裁启动变为僵局。海南消费仲裁制度可以通过特别的设计，将合意的主动选择权转移给消费者，从而在不破坏仲裁原则的基础上，完成对消费者的倾斜保护。司法部于 2021 年 7 月 30 日发布的

《仲裁法(修订)(征求意见稿)》,[1]删除了仲裁条款需要约定明确的仲裁机构的硬性要求,并进一步吸收司法解释和实践经验,对仲裁协议中仲裁机构没有约定或者约定不明确的情况予以指引性规定,这也在法律层面为消费仲裁协议的达成提供了契机。

具体而言,海南省消费者委员会,可以参照澳门消费者委员会"加盟商号"制度,建设"加盟经营者"制度,推出"加盟经营者"标识。在琼经营者可根据自身经营需要,无偿加入。"加盟经营者"将承担的义务有:①预先向海南消费仲裁中心作出接受以仲裁方式解决消费争议的承诺,消费争议的发生就意味着其向消费者发出仲裁要约,仲裁启动的主动权转移至消费者,只要消费者单方同意,仲裁调解后便可快速启动;②自愿接受海南省消费者委员会对消费争议的介入与调停;③自愿接受海南省消费者委员会对其的管理与奖惩。"加盟经营者"将享有的权利有:①加盟者有权在其提供商品及服务的全过程使用"加盟经营者"标识并用以宣传,从而吸引消费者并增强消费者在经营者处的消费信心;②加盟者有权获得由海南省消费者委员会统一进行的旅游消费对外推广、福利优待和其他政策优惠。

综上,"加盟经营者"制度在海南消费仲裁制度中的嫁接与发展具有以下优点:一方面,可以在不平等的消费争议关系中形成有效的消费仲裁协议达成机制,将达成仲裁协议的主动权转移给消费者,在尊重意思自治的前提下完成对消费者的倾斜保护;另一方面,海南省消费者协会可以通过"加盟经营者"制度,完成对加盟者的统一管理,通过统一的奖惩与激励措施,加速行业内部的竞争,起到对消费市场的监督、制衡及调控。此外,对于未加入"加盟经营者"名单的其他经营者,消费者如若与其达成仲裁协议,仍可向海南消费仲裁中心申请消费仲裁。

3. 仲裁费用的有限无偿及仲裁机构的财政供给

为了在海南消费仲裁制度中落实低成本维权与仲裁机构正常运行间的消费仲裁特殊理念,海南消费仲裁制度可实行免费消费仲裁主义与有偿消费仲裁相结合的方式,制定"小额消费争议免费仲裁,大额消费争议有偿仲裁"的仲裁费用缴纳规则。由于对小额消费争议的解决具有明显的公益性,并反哺于地方消费

---

〔1〕《仲裁法(修订)(征求意见稿)》第21条规定:仲裁协议包括合同中订立的仲裁条款和以其他书面方式在纠纷发生前或者纠纷发生后达成的具有请求仲裁的意思表示的协议。一方当事人在仲裁中主张有仲裁协议,其他当事人不予否认的,视为当事人之间存在仲裁协议。该意见稿第35条规定:"当事人申请仲裁应当符合下列条件:(一)有仲裁协议;(二)有具体的仲裁请求和事实、理由;(三)属于本法规定的仲裁范围。当事人应当向仲裁协议约定的仲裁机构申请仲裁。仲裁协议对仲裁机构约定不明确,但约定适用的仲裁规则能够确定仲裁机构的,由该仲裁机构受理;对仲裁规则也没有约定的,当事人可以补充协议;达不成补充协议的,由最先立案的仲裁机构受理。仲裁协议没有约定仲裁机构,当事人达不成补充协议的,可以向当事人共同住所地的仲裁机构提起仲裁;当事人没有共同住所地的,由当事人住所地以外最先立案的第三地仲裁机构受理。仲裁程序自仲裁申请提交至仲裁机构之日开始。"http://www.moj.gov.cn/pub/sfbgw/zlk/202107/t20210730_432958.html,访问日期:2021年8月12日。

经济的平稳与健康发展，因而对于小额消费争议仲裁的必要开支可参考澳门消费仲裁制度的财政供给模式，由政府提供财政支持。对于大额消费争议，为了兼顾消费争议的公益性和维持仲裁机构自身的正常运行，其仲裁成本应由政府和当事人共同承担。具体而言，免费仲裁标的额度可以以海南离岛旅客免税额度为参考[1]进行设计，即对于标的额未超过10万元的消费争议，提供免费仲裁服务，标的额超过10万元的案件参照民商事仲裁收费标准制定收费价目表，提供有偿仲裁服务。

(三)海南消费仲裁制度的程序设计

在仲裁程序的设计上，海南消费仲裁制度，应建立"消费者友善型"仲裁程序，立足国际旅游消费中心建设，以澳门模式为参考，对跨域消费仲裁做出特别的程序安排，坚持一裁终局并建立选择性公开制度。

1."消费者友善型"仲裁程序的一般安排

在仲裁程序的设计上，海南消费仲裁制度应当以我国现行仲裁法律规范为原则，以澳门消费仲裁制度为基础进行优化改良，建立"消费者友善型"仲裁程序。

(1)可借鉴澳门消费仲裁制度中的"调仲结合"的多元解纷步骤，在海南消费仲裁程序中构建以"协商—调解—仲裁"为路径的消费仲裁递进解纷机制，并以传统民商事仲裁制度中的"确认仲裁制度"作为机制的解纷保障。

澳门消费争议调解及仲裁中心的消费仲裁规则具有完整的"调仲结合"设计特征，赋予消费者更多的选择权，使争议的解决具有灵活性。海南消费仲裁制度的程序设计，可以借鉴澳门"调仲结合"模式，在进入消费仲裁程序后，仲裁庭先组织当事人进行协商，协商不成的由仲裁庭尝试组织调解。当事人可依据"和解协议"或"调解协议"请求仲裁庭确认，仲裁庭依据我国《仲裁法》第49条或第51条之规定，制作和仲裁裁决具有同等法律效力的裁决书。若协商和调解失败，仲裁庭再依法对消费争议作出仲裁裁决。在海南消费仲裁制度中引入递进式的确认仲裁制度，有利于提高消费仲裁的效率及降低消费仲裁成本，体现消费仲裁的高效与经济特征，缓和消费矛盾，更利于海南消费环境的健康发展。

(2)在消费仲裁委员会的组成上，可由消费者代表、经营者代表及市场监管部门代表组成单数委员会。仲裁员名册的组成，应以专业、独立及公道正派为遴选标准，由具有涉消费争议理论知识背景和专门处理消费争议实务背景的人员构成，如大学、科研院所的教职科研人员及具有实践经验的法官和律师等均可纳入遴选范围。

(3)在个案仲裁员的确定上，海南消费仲裁制度可在澳门经验的基础上进行改良。澳门消费仲裁的弊端，是其对当事人仲裁员选择权的阉割。其规定无偿

---

[1] 目前海南离岛旅客免税额度为10万元人民币，参见《关于海南离岛旅客免税购物政策的公告》(财政部、海关总署、税务总局2020年第33号)。

仲裁的消费争议案件，当事人不得选择仲裁员；只有在有偿仲裁的案件，双方才具有选择仲裁员的自由。笔者认为，这显然违背了仲裁的一般原则。依据澳门消费仲裁规则，免费仲裁案件的仲裁员由仲裁委员会指定，这显然侵犯了当事人在仲裁中的选择自由，“包公审案”般的仲裁员确定模式，也无益于仲裁程序的独立与公正。因此，海南消费仲裁程序设计，应当对此进行改良。具体而言，保留澳门消费仲裁制度中划分免费和有偿仲裁服务不同的仲裁员确定方式，优化免费仲裁案件仲裁员的确定方式。在免费仲裁案件中允许消费者、经营者和消费仲裁委员会主任分别在名册中选择仲裁员并形成仲裁员遴选范围，后由消费仲裁员主任在其中随机抽选出一名仲裁员，对案件进行独任审理；在有偿仲裁案件中，按照一般民商事仲裁规则确定仲裁员。

2. 跨域消费仲裁程序的特殊安排

事实上，离岛消费模式作为海南国际旅游消费体系中的重要一环，消费者很有可能在离岛后才感受到在岛内所购买的产品或所享受的服务出现瑕疵或履行不能，意识到消费权益被侵犯。提供跨域调解或仲裁服务，是海南消费仲裁程序设计中需要做出的特别安排。

海南可以参考澳门消费仲裁跨域消费仲裁制度，通过与全国各地消费者保护机构签署协议的方式，由消费者所在地的消费者维权组织，协助消费者在其所在地完成消费仲裁及视频仲裁会议的出席。这就要求海南消费仲裁制度在仲裁程序的设计上具有灵活性，允许当事人通过在线方式提交仲裁申请、交换证据及参与仲裁庭审，并辅以相应的技术保障。

此外，海南消费仲裁中心的建设应当考虑到国际旅游消费中心的国际性，及相关的人文关怀保障，应当为国际旅客提供免费庭审翻译服务，对残障人士提供周全保障。澳门消费仲裁未明文规定提供免费翻译服务，是其制度缺点，海南应对此进行改良。具体可参照国际旅客访琼数据，归纳语种使用情况，提供免费的翻译服务。同时对于残障人士，应提供和国际标准统一的人文关怀与协助，平等保障消费者权益。

3. 仲裁的一裁终局及选择性公开制度的建立

消费仲裁程序的结束与执行是发挥消费仲裁制度效力的重要环节。一方面，消费仲裁制度应当一裁终局，这是消费仲裁制度依托仲裁特色而具有的消费争议解决优势。海南消费仲裁制度应当具有时效保障、一裁终局并附有执行力。在时效保障上，海南消费仲裁制度可比照法院适用简易程序审理案件的时限要求，规定在一定期限内审结；当事人不履行仲裁裁决的，另一方当事人可以向法院申请强制执行。

另一方面，保密性是仲裁有别于诉讼的一大特征。但消费争议较为特殊，不仅具有私权利益属性，更具有公共利益色彩，在不对等的争议双方关系下，消费争议的解决不仅需要保护好当事人的隐私，更要使个案争议的解决具有社会教育意义。与实行司法公开原则的诉讼相比，仲裁过程与结果的保密原则是消费仲裁制度的优势所在，但严格恪守仲裁保密原则，无益于地区消费环境的良性发展。因此,可以探索创设选择性公开制度。具体可借鉴澳门消费仲裁模式,建立选择性公开制度。

海南消费仲裁制度在仲裁结果上应当保留仲裁本身所具有的优势,并根据消费争议的公益属性对仲裁保密原则进行优化。在仲裁过程与结果保密的同时,对仲裁中心的受案数、胜负比等数据进行公示,以促进消费者对海南消费仲裁制度的了解,提升消费者选择消费仲裁的信心;对具有典型示范意义的案例进行遴选汇编,通过匿名化处理,定期对外公开,对消费者提供消费预警,对经营者进行警示教育。

六、结语

消费争议的妥善解决涉及私人利益与公共利益,对社会和谐稳定及地区的经济发展至关重要。特别是对于以建设国际旅游消费中心为目标的海南自由贸易港,更具研究价值与现实需要。传统民商事解纷路径,因缺乏对消费争议特征的契合,而出现实践效果的不足,容易导致非理性消费维权与"按闹分配"的社会悲剧。消费仲裁是在仲裁和消费权益保护法律框架下,对传统民商事仲裁,进行理念与制度的优化,使之契合消费争议特征。相比其他争议解决方式,消费仲裁所具有的终局性、强制力、保密性、便捷性和专业性,使其能在公正和效率上取得平衡,为消费者寻求"小额公正"提供方案。澳门消费仲裁制度的设计和实践为海南构建消费仲裁制度提供了参考和借鉴。海南自由贸易港应当借此契机通过制度创新,把海南建成具有世界影响力的国际旅游消费中心。海南消费仲裁制度的创新尝试,是消费仲裁解纷制度在中国内地破局成势的试验田,不仅具有辐射全国的意义,更在新时代为粤港澳大湾区建设、"一带一路"的共建、经济全球化和区域一体化等经济消费合作发展,提供新的动能与范式。

英美信托法上的信义义务对完善我国社会组织理事会治理的借鉴意义

王　博*

摘　要　理事会治理是社会组织内部治理的核心，是确保社会组织秉承公益使命、实现良性治理的微观基础。构建以理事为核心的管理人的法定义务，是法治化监管的必然选择，对于解决我国社会组织内部治理失灵十分迫切。英美法上的信义义务及其相关规则，为我们提供了成熟、可借鉴的规制模式。本文在详细考察信义义务内涵、发展历程的基础上，分析了我国现行制度的不足及其根源，提出了完善我国社会组织理事会治理的基本构想。

关键词　社会组织；信义义务；忠实义务；注意义务

目　次

---

* 王博（1982—），民政部社会组织管理局处长，中央党校（国家行政学院）博士，主要研究方向：与社会组织登记管理相关的公共政策和法律制度。

新的改革背景下，通过强化理事会治理为核心的社会组织内部治理，从而达到提升组织能力、确保组织公信力的目的，已成为现阶段改革社会组织管理体制、促进社会组织健康有序发展的明确要求。在道德规范和行政监管之外，构建以理事为核心的管理人的法定义务，是法治化监管的必然选择，也是社会组织治理提升能力、实现良性发展和内涵式发展的制度基础。英美法上关于受托人的信义义务及其相关规则，为我们提供了成熟、可借鉴的规制模式。

一、英美信托制度中的信义义务及其对非营利组织内部治理的影响

（一）信义义务的起源、内涵

一般认为，早期的信义义务起源于英国衡平法，用以弥补普通法对滥用信任的情形实施救济。18 世纪晚期，英国法院在提供救济时仍然适用这个一般原则——“如果有人对另一人给予了信任，而该信任被后者滥用，衡平法院将给予救济。”根据《布莱克法律辞典》的解释，信义义务就是一方为另一方所担负的最高程度的诚实和忠实，且代表另一方最佳利益的义务。有学者研究认为，信义义务是“法律要求处于信义位置的人应当专门促进受益人的利益，并且不得让任何自我利益或竞争性利益接近或影响其行为……该义务在不同的环境下将呈现不同的强度；而自我利益或竞争性利益在被明确披露并获得受益人允许时可以存在，或者因得到被接受的普遍实践标准或者法院或立法的批准而被允许存在”。[1] 有学者认为，信义义务是指一方承诺将为了另一方最佳利益而行为，或为了双方共同的利益而行为。负有信义义务的受托人有责任通过各种方式不自私地行使，以自身最好的知识和技术服务于他人或者机构。[2] 从上述定义可以窥见信义义务的一些要素，如主观动机上的“不自私”，客观上以“最好的知识和技术”促进利益，对自我交易、关联交易的限制，以及有关判断标准。

（二）信义义务的“二分法”及其产生的法律理念

为了更好地把握信义义务，学者们通常再将其划分为忠实义务与注意义务，二者被称为信义义务的“双引擎”。尽管英国《2011 年慈善法》中并没有对托管人的一般义务进行规定，但相关成文法、判例法及治理文件具体确定了忠实与注意义务的标准和范围。作为“双引擎”，忠实义务与注意义务的一致性在于——最大限度地追求理事对于组织使命的实现。不同之处在于，忠实义务更侧重于设定底线规则，明确“不得做什么”的消极义务，注意义务则更强调“必须做什么”的积极义务；忠实义务强调忠诚厚道的职业操守，信义义务关注努力、技能和勤勉程度。在“二分法”的指引下，信义义务由法院发展出了一系列具体的次级规则，在不同的经济、社会、文化背景下不断满足新的法律事实的需求。

---

〔1〕 Joshua Getzler，“Duty of Care”，in Peter B. H. Birks and Arianna Pretto（ed.），*Breach of Trust*. Oxford：Hart Publishing，2002，p. 41.

〔2〕 金锦萍：《非营利法人治理结构研究》，北京大学出版 2005 年版，第 144 页。

1. 忠实义务

忠实义务也称为“禁止自我交易的义务”，是信义义务的最早内容。这要求理事应当遵守其目标，并通过恰当的管理避免或解决利益冲突问题。早期，英国法律委员会将其归纳为以下规则：禁止利益冲突规则；禁止获利规则；完全忠实规则；不得利用机密信息的义务。[1] 美国关于忠实义务的经典表述来自卡多佐大法官：许多在平常生活中被允许且被认为是公平的行为方式，在信托关系中是被禁止的。受托人的道德标准要比市场中的道德标准更加严格。受托人的行为不仅要诚实，而且要谨慎处理各种细节。此行为标准要求已成为坚定不移、根深蒂固的传统。如若信任本身无可信赖，那么法律的善良公允又何在呢？于是，衡平法院在遇到违反忠实义务的诉讼请求时，会采取毫不妥协的严格态度，忠实义务在信托行为中的标准设定要高于其对公众的要求。[2] 英美两国的非营利组织治理在忠实义务方面也延续了上述理念。美国《示范非营利组织法人法（修订版）》在第八章第 31 条(a)款中规定：“利益冲突交易是指法人交易时，其理事有直接或间接的利益牵涉其中。”此后，在 20 世纪出现的诸多案例中，严格禁止出现了松动。“利益冲突规则”“公平交易职责”的核心不是绝对的禁止利益冲突，而是对利益冲突进行合理规范——如果被认为公平，则交易被认可。[3] 在英国慈善法中，忠实义务还要求托管人必须是志愿者，除有例外规定，不得从慈善组织中获得报酬。有研究认为，至今英国还严格恪守这一规则。[4] 不过，美国的交易规则虽然有所松动，但仍有 28 个州接受了《示范非营利组织法人法（修订版）》，绝对禁止向理事提供贷款的行为，认为该行为属于不能容忍的、过分的自我交易。

2. 注意义务

注意义务是慈善托管人应当勤勉、谨慎处理受托人事务的义务。与忠实义务的严格标准不同，注意义务的具体标准，一般被认为是一种客观标准，即一个普通合理人的预期标准。美国《示范非营利法人法》第 8.30 条规定理事应遵守三项注意义务：①怀有善意；②以处于相似地位的普通谨慎的人在类似情况下所应有的谨慎履行其义务；③以理事有理由相信的、为了法人最佳利益的方式行事。具体实践中，为克服注意义务的抽象性和模糊性，法院形成了若干具体的操作标准。法院一般认为，理事在两种情形下违反了注意义务：一是没有尽到关切义务，即未尽到“积极参与”的责任，具体包括：未参加理事会，未在会前审阅重要

---

〔1〕 姚朝兵：《美国信托法中的谨慎投资人规则研究》，法律出版社 2016 年版，第 61 页。

〔2〕 Meinhard v. Salmon，164 N. E. 545，546(N. Y. 1928). 转引自金锦萍：《非营利法人治理结构研究》，北京大学出版社 2005 年版，第 185 页。

〔3〕 公平交易职责源自美国法学会《社会组织治理规则》，主要是指如果理事会中无利害关系理事过半数同意且交易本身公平，则理事可以进行自我交易。

〔4〕 关于禁止取酬的合理性，我国也有学者认为，非营利组织主要以社会价值最大化为目标，货币报酬激励反而可能对理事会成员的志愿精神和工作积极性产生挤出效应，有碍管理效率的提升。而应当探索货币激励以外的机制，如强化理事会成员的控制权激励、政治激励以及声誉激励等，参见刘宏鹏、李少华、朱虹：《非营利组织理事会治理结构与组织绩效研究——以全国性公募基金会为例》，《领导科学》2016 年 5 月。

的备忘录或者其他书面材料，未与高层管理者定期会面，未获得并审阅非营利法人的账簿和记录，未仔细审阅财务报告，未向会计或者律师等外部专家咨询有关的问题。[1] 二是未尽到“信息充分基础上的决策义务”，具体包括在做出决定前充分听取各方意见和解释，听取外部专家的意见和建议，对计划进行充分论证，收集具有可比性的机构资料等。对于信息充分的边界，美国多数州规定了理事的信赖原则——即有权信赖其他理事、管理人员、雇员及外部专家提供的信息、报告和陈述。

还有一种观点被称为“三分法”，即在“二分法”的基础上引入“近似原则”。库尔茨大法官认为，公益受托人还被赋予一项新的义务——近似义务，即理事的天职暗含了“保证能够实现信托目的且一直在有效地实现信托目的的过程中”；如果客观情况变化导致目的不能实现，或者目的本身标的过时、不切实际，受托人对最终受益人的忠实义务包括对基金适用近似原则，使永久存续的慈善信托能够继续为公益服务。该原则被各国的信托、慈善组织所遵循，如我国《慈善法》《信托法》《民法典》[2]等均遵循了上述原则。

（三）谨慎投资人规则的确立及其对非营利组织管理人责任免除的影响

安全与效率对于非营利组织至关重要。特别在投资行为中，二者的张力最为明显，受托人是否尽到了信义义务，也常常受到上述两种价值取向的影响。英美的信托规则中，将基金长期存于一个无利息的账户之上，会认为没有尽到注意义务；而投资于风险过大的项目，也有可能违反注意义务，判定标准一度困扰着信义义务的司法实践。经过长期的司法实践，在投资问题上，法院发展出了法院名录规则、谨慎人规则再到谨慎投资人规则的演变，而这一过程也进一步引起了学术界、司法系统关于信义义务，尤其是注意义务的深入讨论。

1. 关于信托法上信义义务免责规则的演变

法院名录规则。18 世纪，英国曾出现“南海泡沫”事件。1719 年，英国议会特许许可的南海公司是从事与西班牙的南美洲殖民地进行贸易的社会组织。因经济动荡，南海社会组织股价下跌 90%，致使众多被法院批准投资的受托人遭受严重损失。在此背景下，为确保资金安全，英国衡平法院通过了“法院名录”，假定名录上的项目是安全的，除非有其他明确授权，受托人只能投资于法院确定的投资范围。此外的投资即使是善意的，托管人也不能对其损失免责。法院名录的项目种类很有限，仅仅包含英国的公债，其他股票等私人证券均被认为具有投机性和不安全性。由于名单的规定过于严格，随着维多利亚时代的商业繁荣和投资增值的可能性加大，这一规则备受质疑。19 世纪中叶开始，英国议会对其进

---

[1] 金锦萍：《非营利法人治理结构研究》，北京大学出版社 2005 年版，第 149 页。

[2] 如《民法典》第 95 条规定：为公益目的成立的非营利法人终止时，不得向出资人、设立人或者会员分配剩余财产。剩余财产应当按照法人章程的规定或者权力机构的决议用于公益目的；无法按照法人章程的规定或者权力机构的决议处理的，由主管机关主持转给宗旨相同或者相近的法人，并向社会公告。

行了修正。直至 2000 年英国议会制定的《受托人法》(*Trustee Act 2000*),充分吸收了美国的谨慎投资人规则,正式否定了法院名录规则近乎苛刻的限制。

谨慎人规则。美国的谨慎人规则确立于哈佛学院诉艾默里案。帕特南法官在此案中称对于受托人投资的全部要求,就是他必须忠诚行事并进行合理的决策。他应如同谨慎、明辨且理智之人管理自己事务那样,不着重于投机,而是着重于财产的永久处置,要考虑资产可能的收益及资本的安全性。其核心观点是,绝对安全的投资是不存在的,只要受托人尽到了足够的谨慎义务则无须对损失负责。它强调的是一种行为标准而非投资结果。受经济低迷的影响,虽然美国的案例也曾一度显示出对英国法定目录规则的模仿,但最终于 20 世纪 40 年代回归到谨慎人规则上来。1959 年美国法学会出版的《第二次信托法重述》第 227 条规定,"在对信托财产进行投资时受托人对受益人负有一项义务,即在法律或信托条款没有相反规定的情形下,受托人应进行且只能进行这样的投资:如同一个谨慎之人用自己的财产进行投资那样考虑信托财产的保存以及由此所产生的收益的数量和规定性"。目前,《谨慎人投资示范法》的相关阐述成为美国大多数州效仿的模板。

谨慎投资人规则。1970 年后,一些案例对于谨慎人规则也提出了批判。主要的争议在于:谨慎人规则侧重于对投资组合中的每一项投资的适当性进行单独评价,而非对整个投资组合;侧重于保存本金而非维持其购买力,忽略通货膨胀;对某些投资提供"安全港"容易导致注意义务的标准降低;禁止委托不够科学等。甚至有观点认为,由于僵化和远离经济活动的实践,谨慎人规则在法官们的适用中开始渐渐异化为类似法定名录规则的制度,丧失了制度设计的灵活性和弹性。《1974 年雇员退休收入保障法》(Employee Retirement Income Security Act of 1974)被认为是谨慎投资人规则的端倪。其第 404 条(a)款规定受托人在处理所有事务时必须履行如下义务:运用一个具有同等能力和对事物具有同样熟悉程度的谨慎人在处理具有类似特性及类似目标的事务依当时的通常情形所运用的注意、技能、谨慎和勤勉;对养老金计划进行分散投资以将巨额损失风险降至最低,除非在当时情形下不如此行事明显是谨慎的。更为详细的标准规定与第 404 条(a)款第(1)(B)项——受托人对于特定投资或特定投资行为过程在整个投资组合中所起的作用给予适当的考虑,具体包括:①确定作为有关投资组合的各个部分的特定投资或特定投资行为过程的设计合理;②考虑与投资组合中的特定投资或特定投资行为过程有关的因素:构成投资组合的投资对象在种类上的多样化;投资组合的流动性及当前收益与退休基金的预期现金流要求的适应性;投资组合的预期收益与退休基金的目标之间的适应性。[1] 这一规则最终确立于《第三次信托法重述:谨慎投资人规则》。其引言对谨慎原则做了总结:①通常受托人需要进行多样化的合理投资;②市场风险在投资中是不可避免的,所以受托人要谨慎评估和判断,根据信托和受托人的具体情况,将风险和收益控制在合理水平。最重要的是,"对投资和行动的判断决定应结合具体信托的投资

〔1〕 姚朝兵:《美国信托法中的谨慎投资人规则研究》,法律出版社 2016 年版,第 134 页。

组合和策略,而不应孤立判断";③应避免与信托投资项目需要和现实目标不符的不必要花费和成本;④信赖义务的公正性要求受托人在创造收益与保护购买力不受通胀影响之间保持平衡;⑤为履行谨慎投资职责,需要对投资进行授权。〔1〕

显然,上述三种规则对投资行为的信义义务履行提出了不同判断标准,法院名录规则是最为保守的,但由于其提供了特定项目的"安全港"和因"远离经济活动的实际"而遭到批判;谨慎人规则和谨慎投资人规则都提供了更为灵活的注意义务的标准,只是在投资上更多地采用了经济学上的现代投资组合理论,更加强调"不要把鸡蛋放在一个篮子"。至今,英国和美国不同的州,都根据具体情况交替使用不同的规则。一般来说,在经济繁荣时期,法官更倾向于采用法院名录规则,而在经济萧条和动荡时期,则更倾向于选择积极灵活的谨慎人规则、谨慎投资人规则。上述规则的演变也不同程度地影响到非营利组织理事、管理人责任的认定。

2. 信托法信义义务影响下的非营利组织管理人责任免除

商业判断规则、最佳判断规则。营利法人的商业判断规则是英美普通法上的一项古老原则,也被称为注意义务的"司法安全港",可以免除董事决策失当的责任。美国法学会的《社会组织治理原则》第 4.01 条第 3 项这么表述:"如果做出商业判断的董事或经理符合下述三项条件,就应认为其诚实履行了这本节规定的义务:①该当事人与所做经营判断的内容没有利害关系;②该当事人有理由相信其在当时所掌握的有关经营判断信息充分、妥当、可靠;③该当事人有理由认为他的经营判断符合社会组织最佳利益。"根据这一规则,非营利法人发展出了类似的最佳判断规则。它的核心是,只要理事系出于善意、不存在利益冲突且在合理可信的基础上做出的决策,法院将降低其注意义务的标准,不再追究理事的相关法律责任。但实践中,立法一般都排除对于恶意、重大过失、自我交易、明知违法、欺诈、蓄谋的理事的保护。美国有 16 个州规定,这一规则仅适用于不领取报酬的理事,也有一个州规定仅适用于年薪少于 5000 美元的理事。还有一半的州规定在"重大过失""疏忽大意"情形下依然提供保护。有许多州通过法人的章程或议事规则缩小甚至完全消除理事的责任。

一些学者认为,非营利组织本身缺少股东的监督,对其注意义务应当进行更加严格的司法审查,以增进公众对其内部治理合理规范的信心,不应当采用商业判断规则或最佳判断规则。但主流的观点还是认为,无论是营利组织抑或非营利组织,理事决策的风险都是相似的,为鼓励理事的创造和担当,减少不必要的诉讼责任、避免不带薪理事承担过重的法律责任,使用最佳判断规则有利于志愿精神的培育和公益事业的发展。因为"成王败寇"的理念毕竟会导致实践中决策者畏首畏尾、裹足不前,面临瞬息变换的社会环境,如要求过高的注意义务而不

〔1〕 玛丽恩·R. 弗莱蒙特-史密斯:《非营利组织的治理:联邦与州的法律与规则》,金锦萍译,社科文献出版社 2016 年版,第 181 页。

提供基于最佳判断的免责,一样会导致效率低下、贻误时机。这既不符合非营利活动的内部规律,也不符合信息不对称、人的有限理性等客观现实。

补偿和保险。为吸引优秀的职业经理人,在善意、不适用商业判断规则的情况下,如果理事违反了注意义务而遭到起诉,非营利法人可以选择对理事进行补偿,具体包括律师费等相关诉讼费用,还有一些州规定赔偿范围还包括罚款。加利福尼亚州的规定更为严格,要求只有州首席检察官首肯后,方可补偿。其他无法涵盖的支出,可以通过"法人理事和管理人员保险政策"获得补偿。赔偿的范围并无统一的规定,一般可以根据保险合同而定,但同时受到普通法原则的限制——因为欺诈或蓄意不合理行为不属于获得赔偿的范围。实践中,在非营利组织缺乏资金或因理事会怠于补偿的情况下,保险金成为最牢固的保障。

免除志愿理事(不领取报酬的理事)的责任。1997 年 6 月,美国国会通过的《联邦志愿者保护法》规定,只要志愿者在职责范围内行事,且该损失不是"由于故意、刑事犯罪、重大过失、鲁莽草率、有意公然漠视他人的权利与安全造成不可容忍的影响;不是由于志愿者驾驶摩托、船舶、飞机或者其他各州要求获得驾驶执照和保险的交通工具而导致的",任何人不得向志愿者追偿。该联邦法优先于州法适用。这一规定也适用于不领取薪酬的理事。

二、对我国社会组织"信义义务"相关规则的梳理

社会组织作为国家治理体系的重要组成部分,既是社会治理的承接主体,又是志愿精神和社会主义核心价值观的践行者,还是社会资本的链接者。从这个角度讲,理事、负责人的信义义务履行至关重要,而一旦突破道德底线,也极易成为舆论攻击的焦点。

(一)案例分析

A 基金会成立于 2014 年,旨在为失独老人提供公益服务。该基金会为非公募基金会,由濮阳 B 公司发起成立,注册资金 2600 万元,法定代表人为韩某。2014 年 3 月,收到社会各界捐赠款物达 1000 万元。2014 年 2 月至 2015 年 6 月,基金会未经理事会表决,以开展慈善项目名义,向河南省登记的 B 基金会拨付资金 2890 万元(其中房屋租金 2737.5 万元),向河南省登记的 C 公司拨付资金 90 万元。此后,B 基金会以支付房屋租金和装修款的名义,将 2890 万元支付给 C 公司。经查实,B 基金会、C 公司的法定代表人实为韩某父亲。此外,该基金会还存在以房养老的名义进行理财、伪造国家公文开展虚假公益项目、抽逃出资等违法行为。2016 年,基金会被做出撤销登记的行政处罚。2018 年,韩某因犯集资诈骗罪、职务侵占罪,被判处无期徒刑。

这一案例中,从履行信义义务的角度分析,A 基金会的拨款行为存在关联交易,且存在以下问题:一是拨款行为数额较大,未向理事会披露并经表决通过;二是房屋租赁合同违反《合同法》,租屋租金支付不合理,该租赁合同约定的 40 年租赁期限违反了《合同法》第 214 条关于"租赁期限不得超过二十年"的规定。

上述行为从侧面反映出，A 基金会法定代表人慎独自律缺失、“一言堂”等内部人控制问题严重，且内部治理失灵；也暴露出我国社会组织非营利性监管的粗放，以及有关理事、财务人员对组织事务的漠不关心。

（二）现行法律涉及理事会人员信义义务的规定

民事基本法关于“撤销权”和“代理”的规定。《民法总则》和《民法典》在法人主体部分规定了对捐助法人理事、法定代表人的“撤销权”。《民法总则》第 94 条规定：“对捐助法人的决策机构、执行机构或者法定代表人作出决定的程序违反法律、行政法规、法人章程，或者决定内容违反法人章程的，捐助人等利害关系人或者主管机关可以请求人民法院撤销该决定。”《民法典》也有相同规定。[1] 同时，在第七章“代理”部分规定了“职务代理”（第 170 条）、禁止自我代理和双方代理（第 168 条）。

社会组织行政法规的原则性规定。《社会团体登记管理条例》《民办非企业单位登记管理暂行条例》规定，任何单位和个人不得侵占、私分或者挪用社会团体/民办非企业单位的资产。《基金会管理条例》除有上述规定外，第 23 条明确规定了理事的信义义务及赔偿责任：“基金会理事遇有个人利益与基金会利益关联时，不得参与相关事宜的决策；基金会理事、监事及其近亲属不得与其所在的基金会有任何交易行为。”第 43 条规定：“基金会理事会违反本条例和章程规定决策不当，致使基金会遭受财产损失的，参与决策的理事应当承担相应的赔偿责任。”

《慈善法》及有关慈善组织的管理规定。《慈善法》第 14 条规定：“慈善组织的发起人、主要捐赠人以及管理人员，不得利用其关联关系损害慈善组织、受益人的利益和社会公共利益。慈善组织的发起人、主要捐赠人以及管理人员与慈善组织发生交易行为的，不得参与慈善组织有关该交易行为的决策，有关交易情况应当向社会公开。”值得关注的是，《慈善组织保值增值投资活动管理暂行办法》对投资活动和禁止开展的活动进行了列举，规定：“慈善组织在投资资产管理产品时，应当审慎选择，购买与本组织风险识别能力和风险承担能力相匹配的产品。慈善组织直接进行股权投资的，被投资方的经营范围应当与慈善组织的宗旨和业务范围相关。慈善组织开展委托投资的，应当选择中国境内有资质从事投资管理业务，且管理审慎、信誉较高的机构。”在此基础上，提出了不得从事的投资活动清单：“直接买卖股票；直接购买商品及金融衍生品类产品；投资人身保险产品；以投资名义向个人、企业提供借款；不符合国家产业政策的投资；可能使本组织承担无限责任的投资；违背本组织宗旨、可能损害信誉的投资；非法集资等国家法律法规禁止的其他活动。”明确涉及管理人员信义义务的是第 10 条，规定：“慈善组织的发起人、主要捐赠人、负责人、理事、理事来源单位以及其他与慈善组织之间存在控制、共同控制或者重大影响关系的个人或者组织，当其利益与

---

[1] 《民法典》第 94 条规定：“捐助法人的决策机构、执行机构或者法定代表人作出决定的程序违反法律、行政法规、法人章程，或者决定内容违反法人章程的，捐助人等利害关系人或者主管机关可以请求人民法院撤销该决定。”

慈善组织投资行为关联时,不得利用关联关系损害慈善组织利益。”

(三)对我国信义义务理念、规则的简要评价及原因分析

可以看出,上述规定虽然涉及信义义务的部分规定,但还存在不少缺陷,如内容不够完整,涉及对组织的规定多,针对个人的责任少,涉及基金会等慈善组织的规定多,涉及其他两类组织的少;对回避制度、关联交易规定多,明确使用“信义义务、忠实、勤勉义务”等法律术语的少;相应的程序规定和司法救济途径不畅通,有的规定法律位阶低、弹性小。

信义义务尚未植入我国社会组织理事义务的规定中来,大概有3个方面的因素。一是所有者的缺位导致对信义义务的运行缺乏监督。因所有者的缺失,导致利益的确认、监督动力不足。社会组织作为一种天生的他律性组织,缺乏类似营利组织的股东控制和利润考核指标。萨维尼说:“财产就其本质而言,是个人权利的扩张。”理事作为社会组织治理结构的决策或执行机构,虽然对社会组织的发展至关重要,但是因为缺乏财产权的刺激和逐利动机,其地位往往是象征性的而非实质性的。因利润分配的禁止,会员、利益相关人也可能对理事的问责不甚关心,其问责也往往是抽象的而非具体的。更多的时候,或依赖于政府的外部监管,或在酝酿出挑战公信力底线的恶劣事件后由社会运动式公开谴责。这也在客观上导致了司法实践中,对社会组织等非营利组织的问责案例较少,由此推动的常规化、精细化制度设计不够。二是绩效评价的不确定性导致对信义义务的认定缺乏标准。社会组织的目标决定了绩效评价的困难,以及理事忠实、注意标准不明确。不同于追求股东最大利益的目标,非营利组织因追求社会价值,其“产出”难以界定,片面追求定量分析,只会把非营利组织绩效评价研究引入庸俗化境地。因此,非财务效率如何界定存在困难,且一些社会价值难以在短时间内被认定。三是发展路径依赖导致重视“忠实义务”而忽视“注意义务”。各国的非营利组织内部治理无疑都深受营利组织内部治理的影响,相应地,经济学理论关于经济人的假设也影响了非营利组织的内部治理。而在各种治理理论中,最具代表性的“委托——代理”理论建立在3个潜在的基本人性假设基础上:人是自利的。代理人会利用一切可能的机会去谋求自身利益的最大化,而不是致力于委托人利益的最大化;人是有限理性的;由于信息的不完备性,委托人不可能了解代理人的所有信息;人是厌恶风险的。[1] 因此,立法技术浓墨重彩地强调委托人与代理人之间的对立,而非合作;私利,而非共赢。整体上,关于对于英美法中“良心”“公平正义”等初心使命相关的制度设计和传统考察较少。

三、引入信义义务规则、完善我国社会组织理事(会)治理的基本构想

与英美国家相比相比,我国信义义务制度还未形成完整的制度体系,很少成

〔1〕 Eugene F. Fama & Michael C. Jensen,“Separation of Ownership and Control”,*Journal of Law and Economics*,26(1983).

为行政处罚、司法实践援引的依据。即使《信托法》《证券投资基金法》《合同法》[1]中规定了忠实、注意义务，但从运行效果来说，收效甚微，也存在“少诉”“无诉”的现象。有的学者认为，主要原因是制度设计上，缺乏具体的判断和实施标准，也源于当事人、法院对于这一义务适用的陌生和不习惯，还在于追责的本身动力不足。[2] 而信义义务的不完善和执行不力，最终会导致内部人控制、非法侵犯组织利益、破坏公益生态环境的个人责任落空，有关理事、负责人、法定代表人游离于法律的问责之外。而寄希望于行政机关的强势干预，不仅会增加行政机关自身的行政风险，更有悖于现代国家关于政府、市场、社会的治理边界，更重要的是以牺牲组织的独立性和自主性为代价。为此，加快完善以责任为导向的理事信义义务，激活社会组织的内生动力，并以司法救济为最终确认，是当下加强社会组织内部治理、明晰管理人责任的当务之急。

（一）推动《社会组织法》制定，为社会组织确立信义义务提供基础制度

忠实义务是对管理人道德品质的要求。结合我国非营利组织发展的现状，应在立法侧重点上，以忠实义务为首要的、第一位的信义义务。从危害性来看，违反忠诚义务的行为多为“明知故犯”，如侵占财产、挪用资金、将组织资金以个人名义或以其他名义开立账户存储使用、违反规定出借或为他人提供担保、违反规定进行自我交易、违反竞业禁止、天价薪酬、高额消费、关联交易、通过近亲属及其他利益相关人谋取私利等。此类行为主观恶性程度高、行为容易界定、社会认识统一、问责的难度较小，立法上，应当以“零容忍”的态度，通过“列举＋兜底”的方式，严格予以禁止。

注意义务是对管理人能力的要求，以理事敬业精进、创新担当为导向。这需要当事人、执法者、法官因时因势地洞察和捕捉。为增强司法实践中的可操作性，规范自由裁量权，对于该义务的设定建议遵循以下原则：

一是确立主、客观相结合的判断标准。实践中，理事的情商、智商、专业水平各异。客观说主张根据一般从事此项工作应当具备的管理人的知识、经验、技能为标准，判断理事是否履行了义务；主观说主张以本人是否尽到自身全部的能力进行判断；平衡说则坚持主客观相结合的标准，一般以通常智识、理性、专业经验的同业人员，在同类社会组织担当相同职务、面临类似情景所具有的注意程度为标准，而当其个人的智识、理性、专业经验明显高于上述标准时，则采用更高的标准衡量。可见，折中标准能更大程度地兼顾二者的优点，更好地保护公共资源。

---

〔1〕 更早的规定有 1999 年《中共中央关于国有企业改革和发展若干重大问题的决定》中就提出要建立企业经营者“决策失误追究制度”，《企业国有资产法》第 71 条、《国有资产管理法》第 26 条、《企业破产法》第 125 条。

〔2〕 这一问题在营利领域同样存在。有学者研究认为，我国董事追责之诉的现状不容乐观：“三鹿奶粉”案中社会组织被罚人民币近 5000 万元，社会组织董事没有承担任何民事赔偿责任。2013 年发生的“光大乌龙指案”中已有证券投资者进行证券侵权之诉，却没有一位股东从维护社会组织利益出发，依据我国《社会组织法》第 151 条，要求董事填补社会组织发生的损害。梁爽：《董事信义义务结构重组及对中国模式的反思——以美、日商业判断规则的运用为借鉴》，《中外法学》2016 年第 1 期。

二是规定注意义务的最低标准。包括及时出席会议，会前认真研究会议议题；充分开展调查研究，广泛听取意见，确保科学决策；按照规定编制财务报表、年度报告；及时有效地配合政府开展检查、审计，及时全面进行信息公开等。

三是完善免责制度。如司法机关过度问责、介入私法主体的内部事务，理事很有可能因不堪重负而退出社会组织的管理领域，也可能因担心惧怕风险而裹足不前。可在英美国家有关制度基础上，批评性地引入最佳判断规则、探索建立责任保险制度，建立适应我国国情和文化土壤的免责制度。

四是规范经营投资行为。由登记管理机关会同有关部门制定关于社会组织投资的有关规则。结合英美的有关经验，可采用"名录＋谨慎投资人规则"的有关做法，动态调整有关规则，引导社会组织管理人从事安全、高效的投资。既不片面地强调安全，忽视干事创业中的固有风险、压制理事的开拓精神；也要坚决打击对高风险投资视若无睹、疏忽大意的不负责任的行为。具体的标准，还应当区分互益性社会组织和公益性社会组织，具有公开募捐资格的组织和其他组织，资金量大的组织和小规模组织的不同特点，规定由注意义务的等级，建立相应的风险预警机制。

(二)畅通诉讼渠道，形成低成本、高成效的诉讼机制

在现有的诉讼制度基础上，进一步形成以直接诉讼为主体，以派生诉讼、公益诉讼为辅助的诉讼制度，鼓励捐赠人、理事、会员、其他利益相关者、检查机关及有关主管部门提起诉讼。考虑到社会组织财产权的特殊性及诉讼动力不足，可适当放宽诉讼主体资格限制，广泛调动内部、外部诉讼的积极性和主动性，从加强公益财产权保护等角度，建立诉讼费用减免制度或奖励制度。

(三)改进政府监管，形成边界合理、多维高效的事中事后监管体制

要在《社会组织登记管理条例》制定中，对忠实、注意义务做出明确规定。要明确登记管理机关、业务主管单位、行业管理部门、有关职能部门的职责，落实综合监管责任。要加强对负责人的管理，严格对关键岗位人员的政治审核和信用审查，通过开展任前谈话、提醒关键环节等方式，提升负责人诚信守法意识，强化负责人责任担当。要健全以社会组织章程为核心的内部治理结构，强化自律管理。要建立信息公开制度，强化社会监督，鼓励公众、媒体对社会组织负责人、理事违反信义义务行为进行监督、曝光、投诉和举报，发挥舆论和社会监督作用。要通过全面推进社会组织评估、建立社会团体及其负责人的信用记录、异常名录等制度，不断增加失信负责人、理事的违法失信成本。要直面监管的痛点、难点开展治理，结合《民法典》的实施对社会服务机构违反非营利性进行整顿，对社会组织投资办企业、开展关联交易等行为进行重点清理规范。

(四)设立新的罪名，强化《刑法》的兜底保护和震慑作用

刑罚是国家法律制裁中最严厉的强制方式，具有谦抑性、补充性、严厉性和

保障性。鉴于一些负责人、理事、项目管理人恶意损害慈善组织公益资产的违法活动层出不穷、社会影响恶劣等突出问题，建议将社会危害性大、亟待刑法处罚的行为纳入《刑法》规范范围。建议参照《刑法》第169条“背信损害上市公司利益罪”的规定，增加“背信损害慈善组织利益罪”。将通过无偿向其他单位或者个人提供资金、商品、服务或者其他资产的；以明显不公平的条件，提供或者接受资金、商品、服务或者其他资产的；向明显不具有清偿能力的单位或者个人提供资金、商品、服务或者其他资产的；为明显不具有清偿能力的单位或者个人提供担保，或者无正当理由为其他单位或者个人提供担保的；无正当理由放弃债权、承担债务等方式损害慈善组织利益的行为，纳入《刑法》追责。

信义义务作为英美信托法、慈善组织和非营利组织内部治理的核心理念，已经从最初的“良心”和“公平”感知，逐渐细化为可执行的制度规范。这种细化不仅体现在不同时期、不同经济社会发展环境中的一系列一脉相承又迂回蜿蜒的具体案例中，而且逐渐为制定法所采纳，成为鲜活的、明确的制度规则。非营利组织的信义义务规则对我国的借鉴意义是，它有利于确立公权力干预私法自治主体的边界，矫正实践中干预过多及干预不能所带来的管理失灵，通过夯实对“人”的法律责任，使公平正义走下云端、成为不可动摇的职业准则，进而实现社会组织内部治理的法治化。相信这一制度也最能体现一国的立法技术和司法水准——根据变幻的社会生活现实，精妙地兼顾公众利益与私法自治，并形成内部监督、行政监督、司法救济和社会监督四位一体的监督模式。

编后记

不断提高我国知识产权保护法治化水平*

近日，国务院发布《"十四五"国家知识产权保护和运用规划》（以下简称《规划》），立足新发展阶段，贯彻新发展理念，围绕知识产权法律的制度建设、制度实践和制度接轨等方面，提出了一系列提高知识产权法治化水平的新任务和新举措，开启了知识产权法治建设的新征程。

《规划》在法律制度建设方面更加突出"适应发展"。法律并非一成不变，它必须立足实践，不断适应社会发展需要。在知识社会，科技发展日新月异，对法律回应社会发展的能力也提出了更高要求。一方面，《规划》明确进一步探索开展知识产权基础性法律研究，力求在专利法、商标法、著作权法等单行法林立的知识产权法域中消弭冲突和不协调因素，寻求共同的法律基础和价值，以期获得更强的法律稳定性。另一方面，《规划》统筹协调专利法、商标法、著作权法、反垄断法、科学技术进步法、电子商务法等与知识产权密切相关的各类法律法规，从完善知识产权单行法体系的角度出发，提出了相应的立法或修法任务。《规划》还提出全面建立并实施知识产权侵权惩罚性赔偿制度，继续明确强化保护的方向；推动知识产权法律法规立改废释，及时回应科技进步和经济社会快速发展的需要。

针对强化新兴领域知识产权保护，《规划》提出健全大数据、人工智能、基因技术等新领域新业态知识产权保护制度，完善电子商务领域知识产权保护机制，研究构建数据知识产权保护规则，健全遗传资源获取和惠益分享制度等具体举措。既立足当下，又谋划未来，使知识产权制度更好地融入技术创新和产业变革，以更好促进创新要素自主有序流动，推动新兴领域创新发展。

《规划》坚持"以人民为中心"，聚焦药品专利纠纷、中医药领域发明专利审查和保护、绿色技术知识产权保护等方面，制定相关配套措施，有效提升人民群众的获得感、幸福感和安全感。

《规划》在法律制度实践方面更加突出"协同衔接"。习近平总书记在中央政治局第25次集体学习时强调，要促进知识产权行政执法标准和司法裁判标准统一，完善行政执法和司法衔接机制。《规划》落实习近平总书记重要讲话精神，在制度实践方面突出协同衔接，提出构建司法、行政、仲裁、调解、公证、鉴定等相协

---

* 作者简介：易继明，北京大学国际知识产权研究中心主任，法学教授。本文原载《法治日报》2021年11月5日，第5版。

调的协同保护工作体系。

在知识产权司法保护体系建设上，《规划》从审判组织体系建设和审判机制改革入手，提出健全知识产权案件上诉机制、完善专门法院设置、推动“三合一”审判、实行案件繁简分流、加强审判队伍建设、加大刑事打击力度及开展知识产权检察业务等举措，总体上来看属于知识产权“大司法”的建设思路。《规划》同时瞄准行政执法和司法衔接机制不够完善的问题，提出探索依当事人申请的知识产权纠纷行政调解协议司法确认制度，加强司法保护与行政确权、行政执法、调解、仲裁、公证存证的信息沟通和共享，促进行政执法标准与司法裁判标准统一，形成有机衔接、优势互补的运行机制。在充分发挥行政执法及时高效、维权成本低的优势同时，也维护了司法裁判的终局性。

随着知识产权纠纷数量不断增加，多元化的纠纷解决机制建设至关重要。《规划》在完善知识产权纠纷多元化解决机制方面，充分调动各类社会组织参与化解纠纷的积极性，从知识产权调解组织、仲裁机构、公证机构、行业协会和商会等角度切入，推动完善知识产权纠纷投诉受理处理、诉讼调解对接、调解仲裁对接、行政执法与调解仲裁对接等机制，充分发挥不同形式纠纷解决方式的优势，共同形成相互协调互补、程序有机衔接的纠纷解决体系。此外，通过建立完善知识产权侵权纠纷检验鉴定工作体系，发挥鉴定工作对司法、行政、调解、仲裁的辅助作用，促进纠纷多元化解决机制提升可靠性。

《规划》在法律制度接轨方面更加突出“开放共赢”。我国现已加入几乎所有主要的知识产权国际公约，与全球 80 多个国家、地区以及国际组织建立了知识产权合作关系，基本形成了与国际接轨的知识产权法律制度体系。《规划》着眼国家改革开放大局，提出主动参与知识产权全球治理，这既是国内发展提出的新要求，也是国际形势使然，有利于知识产权国内规则的变革，也有利于推动构建开放包容、平衡普惠的国际规则。

《规划》提出，要便利知识产权海外获权维权，借助世界知识产权组织、“一带一路”等知识产权合作平台，推动知识产权规则衔接、体系完善；要扩大国际合作网络，加强国际开放与合作，坚定不移地维护知识产权多边机制，采取多边、小多边、双边、单边“四边联动、协调推进”的合作方式稳步推进，积极履行国际公约规定的各项责任义务，真正成为知识产权国际规则的坚定维护者、重要参与者和积极建设者。

同时，《规划》统筹发展与安全，更加强调内外平衡，提出完善知识产权对外转让审查制度、推进我国知识产权有关法律规定域外适用、建立知识产权涉外风险防控体系、完善海外知识产权预警机制、推动开展跨境知识产权司法协作等政策举措，既依法严格保护在华外资企业的合法权益，也推动外国政府加强对中国权利人的知识产权保护。